"神话学文库"编委会

主　编

叶舒宪

编　委

（以姓氏笔画为序）

马昌仪　王孝廉　王明珂　王宪昭
户晓辉　邓　微　田兆元　冯晓立
吕　微　刘东风　齐　红　纪　盛
苏永前　李永平　李继凯　杨庆存
杨利慧　陈岗龙　陈建宪　顾　锋
徐新建　高有鹏　高莉芬　唐启翠
萧　兵　彭兆荣　朝戈金　谭　佳

"神话学文库"学术支持

上海交通大学文学人类学研究中心
上海交通大学神话学研究院
中国社会科学院比较文学研究中心
陕西师范大学人文社会科学高等研究院
上海市社会科学创新研究基地——中华创世神话研究

"十二五""十三五"国家重点图书出版规划项目
第五届、第八届中华优秀出版物奖获奖作品

神话学文库
叶舒宪 主编

王 倩 著

20世纪希腊神话研究史略

A BRIEF HISTORY OF THE STUDY OF GREEK MYTHOLOGY IN THE 20TH CENTURY

陕西师范大学出版总社

图书代号　　SK23N1169

图书在版编目(CIP)数据

20世纪希腊神话研究史略／王倩著．—西安：陕西师范大学出版总社有限公司，2023.10
（神话学文库／叶舒宪主编）
ISBN 978-7-5695-3726-0

Ⅰ.①2… Ⅱ.①王… Ⅲ.①神话—研究—古希腊—20世纪　Ⅳ.①B932.545

中国国家版本馆CIP数据核字（2023）第127219号

20世纪希腊神话研究史略
20 SHIJI XILA SHENHUA YANJIU SHILÜE

王　倩　著

出 版 人	刘东风
责任编辑	谢勇蝶
责任校对	王丽敏
出版发行	陕西师范大学出版总社 （西安市长安南路199号　邮编710062）
网　　址	http://www.snupg.com
印　　刷	中煤地西安地图制印有限公司
开　　本	720 mm×1020 mm　1/16
印　　张	23.5
插　　页	4
字　　数	382千
版　　次	2023年10月第1版
印　　次	2023年10月第1次印刷
书　　号	ISBN 978-7-5695-3726-0
定　　价	138.00元

读者购书、书店添货或发现印刷装订问题，请与本公司营销部联系、调换。
电话：(029)85307864　85303635　　传真：(029)85303879

"神话学文库"总序

叶舒宪

神话是文学和文化的源头，也是人类群体的梦。

神话学是研究神话的新兴边缘学科，近一个世纪以来，获得了长足发展，并与哲学、文学、美学、民俗学、文化人类学、宗教学、心理学、精神分析、文化创意产业等领域形成了密切的互动关系。当代思想家中精研神话学知识的学者，如詹姆斯·乔治·弗雷泽、爱德华·泰勒、西格蒙德·弗洛伊德、卡尔·古斯塔夫·荣格、恩斯特·卡西尔、克劳德·列维－斯特劳斯、罗兰·巴特、约瑟夫·坎贝尔等，都对20世纪以来的世界人文学术产生了巨大影响，其研究著述给现代读者带来了深刻的启迪。

进入21世纪，自然资源逐渐枯竭，环境危机日益加剧，人类生活和思想正面临前所未有的大转型。在全球知识精英寻求转变发展方式的探索中，对文化资本的认识和开发正在形成一种国际新潮流。作为文化资本的神话思维和神话题材，成为当今的学术研究和文化产业共同关注的热点。经过《指环王》《哈利·波特》《达·芬奇密码》《纳尼亚传奇》《阿凡达》等一系列新神话作品的"洗礼"，越来越多的当代作家、编剧和导演意识到神话原型的巨大文化号召力和影响力。我们从学术上给这一方兴未艾的创作潮流起名叫"新神话主义"，将其思想背景概括为全球"文化寻根运动"。目前，"新神话主义"和"文化寻根运动"已经成为当代生活中不可缺少的内容，影响到文学艺术、影视、动漫、网络游戏、主题公园、品牌策划、物语营销等各个方面。现代人终于重新发现：在前现代乃至原始时代所产生的神话，原来就是人类生存不可或缺的文化之根和精神本源，是人之所以为人的独特遗产。

可以预期的是，神话在未来社会中还将发挥日益明显的积极作用。大体上讲，在学术价值之外，神话有两大方面的社会作用：

一是让精神紧张、心灵困顿的现代人重新体验灵性的召唤和幻想飞扬的奇妙乐趣；二是为符号经济时代的到来提供深层的文化资本矿藏。

前一方面的作用，可由约瑟夫·坎贝尔一部书的名字精辟概括——"我们赖以生存的神话"（Myths to live by）；后一方面的作用，可以套用布迪厄的一个书名，称为"文化炼金术"。

在21世纪迎接神话复兴大潮，首先需要了解世界范围神话学的发展及优秀成果，参悟神话资源在新的知识经济浪潮中所起到的重要符号催化剂作用。在这方面，现行的教育体制和教学内容并没有提供及时的系统知识。本着建设和发展中国神话学的初衷，以及引进神话学著述，拓展中国神话研究视野和领域，传承学术精品，积累丰富的文化成果之目标，上海交通大学文学人类学研究中心、中国社会科学院比较文学研究中心、中国民间文艺家协会神话学专业委员会（简称"中国神话学会"）、中国比较文学学会，与陕西师范大学出版总社达成合作意向，共同编辑出版"神话学文库"。

本文库内容包括：译介国际著名神话学研究成果（包括修订再版者）；推出中国神话学研究的新成果。尤其注重具有跨学科视角的前沿性神话学探索，希望给过去一个世纪中大体局限在民间文学范畴的中国神话研究带来变革和拓展，鼓励将神话作为思想资源和文化的原型编码，促进研究格局的转变，即从寻找和界定"中国神话"，到重新认识和解读"神话中国"的学术范式转变。同时让文献记载之外的材料，如考古文物的图像叙事和民间活态神话传承等，发挥重要作用。

本文库的编辑出版得到编委会同人的鼎力协助，也得到上述机构的大力支持，谨在此鸣谢。

是为序。

序 言

方克强

认识王倩是在 2009 年初,是通过阅读她的尚未经过答辩的博士论文初稿《20 世纪希腊神话研究的历史与理论》,也就是这本著作的雏形。当时的感觉是眼睛一亮,由震动而引起一阵激动:为她填补空白的选题,为她清晰而有重点的框架,为她的学术勇气与资料上的苦下工夫。记得我曾跟王倩说,这篇博士论文修改与充实后一定能出版,而我在书店里发现它的书名一定会买下它。

对希腊神话的兴趣以及对西方希腊神话研究成果的关注,在 20 世纪初的中国就已显现。在这方面值得一提的人物是周作人。周作人在《知堂回想录》中说:"我到东京的那年(一九零六),买得该莱(Gayley)的《英文学中之古典神话》,随后又得到了安特路朗(Andrew Lang)的两本《神话仪式与宗教》,这样便使我与神话发生了关系。"周作人在学校里曾学过几年希腊文,但他认识希腊神话与神话学主要还是通过英文著作。他读过阿波罗多洛斯、福克斯、洛兹、该莱、安特路朗等人的原典或专著,但最欣赏的还是英国剑桥仪式学派的代表人物赫丽生(当时译作哈理孙)女士的作品。在《希腊神话一》中,周作人曾列出了所收集的赫丽生的著作,计有《希腊宗教研究绪论》《德米思》《希腊宗教研究结论》《神话》《古代希腊的宗教》《希腊罗马的神话》六种,由此可见周作人对赫丽生仪式理论关注与喜好的程度。

周作人对赫丽生的神话学研究做了三方面的工作。其一是翻译。1925 年,周作人翻译了赫丽生《希腊神话》第三章的一部分,以《论鬼脸》的题目登在《语丝》上;1926 年翻译了《希腊神话引言》;1927 年翻译了《希腊神话》第三章的另一部分,发表时题名《论山母》。其二是介绍了赫丽生的学术经历、思想与理论。周作人依据赫丽生的一篇自传作品《学子生活之回忆》,以翻译加转叙的方法介绍了她的理论渊源、名人交往、生活态度与婚恋观。其三是对赫丽生的简略研究与评价。周作人说:"我最初读到哈理孙的书是在民国二年,英国的家庭大学丛书中出了一本《古代艺术与仪式》，觉得她借了希腊戏曲说明艺术从仪式转变过来的情形非常有意思，虽然末尾大讲些文学理论，仿佛有点儿鹘突，《希腊的原始文化》的著者罗士对于她著作表示不满也是为此。但是这也正因为大胆的缘故，能够在沉闷的希腊神话及宗教学界上放进若干新鲜的空气，引起一般读者的兴趣，这是我们非专门家所不得不感谢她的地方了。"如此评价不免过于浅近概略，但从学术史角度看，却又是中国对赫丽生乃至希腊神话学研究的滥觞。

将近百年过去了，王倩的这部著作显然超过周作人当初的译介与研究甚远，无论是在规模、材料和完整性上，还是在理论视野与分析深度方面。王倩的研究成果有两点值得重视。首先是在国内，填补了对西方希腊神话研究的理论与方法系统性再研究的空白。尽管我们知道西方文明的源头是所谓"两希文化"，即希伯来文化与希腊文化，其中希腊神话又是希腊文化的源起与核心，然而厚今薄古、急功近利却使我们热衷于接触西方现代文化，而对其神话源头却兴味淡然、几成隔膜。因此，对西方希腊神话学研究的历史与现状不甚了了，缺乏学术兴趣也成了顺理成章的事。对此，王倩认为："有必要对希腊神话研究的理论与方法作较全面的考察，用一种比较客观的态度，梳理过去一百年间希腊神话研究的理论与方法，总结其发展特征与趋向，为新世纪对希腊神话的深入阐释提供参考。"这种立意是学术眼光、理论勇气与学者责任感的显现。其次是在国外，王倩的研究是中西学术思想和成果的一次对话与交流。希腊神话研究是西方学术经久不衰的一个热点，由于语言与文化背景的原因而成为西方学者的专长。然而，这并不意味着中国学者就无法涉入。在这方面，王倩是具有中国学者的身份意识的，同时又清醒地认识到这种独特身份的独特价值。她指出："作为一名中国学者，笔者想用一种有别于西方人的'他者'眼光来看待西方神话学界对希腊神话的阐释，对其作客位考察。"在自我与他者的二元架构中，自我认知也有局限，他者眼光也有长处。西方学界的中国学研究，常给我们意想不到的启迪，反之亦然。

王倩的学术之路才刚起步，取得如此研究实绩，可喜可贺。王倩曾用"倔强而固执"描述自己的个性，我觉得她的成功盖出于此。她的执著、勤奋、精力旺盛、挫折面前不低头的学术个性其实源于她的生活个性。当然，她学术成长中的关键人物是她的导师——我们圈内人熟知的叶舒宪教授。愿王倩在叶老师的带领下更上层楼。

目 录

导 论 /001

第一章 神话—仪式理论

第一节 简·艾伦·赫丽生与神话—仪式理论 /009

第二节 勒内·基拉尔的暴力理论和神话理论 /021

第三节 沃尔特·伯克特生物神话学思想 /032

第二章 心理分析理论

第一节 概论 /042

第二节 神话、梦幻与童年 /043

第三节 结构—心理学与俄狄浦斯神话 /047

第四节 神话的本质与功能 /053

第五节 小结 /056

第三章 神话—历史主义

第一节 概论 /058

第二节 希腊神话的迈锡尼起源 /060

第三节 神话与历史结构 /067

第四节 小结 /071

第四章 比较神话学

第一节 比较神话学诞生的社会语境 /074

第二节　比较神话学的近代转向 / 075

第三节　新比较神话学的崛起 / 080

第四节　希腊神话与东方神话 / 084

第五节　小结 / 094

第五章　结构主义神话学

第一节　概论 / 097

第二节　约瑟芬·方廷罗斯的神话思想 / 099

第三节　柯克的神话研究范式 / 107

第四节　米歇尔·狄廷的神话分析模式 / 114

第五节　让-皮埃尔·韦尔南的神话分析方法 / 122

第六节　小结 / 144

第六章　后殖民主义

第一节　概论 / 147

第二节　马丁·伯纳尔与《黑色雅典娜》/ 149

第七章　后结构主义

第一节　概论 / 161

第二节　神话与锡兰尼叙述 / 162

第八章　神话图像理论

第一节　概论 / 173

第二节　希腊与东方 / 174

第三节　图像与文本 / 179

第四节　从丰产到色情 / 182

第五节　小结 / 186

第九章　神话考古学

第一节　神话英雄与祖先崇拜 / 187

第二节　马丽加·金芭塔丝与神话考古 / 197

第十章　女性主义神话学

第一节　概论 / 210

第二节　神话与女性经验 / 212

第三节　重构英雄范畴：神话中女性形象再发掘 / 217

第四节　女神形象再阐释 / 224

第五节　史前女神与女神文明 / 232

第六节　小结 / 239

结　语

第一节　神话研究的核心问题 / 240

第二节　神话研究的转向 / 248

第三节　问题与期待 / 251

参考文献 / 256

附　录：重要神话学者简传 / 274

后　记 / 362

导 论

西方文明的两大源头是希伯来文化与希腊文化，对于希腊人而言，他们的遗产不是民主，而是神话。换句话说，希腊神话是希腊文化的核心部分，是"希学"传统中不可或缺的部分。"希腊神话"一词实际上是与希腊文明的历史以及某些特征联系在一起的，它催生了西方哲学的基本观念与思维模式，是西方语源、象征、隐喻及宇宙观的基本参考和架构。希腊神话中的神明们与那些非理性的神话故事一直活在艺术家与作家们的笔下，甚至20世纪，人类改造自然世界之前，依然可以从希腊神话中汲取一些伟大的力量。对希腊神话研究理论的梳理与总结同样构成了"希学"研究的一个组成部分，在某种程度上，对20世纪希腊神话理论的再阐释是"两希"文化持续发展的必要条件之一。唯有对过去一个世纪走过的研究道路进行深刻的反思与总结，我们才有可能在未来对"两希"文化的观照中取得更为深刻的认知。

一 研究综述

20世纪希腊神话研究出现了各种理论与方法，面对这一现象，国外有些学者开始总结研究成果，并及时反思。关于希腊神话理论的梳理形式有四类：第一，以单篇论文的形式归纳；第二，以提供希腊神话研究书目的方式再现；第三，以神话研究论文集的形式直接展现；第四，在研究专著中简略回顾。这四种形式的研究梳理，数量上极其有限，并没有形成规模。

据笔者不完全统计，迄今为止，以单篇论文形式对希腊神话研究的理论与方法进行梳理的论文仅有一篇。1972年，《希腊研究杂志》(*The Journal of Hellenic Studies*)第92期刊发了英国学者柯克（G. S. Kirk）《希腊神话研究的新视角》(*Greek Mythology: Some New Perspectives*)一文。柯克在该文中梳理了希腊神话研究的五种理论与研究方法，同时对每一种研究理论进行了批判。由于时代限制，这位古典学者没有将20世纪80年代后的神话理论纳入自己的研究视阈。

后来，柯克本人在《希腊神话的性质》（G. S. Kirk . *The Nature of Greek Myths.* Woodstock, N. Y.: Overlook Press; London: Penguin, 1975）第一章中对这些理论再次进行阐释，将其称为"一体神话理论"（monolithic theories）。

研究者以书目形式对希腊神话研究进行梳理，始于古典学者约翰·佩拉德托（John Peradotto）。1973年，约翰·佩拉德托出版了《古典神话学》（*Classical Mythology*: *An Annotated Bibliographical Survey.* Urbana, Ill.: American Philological Association, 1973）一书，集中探讨了希腊古典神话研究论著。作者在其中介绍了212部希腊神话研究专著，但是却将比较神话学的方法排除在外，他认为该方法不能够算作一种神话研究方法。1990年，荷兰古典学者简·布雷墨尔（Jan Bremmer）编著了《希腊神话的阐释》（*Interpretations of Greek Mythology.* London: Routledge, 1990）。该书收录了简·布雷墨尔教授本人的一篇论文《希腊神话学遴选书目》（*Greek Mythology*: *A Select Bibliography*），该文介绍了希腊神话相关研究专著。不过这位古典学者只列举了1965年至1990年期间的研究专著，且大多是从文学角度阐释希腊神话的。

以论文集形式直接展现希腊神话研究成果的论著有两部。一部是上文提到的荷兰学者简·布雷墨尔于1990年推出的《希腊神话的阐释》。该书收录了10位学者的12篇论文，按照神话主题的方式排列。这部论文集所录论文内容上涵盖了从希腊神话性质的探讨到希腊神话的编撰研究等方面，但布雷墨尔教授仅仅将这些神话主题探讨的论文录入该书而已，并没有就希腊神话的理论与方法作任何评论与阐释。另一部是古典学者洛厄尔·埃德蒙兹（Lowell Edmunds）于1990年出版的论文集《希腊神话研究方法》（*Approaches to Greek Myth.* Baltimore, Md.: Johns Hopkins University Press, 1990）。该书共收录了8篇论文，分别代表8个神话理论流派。编者洛厄尔·埃德蒙兹从四个层面对这些论文进行排列，并在每一篇论文前附有简短的理论与流派的简介。美中不足的是，这位男性古典学者似乎不大关注20世纪后半期兴起的女性主义神话学，对其存在与学术价值持一种沉默态度，因此，该书中缺少了女性主义神话学对希腊神话的观照。尽管他收录了一位女性神话学者克里斯蒂妮·S. 英伍德（Christiane Sourvinou-Inwood）从图像学视角阐释希腊神话的论文，但这并不能掩盖女性主义神话学研究成果的缺席。

在研究论著中简略梳理希腊神话研究方法与理论的，有三位研究者：罗斯（H. J. Rose）、肯·道登（Ken Dowden）、弗里茨·格拉夫（Fritz Graf）。早在

1930 年，罗斯就对希腊神话研究的方法进行了回顾，他在其论著《古典神话学的现代方法》(*Modern Methods in Classical Mythology*. St. Andrew: W. C. Henderson & Son, Ltd, University Press, 1930)中，对希腊神话与罗马神话的研究方法进行了简短的梳理，但是他并未对希腊神话研究方法进行专门回顾。1992 年，肯·道登在《希腊神话的用途》(*The Uses of Greek Mythology*. London; New York: Routledge, 1992)一书中，简略梳理了希腊神话研究的理论与流派。这位男性神话学者同样对女性主义神话学的研究成果持一种冷漠态度，在对众多的理论与流派进行梳理时，将其排除在自己的论述视野之外。1993 年，德国学者弗里茨·格拉夫出版了英文论著《希腊神话学导论》(*Greek Mythology: An Introduction*. Baltimore and London: Johns Hopkins University Press, 1993)。该书辟出两个章节回顾希腊神话研究状况，始于 18 世纪，止于 20 世纪。从对 18 世纪现代神话学先驱海涅（Christian Gottlob Heyne）的介绍开始，一直到对 20 世纪法国叙述学家克劳德·卡莱默（Claude Calame）的符号学方法阐释。但是这位德国学者忽略了 20 世纪后半叶女性主义神话学在希腊神话研究上所取得的卓然成就，也没有将性别理论对希腊神话的新发现列入研究范畴，对于图像学理论在希腊神话学领域的崛起，他同样持沉默态度。

进入新世纪后，对神话理论的总结与反思纳入了神话理论工作者的日程之中。2004 年，神话学者罗伯特· A. 西格尔（Robert A. Segal）出版了《神话理论导论》(*Myth: A Very Short Introduction*. Oxford: Oxford University Press, 2004)。该书介绍了弗洛伊德（Sigmund Freud）、荣格（Carlo Gustav Jung）、马林诺夫斯基（Bronislaw Malinowski）、布尔曼尼（Rudolf Bultmann）等人的神话思想与理论，但缺少对其他理论的探讨。当然，西格尔本人探讨的对象并非希腊神话，而是世界各地的神话研究，也就是他所说的"科学神话理论"。2005 年，神话理论家埃里克·科萨帕（Eric Csapo）出版了专著《神话学理论》(*Theories of Mythology*. MA: Blackwell Pub., 2005)。埃里克·科萨帕在这部神话理论论著中，从比较神话学、心理学分析、仪式理论、结构主义、意识形态五个方面，论述了在过去一百年间所出现的神话学理论与流派，其论述重点放在这些理论在希腊神话阐释上所取得的成就上。与上述几位神话理论家相比，埃里克不是那么反感女性主义神话学，但也没有提及 20 世纪 80 年代后一些女性主义神话学者及其研究成果，仅仅在书中作了一种理论上的阐释，将其划入了意识形态研究范畴。同样，面对 20 世纪考古学在希腊神话上的重大发现，埃里克也没有论及这些神话学者的研究成果。他没有看到20世纪90年代出现了对希腊神话的图像学阐释,以及对古老的希腊神话中同性恋与阴阳人的新阐释。另一位神话学者丹尼尔·杜比松(Daniel Dubisson)于2006年出版的神话理论论著《20世纪神话学:杜梅齐尔、列维-斯特劳斯、伊利亚德》(*Twentieth Century Mythologies: Dumezil, Levi-strauss, Eliade.* Translated by Martha Cunningham. London and Oakville: Equinox Publishing Ltd. 2006),仅仅介绍了三位神话学者:乔治·杜梅齐尔(Georges Dumézil)、列维-斯特劳斯(Lévi-strauss)、伊利亚德(Mircea Eliade)。杜比松坚持只有上述三位学者的神话理论才能够称为理论,其他理论都不够资格。

国内神话学界对希腊神话理论与方法进行总结的,到目前为止只有5篇论文。最早的一篇发表于《深圳大学学报》1985年第4期,题名为《希腊神话研究哲学倾向与结构主义方法》,作者为徐文博,该论文阐释的理论只有两类:哲学与结构主义;第二篇是王以欣的《希腊神话与历史——近现代各派学术观点述评》一文,载于《史学理论》1998年第4期,该论文探讨了近现代希腊研究中的几种方法,重点在阐释希腊神话与历史的关系,而非理论与方法的介绍;第三篇是周小莉的《从西方文学观念的演变过程看西方的希腊神话研究》,载于《甘肃教育学院学报》2003年第4期,作者在该文中强调文学观念与希腊神话研究的演变,所探讨的内容基本为20世纪60年代之前的理论;第四篇是笔者的论文《21世纪初希腊神话国外研究印象》,载于《中国比较文学》2007年第1期,该论文强调21世纪希腊神话研究的理论与方法,并未涉及20世纪希腊神话研究相关情况;第五篇是笔者的论文《图像学视域中希腊神话研究》,载于《民族艺术》2008年第4期。

港台神话学界对希腊神话理论与方法的梳理尚未见到,在此省略不述。

从上述研究现状来看,对希腊神话研究理论与方法的梳理,存在两个方面的不足:第一,缺乏专题研究。尽管有学者进行了神话理论的再阐释,却没有一部梳理希腊神话研究理论与方法的专著,研究者一般将希腊神话研究理论流派与其他神话研究的理论流派并置,重点探讨神话理论的发展,忽略了希腊神话研究自身的内在规律。第二,一些理论工作者带有个人成见,遮蔽了一些神话理论在希腊神话研究领域取得的成就,不能够全面还原当时的学术探讨,使得希腊神话理论的梳理失去了应有的学术关注。

基于此种状况,笔者认为,有必要对希腊神话研究的理论与方法作较全面的考察，用一种比较客观的态度，梳理过去一百年间希腊神话研究的理论与方法，总结其发展特征与趋向，为新世纪对希腊神话的深入阐释提供参考。

二　相关说明

本书的研究对象是 20 世纪西方学者的神话学论著，主要以英语专著为主，兼及个别学者的神话学论文，不包括希腊文论著。之所以选择西方学者的英文研究成果，是因为：一方面，西方学界对希腊神话的研究已经形成一种传统，其论著多为英文，并且大多数非英文论著已经被翻译为英文；另一方面，作为一名中国学者，笔者想用一种有别于西方人的"他者"眼光来看待西方神话学界对希腊神话的阐释，对其作客位考察。

笔者的阐释重点为神话—仪式理论与结构主义神话学理论，同时考虑考古学与女性主义神话学对希腊神话的新探索。当然，这样做并非是出于个人喜好，而是基于这些理论在 20 世纪希腊神话研究中所取得的卓然成就。

本书在神话—仪式理论学者的取舍上，舍弃了剑桥学派的人类学家弗雷泽（James George Frazer），而选择了该学派的女学者赫丽生。这样做的原因是：尽管弗雷泽在神话学界的影响很大，但他并非希腊神话研究的专家，他所涉及的神话远远超过了希腊神话，而其后的学者赫丽生则对希腊神话进行了深入探讨。对于该学派在 20 世纪后半叶的发展，笔者将会介绍法国学者勒内·基拉尔神话源于暴力的观点，以及德国学者沃尔特·伯克特对希腊神话的生物学溯源。

对于心理分析学派的神话阐释，笔者没有罗列其开创人弗洛伊德（Sigmund Freud）的研究成果，也没有论述荣格（Carl Jung）关于神话与集体无意识关系的阐释，而是介绍了心理学理论初期学者奥托·兰克（Otto Rank）对希腊神话与梦的阐释，以及后期的神话学家理查德·考德韦尔（Richard S. Caldwell）对希腊神话心理结构的解读。原因是：一方面，上述二位学者对希腊神话的阐释已经成为学界的常识；另一方面，国内神话学界鲜有人深入了解心理学后期对希腊神话的新探讨，笔者想把它介绍给国内读者。

神话—历史学派对神话的研究起步比较早，本书选取了这方面的权威马丁·尼尔森（Martin P. Nilsson）作为阐释对象，重点考察他对希腊神话迈锡尼起源的探索，同时介绍沃尔特·伯克特的阐释神话中"文化事件"的新转向。

比较神话学历史比较悠久，本书将会介绍麦克斯·缪勒（Max Müller）关于神话与语言之间关系的思想，法国学者乔治·杜梅齐尔所倡导的"新比较方法"，以及后期比较学者查理斯·彭伽拉斯（Charles Penglase）的比较模式等。

"结构主义神话学"一章中，笔者没有将结构主义的代表列维-斯特劳斯列为重点考察对象，而是考察了结构主义主题研究法的代表约瑟芬·方廷罗斯（Joseph Fontenrose）。法国结构主义对希腊神话的探讨已经形成一种传统，法国结构主义者米歇尔·狄廷（Marcel Detienne）从人类学视角阐释希腊神话取得了卓然成就，但并不为国内学者知晓，笔者将在本书中介绍这位神话学家对希腊神话中美少年阿都尼斯（Adonis）的阐释。历史心理学阐释的代表让-皮埃尔·韦尔南（Jean-Pierre Vernant）的论著已有多部中文译本，本书重点介绍他阐释普罗米修斯神话的三个步骤，其他部分不作阐释。西方学者对西方文明的寻根情怀，同样体现在对希腊神话的探讨之中，这方面笔者将会介绍学者马丁·伯纳尔（Martin Bernal）对希腊神话的东方寻根成果，以及沃尔特·伯克特、查理斯·彭伽拉斯（Charles Penglase）等人的研究成果。

关于后结构主义对希腊神话的阐释，笔者选取了法国叙述学家克劳德·卡莱默（Claude Calame）对希腊神话中锡兰尼（Cyrene）神话历史书写的阐释，考察这位神话学家对于希腊神话与历史书写的新见解。20世纪90年代后期，希腊神话的研究出现了"图像学转向"，从对神话文本的分析转向了对艺术品中神话形象的解读，这一派别的代表人物有托马斯·卡彭特（Thomas H. Capenter）、克里斯蒂妮·S. 英伍德（Christiane Sourvinou-Inwood）、南诺·马瑞纳托斯（Nanno Marinatos）等，笔者将在该章节中介绍克里斯蒂妮·S. 英伍德对希腊瓶画上神话形象忒修斯（Theseus）的肖像学解读，托马斯·卡彭特对希腊神话与艺术的关系的阐释，以及南诺·马瑞纳托斯对希腊神话中裸体女神（Naked Goddess）的图像学解释。接下来的"神话考古学"一章，笔者将会介绍考古学者们对神话英雄与祖先崇拜之间的关系的探讨，同时重点阐释学者马丽加·金芭塔丝（Marija Gimbutas）关于"女神文明"的新观点。

对于被西方诸位神话理论家所忽视的女性主义神话学，以及考古学对希腊神话的新探索，笔者将会详细阐释其学术研究范式，还原当时的学术探讨背景与学术成就，并介绍几位比较重要的女性神话学家，其中包括：研究希腊神话中的女性的玛丽·R. 莱夫科维茨（Mary R. Lefkowitz），追寻希腊神话中失落女神的学者查伦·斯普雷纳克（Charlene Spretnak），对希腊神话中女英雄进行研究的德博拉·莱昂斯（Deborah Lyons），倡导欧洲史前"女神文明"的学者马丽加·金芭塔丝，重点阐释她关于女神职责与功能的观点。

贯穿全书的一个问题是：究竟什么是希腊神话？该问题涉及的层面分别有：第一，希腊神话的起源，包括希腊神话的社会起源与文化起源，希腊神话与其他民族神话之间的关系；第二，希腊神话的意义、结构与功能，该层面的因素涵盖了希腊神话在希腊社会中的地位，希腊神话与希腊文化、宗教、政治之间的关系，希腊神话中的性别、身份等；第三，希腊神话的传承，包括希腊神话的口头传承，希腊神话的书写，希腊神话与民间故事、史诗之间的关系，希腊神话的主题演变与叙述形式变迁，希腊神话的版本与异文等。

本书所要探讨的各种理论与方法不是完全孤立的，而是相互交织在一起的。现代神话理论的分野同现代文学理论一样，并不是完全割裂的，所以本书理论与方法的归类，在某种程度上是交合的，而这恰恰反映了希腊神话研究的多学科交叉倾向。当然，笔者对这些西方学者们的论著的阐释与介绍不是一种孤立、简单的罗列，也不是材料的堆砌，而是围绕上述希腊神话的一些核心问题展开，主要着眼于神话学家的新贡献，同时并不回避其理论中的问题与困难。在适当的地方，还有笔者自己简短的评论，这种批评并非出于个人喜好，而是基于一些探讨层面的缺失要素而言。

第一章 神话—仪式理论

第一节 简·艾伦·赫丽生与神话—仪式理论

一 概论

现有的希腊神话大多保存在文学作品中,以至于学者们认为神话是一种比较特殊的文学体例,从而将其划入文学范畴。这种认知模式下的神话阐释要么陷入语言的泥淖,要么淹没在文献的大海之中。19世纪末以麦克斯·缪勒(Max Müller)为代表的德国语言学派,将神话的荒谬性归结于语言的失常。在缪勒看来,神话是生长在语言之树上一颗病态的话语之果,而语言则扎根于自然现象的基本经验上。在语言"患了病"之后,能够探讨神话意义的唯一途径就是语言学与词源学。基于这种认识的神话分析就出现了自然主义占据主流地位的现象,神话因而成为自然现象的寓言,尤其是太阳起落的象征。缪勒及其追随者将特洛伊(Troy)战争阐释为黎明战胜黑暗的寓言故事,这种"太阳神话"说引来了众多学者的不满。

麦克斯·缪勒的神话观遭到了剑桥人类学学者的强烈批判。弗雷泽(James George Frazer)、赫丽生(Jane Ellen Harrison)等人认为,神话不能被归结为语言的恶化,神话与文学没有任何关系;相反,神话与仪式在宗教层面上具有某种关联,二者构成了人类学知识谱系中不可或缺的历史性内容。

20世纪初期的欧洲学术界有两种神话理论,一种是以弗洛伊德为代表的心理学派,一种是弗雷泽率领的剑桥仪式学派。对于欧洲学术界而言,后者的影响远远超过了前者。在剑桥仪式主义者眼里,弗雷泽是其学派的奠基人,赫丽生则是精神领袖,至今还活在仪式主义者的心中。剑桥仪式学派的成员有赫丽生、康福德(F. M. Cornford)、库克(A. B. Cook)、吉尔伯特·墨里(Gilbert Murray)等,从1900年到1925年,他们就一起合作,探索希腊宗教与德国宗教的起源,赫丽生对希腊神话与仪式的探索则奠定了剑桥仪式学派的研究范式。

赫丽生被誉为"英国最有才华的女人",一生著述颇丰,其中关于希腊神话学的代表作有:《古代艺术与仪式》(Ancient Art and Ritual)、《希腊宗教研究导论》(Prolegomena to the Study of Greek Religion)、《文学艺术中的奥德赛神话》(Myths of Odyssey in Art and Literature)、《忒弥斯:希腊宗教的社会起源》(Themis: A Study in the Social Origins of Greek Religion)等。赫丽生生于1850年,卒于1928年,从时间上来说,她并非完全生活在20世纪,但其两部最为重要的论著《希腊宗教研究导论》与《忒弥斯:希腊宗教的社会起源》(中译本名为《古希腊宗教的社会起源》),分别发表于1903年与1912年,对希腊宗教与神话的研究产生了极大影响,因此,本书将赫丽生列为20世纪比较重要的神话学者。

国外学界对赫丽生的关注比较多,其中最为显著的是关于赫丽生学术生涯与成果的介绍,迄今为止,已有三部专著面世[①]。因为赫丽生与剑桥学派之间的关系比较密切,所以学术界对赫丽生的关注集中在她与早期人类学者思想上的关系,以及她对宗教的阐释上。有关这方面的评论很多[②],其中比较突出的是神话学者罗伯特·西格尔与埃里克·科萨帕(Eric Csapo)的阐释。罗伯特·西格尔在其论著《神话与仪式理论》中将赫丽生视为神话—仪式学派的创始人之一,埃里克·科萨帕则在其神话学论著《神话学理论》中将赫丽生列为重点,介绍了她的进化论思想以及神话—仪式理论的基本观点。这些学者关注的是赫丽生对神话学的贡献,至于赫丽生与文学之间的关系,则由其他人补充。美国纽约城市大学的博士琼·米尔斯(Jean Mills)在其博士论文《女神与幽灵——弗吉尼娅·伍尔夫与赫丽生》中阐释了赫丽生对弗吉尼娅·伍尔夫文学创作的深

---

① Sandra J. Peacock, *Jane Ellen Harrison: The Mask and the Self*. New Haven: Yale University Press, 1988; Mary Beard, *The Invention of Jane Harrison*. Cambridge; Mass: Harvard University Press, 2000; Annabel Robinson, *The Life and Work of Jane Ellen Harrison*. Oxford: Oxford University Press, 2002.

② "Jane Ellen Harrison," in *Classical Scholarship*, Ward W. Briggs and William M. Calder III, eds. New York: Garland Publishing, 1990. pp. 127-141; Robert Ackerman, *The Myth and Ritual School*. New York: Garland Publishing, 1991. Chapter. 5-7; Hugh Lloyd, "Jane Ellen Harrison, 1850-1928," in *Cambridge Women*, Edward Shils and Carmen Blacker, eds. Cambridge: Cambridge University Press, 1996, Chapter. 2; Robert A. Segal, *The Myth and Ritual Theory: An Anthology*. Malden; Mass.: Blackwell Publishers, 1998. p. 5-7, p. 59; Eric Csapo, *Theories of Mythology*. Malden; MA: Blackwell Pub., 2005. pp. 145-161.

远影响[1]。

除周作人之外（相关研究成果参见方克强先生撰写的序言），国内最早对赫丽生学术思想进行研究的是神话学者叶舒宪，在他选编的《神话—原型批评》一书中，他选译了赫丽生《古代艺术与仪式》第一章的内容[2]，并在译文前作了简要介绍，阐释了赫丽生对文艺学理论的影响[3]。除此之外，国内出版界还推出了赫丽生的三部中文译著[4]，对学术界了解这位女学者的思想起到了极大的推进作用。对于大多数中国学者来说，赫丽生是一个陌生而抽象的符号，在仪式主义者眼中，这位富有才华的英国女学者却是一轮不落的太阳，她思想的光芒照耀了整个人类学对神话与仪式的研究，对人类学及文学产生了深远的影响。正是赫丽生对希腊神话与仪式的探索，使得20世纪的人类学者对一些土著部族的仪式产生了浓厚的兴趣。她的研究范式曾经给人类学家马林诺夫斯基莫大的启发，后者对特罗布里恩德群岛上的神话与巫术的研究，在某种程度上是受了赫丽生神话—仪式思想的影响。而赫丽生对希腊宗教、神话与仪式的探索，影响了德国新仪式主义者沃尔特·伯克特（Walter Burkert），法国前结构主义者热奈特（Louis Gernet），甚至以韦尔南（Jean-Pierre Vernant）为首的法国巴黎神话学派也是在赫丽生的影响下形成的。

在西方神话学者看来，赫丽生是整个20世纪神话理论的奠基人。实际上，在对神话学产生巨大影响的同时，她的理论也被运用到文学批评与创作中。弗莱（Northrop Frye）的原型批评就是受赫丽生神话思想影响所致，而基拉尔（René Girard）的暴力与神话思想是在她的仪式理论基础上提出的。作家T. S. 艾略特（T. S. Eliot）的硕士论文的论述对象就是赫丽生的《古希腊宗教的社会起源》一书，其后期文学创作中比较"原始"的部分明显受到了赫丽生的影响；弗吉尼娅·伍尔夫（Virginia Woolf）文学创作中的女性形象来自于赫丽生考古学论著中那些神秘的女神；至于希尔达·杜利特尔（Hilda Doolittle）作品中的古代世界，其原型其实就是赫丽生笔下的古代希腊社会。赫丽生对西方神话学界和文学界产生的影响，使任何一个想了解其思想的人都忍不住停下脚步，拂去历史

---

[1] 参见 Jean Mills, *Goddesses and Ghosts: Virginia Woolf and Jane Ellen Harrison.* The City University of NewYork. Essay on Ph. D., 2007.

[2] 参见 Jane Ellen Harrison, *Ancient Art and Ritual.* New York: Greenwood, 1969.

[3] 参见叶舒宪编：《神话—原型批评》，陕西师范大学出版社，1987年，第67—80页。

[4] [英] 简·艾伦·赫丽生：《古希腊宗教的社会起源》，谢世坚译，广西师范大学出版社，2004年；[英] 简·艾伦·赫丽生：《希腊宗教研究导论》，谢世坚译，广西师范大学出版社，2006年；[英] 简·艾伦·哈里森：《古代艺术与仪式》，刘宗迪译，三联书店，2008年。

的尘埃,透过文字走入其神话世界。

二 宗教起源与社会情感

维多利亚时代和爱德华时代的学者们对原始宗教都极感兴趣,只不过早期的人类学者们关于异族的原始部落的研究资料来源于欧洲的探险家、传教士、行政官员和商人。那个时候的人类学理论不仅在心理源头上努力寻求对原始宗教的解释,而且试图将原始宗教置于进化的一个等级,或者将其定位在社会发展的阶段。赫丽生也不例外,与其他学者不同的是,她对那些生活在原始丛林中的土著并没有多大兴趣,而对希腊人的原始宗教比较关注。在她看来,希腊人是一个富有理性的民族,她研究的希腊宗教是文明高级形态的宗教。

赫丽生对宗教的看法与弗雷泽有所不同,她指出:"我们已经习惯于将宗教看成是高度个性化、精神性的东西。无疑,这是宗教发展的趋势;但是从宗教的起源来看,特别是就古希腊宗教的起源而言,宗教并不是精神性的、个体性的行为,而是社会性的、集体的行为。"[1]她将宗教与集体情感联系起来,探讨宗教背后的深层因素,认为一般人所认识的那种神明在某种程度上反映了崇拜者的社会结构的观点其实远远不够,真实的情况比这些要复杂得多。在她看来,真正的宗教并不意味着故事、艺术、神学,也不是反映了人类本质与状况的智力上的精致,而是一种强烈的情感、一种兴奋的行为。在宗教起源上,赫丽生的观点大部分源于涂尔干。她认为,宗教源于部落仪式,后者赋予每一个成员一种积极向上的激情并创造了神圣感。社会情感总是以仪式,尤其是以舞蹈的形式表现出来,宗教观念也不例外。也就是说,宗教是由仪式活动引发的欢腾的产物,亦即群体情感、群体性的心醉神迷的投射。在这一点上,赫丽生遭到了人类学学者 E. E. 埃文斯-普理查德(E. E. Evans-Pritchard)的猛烈批评。后者认为,她只不过将涂尔干提倡的以集体情感与思想来解释宗教的方法应用到了对希腊宗教的阐释上,实际上是将涂氏"假设性的澳洲土著的思想移植到希腊的土壤上"[2]。

吉尔伯特·墨里教授的力作《希腊史诗的崛起》揭开了奥林匹斯众神的真正面目:他们并非是真正的希腊原始神明,只不过是希腊宗教神明的中间过渡形态,最原初的希腊神明应该更为久远。正是在这样一种学术探讨背景下,赫丽生

---

[1] [英]简·艾伦·赫丽生:《古希腊宗教的社会起源》,谢世坚译,广西师范大学出版社,2004年,第25页。
[2] [英] E. E. 埃文斯-普理查德:《原始宗教理论》,孙尚扬译,商务印书馆,2001年,第85页。

的研究开始走向深入:奥林匹斯山上的众神不仅不是希腊宗教原初的神明,而且在某种意义上缺乏宗教色彩。赫丽生指出,荷马史诗世界中的宗教与语言就像荷马本人一样,并非是最原初的,事实上,"古典时代的希腊人承认两种不同的仪式,一种是对奥林匹斯众神的庆典,这种仪式具有'敬奉'的含义;另一种就是对那些与人类格格不入的鬼神的献祭,很多时候这种祭祀含有一种'驱邪'或者'厌恶'的意味"[1]。这两种仪式所崇拜的神明分别被称为奥林匹斯神明与冥界神灵,前者所遵循的原则是"献出便有回报",后者则是"献出便可免灾",在赫丽生看来,后者比前者更为古老,为希腊宗教的源头。而奥林匹斯山上的神祇不仅不是希腊宗教原初的神明,而且在某种意义上缺乏宗教色彩。真正的希腊宗教的源头应该是俄耳浦斯教,该教所崇拜的神明狄俄尼索斯(Διώνυσος)与厄洛斯('Ερος)才是真正宗教意义上的神祇。

从某种角度上说,所谓希腊理性精神,其实是雅典的理性精神而不是希腊早期社会的精神,希腊精神并不能够代表早期希腊的精神,它是一种后起的创造物。赫丽生断言,荷马的神学其实根本就没有受到俄耳浦斯教的影响,荷马史诗世界中的奥林匹斯众神和俄耳浦斯教派神祇,分别源自两种不同的宗教体系。但是厄洛斯这个宇宙之神,在后起的雅典文化影响下,逐渐变成了一个形象鲜明的人格化神祇。希腊早期宗教仅仅崇拜两位神明:狄俄尼索斯与厄洛斯,前者存在于神秘教义中,后者存在于宗教实践中,他们才是真正的希腊宗教神祇。赫丽生极力赞美这种真正的宗教——充满了生命激情的神秘宗教。在这一点上赫丽生否认希腊精神是个体与生命独特意识表现的观点,引起古典主义者的不满。赫丽生这种阐释其实是对希腊精神全新的重构,将希腊民族的集体意识凌驾到个体生命意识之上,所谓的希腊精神其实是生命的集体意识感,它强调生命的从众心理,而不是每一个个体生命的独立意识,从某种程度上说,这其实是强调野性的集体意识。捍卫希腊理性与民主精神的古典主义者失望地看到了这种思维范式的叛逆,赫丽生却在另一个层面将众人从古典主义中解脱出来,看到了希腊宗教颇具野性的一面。

按照赫丽生的推论,希腊众神的演变顺序是:从半神到人格神,从神秘神明到奥林匹斯众神。所谓的半神(Daimon),其实是一个希腊语:Δαίμονες,意思是鬼怪,来源于希腊人对异类的一种思考。荷马在其史诗中有意掩盖了一些神

---

[1] Jane Ellen Harrison, *Prolegomena to the Study of Greek Religion*. Princeton; New Jersey: Princeton University Press, 1991. p. 7.

祇崇拜，尤其是那些比较粗野的邪恶神祇崇拜的原初意义与面目。赫丽生宣称：荷马史诗中那些委婉的名称最初是用来称呼英雄与冥界神灵的，他们是希腊人最初的崇拜对象。但是在地方性崇拜中，英雄往往被视为仁慈的体现。英雄的职能有些类似于本家族的保护神，为自己的家族做一些好事而不是坏事。庞大的奥林匹斯神明家族其实是希腊各地的英雄与神灵共同演化的结果，人格化的神明是后来才出现的，在此之前，人类曾经有过一个阶段崇拜动物形式的半神。至于神明具体演化的过程与秩序，赫丽生认为，已经无从考证。希腊的神祇是希腊人自己创造出来的，奥林匹斯众神并不是希腊真正的神明，他们已经不是原初宗教中的那种半神形象，也不是希腊人真正的崇拜对象，只是希腊人的艺术品，不具有神圣性。当这种神祇有了人格化的形式之后，才有了神话。

　　赫丽生对希腊神话有两个方面的认识："首先，我们不得不承认，希腊神话是一种富有传承的想象物，它们从古代诗人与艺术家那里一路沿袭下来，直到今天；其次，这些神话形象将人们的心灵从那些令人感到窒息的巨大恐惧中解脱出来，从而获得一种宁静的愉悦。"[①]希腊神话的确为人们驱除了恐惧感，但它却使希腊人的生活处于一种苍白与瘫痪之中，希腊社会失去了那种万物和谐共处的乐趣，同时使得人类的思维一片黑暗。对于希腊人而言，宗教是一种使人愉悦的信仰，人类通过它可以与高高在上的神祇感通。一些仪式驱除了他们心中的恐惧感，因为仪式总是具有怀旧性。希腊的神话与神学家们按照自己的理性观念来塑造众神，尽管这些神明们高大英俊，却仅仅是他们那种健全的理性思维与感觉的产物。消除恐惧感的方式便是制造一些美丽的神话形象，希腊天才们无疑成功地掌握了这种方法。奥林匹斯众神最后成了创造者的对立面，根本不是人类情感的源泉。希腊众神的演变顺序是：从情感到概念，从图腾动物到神秘神祇，从神秘神祇到奥林匹斯众神，最后演变为艺术品。赫丽生对神圣的这种解读深深影响了法国学者勒内·基拉尔，后者对神圣与神话的解构受到这种观点的影响，只不过基拉尔在其中添加了情感暴力与欲望的摹仿，但在对神明的"祛魅"上，二者的观点是吻合的。

　　在对希腊宗教的演变顺序的研究上，赫丽生其实是一位进化论者，她将达尔文关于人类的演化思想拿来阐释希腊宗教的发展，认为希腊宗教的发展同样是从非理性到理性，从野蛮到文明。在进化论上，赫丽生无疑与摩尔根、泰勒、弗

[①] Jane Ellen Harrison, *Mythology*. New York and Burlingame: Harcourt, Brace & World, Inc. 1963. p. 102.

雷泽等人的观点一致，认为事物的进化是线性的，从而采取一种直线进化的观点来看待原始部落，用带有种族主义的有色眼镜来看待不同形式的文化与文明，武断而粗暴地分割不同形式的人类文化，将其划分为"文明"与"野蛮"的二元对立模式。泰勒在其论著《原始文化》中表明，欣赏文化差异性的方法，在于建构文化进化阶段性。摩尔根在《古代社会》一书中归纳出人类社会进化的三段式普遍模型：蒙昧—野蛮—文明。这种观点，其实是将西方所谓的科学与理性放在了衡量社会的天平上，认为它们是世界发展的标准"图式"，生产力水平的高低是衡量一个社会和国家进步与否的唯一尺度。拥有高度现代文明的欧洲就成为世界光明的中心，而其他非欧洲世界均处于世界的黑暗边缘。在这里，人类文化的划分方式只有两种："文明"与"野蛮"，而后者的存在遭到了质疑与排斥，其存在的合理性也不复存在。"在文明—野蛮的模式中映射着文明人社会和文化的程式，野蛮被描绘为这一程式中处于极端的对立面。或者，所谓野蛮即是我们欠缺的状态。区别文明和野蛮的尺度是文明人所能感觉到的"[1]。说到底，这是欧洲中心主义在作祟，赫丽生自然也难逃维多利亚时代这种思想的拘囿。

赫丽生希腊宗教研究的另一种灵感来自于反社会论学者尼采的论著《悲剧的诞生》，该书同样被视为仪式学派理论诞生的奠基性著作，只不过尼采并没有赫丽生后来的苦心经营。在《悲剧的诞生》一书中，尼采在希腊文化的两种力量之间作了一种对立的划分：一方面是集体的、原始的、富有情感的狄俄尼索斯主义，另一方面是个体的、雅致的、智力的、艺术的、审美的阿波罗主义（古典主义）。古典主义与荷马的奥林匹斯众神保持一致，最终统治了古典希腊。但是尼采的感情天平却倾向于野性的、创造性的、戏剧性的狄俄尼索斯冲动。赫丽生在其著述《希腊宗教研究导论》中曾经称自己为尼采的门徒，认为古典希腊宗教是颓废主义的产物。在赫丽生看来，对奥林匹斯众神的崇拜并不是希腊宗教的源头，奥林匹斯宗教是颓废主义的残留物，而不是真正的宗教，它可以追溯至史前社会。真正的宗教并不是故事、艺术与神学，它是一种智慧的结晶或者是人类境况的终极反映，更是一种剧烈的感觉或迷狂的情结。最终我们会看到，这种纯粹的艺术与本真的宗教、智慧与感觉、投射与情结之间的区别，被浓缩在神话与仪式之间的差异上。

---

[1] 叶舒宪等：《人类学关键词》，广西师范大学出版社，2004年，第4页。

三 神话与仪式

神话与仪式的关系就像鸡与蛋的关系一样令人头疼,早在赫丽生之前,罗伯逊·史密斯(William Robertson Smith)、爱德华·泰勒(Edward Tylor)、弗雷泽就曾经探讨过仪式与神话之间的关系。在史密斯眼中,宗教在实践层面上由神话和仪式组成,对于希腊宗教而言,仪式并非与教条有关,而是与神话相关。"神话构成了对仪式的解释,因此神话的价值是第二位的,我们可以这样推论说,几乎所有的神话都源于仪式,但是并非所有的仪式都源于神话。因为仪式是固定的,而神话是变动的,仪式具有强制性,神话中的信念是由教徒们来操纵的。"[①]从解释的角度上说,史密斯阐释的是神话,而不是仪式。在宣称神话是对仪式的解说的同时,史密斯断然否决神话是对世界的解释,而这恰恰是人类学家爱德华·泰勒在《原始文化》一书中所极力主张的。在泰勒看来,神话是人类对自然事件的说明,神话构成了人们的信条,只不过披上了故事的外衣。泰勒认为,神话的功能与科学的功能一样,是现代科学最为古老与原始的前身。尽管史密斯与泰勒之间存在分歧,但他们一致认为,不论是仪式还是神话,二者均与科学没有任何联系。

史密斯的好友弗雷泽则对这种看法持相反态度,他对神话与仪式之间的关系有着自己的理解。在《金枝》这部论著中,弗雷泽将人类文化划分为三个时代:巫术时代、宗教时代、科学时代。巫术时代只有仪式而没有神话,因为那个时代没有神明;宗教时代的神话与仪式之间几乎没有什么关系:神话描述众神的特征与行为,仪式则是为了讨好神明所进行的活动,它与作为对神明作纯粹叙述的神话并无直接联系。只有在宗教时代与科学时代的交叉阶段,才存在神话与仪式的交织。不过,弗雷泽的神话—仪式理论有两个版本,比史密斯与泰勒的观点更为复杂。在第一个版本中,神话是对植物神的描述,仪式则是对神话的表演,或至少神话的一部分描述了神明的死亡与再生。神话与仪式之间的连接其实就是宗教与巫术之间的联合。在第二个版本中,国王是神话与仪式的中心。但事实上他仅仅在神话与仪式之间提供了一种极为微弱的联系,更多的则是宗教与巫术之间的联系。在这个层面上,仪式不是对植物神明的一种表演,而仅仅是对神明居所的一种改变。国王的死亡不是为了摹仿神明的死亡,而是为

---

① William Robertson Smith, "Lectures on the Religion of Semites," in *Myth and Ritual*: *An Anthology*, Robert A. Segal, ed. Malden; Oxford: Blackwell Publishers, 1998. p. 28.

了保护神明的健康而献上的祭品。在弗雷泽的神话—仪式理论中，神话与仪式具有有限性，这一点与史密斯的观点不一致。弗雷泽与泰勒一样，认为神话依然服务于对世界的阐释，但是对于弗雷泽来说，这种阐释仅仅意味着一种终结——控制世界。弗雷泽与泰勒一样，认为神话是现代科学古老、原始的对应物，但在弗雷泽眼里，神话是被应用的科学，它并不原始，是一种科学理论。

尽管赫丽生将弗雷泽视为自己的导师，但是她对神话与仪式的理解却与弗雷泽有着很大的出入，而且她的理论与泰勒和其他人的理性主义理论有所冲突。赫丽生认为："任何一个宗教都包括了两个方面的因素：仪式与神话。与宗教相关的第一要素是人类的所作所为，我们将其称为仪式；其次便是人类的思考与想象，我们姑且可以将它叫做神话，甚至可以将其称为神学。不论是人类的所作所为还是所思所想，二者都通过人类自身的感觉与渴望来感知并激活。"[1]可以看出，赫丽生将仪式定位在人类的宗教行为上，这种行为具有某种来自社会的深层情感因素，与此同时，她将神话理解为人类想象与思考的产物，带有一种臆想性与非科学性。仪式中存在一些相对永久的因素，神话则具有不断变化的多元性质，这就将仪式凌驾于神话之上，在这一点上她与弗雷泽的观点是矛盾的。

赫丽生认为，"仪式实际上是一种固定不变的行动，这种行动虽然不是真正可行的，却还没有完全同实际做法割断联系，是对真正实际做法的回忆或者预示。希腊人将其称为 dromenon，'一件做了的事情'，虽然不尽相当，却也吻合"[2]。赫丽生受到柏格森（Henri Bergson）与涂尔干（Emile Durkheim）思想的启发，将弗雷泽所倡导的摹仿仪式中的植物更新仪式转换到社会中。她认为，最初并不存在神话，神明是仪式所创造的愉悦感的一种反射物——这种思想其实是对涂尔干宗教思想的一种直接应用。后来，神明成为植物神明，出现了神明死亡与再生的神话，成年礼演变为一种农业仪式。可以看出，赫丽生其实是一位地道的进化论者，将达尔文的进化思想直接应用在了希腊神话与仪式的演化上。至于神话与仪式的产生时间，赫丽生认为："这并不意味着仪式先于神话而产生，很可能两者同时出现：仪式是某种情感的表达，表达一种在行动中被感觉到的东西；而神话是用词语或者思想来表达的。神话原先并不是为了说明什么原因而产生，它代表的是另一种表达形式。促成仪式的情感一旦消失，仪式

---

[1] Jane Ellen Harrison, *Mythology*. New York and Burlingame: Harcourt, Brace & World, Inc. 1963. p. ix.

[2] [英] 简·艾伦·赫丽生：《艺术与仪式》，见叶舒宪选编：《神话—原型批评》，陕西师范大学出版社，1987年，第79页。

也就显得没有意义——尽管传统已使其变得神圣，因此要在神话中找出一个原因，这个原因就被当做神话的起因。"[1]赫丽生将仪式的源头归结于社会情感，而认为神话本身不具有独立性，自然，神话更不是泰勒所理解的那样———种对世界存在的解释。在赫丽生眼中，世界与神话并没有直接的关系，相反，仪式与世界有着密不可分的联系。

在神话与仪式的关系上，赫丽生否认神话是对仪式的解释。她认为，"神话并不试图去解释事实或者仪式"[2]。在否认神话是对仪式的阐释上，赫丽生并不比弗雷泽高明：神话在仪式之外繁荣，是在仪式的意义被忘却之后才出现的。神话依然可以被视为是对仪式的一种解释，但仅仅是对活着的仪式的解释，神话与仪式之间是一种互动的关系。"从宗教的角度来说，仪式不是一件人们通常所做的事情，而是一件重复完成或事先完成的事。它具有纪念性或者巫术性，或者同时具有这两种性质。……仪式是在强烈的情感冲动下集体完成的事。这些同时适用于仪式的另一种因素——神话。从宗教的角度来说，神话不是人们通常所讲的内容，而是重复讲述或预先讲述的内容，是人们情感的焦点，神话的讲述同样具有集体性质，至少需要获得集体的许可。正是这些特点（须经集体许可及具有庄严目的）把神话跟历史事件的叙述或童话区别开来：神话实际上变成了一种具有巫术目的和有效用的故事。"[3]很明显，赫丽生将仪式凌驾于神话之上，不过她已经从弗雷泽的神话观中走了出来，将神话与仪式的源头上溯到了集体情感与冲动这种心理机制上，但她并没有完全摆脱弗雷泽关于仪式具有巫术性质的论述。而她关于集体意识的探讨没有过多的心理学支撑，只是受到了柏格森关于生命直觉意识的启发，并没有引用弗洛伊德的心理学书目，所以在一定程度上她的分析少了几分心理学的支撑。

四　母权制

赫丽生被誉为女权主义者的先驱，赋予她这种称号的人可以划分为两种类型：一种是由衷钦佩、赞美她的人，因为她生活在维多利亚时代的英国，在

---

[1] [英] 简·艾伦·赫丽生：《古希腊宗教的社会起源》，谢世坚译，广西师范大学出版社，2004年，第14页。

[2] Jane Ellen Harrison, *Epilegomena to the Study of Greek Religion.* London: Cambridge University Press, 1921. p. 32.

[3] [英] 简·艾伦·赫丽生：《古希腊宗教的社会起源》，谢世坚译，广西师范大学出版社，2004年，第319页。

那个男性主宰学术的时代里,赫丽生做出了如此瞩目的学术成就,这一点不能不令人叹服;另一种是对她怀有成见的人,认为赫丽生的论著过分地贬低与鄙视作为父权产物的奥林匹斯众神,而重视反映史前母权制社会关系的古老神祇。赫丽生坦率承认这一点,更为难得的是,赫丽生是一位真正的学术带头人,她的许多带有猜测性的论断被后来的学者所证明。

赫丽生认为,希腊德尔斐人的宗教崇拜经历了以下几个阶段:大地崇拜阶段、月亮崇拜阶段、太阳崇拜阶段。大地崇拜阶段,神的形象是蛇、公牛、树;月亮崇拜阶段,神的形象是头上有角;太阳崇拜阶段,神就会拥有一架马车、一个车轮或者一个金杯。其神明形象则是盖亚→忒弥斯→福柏→福玻斯(代行权力的神)。忒弥斯是宗教原则的化身,起着一种支配的作用。福柏(Φοίβη)就是福玻斯(Φοῖβος),二者是一个神的两个不同发展阶段,分别代表光明与纯洁。福柏是月亮女神,福玻斯是太阳神。通过对神话的解读,赫丽生认为,奥林匹斯神祇体现的是一个父权制社会,在奥林匹斯众神之前的希腊社会是一个母权制社会,但是她对这个社会的理解不是后期女权主义意义上的那种社会形态,而是另外一种形态:"在原始的母权社会,妇女是伟大的社会力量,更确切地说是社会的中心,而不是作为一个女人而存在,至少不是作为性,而是作为母亲——养育未来部落成员的母亲。"[1]虽然支撑赫丽生关于史前母权制社会的假说的证据只有有限的神话、仪式与碑文,并没有大量的考古实物,但她这种富有启发性的洞见为后人理解神话带来了曙光。

20世纪中期出现的女性主义神话学,即是对赫丽生的观点的回应。考古学家克劳福德(O. G. S. Crawford)在其论著《眼睛女神》[2]中指出,安纳托利亚高原、希腊本土、克里特岛东北部、意大利、西西里群岛、北部非洲、不列颠群岛与爱尔兰群岛等地,分布着大量的眼睛女神雕像,显然这些雕塑反映了史前的女神崇拜。历史学家布罗代尔在其论著《地中海考古》中认为,克里特文明时期存在一位女神之母,她是旺盛生育力的标志:"有一个神明,即无所不在的女神之母,又把我们带回原始精神状态的深处,回到最初的宗教信仰。她是直接从克里特新石器时代早期肥胖的女神中演化而来

---

[1] [英]简·艾伦·赫丽生:《古希腊宗教的社会起源》,谢世坚译,广西师范大学出版社,2004年,第489页。

[2] O. G. S. Crawford, *The Eye Goddess*. London: Phoenix House Ltd, 1957.

的。"①对女神文明作具体系统论述的是考古学家金芭塔丝(Marija Gimbutas)。她认为，早在大约公元前7000年至公元前3500年之间的旧欧洲大陆，曾经普遍存在着一个女神文明时代，从大西洋沿岸一直延展到第聂伯河一带，横跨近东、欧洲南部、地中海沿岸、中欧、西欧、北欧等地。处于该时代的女神是一位无所不在的千面女神，以各种面目与形式出现。另一位女性神话学家理安·艾斯勒在其著作《圣杯与剑》中持同样观点。上述这些研究者的观点在某种程度上回应了赫丽生母权制社会的假想。从这个角度说，赫丽生的贡献不能不说卓越，她提出的假设为上述诸多学者的研究提供了一种思想光芒的照射，将其称为女性主义神话研究的曙光并不过分。她的一些假设性的观点成为一种预言性的结论，这种高瞻远瞩式的学术研究，使得后人对她倍加推崇。

五　小结

严格来说，赫丽生不是一名人类学者，她对希腊神话的研究并没有进行多少田野考察，大部分资料来源于第二手的瓶画与碑文，而其研究方法也缺乏弗雷泽比较神话学那种宏大的视野，但是所有这些不足并不妨碍这位女学者的杰出贡献。她对神话的探索打破了19世纪神话学者们文学式的研究范式，将神话学与人类学并接起来，使得对神话的探索深入到广阔的人类社会内部，而不单单是语言与文字层面的阐释。她对希腊神话与仪式的研究，将神话与田野中的仪式连接起来，开启了西方神话学界的神话—仪式学派理论，对后期人类学关于神话与仪式的研究产生了极其重要的影响。赫丽生关于仪式与仪式的起源的探讨，则是对艺术起源的一种重构，她所倡导的研究方法将文艺学与人类学两大学科沟通起来。

赫丽生一些富有洞见的假设被后人所验证，她关于史前母权制的设想为后来的女神文明假说提供了一种神话学的证据，而她提出的奥林匹斯宗教并非最为原始的希腊宗教的学术观点，对尼尔森、基拉尔、伯克特、金芭塔丝等人产生了重要的影响。不论在文学、文艺学上，还是在神话学、人类学上，赫丽生都作出了卓然不凡的贡献。对于希腊神话学研究而言，她是重构希腊宗教体系并清楚阐释希腊众神演变顺序的肇始者，首次对荷马等诗人建构的

---

① [法]费尔南·布罗代尔：《地中海考古》，蒋明炜等译，社会科学文献出版社，2005年，第108页。

奥林匹斯宗教秩序发起了挑战，为后人对文字书写的神话的研究开拓了道路。赫丽生的最大优点是敢用有限的材料来论证无限的问题，这种大胆推理的精神有时会给希腊神话研究带来一种莫大的安慰。

第二节　勒内·基拉尔的暴力理论和神话理论

一　引论

侵略与暴力伴随着人类文明进程的每一步，实际上，它们已经成为现代社会的核心问题，并被20世纪的灾难尖锐化。半个世纪前，尼采与弗洛伊德在他们的人类学论著中对暴力问题早有论述，但是将暴力与神话、仪式联系起来进行考察并使之理论化的是法国学者勒内·基拉尔（René Girard）。这位兼有多种学术身份的学者，对神话与仪式进行了彻底的"祛魅"，从而将笼罩二者的超然性外衣剥离下来。只不过，其意图并非是在暴力与神圣这两个极端之间作出判断，而是要借助于某些人类学领域的证据，考察神话、仪式与暴力之间的联系，并诠释与此相关的知识社会学概念。

基拉尔研究一直是学界热门话题，不论是国外还是国内，均是如此。基拉尔的学术崇拜者甚至将自己称为"基拉尔人"。除了单篇论文[①]，国外学界还专

[①] 参见 William A. Johnsen, "René Girard and the Boundaries of Modern Literature," *Boundary 2*, Vol. 9, No. 2, A Supplement on Contemporary Poetry (Winter, 1981), pp. 277-290; Toril Moi, "The Missing Mother: The Oedipal Rivalries of Rene Girard," *Diacritics*, Vol. 12, No. 2, Cherchez la Femme Feminist Critique/Feminine Text (Summer, 1982), pp. 21-31; Nadine Dormoy Savage, "Conversation avec René Girard," *The French Review*, Vol. 56, No. 5 (Apr., 1983), pp. 711-719; Francoise Meltzer, "A Response to Rene Girard's Reading of Salome," *New Literary History*, Vol. 15, No. 2, Interrelation of Interpretation and Creation (Winter, 1984), pp. 325-332; Albert Henrichs, "Loss of Self, Suffering, Violence: The Modern View of Dionysus from Nietzsche to Girard," *Harvard Studies in Classical Philology*, Vol. 88 (1984), pp. 205-240; JamesL. Fredericks, "The Cross and the Begging Bowl: Deconstructing the Cosmology of Violence," *Buddhist-Christian Studies*, Vol. 18 (1998), pp. 155-167; Madeline Sutherland, "Mimetic Desire, Violence and Sacrifice in the 'Celestina', Hispania," *A Journal Devoted to the Teaching of Spanish and Portuguese*, Vol. 86, No. 2 (May, 2003), pp. 181-190.

门组织专刊探讨基拉尔的思想[1]，自然还有大量的研究专著[2]。上述研究探讨的核心内容是基拉尔的摹仿欲望理论，以及它与文学、哲学、心理学乃至神话之间的关系，侧重于对摹仿欲望的分析，神话方面的相关探讨次之。神话理论家罗伯特·西格尔（Robert A. Segal）在其神话学选集中曾经简单介绍基拉尔神话思想，侧重于神话与文学之间关系的辨析[3]。国内学界对基拉尔的研究基本以译介为主，目前已经出版了三部基拉尔中文论著[4]，但学术探讨却没有赶上，基本上仅有译者在阐释基拉尔的思想[5]，外加两篇硕士学位论文[6]。这些探讨的核心基本上在沿着国外的路子走，没有从神话学视角对基拉尔理论作深入辨析。本书将在介绍基拉尔摹仿欲望的基础上深入阐释其神话思想，着重介绍基拉尔对神话起源与功能的探讨。

二 摹仿欲望

基拉尔对神话和仪式的考察是为了构造一种关于人类摹仿欲望的假说，前者是对后者的证明，后者是前者的理论基点。从知识谱系上来看，其摹仿欲望理论不是一种新创建，而是有着久远的学术传统，可以上溯到柏拉图与亚里士多德那里。

柏拉图在《理想国》一书中将世界划分为三种类型：理念、现实物理与诗艺

---

[1] 参见 *Diacritics*, Vol. 8, No. 1, Special Issue on the Work of René Girard (Spring, 1978); René Girard and Biblical Studies, *Semeia*, No. 33 (1985).

[2] 参见 *Violence and Truth*. Paul Dumouchel, ed. London: Athlone Press, 1988; Richard J. Golsan, *René Girard and Myth: An Introduction*. New York: Garland Publishing, 1993; Cesáreo Bandera, *The Sacred Game: The Role of the Sacred in the Genesis of Modern Literary Fiction*. University Park: Pennsylvania State University Press, 1994; Paisley Livingston, *Models of Desire: René Girard and the Psychology of Mimesis*. Baltimore: Johns Hopkins University Press, 1992.

[3] 参见 Robert A. Segal, *The Myth and Ritual Theory: An Anthology*. Malden; Mass.: Blackwell Publishers, 1998.

[4] 参见［法］勒内·基拉尔：《浪漫的谎言与小说的真实》，罗芃译，三联书店，1998年；［法］勒内·吉拉尔：《替罪羊》，冯寿农译，东方出版社，2002年；［法］勒内·基拉尔：《双重束缚》，刘舒等译，华夏出版社，2006年。

[5] 参见陈明珠：《摹仿、欲望与欲望的摹仿》，载《浙江学刊》2003年第4期；冯寿农：《勒内·吉拉尔对俄狄浦斯神话的新解》，载《国外文学》2004年第2期；冯寿农：《模仿欲望诠释 探源求真解读》，载《外国文学研究》2004年第4期；冯寿农：《勒内·吉拉尔神话观评析》，载《厦门大学学报》2004年第6期；冯寿农：《勒内·吉拉尔的〈圣经〉新解》，载《当代外国文学》2004年第3期。

[6] 参见陈明珠：《勒内·基拉尔的欲望理论与反浪漫批评》，北京大学硕士论文，2002年6月；韦岩鹰：《勒内·吉拉尔美学思想研究》，广西师范大学硕士论文，2007年4月。

摹仿。在他看来，理念世界是真理的至境，现实的物理世界则是因为摹仿"理念"而获得存在，所以等而次之，诗艺摹仿世界与真理又隔了一层，失之于虚幻的表象。可以明显看出，柏拉图崇尚理念而贬斥摹仿，认为人类的摹仿是一种不理智的行为。[1]但柏拉图的弟子亚里士多德却不这样认为，他在继承柏拉图摹仿理论的同时对摹仿的本性作了一种提升。在亚里士多德眼中，"人是最富有摹仿能力的动物，通过摹仿，人类可以获得最初的经验，正是在这一点上，人与其他动物区别开来。而且人类还具有一种来自摹仿的快感"[2]。人类的艺术是基于对自然界的摹仿而产生的，摹仿的主体是人类，摹仿的客体是自然界。柏拉图与亚里士多德的摹仿理论成为后人"摹仿自然"理论的基点，几乎所有的后继者都将摹仿的客体放到了自然界，从而排除了人类自身。

基拉尔认为，人是一种欲望的动物，但不仅仅是一种欲望摹仿的动物。欲望始终是自发的，正是人类的欲望使得人类社会能够存在并发展。人只希望得到他人所拥有的东西，对自己已拥有的东西从来不满足。只不过，人不是直接自发地产生欲望，而是通过他者来激发欲望。也就是说，欲望并非来自于个体本身，而是源自被摹仿的第三者，是连接主体与客体的桥梁。在被摹仿的对象与个体之间，存在一种媒介，基拉尔将其称为介体。介体既是楷模又是敌手，其充当者是他者。主体、客体与介体之间是一种互动的三角关系，构成一个循环（图1）。

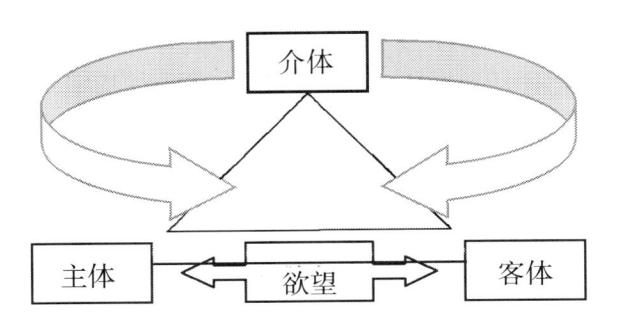

图1 基拉尔欲望摹仿理论模式

我们可以看到，在基拉尔的欲望摹仿理论模式中，摹仿客体从亚里士多德的世界转到了他者，摹仿的动力则从人类的本性转换为人类的欲望，欲望直接推

---

[1] 参见[古希腊]柏拉图：《理想国》，郭斌和等译，商务印书馆，2002年，第388—392页。
[2] [古希腊]亚里士多德：《亚里士多德全集》第9卷，苗力田主编，中国人民大学出版社，1994年，第645页。

动了主体与客体之间的互动。这个时候，欲望就成为一种兼有创造性与破坏性的力量，具有双重属性。欲望不是一种单向的直线流动，而是一种双向的互动。从这个层面上讲，欲望就与暴力密切相关。

一个世纪之前，剑桥人类学者赫丽生指出，仪式与神话的源头是集体意识，在此层面上，她将神话与仪式及人类的社会心理连接起来。在欲望的摹仿维度上，基拉尔与赫丽生保持了一种心理上的语源关系，但他比赫丽生走得更远，他将这种集体社会心理背后的暴力揭示了出来。从这里出发，基拉尔走到了暴力与神圣的双重世界。

三 替罪羊机制

基拉尔认为，人与人之间的相互摹仿性竞争消除了差异，趋向了同一。许多具有差异的人为了追求同一欲望而互相冲突，共同希望得到同一物体而进行一场激烈的竞争。也就是说，在一个社会中，摹仿一旦被激起，就产生了一种具有破坏力的欲望。当所有的欲望都趋向于一种未分化状态，就会出现社会危机，业已形成的等级与秩序就会崩溃。此时，社会就必须借助于暴力来进行秩序的重构，其方式是选取一只替罪羊，担当破坏社会秩序与等级的罪名，通过替罪羊的牺牲而换取群体的生存与秩序的再组合。于是，替罪羊机制就出现了。

替罪羊其实是宗教崇拜仪式中所使用的献祭动物，而替罪羊仪式最早见于《圣经·利未记》第三章，原意是先知带领人们向上帝献上一头山羊，以此来替代自己因冒犯上帝而犯下的罪过。《圣经·旧约》中还描述了亚伯拉罕向上帝献祭自己的亲生儿子以撒，后来上帝以一只山羊代替以撒死亡的故事。在希伯来人的赎罪节仪式中，祭司将两只手按在一只活山羊头上，向它忏悔罪过，这样就把罪恶转移到羊身上，然后叫一个健康的男人把这只羊驱赶到荒野之外，使它永不返回，免得带回罪恶。被驱赶的这只羊就被称为"替罪羊"。在术语使用上，"替罪羊"一词由英国宗教改革家威廉·廷代尔（William Tindale，1492—1576）将《圣经·旧约》从希伯来文译成英语时首次采用。最早将"替罪羊"引入人类学研究领域的，是人类学家弗雷泽。弗雷泽在其论著《金枝》（*The Golden Bough: A Study in Magic and Religion*）中详细描述了世界各地的替罪羊驱邪仪式。这位人类学家仅仅将其视为驱邪仪式，他看到的是一个个关于替罪羊的主题，并没有注意到替罪羊背后的心理机制。一直到法国结构主义者让-皮埃尔·韦尔南（Jean-Pierre Vernant），"替罪羊"依然是希腊文化的一个主题或母题，与人类的无意识机制没有任何关系;[1]人类学者沃尔特·伯克特(Walter Burkert)将"替罪羊"视为对生物界"部分代替整体"现象的摹仿,该观点带有一层浓郁的生物学色彩。[2]

基拉尔认为,替罪羊仪式背后其实隐藏着一种无意识的替罪羊机制:牺牲一个人,从而保障整个群体的利益与社会秩序的稳定。替罪羊机制其实是一种暴力运作规则,其目的是借助于集体暴力,杀害一个无辜的受害者。群体将替罪羊视为社会危机和灾难的制造者,除掉了这个替罪羊,就恢复了濒临崩溃的社会秩序,整体利益从而得以保障。与田野中的人类学家有所不同的是,基拉尔的替罪羊机制具有一种暴力性质,从替罪羊现象走向了替罪羊诗学,具有一种文化上的普遍性,它不仅是人类情感层面的产物,同时是人类整个经验与想象深度层面的产物。当然,基拉尔这样做"并非是将暴力和谋杀具体化,而是将二者看做超出了动物的那部分摹仿机制,当它最初显现出来的时候,肯定导致了建立在统治模式上的那些社会危机"[3]。

从性质上看,基拉尔的替罪羊机制是一种关于暴力与迫害的理论。在替罪羊机制中,暴力的执行者是全体成员,而暴力的承受者则是一只替罪羊。这是群体对于个体的迫害,只不过大多数情况下它以一种比较隐蔽的方式隐藏在文化中。人们认为这种暴力运作机制是理所当然的,从而默许其存在的合法性。基拉尔将这种迫害范式分为四类:

第一,关于社会与文化危机的表述。这是文化处于未分化状态下对社会危机的一种描述。这一类迫害范式一般会以文本的形式存在,来自于那些所谓的伟大作品,包括文学文本与非文学文本。这类文本都是对瘟疫或者社会危机的叙述,因为这些人站在迫害者的立场上,是一些天真的迫害者,相信自己相当有理由,并不怀疑自己的所作所为,从而将这些社会危机以文字的形式表述出来。不过其中的社会危机是真实与虚构的结合,归根结底还是提供了对当时社会危机的描述。

第二,对嫌疑者范式化的指控。当社会危机出现时,所有的社会秩序都会随

---

[1] 参见 Jean-Pierre Vernant, *Myth and Tragedy in Ancient Greece*. New York:Zone Books;Cambridge; Mass.: Distributed by MIT Press, 1988. pp. 128-135.

[2] 参见 Walter Burkert, *Creation of the Sacred: Tracks of Biology in Early Religions*. Cambridge; Mass.: Harvard University Press, 1996. pp. 51-53.

[3] René Girard, Interview: René Girard. *Diacritics*, Vol. 8, No. 1, Special Issue on the Work of René Girard (spring, 1978), pp. 31-54. Published by: The Johns Hopkins University Press. p. 32.

之倒塌、崩溃，于是就会出现以道德原因来解释危机的倾向。一般来说，这种指控会以如下几种面目出现。首先是指控嫌疑分子用暴力侵犯他人，侵犯最高权力机构的象征人——国王、父亲，或者是侵犯社会中那些没有自我保护力的弱者，尤其是儿童。在指控者看来，这些嫌疑人是社会危机的罪魁祸首。其次是指控某些人有道德上的一些罪过：性犯罪、强奸、乱伦、兽行，尤其是那些比较严格的禁忌。最后是指控宗教犯罪，比如亵渎圣物。这种范式的指控中有时存在迫害文本与迫害行为相互交织的情况。

第三，对嫌疑者标准的选择。除了少数嫌疑者具有可笑的任意性之外，一般对嫌疑者的选择会遵循如下几条标准：文化、宗教、生理、身份。文化上的一些少数"他者"在社会危机到来时，会成为整个社会危机的替罪羊，如纪尧姆·德·马肖作品《那瓦尔国王的审判》中的犹太人，他们成为当时整个社会危机的源头。人种与宗教上的一些少数群体同样会被选择为社会危机的嫌疑者，比如穆斯林教徒在印度会受到迫害。身体上的异常往往成为被迫害的标志，残疾人一般会受到来自社会的迫害。社会身份的特殊性一般也会导致其成为社会暴力的受害者，少数富人、穷人在社会危机出现时，往往容易受到迫害，只不过前者在社会秩序正常运转时一般不会受到迫害，但是当社会危机出现时，他们就会成为替罪羊。

第四，暴力本身[①]。基拉尔指出，神话与仪式中的替罪羊一般会经历两个过程：第一，罪恶化过程。在这个阶段，众人指控一只无辜的替罪羊，将其视为社会危机与动乱的制造者。正是这只替罪羊导致了整个族群内部秩序的失常，它是罪恶的源头，同时是众人的敌人，具有一种邪恶的性质。第二，神圣化过程。替罪羊被杀害之后，社会危机就会解除，秩序得以重组，这个时候，替罪羊就成为集体利益的保护者，通过牺牲自己而保障了整个群体的利益。从这个角度上说，仪式与神话中的替罪羊其实是一种双面的牺牲物，它是战乱与和解、治理与暴力、善与恶之间的一种矛盾结合。它既是各种负面力量的集合体，又是一个万能的操纵者。在集体暴力面前，替罪羊扮演了双重角色，它既是敌对者，又是结束这种敌对情绪的缔结者，它具有双重属性与身份——罪恶性与神圣性、敌对者与保护者、惩罚者与保护者。基拉尔将替罪羊第一次身份的转换过程称为不幸的变异（受害者），第二次则为幸运的变异。这样，替罪羊机制就披着神圣的宗教仪式外衣进行集体对个体的迫害，从而获得了整个集体秩序的恢复。

[①] 参见［法］勒内·吉拉尔：《替罪羊》，冯寿农译，东方出版社，2003年，第15—27页。

既然存在替罪羊机制，就肯定存在替罪羊效应与替罪羊影响。替罪羊在神话中的确有被神圣化的倾向，但是，当这只无辜的替罪羊被神话神圣化之后，就具有一种神圣性，会在仪式与神话中被不断重复与记忆，然后接受部族成员的膜拜，并对后者产生影响。那么，这只被神圣化的替罪羊会对神话世界与社会产生一种什么样的影响呢？基拉尔没有回答这个问题，他仅仅关心替罪羊在两个过程中身份的变异。这位虔诚的基督教徒，他知道耶稣其实是一只无辜的替罪羊，他在圣经文本中被神圣化，成了一位高高在上、无所不在的神，耶稣对其被神圣化之后的世界产生了深远的影响。其受难者与迫害者的双重身份，使得本来就颇为复杂的社会与政治问题更加纷繁。如果进一步深入研究下去，就会出现对耶稣的神圣形象极为不利的状况，很可能会将其无辜的替罪羊形象解构，而将其描述为一个迫害他人的形象。这其实是解构自己心中的父神，再次将其残酷地钉在十字架上，这是基拉尔所惧怕的一件事情。所以，他在此停下了脚步，舍弃了学术深掘，匆匆忙忙走向了另外一条道路。

传统的形式主义者或批评家指责基拉尔最终将所有文学文本简化为一种文本外现象——替罪羊机制的重复，基拉尔本人对此很是不满。他相信所有的人类思维最终归结于他所试图探索的摹仿机制，但是这并不意味着他赞成当下流行的认知虚无主义。也就是说，他认为自己的摹仿机制是一种具有实践性质的理论，可以解释仪式与神话，乃至所有的社会现象。他相信这种理论具有普世性，可以用来解释一切宗教现象，而且，这些神话中的人物特征可以相互替换，所有神话与仪式的主人公都可以置换，具有可替换性。在政治上，基拉尔是一位地道的秩序与法律维护者，反对任何暴力的出现。他认为，尽管摹仿理论与替罪羊机制只是一种所谓的假说，但是现实生活中却存在大量真实的受害者。"它可能是 20 世纪生活的主要事实。以最大的魅惑力迷住现代人头脑的意识形态造成了人类历史上最大规模的屠杀，但是很多知识分子一直都特别不情愿承认这个事实，就像意识形态帮助他们避免看到意识形态文本和神话文本后的事实一样，所有的受害者都是真实存在的。"[1]对于基拉尔来说，这是一种无言的结局。

---

[1] René Girard, Interview: René Girard. *Diacritics*, Vol. 8, No. I, Special Issue on the work of René Girard (spring, 1978), pp. 31-54. Published by: The Johns Hopkins University Press. p. 54.

四 暴力、神话与仪式

20世纪上半期有两种主要的理论：一种将仪式的源头上溯到神话，要么试图在神话世界寻找历史的真实事件，要么认为某些信念诞生了仪式行为；另一种则相反，认为仪式不仅是神话的源头，还是众神的源头——尤其在希腊，是悲剧与其他文化的源头。基拉尔对这两种理论均不满意，他认为，以上两种研究范式都是用一种现象来解释另一种现象，而这也就意味着对这种现象的诠释性解释还没有开始，后者成为一种未被系统阐释的教条而被纯粹的信仰所接受。

弗洛伊德认为，神话中的一些故事主题源于人类心灵深处对母亲乱伦性渴望的恐慌，赤裸裸或纯粹的性欲望直接与暴力相关，它是最后一块遮羞布，又是揭开暴力面目的开端。性解放常常会引起一些暴力的突发，这一点在《图腾与禁忌》中得以诠释：真实的集体谋杀是所有神话与仪式的根源与模型[①]。只不过，这种暴力理论带有一种浓郁的假想性，缺乏足够的田野证据，从而被 E. E. 埃文斯-普理查德讥讽为"假如我是马"式的猜测。针对弗洛伊德的暴力与性之间关系的探讨，基拉尔提出了自己的看法："流传甚广的杀父娶母仅仅是献祭危机最后阶段的表征。限于某一个具体的个体生命，杀父娶母将整个危机转嫁到替罪羊身上。隐藏在神话背后的不是性，之所以说它不可能，是因为它已经被公开揭示了。尽管如此，性却是目前可以用来阐释暴力的手段，并且它确实为暴力寻找到了一种发泄的途径。就像其他的现象一样，性在神话中确实存在。实际上，性扮演了远远超出自己本质的重要角色，然而，它不是决定性的因素。在乱伦主题神话中，性完全是一种外在的东西，它与纯粹的个体暴力联系在一起，实际上遮蔽了集体暴力。这种暴力最后消灭了整个的集体，它实际上并不是出于宗教错觉，而是由替罪羊机制所造成的。"[②] 换句话说，基拉尔认为弗洛伊德的性欲望理论接近了暴力理论，但是他却被一些错觉所蒙蔽而没有看到欲望背后的暴力行为，暴力在某种程度上是建立在献祭基础之上的。

对于人类社会来说，暴力行为已经不是新鲜的东西了，它时时刻刻发生在我们身边，以不同的面目与方式出现。但是原始社会的暴力行为在宗教的献祭

[①] 参见〔奥〕弗洛伊德：《图腾与禁忌》，文良文化译，中央编译出版社，2005年，第109—172页。
[②] René Girard, *Violence and the Sacred*. Baltimore and London: The Johns Hopkins University Press, 1979. p. 118.

行为之上，披上了一层神圣的外衣。基拉尔指出："在许多仪式中，献祭的行为呈现为两个对立的方面：有时表现为一种神圣的义务而不顾死亡的危险，有时却冒着严重的危险进行犯罪活动。"[1]暴力是普遍存在的，而且有着极为容易识别的生理标志。当人们找不到能够使暴力转换为替代的牺牲物时，就以身边的某物或某人作为对象。"献祭是对替罪羊机制的一种客观再现，其功能是更新永存或者更新这种机制效应，也就是说，使族群远离这种暴力。"[2]在基拉尔眼中，献祭仪式是社会寻找一个相对不同的牺牲者的暴力行动，如果寻找不到，暴力会将自己的集体成员作为宣泄对象，献祭的替代物在某种程度上消除了混乱。从这个层面上说，献祭是共同体给予自身的一个替代者——保护它免受自己暴力的伤害。献祭的目的是恢复和谐，强化共同体内部的社会约束力。暴力的最初行为是整体而自发的，而仪式的献祭则具有多样性，永无休止地重复。献祭与暴力直接关联的原则构成了一切文化的基础，具有普遍性。"一旦我们对献祭进行这种根本的探讨，选择暴力在我们面前打开的道路，那么人们就会发现，人类存在的每个方面，都与这个主题有关，甚至物质的丰富与否也与此相关。当人们不再生活在彼此和谐的状态中，虽然太阳依旧照耀大地，雨水照样适时而至，但可以肯定的是，田野失去了往日的悉心照料，收获也不如以往那么丰硕。"[3]

一般的崇拜者认为，神话与仪式中被崇拜的神明是神圣不可侵犯的，他们是人类的佑护者。而那些神话中的妖怪，则是比较邪恶的一些东西，对人类造成了一定的威胁。基拉尔指出，从暴力的性质上看，神话是一个典型的迫害文本，因为它具备四类迫害的范式，实际上，"所有神话都根植于真实的暴力上，以反对真实的受害者"[4]。只不过，神话文本中的迫害程度比历史文本中的迫害程度更为有力，同时也更为隐蔽，但这并不能够掩蔽其中的迫害与暴力。神话中的神明其实是被集体暴力杀害的替罪羊，怪物同样是无辜的受害者，二者之间的相似点是具有明显的生理标志，可以被挑选出来作为施行暴力的理由。神明与妖怪被神话文本神圣化之后，就从

---

[1] René Girard, *Violence and the Sacred*. Baltimore and London: The Johns Hopkins University Press, 1979. p. 1.

[2] René Girard, *Violence and the Sacred*. Baltimore and London: The Johns Hopkins University Press, 1979. p. 92.

[3] René Girard, *Violence and the Sacred*. Baltimore and London: The Johns Hopkins University Press, 1979. p. 8.

[4] [法] 勒内·吉拉尔：《替罪羊》，冯寿农译，东方出版社，2003年，第30页。

最初的替罪羊变为神圣的神明或具有某种超然性的怪物。基拉尔提醒读者："我们必须要考虑的一点是，所有的原始神明都具有双重属性，他们其实是有害与无害特征的混合体，而且所有的神话形象都将自己卷入了世俗事件之中。"[①]这种解读，是对神话及神话现象的真正"祛魅"，神话与现实，神明与人类，在暴力的基础上遭遇并互为一体，不过，基拉尔对神话的解读与诠释只是结构性的，而不是暴力事件与细节上的一一对应。

宗教研究者将神话与仪式固定在宗教层面上，促使二者联系在一起的因素是宗教中的神圣性，而基拉尔认为，神话、仪式与宗教根本就没有任何关系，二者与暴力直接关联。在对暴力的表述上，神话与仪式都是迫害文本，只不过采用的表述方式不同罢了。仪式通过想象重复原来的暴力杀戮，神话则通过语言的扭曲与变形来记忆当初的集体迫害，语言因此比行为更具有欺骗性。仪式是对集体杀戮的表演，神话则是对集体暴力的表述，只不过采用了一种欺骗的方式来进行。尽管如此，二者背后却是替罪羊效应在起着作用，而仪式在意义模式方面更具有生成能力。"最初的暴力行为是所有仪式与神话意义的源泉。暴力行为是唯一真实的，它是自发而绝对的。可以这样说，仪式与神话之间的暴力行为是同时进行的。"[②]这是基拉尔对神话与仪式的暴力性定位，他将二者从神圣的宗教崇拜拉到了血腥的集体迫害，在对替罪羊的戕害与杀戮中，神话与仪式达成了共谋。

五　小结

基拉尔的暴力理论基于这样一种假设：起初之时，人类社会存在一种暴力危机的时刻——冲突未分化的瘟疫——这个时刻后来被替罪羊牺牲机制中止了，该机制的作用是通过摹仿竞争的辩证作用，在原来只有任意性冲突的地方建立等级、确定差异和制定价值。暴力和驱逐的记忆却保存了下来，隐藏在仪式性献牲扭曲了的帷幕之下，它一方面伪造了危机的性质，另一方面将替罪羊机制道德化。在文化的后期，仪式的功能被文学取代了，它制造神秘，但在某些情况下，索福克勒斯、欧里庇德斯、莎士比亚的伟大作品和

---

① René Girard, *Violence and the Sacred*. Baltimore and London: The Johns Hopkins University Press, 1979. p. 251.

② René Girard, *Violence and the Sacred*. Baltimore and London: The Johns Hopkins University Press, 1979. p. 113.

《圣经》揭开了帷幕,[①]使得后人能够瞥见长久以来被遮蔽的历史真相。

严格说来,这种危机在文化体系内不可能有直接记录下来的证据,在历史上也找不到具体的时间与生成语境。从某种程度上说,基拉尔"是人文学家而不是人类学家。尽管他广泛征引民族学的(以及古典学的)材料以支持他的观点,但是公正地说,他是在挑选某些例证来说明理论,而他的理论却不是来自民族学的材料"[②]。这话说得不错,但是,基拉尔神话理论的价值并不只可以作这种简单理解,它有着更高层面的价值与意义。重要的不是这种暴力在历史上是否真正存在过,而是这种假设可以解释人类社会上所有的宗教仪式与神话主题,以及一些社会现象。这是一种假设性的知识,是对以往人类知识概念与体系的一种重新整合。

与此同时,基拉尔对神话与仪式的界定突破了现有的知识体系,将其视为暴力文本,认为二者是一种社会知识的形式,将它们纳入了人类社会的知识体系中,从而去除了神话与仪式的虚构性。在成功地引入知识社会学来研究神话与仪式时,基拉尔对知识作了一种再阐释。现代知识社会学对人文、社会科学研究的最大贡献在于揭示知识生产的社会机制,但是它本身对知识的界定却基于一种认识论层面的理解:科学知识来自于直接的经验观察或现象学的直觉。

基拉尔的暴力理论的前提是一种普遍存在的危机,它抛弃了能指与所指之间的混淆,来自于一种对文本现象分析的内在阐释,用公议牺牲机制的有效性揭示所有神话、仪式主题的性质与组织,从而将被视为西方知识的神圣资源的神话和仪式一一瓦解。基拉尔的知识假说打破了知识既有的理念与性质,将社会文本与神话文本连接起来,褪去了罩在神话头上的神圣光环。这种"祛魅"使得建构知识的机制重新反思自身,而神话理论则获得了一种前所未有的解放。

---

① 参见[法]勒内·基拉尔:《双重束缚——文学、摹仿及人类文学集》,刘舒等译,华夏出版社,2006年,第265页。
② [英]菲奥纳·鲍伊:《宗教人类学导论》,金泽等译,中国人民大学出版社,2004年,第205页。

第三节　沃尔特·伯克特生物神话学思想

一　引论

沃尔特·伯克特（Walter Burkert）要做的，是走出剑桥学者们的神话从属于仪式的既定研究范式，同时摆脱基拉尔那种基于文本现象分析的内在阐释来寻求神话与仪式源头的做法。他试图根据人类一些普遍的需要与本能，来探寻神话与仪式的社会意义、社会功能，他首次将神话与仪式之间密不可分的关系明确提到了理论高度，在他之前的不少学者均未圆满地解决这个问题。

国外对沃尔特·伯克特神话思想的介绍较多，除了单篇概论性论文[1]，另有神话学者从神话学角度所作的解读。神话学者罗伯特·A.西格尔（Robert A. Segal）在其论著《神话与仪式理论读本》（*The Myth and Ritual Theory: An Anthology*）中简要介绍了伯克特与基拉尔思想中暴力的蕴涵与区别，同时比较了二者关于神话与仪式功能的差异。[2]此后学者埃里克·科萨帕（Eric Csapo）在《神话理论》（*Theories of Mythology*）一书中，介绍了伯克特的生物社会学思想与结构主义思想，[3]作者注重的是伯克特与生物进化论之间的关系。国内学界尚未启动神话学方面的研究，本书将重点介绍伯克特关于神话与仪式的定义、起源、关系、功能等，其他方面的内容会放到相关章节中阐释。

二　神话与仪式的界定

从知识考古学的角度来看，神话与仪式固然非常重要，但要为二者作一种具有共识性的界定却相当困难。剑桥学派对神话和仪式的定义是将仪式凌驾于神话之上，而基拉尔的界定又缺乏普遍性，其他各种神话理论，如心理分析、功能主义、结构主义、历史主义，这些理论的追随者由于缺乏

---

[1] 参见 Larry J. Alderink, "Greek Ritual and Mythology: The Work of Walter Burkert," *Religious Studies Review*, Volume 6, Issue 1 (1980), pp. 1-13; Larry Alderink, "Walter Burkert and a Natural Theory of Religion," *Religion*. 30.3 (2000), pp. 211-227.

[2] 参见 Robert A. Segal, *The Myth and Ritual Theory: An Anthology*. Malden; Mass.: Blackwell Publishers, 1998. pp. 11-12; p. 341.

[3] Eric Csapo, *Theories of Mythology*. Malden; MA: Blackwell Pub., 2005. pp. 163-180; pp. 199-201.

一种人类学的知识视野，在界定神话时割裂了神话和仪式产生的环境。

在伯克特看来，要对神话和仪式作一种界定，就必须将二者放入其生成语境中考察。他认为，最初是叙述性的神话，然后是崇拜性的仪式行动，二者共同建构了宗教。在对神话与仪式的宗教定位上，伯克特无疑是剑桥学派的继承人，但是在对神话特性的理解上，伯克特有自己的理解。他对神话的界定可以概括为如下四点：1."神话是传统故事中一种最为普遍的形式"[①]；2."传统故事，包括神话，当它从任何特殊文本或语言及与现实的直接指涉中独立出来时，在结构的意味上，其特征在于故事本身"[②]；3."故事的结构，就像其情节单元序列一样，是建立在一些最为基本的生物性或文化性行为程序上的"[③]；4."神话是一种传统故事，间接地、部分地与某种具有群体重要性的内容相关联"[④]。如果将伯克特对神话的这些界定组合起来，那就是：神话是一种具有自足性的传统故事，其结构建立在一些最为基本的生物性或文化性行为程序上，神话的讲述对于一些群体来说具有重大意义。伯克特对神话的定义连带出了三个相关的问题：第一，传统故事是如何成为希腊神话的？第二，在何种程度上，希腊神话获得了一种与群体重要性相关联的内容？第三，假如神话是传统故事的一种形式，那么神话与其他传统故事之间有何差异？

对于前两个问题，伯克特避而不谈，他将它们留给了那些对这些问题感兴趣的学者，而对于第三个问题，伯克特只给出了神话与童话、史诗之间的区别。他认为，神话和童话之间的差异主要是故事中名字的不同。神话中的一些名字不一定有什么意义，但是一定要有参照，如果去掉参照，神话就成为童话。至于神话与史诗之间的区别，伯克特指出，作为传统故事的神话具有一种虚构性，仅仅表述遥远时代神明的故事，而史诗关注的是英雄的事迹，在某种程度上具有一种真实性，在表现形式上史诗具有多样性，在文体、乐律以及合成性上都达到了一种高度。值得注意的是，伯克特将神话表述的对象限定为神明，这是一种宗教层面上的界定，排除了希腊神话中一些比较重要的神话，如俄狄浦斯神话，而后者恰恰是神话学者们经

[①] Walter Burkert, *Structure and History in Greek Mythology and Ritual.* Berkeley: University of California Press. 1979. p. 1.

[②] Walter Burkert, *Structure and History in Greek Mythology and Ritual.* Berkeley: University of California Press. 1979. p. 5.

[③] Walter Burkert, *Structure and History in Greek Mythology and Ritual.* Berkeley: University of California Press. 1979. p. 18.

[④] Walter Burkert, *Structure and History in Greek Mythology and Ritual.* Berkeley: University of California Press. 1979. p. 23.

常关注的，伯克特因此遭到了来自古典学界的攻击。

在神话和仪式的争论中，一个最为核心的问题是：究竟什么是仪式？赫丽生将仪式定义为"一件重复或事先完成的事，一件可以用表演的形式展现出来的事情"[①]。在作这种静态描述性界定时，赫丽生强调了仪式的重复性与模仿性特征，同时否定了仪式与语言之间的关系。基拉尔将仪式的重复性与模仿性特征偏向了暴力一方，使得仪式成为展现人类社会暴力的一种有力行为。伯克特认为，语言的目的是交流，仪式同是出于交流的需要，只不过仪式带有一种示意性，在这个角度上说，仪式就不单单是一种行为，而是一种富有示范性的语言。因此，伯克特对仪式的界定就富有一种功能主义的意味：1."作为一种交流的形式，仪式是一种语言。它首先是一种天生的语言，其次是一种被描述的语言，人类最富有功效的交流体系应该与仪式相关"[②]；2."仪式是一种被改编了的行为模式，带有一种被置换的指涉性"[③]；3."仪式是一种为了交流而被改编的行为"[④]。值得注意的是，回头看一看伯克特对神话的界定，我们就会看出，伯克特对仪式的定位决定了它的出现比神话要早，因为行为先于语言而存在。这样，仪式就在定义上具有一种时间的超越性，同时具有双重属性：隶属于语言与行为。伯克特强调仪式的交流目的，而不是其表演过程中的重复性，不过他在突出仪式交流特性的同时，忽略了仪式系统中的象征特征。

三 神话与仪式的源头

（一）仪式的起源

侵略与暴力伴随着人类文明进程的每一步，实际上，它们已经成为人类文明进程中的核心问题。只不过人类学者们一向拒绝将暴力纳入宗教研究中，因为在他们看来，宗教中的仪式与神话是神圣的，任何试图打破这种认知模式的研究都具有危险性，是一件吃力而不讨好的事情。

不过并非所有的学者都有这种心理负担。一个世纪之前，弗洛伊德在《图腾

---

① [英] 简·艾伦·赫丽生：《古希腊宗教的社会起源》，谢世坚译，广西师范大学出版社，2004年，第41页。

② Walter Burkert, *Homo Necans: The Anthropology of Ancient Greek Sacrificial Ritual and Myth*. Berkeley; Los Angeles; London: University of California Press, 1983. p. 29.

③ Walter Burkert, *Homo Necans: The Anthropology of Ancient Greek Sacrificial Ritual and Myth*. Berkeley; Los Angeles; London: University of California Press, 1983. p. 34.

④ Walter Burkert, *Structure and History in Greek Mythology and Ritual.* Berkeley: University of California Press, 1979. p. 51.

与禁忌》一书中曾对神话与仪式的心理源头作了一种猜测：真实的集体谋杀是所有神话和仪式的根源，只不过这种暴力是父子之间的性欲引起的；[①]勒内·基拉尔（René Girard）认为，神话与仪式唯一的源头是人类社会的暴力行为，此外别无起源。弗洛伊德与勒内·基拉尔理论的相同之处是将神话与仪式的源头指向了人类暴力，但二者均是一种文化系统之内的假想性探索，从方法论层面上都无法提供人类学所需要的特定历史与文化语境，因而遭到了来自人类学领域内部的谴责，被 E. E. 埃文斯－理查德讥讽为"假如我是一匹马"式的臆想式研究。

在伯克特看来，神话与仪式并非如赫丽生所说的那样是同时产生的，仪式产生时间要比神话早，仪式在史前社会就已经出现了。二者生成时间的不同也就意味着，其起源有可能并非来自于人类社会内部的相互杀戮，而是另有源头。

伯克特认为，希腊很多仪式中的核心角色既不是神，也不是人，而是被杀戮的动物。神圣的动物献祭仪式其实是一种充满暴力的行为，人类是这种杀戮行为的执行者，那些仪式上献给神明的动物则是杀戮的对象，死亡是整个仪式的中心。希腊的仪式很多，动物祭奠仅仅是希腊仪式的一个部分，并非所有的庆典都有动物献祭，比如希腊的初果献祭。伯克特对此并不回避，认为这种献祭是后期农业社会仪式化的结果，而不是最初的仪式。一般的人类学者或古典学者对希腊仪式的研究到此就止步了，认为在希腊人的动物祭祀仪式上看到了仪式的本来面目。但是伯克特却不这样认为，他指出，这些动物祭奠仪式其实并不是最初的仪式，它们源于旧石器时代的狩猎仪式。在这一点上，伯克特的观点无疑来自于瑞士学者卡尔·穆利（Karl Meuli）。卡尔·穆利指出，人类的仪式源于旧石器时代猎人们的表演性庆典，猎人们因为杀害了过多的动物，有一种负罪感，于是就举行一些表演性的杀戮仪式来减轻自己的这种感觉。伯克特在此基础上将卡尔·穆利的理论向前推进了一步，他认为，这种强烈的负罪感使得旧石器时代的猎人们恐慌不安，而这个时候就要借助于一种行为来释放这种杀害生命的罪恶感，表演性的杀戮仪式因此而产生。这个时候，"狩猎仪式克服了面对死亡时对于生命延续的焦灼感。血淋淋的行为是为了生命延续的一种必要措施，但是它仅仅针对那些再生的生命而言。这样，猎人们把动物的骨头收集起来，把它们的头骨高高放置，将其毛皮展示，都可以被理解为一种补偿，这其实是一种有形感官的复苏。他们期望这种食物资源永远存在，他们不再有恐

---

① 参见 [奥] 弗洛伊德：《图腾与禁忌》，文良文化译，中央编译出版社，2005 年，第 109—172 页。

惧感，他们不需要再去打猎，不再去杀害那些活蹦乱跳的生命"①。这是一种心理学上的阐释，与弗洛伊德和基拉尔的理论在性质上几乎没有什么差异。问题是，伯克特如何知道史前的猎人们在屠杀动物时具有一种负罪感和焦灼感？伯克特并没有提供任何证据说明史前人类存在这种对动物的负疚感。他仅仅解释说，当一个掠夺者面对外来的入侵者，当他失去其掠夺对象时，确实有一种焦灼感。当一个猎人失去其猎物时，也会有一种挫折感，但是这种说法并不能够用来解释史前人类对猎杀动物的行为的感受。

伯克特继而指出，这种血淋淋的狩猎仪式后来转换为一种与农业有关的仪式，其间要经过一个仪式化的过程。不过所有的仪式内容都没有改变，仪式过程中各种各样的仪式工具却被改变了，狩猎仪式就转换为一种农业庆典，象征在这时也就出现了。狩猎仪式中出现的各种程序也因此带上了农业文明的痕迹，一些行为与动作被代替，这些改变首先在神话中得以表述。从这个角度说，希腊的仪式可以上溯到史前人类杀戮性的狩猎仪式，其源头是人类对同类及动物的暴力杀戮。因此，伯克特就将仪式的起源时间放到了史前时代，他将基拉尔的暴力存在于人类历史的时期扩大到旧石器时代，同时将基拉尔的暴力范围延展到人类对动物的杀戮上。

旧石器时代是否存在宗教？猎人们的崇拜体系中是否存在象征体系？对于这两个问题，伯克特持一种断然否定的态度。他与弗雷泽的看法一样：希腊神明源于农业时代，他们最初都是一些掌管农业丰产的植物神祇。所谓的象征也是在农业社会才出现的，旧石器时代的猎人们心中没有神明，尽管他们有集体参与的杀戮行为模式，却没有自己的神明，宗教的概念在那个时候还没有萌芽，图腾的概念也不存在。欧洲的考古学家在欧洲大陆发掘出了大量的动物骨头与雕像，其中雕像以女性居多。伯克特认为，这些动物的头骨、肩胛骨、胫骨，其实是旧石器时代的猎人们在狩猎仪式上屠杀大量动物的证据，至于那些女性雕像，则是那个时候人们崇拜的大母神。还有一些少数的男性雕像，伯克特认为有可能是那些被杀死的人类同伴。伯克特的这种阐释其实暴露了他对旧石器时代宗教的矛盾态度：一方面，他拒绝史前存在宗教的观点；另一方面，他假设那个时候的猎人们有自己崇拜的死亡女神。伯克特声称自己的研究是基于人类的历史与现实，只是他的旧石器时代猎人们出于负罪感和焦灼感而举行集体杀

---

① Walter Burkert, *Homo Necans: The Anthropology of Ancient Greek Sacrificial Ritual and Myth*. Berkeley; Los Angeles; London: University of California Press, 1983. p. 16.

戮仪式的理论，不能够解释欧洲史前那些女性雕像为何出现。面对金芭塔丝史前曾经存在女神宗教与崇拜仪式的观点，伯克特在否认的同时却不能够提供一种更为有力的阐释。

（二）神话的起源

剑桥学者们将仪式凌驾于神话之上，认为神话的源头是仪式；基拉尔则认为二者是独立的，神话与仪式的唯一源头是人类社会的暴力，但他不能为此提供确切的文化语境。伯克特断然否决了剑桥学派神话源于仪式的观点，因为"在人类演化的历史中，仪式要古老得多，它甚至可以回溯到动物那里，神话却是在标志着人类特有能力的语言出现后才有可能出现的。在人类文字发明之前的时代，神话是不可能被记载的，尽管在此之前它就已经存在了"[1]。在神话最初的源头上，伯克特并没有提供更多的证据表明神话源于狩猎中的暴力行为，他仅仅指出，神话中一些性与侵略的主题同样是仪式中比较流行的主题，后者源于史前时代猎人们的狩猎生活。神话故事中人类的一些动作行为序列对应的是人类的生理周期，与此同时，神话故事中一些人物的行为其实是基于对动物生理行为的摹仿。这听起来多少有些令人难以理解，伯克特为此举了两个例子来阐释自己的观点。

第一个例子是"少女的悲剧"，用来论证神话行为序列与人类生理行为之间的关系。所谓"少女的悲剧"，其实是一系列神话故事的总称。希腊神话中有关于卡利斯托（Callisto）、达那厄（Danae）、伊俄（Io）等女性的故事，这样一类神话故事因其主角是少女而被伯克特冠以该名。伯克特对这一类神话的情节单元作了一种结构上的分析，将其分为五类行为序列：

1. 离家出走。女孩告别自己的家庭与童年时光。
2. 从家庭中隔离出来。卡利斯托与阿尔忒弥斯在一起；达那厄被锁在一个地下室里；伊俄成为女祭司。
3. 强奸。少女总是被一个神祇吸引、施暴，然后怀孕。
4. 遭难。女孩被严惩，受到死亡的威胁。
5. 获救。母亲生下了一个男孩子，当这个男孩子长大后，他按照神谕掌握了权力，最后救出了自己的母亲。

伯克特认为："很明显，这类少女悲剧的故事来源于女性本性与生物性上的

---

[1] Walter Burkert, *Homo Necans: The Anthropology of Ancient Greek Sacrificial Ritual and Myth*. Berkeley; Los Angeles; London: University of California Press, 1983. p. 31.

从童年到成年的转换这种生命循环现象。女性出生以后要经历三次醒目的事件：初潮、性交与怀孕，与此对应的是神话中的隔离、性强暴与孩子的出生，所有这一切并不是同时发生的。"①伯克特认为，所有少女悲剧的高潮是孩子的诞生，在叙述中是男孩子的诞生。伯克特这样的解释仅仅是一种行为序列上的对应，还有一个问题没有解决：为何这一类神话中少女生出的孩子都是男孩，而且大多长大后都成为文化英雄？伯克特在这些细节上并没有给出答案。兰克（Otto Rank）在其论著《英雄诞生神话》中，将这一类神话称为"英雄诞生神话"，认为这一类故事其实反映了男孩寻求独立的心理状态，在细节的对应上，兰克比伯克特的解释更具有说服力。

第二个例子是拇指献祭的神话。所谓拇指献祭，意思是说，当一个人没有什么东西拿来敬奉神明时，就将自己的拇指献上，作为对神明的祭品，世界各地均有这样的神话。神话中通常将拇指献祭与一个人的死亡联系起来，神明通过梦境向某个人预言他很快就要死去，为了免除自己的死亡，这个人通常会献上一定的祭品来取悦神明。伯克特所举的例子是希腊神话中俄瑞斯忒斯（Orestes）的故事。美洲、非洲、印度、大洋洲与古希腊都有这类神话故事，所有这些神话中的拇指献祭都有一个明显的意图：为了免除某种灾难或死亡。伯克特指出，所有神话中的这类拇指献祭都不是自发的，而是根据一种古老的传统而来的，这种实践是整个社会的一个组成部分，而不是文化独有的现象。现代的学者将其视为迷信与奇谈怪论，实际上，这种看上去极其怪诞的行为却化解了危机。这一类神话故事背后运作的规律是"部分代替整体"原则，可以用动物界"失去与补偿"的观点来阐释。这类神话中人类失去部分可以获得整体生存的现象，在自然界其实比比皆是，它是动物们在遇到危险时拯救自身脱离危险的一种本能的方法，许多动物都有这种本能，比如鸟类在遇到外来的威胁时，会将身上的羽毛褪下，狐狸在掉入陷阱之后，会将自己被夹住的爪子咬断而逃亡。人类在早期生活中观察到了动物们的这些行为，十分羡慕，但是又没有这一类本领，于是就通过具有虚构形式的神话将其表述出来，只不过在神话中这种功能被加到了人类的身上。二者的差异就在于，"动物世界的这种行为纯粹是功能性的，因为它通过这种行为转移了掠夺者的注意力，从而获取了生存的机会。在人类文化中，它同时是行为和幻想的模式，具有持续性与普遍性。人类与动物的这种

---

① Walter Burkert, *Creation of the Sacred: Tracks of Biology in Early Religions*. Cambridge; Mass.: Harvard University Press, 1996. p. 73.

行为是如此接近,以至它们几乎可以用同一种语言来描述,在一种被追击、威胁与急迫的状态下,部分代替整体牺牲行为的目的是为了获得生存"①。

这样看来,伯克特关于神话起源的观点就有了一种动物行为学和生物社会学的意味,他将神话的源头追溯到动物与人类自身的行为上,在人类学的知识视野内观照其最初的面目。神话与仪式在最初的行为模式上其实源于人类与动物的行为,这是伯克特对神话和仪式的源头所作出的一种富有挑战性的论断,只不过其中夹杂了一些心理学的成分,某种程度上依然没有完全摆脱"假如我是一匹马"式的研究范式。

四 神话与仪式的功能

使得仪式主义者成为仪式主义者的一个信念是,在神话与仪式之间存在一种强而有力的普遍性联系,二者之间的联系一般体现在定义与功能上。对神话与仪式作一种形式化的界定并不困难,任何一个熟悉希腊神话的人都能够很容易地辨别希腊神话与仪式,但是一旦涉及二者的功能,问题就变得比较复杂了。

剑桥学派的人类学者们对仪式与神话的认识仅限于二者之间的关系,没有对神话与仪式的功能进行探讨,将这个问题留给了后来的学者。柯克认为,神话的功能和神话的形式一样,具有多样性,他由此确立了神话的三种功能:1. 叙述与娱乐功能;2. 操纵、重复与确认功能;3. 思考与阐释功能。②只不过柯克界定的神话功能与神话特征之间并没有什么必然联系。除此之外,他坚决否认神话与仪式之间存在必然的联系,认为大部分情况下神话是独立于仪式而存在的,即使神话与仪式有联系,这种联系也同样是复杂而变化的,二者的功能当然无法在同一个平面上进行,柯克因此拒绝对仪式的功能进行探讨。基拉尔则将神话和仪式的功能直接与暴力联系起来,认为神话的功能是以语言的形式表述最初的集体暴力,仪式的功能则是用动作的方式再现集体暴力。尽管如此,基拉尔并没有对神话与仪式的功能作一种富有理论高度的阐释,他对二者功能的理解仅仅是针对一些特殊的神话与仪式而言的,不具备普遍性。

伯克特认为,作为文化传统的诸多形式之一,神话与仪式之间具有密切但并非相互依赖的关系。"神话意味着用一种悬浮不定的参照来讲述一个故事,通过

---

① Walter Burkert, *Creation of the Sacred: Tracks of Biology in Early Religions*. Cambridge; Mass.: Harvard University Press, 1996. p. 41.

② 参见 G. S. Kirk, *Myth: Its Meaning and Functions in Ancient and Other Cultures*. Berkeley: University of California Press, 1970. pp. 253-254.

一些最为基本的人类行为模式来建构自身；仪式是为了示范进行的立体行为。神话与仪式都依靠行为规范，都脱离了实用的现实社会，二者的意图都是为了沟通。"[1]神话与仪式是相互证明的关系：一方面是富有示范性的叙述，另一方面是富有示范性的行为，二者之间并不排除一种互惠性的联系，但分别单独进行，可以互相支持。在这一点上，伯克特无疑是剑桥学派的继承人，但使得他与剑桥学派有所区别的是，他宣称在每一个单独的仪式与神话之间并没有必然的联系，二者的存在基础是人类社会的生活结构，这样神话与仪式就走出了特定的关系而具有一种普遍性。

仪式的功能与意义蕴含在其社会目的之中。通过一些情感的操作，如焦虑与释放，在一种共享、循环的示范行为内，仪式可以帮助个体应对隶属于生理、情感、社会上的一些需求与问题，从而可以推进一个社群的稳定与协作。一些具有创伤意味的事件，如死亡、婚姻与疾病都通过仪式而被规约化，同时被人类自己分享或扩展，这些事件并非仅仅发生在个人身上，而是针对所有的人群而言，它们不仅在当下发生，也曾在过去发生。

神话与仪式一样，具有实践性。作为一种被应用的传统故事，神话不是单纯用来娱乐的传统故事，而具有一定的神圣性。神话的讲述模式也有别于传统故事，神话的讲述发生在特定的历史时期，讲述神话不是出于娱乐目的，而是为了对现有的社会秩序进行阐释。"神话的特征既不在结构中，也不在故事的内容中，而是在它的用途上。"[2]除了源头，神话作为一种特殊的叙述类型，最大的特征就是被不断重述和改编，就在这种过程中，神话叙述创造了一种与当下协调的体系，乃至与未来保持了一致性。实际上，这些被重构的神话结构是社会处理新情况的一种便利工具，甚至对一些未知的事物也具有这种功效。

伯克特认为，在对社会秩序与生命秩序的建构上，神话与仪式的功能具有类似性。"仪式的功能是改编生命的秩序，通过一种基本的行为，尤其是富有侵略性的行为来表述自己。同样，神话通过自己的表达方式来阐明生命的秩序"[3]，尤其是被仪式改编了的生命秩序。总之，仪式的功能是改编生命的秩序，神话的功能是阐释生命的秩序。在建构生命秩序的同时，仪式与神话同时为人类群

---

[1] Walter Burkert, *Structure and History in Greek Mythology and Ritual*. Berkeley: University of California Press, 1979. P. 57.

[2] Walter Burkert, *Structure and History in Greek Mythology and Ritual*. Berkeley: University of California Press, 1979. P. 23.

[3] Walter Burkert, *Homo Necans: The Anthropology of Ancient Greek Sacrificial Ritual and Myth*. Berkeley; Los Angeles; London: University of California Press, 1983. p. 33.

体生存的必要性创造了一种差别——二者均是社会的直接能量与行为模式。对于社会和个体来说，神话与仪式在秩序确立上扮演了不可或缺的角色。当社会危机出现时，人类就会动用神话与仪式来解除危机，如果没有神话与仪式，人类社会的危机就不可能解决，人类社会也不可能留存。作这种描述时，伯克特无疑夸大了神话与仪式的社会功能。

五　小结

沃尔特·伯克特研究的核心是神话与仪式，从这个角度看，他是一位地道的神话—仪式主义者，但其研究范式有别于在其之前的一些人类学者，他将神话从仪式中解脱出来，肯定了神话的独立地位，首次对神话与仪式之间的互动关系作了一种具有理论高度的论证和阐释，并对神话与仪式在应用过程中所扮演的角色作了明确的说明。但是他对二者的界定依然没有摆脱对宗教的隶属，对神话与仪式的探讨也同时限定在宗教层面。

沃尔特·伯克特最为重要的贡献是，他首次运用生物社会学和动物行为学的方法来探寻神话的物质性源头，并将生物进化论、社会进化论思想与结构主义思想相结合，来阐释神话与仪式之间的互动关系。他对希腊神话的探索摆脱了先前那种臆想式的研究模式，从而使得对神话的研究打破了单一的学科阐释，走向了多学科、多层面的整体解读的道路。

第二章 心理分析理论

第一节 概论

尽管神话学走过了近二百年的历史,神话科学的真正崛起却始于20世纪,仪式主义与心理分析学派对希腊神话研究的介入是其标志性开始。神话心理分析理论中最有影响的是弗洛伊德(Sigmund Freud)与荣格(Carlo Gustav Jung)。

弗洛伊德在其论著《释梦》中断言,民间故事、神话、传奇、笑话,还有流行的各种故事,都与梦的形式和内容有关。后来,他在《图腾与禁忌》中将神话理解为一个民族扭曲的梦,同时又是整个人类童年的梦。荣格则认为,神话、民间故事和梦境中之所以都会出现一些相似的形象与符号,是因为这些东西是人类思想的遗产,保留了人类精神中的一些记忆,他将其称为"原型"(archetype)。弗洛伊德和荣格都赞同,神话是人类无意识的体现,但在无意识本质的理解上,二人有所差异。在弗洛伊德看来,无意识包含那些不能够被社会接受的驱动力;荣格则认为,无意识涵盖了一些未开发的先天性个性,而绝不是那些反社会的无意识。弗洛伊德与荣格的这些观点的差异最终体现在对神话功能的理解上。"对于弗洛伊德而言,神话用一种间接的形式服务于那些伪装的无意识驱动力;而对于荣格来说,神话是为了让个体发现另外一个未知的自我。对于弗洛伊德与荣格来说,神话首先是为了满足个体的需要,其次才是为了满足社会的需要。"[①] 弗洛伊德与荣格的理论试图解决神话的三个问题:神话的起源、神话的功能和主题,以及神话产生与留存的方式。

尽管弗洛伊德经常论及神话,但他对神话根本就没有兴趣,甚至在阐释俄狄浦斯情结时,他一直在索福克勒斯悲剧与神话故事之间来回摇摆。弗洛伊德对俄狄浦斯神话故事的诠释不过是为了证明其心理学理论,并没有创造出一种神

---

① Robert A. Segal, ed. *Psychology and Myth*. New York; London: Garland Publishing, Inc., 1996. Introduction.

话阐释理论。荣格的意图是建立集体无意识以及遗传的、本能的原型，确认神话的心理治疗功能。

鉴于国内已经出版弗洛伊德与荣格的诸多中译本，加之神话学者们的介绍，读者比较熟悉他们的相关观点，本章在此略去对弗洛伊德与荣格神话思想的具体阐释，仅仅作一种概论式介绍。与此同时，本章打算探讨其他一些心理学研究者对希腊神话的阐释，重点考察奥托·兰克（Otto Rank）与理查德·考德韦尔（Richard Caldwell）对希腊神话的诠释，以及他们所倡导的心理分析方法。

第二节　神话、梦幻与童年

一　神话与梦幻

弗洛伊德认为，"俄狄浦斯情结"（Oedipus complex）源于儿童童年的性压抑，童年时期，儿童对异性的家长有性渴望，但这种感觉又被同性的家长所禁止。在弗洛伊德看来，忒拜国王俄狄浦斯无意间弑父娶母的神话是验证其心理学假说的一个证据：在神话与索福克勒斯悲剧中，保留了个体的精神生活，它们在梦境中才能出现。[①]在弗洛伊德看来，俄狄浦斯神话不仅是一个受愿望驱动的梦想，它同时保留了人类真实的记忆。在《图腾与禁忌》中，弗洛伊德宣称，"俄狄浦斯事件"发生在原始部落，儿子们集合起来反对压制自己的父亲，希望通过杀死父亲获得父亲拥有的女人。他试图将这个弑父娶母的神话放入原始部落中，最终创造一种新的神话——俄狄浦斯神话曾经是原始部落一个真实的历史故事，源于儿子们对父亲性压抑的反抗。在这个层面上说，神话保留了梦幻的特征，二者都是为了满足被压制的欲望而出现的。弗洛伊德关于神话产生背景的假设从来就没有得到人类学家的认可，他们在田野考察中也没有发现弗洛伊德所假定的进化序列。只不过弗洛伊德的俄狄浦斯是一个成年人，他的神话故事只能够反映儿童长大后的心理状况，而俄狄浦斯的童年故事，却没有被纳入弗洛伊德的分析之中。神话与梦幻在理论上的细化，就这样被弗洛伊德

[①] 弗洛伊德关于俄狄浦斯情结的论述读者一般比较熟悉，这里不再陈述其阐释过程，关于弗洛伊德的俄狄浦斯情结的具体探讨，读者可以参看以下文章：J. N. Bremmer, "Oedipus and the Greek Oedipus Complex," in *Interpretations of Geek Mythology*. J. N. Bremmer, ed. London: Croom Helm, 1987. p. 41-59; L. Emunds, *Oedipus: The Ancient Legend and Its Later Analogues*. Baltimore and London: Johns Hopkins University Press. 1985; Walter Burkert, *Oedipus, Oracles and Meaning: From Sophocles to Umberto Eco*. Toronto: Toronto University Press. 1991.

忽略了。

弗洛伊德的追随者若海姆（Géza Roheim）将弗洛伊德的俄狄浦斯神话假说作了进一步论证。若海姆认为，大量的神话都产生于个体的梦幻，这些梦幻相互表述，彼此建构。[1]但是若海姆的假设并不能够提供一种经验性的证据，而且，若海姆并没有追问为何集体要采用梦幻的形式来表达自己的欲望，也没有回答为什么这些梦幻在传播的过程中最后被改变。

将这个问题继续探索下去的，是弗洛伊德的弟子兼同事卡尔·亚伯拉罕（Karl Abraham）。亚伯拉罕指出，假如梦幻保留并满足了被压抑的欲望，那么神话就是早期人类内部生活的碎片，因为它们保留了人类童年时代的一些愿望。普罗米修斯（Προμηθεύς）的神话表明，神话与梦幻是因为同样形式的原理而被使用的。[2]在做这种宣言时，亚伯拉罕立足于两种假设：第一，神话属于孩子气的人类；第二，这种孩子气的智力或许与儿童的智力有些类似。亚伯拉罕的理论将个体生命的问题与过程转移到整个社会之中，这个时候的梦幻就不再是个体的梦幻，而是集体的梦幻。亚伯拉罕的假说包含了这样一种观点：神话形象可以凭借阐释者的直觉来诠释，同时可以忽略神话的生成语境，这一观点遭到了人类学者的强烈反对。

荣格对神话和梦幻的探索不同于弗洛伊德主义者。尽管荣格早期是弗洛伊德的忠实弟子，但是他对弗洛伊德的泛性说并不满意。荣格认为，一些形象与符号之所以会在神话、民间故事、梦境中频繁出现，是因为它们烙在人类的思想中，表达了人类某种内在的思维模式，这就是原型（archetypes）。不过这些原型经常处于一种变化的状态，其基本形式却没有改变。[3]这样，荣格就将神话观念从人类童年中摆脱了出来。荣格认为，创造神话的能力存在于我们每一个人身上，神话源于内在的原型故事，这样，神话就成为人类精神的表现。后来的神话学家卡尔·卡伦尼（Karl Kerényi）放弃了自己早期的神话思想，将荣格的原型理论应用在希腊神话阐释上。[4]

---

[1] 参见 Géza Roheim, *Psychoanalysis and Anthropology*. London; New York: Routledge. 1994.
[2] 参见 Karl Abraham, *Dreams and Myth: A Study of Race Psychology*. W. A. White, Trans. New York: Journal of Nervous and Mental Disease Publishing, 1913.
[3] 参见 Carlo Gustav Jung and M. L. von Franz, ed, *Man and His Symbols*. Garden City; N. Y.: Doubleday, 1964.
[4] 关于神话原型理论对希腊神话的具体阐释，这里不累述，读者可以参看：C. G. Jung and K. Kerényi, *Essays on Science of Mythology: The Myth of the Divine Child and the Mysteries of Elusis*. Trans. R. F. C. Hull. London and New York: Routledge, 2002.

二　英雄诞生神话

　　世界各地民族都有关于年轻英雄的神话，尤其是英雄诞生神话。早在 1871 年，维多利亚时代的人类学者爱德华·泰勒（Edward Tylor）就在其论著《原始文化》中指出，英雄神话通常都有统一的情节模式：英雄诞生后要被抛弃到野外，然后被他人或动物救起，长大后就成为民族英雄。[1]1876 年，澳大利亚学者哈恩（Johann Georg von Hahn）认为，所有雅利安人的英雄传说都遵循"遗弃与回归"的情节模式。哈恩列举了 14 个英雄诞生的例子，他认为，这些故事中的英雄都是非法出生的，因为关于这位英雄长大后要成为伟人的预言使得他的父亲极为恐惧，就在其出生后抛弃了他。不过英雄一般都被动物或底层人们救起，长大后南征北战，凯旋故里，打败了自己的迫害者，救出了母亲，最后成为国王，建立了城市，不过年纪轻轻就死掉了。[2]俄国民俗学者普罗普（Vladimir Propp）在其论著《民间故事形态学》中表明，俄国民间故事有一个普遍的情节：英雄经历了很多艰险之后，都要回归故里娶亲并获得王权。但上述三位学者都没有将自己的理论阐释为英雄神话理论，他们只不过确定了一些共同的模式或情节，并没有去追寻英雄诞生神话的起源、功能。

　　神话历史主义将英雄诞生神话视为历史上真正的英雄传奇，但是这种解释与自然神话论的诠释一样，不能够解决这样一些问题：为何这些英雄都有一个充满神奇色彩的诞生故事？为何这些英雄都要被放在一个盒子或者箱子里漂流？心理学者兰克要探寻的，正是这些问题。

　　尽管兰克后来与弗洛伊德分道扬镳，但他写作《英雄诞生神话》时[3]，却是弗洛伊德的忠实信徒。兰克认为，弗洛伊德的俄狄浦斯神话其实有无数版本，所有的神话都可视为俄狄浦斯希腊神话故事的变形版本。他列举了世界各地 30 个英雄诞生的神话，其中包括俄狄浦斯、吉尔伽美什、摩西（Moses）、

---

[1] 参见 [英] 爱德华·泰勒：《原始文化》，连树声译，广西师范大学出版社，2005 年，第 227—232 页。

[2] 哈恩关于雅利安人的英雄情节模式已经被亨利·威尔逊（Henry Wilson）译为英文，读者可以参看邓洛普（John C. Dunlop）的论著《散体小说史》（*History of Prose Fiction*. London: Bell Press, 1888）第一卷，其中有亨利·威尔逊翻译的相关章节。

[3] 兰克的《英雄诞生神话》（*The Myth of the Birth of the Hero*）有两个版本，第一版在 1909 年出版时，兰克尚是弗洛伊德的忠实信徒。1922 年，该书有了第二版，此时兰克与弗洛伊德的观点有了很大出入，已经离开弗洛伊德，成为一名临床医学家与哲学家，因此，兰克对第二版作了很大改动，一些观点也相应有所变动。本书所采用的版本是兰克第二版的英文译本，对第一版不作阐释。

萨尔贡（Sargon）、耶稣等人的诞生神话，只不过，这些神话表述的都是英雄的前半生。在英雄前半生情节模式上，兰克与哈恩的模式是类同的。兰克指出："英雄的出身比较显贵，一般都是国王的儿子。而英雄的诞生要经历一些困难，比如性禁忌，延长不孕期，或者英雄的父母知道性禁忌，但是二者却私自结合了。在英雄的母亲怀孕前，一般都有一个梦或预言式的神谕，提示英雄的诞生要对其父亲造成一定的威胁。因此，婴儿刚刚诞生，就在其父亲的煽动或建议下，注定要被杀死或抛弃。一般情况下，小英雄被放在一个箱子里在水上漂流。然后，英雄被动物或者下层的人们（牧人）救下，一些雌性的动物或劳动妇女抚育了英雄。英雄长大后，用各种不同的方式找到了自己身份显赫的父母。他一方面向自己的父亲复仇，一方面获得了自己的地位从而成就了伟业。"[1]

兰克的情节模式不同于普罗普的英雄寻求模式，其目的不在于这些情节模式背后的序列，而是试图通过神话意象的象征性内涵，寻求其心理学含义。他注意到，在英雄诞生前，其母亲都做了一些在水中的梦。兰克采用弗洛伊德关于梦中意象的象征性解释，赋予这些神话意象和水一种心理学的象征意义：在英雄诞生的神话中，漂浮在水上就象征着诞生，水是羊水的象征，作为诞生场所的小盒子或者箱子、小船是子宫的象征。因此，所有英雄神话都是诞生神话的变形版本，都表明了孩子的诞生。只不过兰克没有阐释为何这些梦境都来自于母亲的梦境，而不是父亲的梦境，这些梦境都是关于孩子将要诞生的焦虑，而不是诞生事实的焦虑。兰克笔下的神话英雄也都是男性，没有女性。同时，他对神话的象征性诠释剥离了其文化生成语境，认为象征具有一种通用性。实际上，"象征是文化的建构，大多数都不具备普遍公认的意义"[2]。象征的意义是不固定的，它并非来源于物体本身，而是与特定族群的文化有着不可分割的关系。只有将象征放入与其他象征的相互关联中，象征的意义才能够被理解，它们才能够成为一个文化复合体的组成部分。毕竟，这30个神话故事分别来源于不同的族群与文化群体，兰克使它们脱离了文化背景，将弗洛伊德用来阐释梦境中的那些象征符号应用在神话意象的诠释中，在其象征性意义阐释上，并不具备多大可信度。

至于这些英雄诞生神话背后所蕴含的心理学意义，兰克的观点十分明了："弗

---

[1] Otto Rank, *The Myth of the Birth of the Hero: A Psychological Exploration of Myth*. Baltimore; Md.: Johns Hopkins University Press, 2004. p. 48.

[2] [英]菲奥纳·鲍伊：《宗教人类学导论》，金泽等译，中国人民大学出版社，2004年，第46页。

洛伊德对英雄神话的兴趣主要在英雄对其家族的依靠（俄狄浦斯情结），而我要在《英雄诞生神话》（第二版）中强调的是英雄为了独立而进行的斗争。在我后来的一些心理学理论中，它可以用来解释所有的传奇，这些故事都可以看成为了独立而进行的一系列斗争。这是一种英雄主义的臆想，它是个体的一种创造性类型。英雄为了自己的目标必须独立，他终于成为英雄，因为他不想将任何事情都归功于父母，他仅仅想表明，这种独立是一种胜利。"[1]兰克分析的梦境基本都是孩子母亲在怀孕期间所做的梦，没有父亲的梦。兰克仅仅是从孩子的父母推论出他们对孩子的态度。至于孩子自己的梦幻，还有关于孩子对父母的态度，神话中并没有出现。

第三节　结构—心理学与俄狄浦斯神话

心理学者眼中神话的角色没有强烈的心理学深度，他们对希腊神话的阐释因此遭到了古典学界的怀疑与抵制。英国古典学者柯克（G. S. Kirk）对心理分析持一种比较反感的态度，认为弗洛伊德的心理分析是"一种关于无意识梦的过程的理论，这其实是想说服我们相信这种理论，我们并不需要这种机械论的理论"[2]。实际上，不论心理分析是一种科学的理论还是一种治疗的方法，它都为无意识的精神机能提供了一种有效的模式。后期一些心理分析者的结构主义—心理分析阐释模式，则具有将神话与心理结构一一对应起来的意味。

心理学者理查德·考德韦尔（Richard Caldwell）指出，心理分析首先要阐释的是作为整体的神话在讲述者与听者之间的地位。神话不是关于英雄的无意识，而是关于那些对于他们有意味的人们的无意识，他甚至强调心理分析可以利用史学与考古学的数据来阐释问题。在考德韦尔看来，心理阐释的方法与现实是吻合的，它所得出的结果与其他方法得出的结果是相互一致的。心理分析与结构主义之间并没有什么冲突，在某种程度上，二者具有某些相似处："二者要么将神话视为宗教的一个组成部分，是史前历史的一种存在方式，要么将其作为一致叙述的形态。如果我们利用像列维－斯特劳斯的俄狄浦斯神话的结构主义模式来阐释的话，就更为清晰了。对于结构主义与心理分析方法而言，神话的意味是一种无意识或潜意识的存在物——也就是说，它不出现在连续的叙述表层结构中。创造神话的动机只能够在其潜在的意味中发现，它们一般采用一种

---

[1] Otto Rank, Literary Autobiography. *Journal of the Otto Rank Association*. 16: 2-38, 1981. p. 6.
[2] G. S. Kirk, *The Nature of Greek Myths*. Woodstock; N. Y.: Overlook Press, 1975. p. 71.

试图调和或解决某些冲突的方式出现。对于结构主义与心理分析来说，不论那些神话元素看上去多么无关紧要，它们至少都具有一种重要的意义。因此，不只是所有的神话细节，还有所有的神话异文，都应该纳入我们研究的范畴中。神话的潜在意味就如同它的构成元素一样，要通过共时性与历时性分析来看待，也就是说，通过孤立某些类似的模式与重复某些相似的模式，直接深入到时间序列中去分析这些潜在的神话意味。"[1]考德韦尔作这种论断时，其实是调和结构主义与心理学之间的纷争，试图在神话的潜在意义上发现二者的相似点。

考德韦尔并不是将结构主义与心理分析方法联合起来阐释文学文本的第一人，在他之前的古典学者查理斯·西格尔（Charles Segal）其实已经开始了探索，只不过查理斯·西格尔的阐释对象是希腊悲剧[2]，而不是希腊神话。考德韦尔的结构主义—心理分析模式，建构在对四组希腊神话的阐释上，这四组神话涉及的故事分别有俄狄浦斯神话，忒雷西阿斯（Tiresias）神话，伊克西翁（Ixion）神话，坦塔罗斯神话（Tantalus），西绪福斯（Sisyphus）、提提俄斯（Tityus）、俄瑞斯忒斯（Orestes）与珀罗普斯（Pelopids）后裔神话。姑且以大家比较熟悉的俄狄浦斯神话为例，来看一看考德韦尔的结构主义—心理分析方法的实质。

考德韦尔的做法是，首先从希腊各个神话版本中搜集到关于俄狄浦斯的神话，然后将其组合成一个情节比较完整的神话故事。他所展示的俄狄浦斯神话故事类似于俄狄浦斯的家谱。

当拉伊俄斯（Laius）一岁时，他的父亲拉布达科斯（Labdacus）就死去了。在没有得到城市的王权之前，拉伊俄斯与珀罗普斯（Pelops）的私生子克律西波斯（Chrysippus）住在一起，后来由于他强奸了克律西波斯，而被珀罗普斯诅咒：拉伊俄斯要么丧子要么被儿子杀死。拉伊俄斯回到忒拜娶了伊俄卡斯特（Jocasta）之后，从德尔菲的神谕中得知了这个诅咒，于是就不与自己的妻子同房。一天晚上，醉酒癫狂的拉伊俄斯进入了妻子的卧室，于是就导致了俄狄浦斯的诞生。还是婴儿的俄狄浦斯被弄伤了脚然后被抛弃，但被科林斯国王家中的奴仆抚育成人。成人后的俄狄浦斯从德尔菲的神谕中知道自己要弑父娶母，于是就逃离了科林斯国，因为他一直认为自己的亲生父母是国王夫妇。在逃离科林斯的路

---

[1] Richard Caldwell, "The Psychoanalytic Interpretation of Greek Myth," in *Approaches to Greek Myth*, Lowell Edmunds, ed. London: The Johns Hopkins University Press, 1990. pp. 344-389. p. 367.

[2] 查理斯·西格尔利用结构主义与心理分析方法阐释希腊悲剧的论文，本书不作仔细介绍，有兴趣的读者可以参看：Charles Segal, "Pentheus on the Couch and on the Grid: Psychological and Structuralist Readings of Greek Tragedy," *The Classical World*, Vol. 72, No. 3 (Nov., 1978), pp. 129-148. Published by: Classical Association of the Atlantic States.

上,他遇到拉伊俄斯并杀死了他,后来俄狄浦斯到了忒拜。俄狄浦斯破解了斯芬克斯的谜语,并得到了王位,娶了国王的遗孀,也就是自己的母亲。他与自己的母亲生了二男二女,但是瘟疫接踵而至。忒拜人与俄狄浦斯被神谕告知,要查出杀害老国王的凶手才能够消灭瘟疫。得知真相后,伊俄卡斯特自杀身亡,俄狄浦斯刺瞎了自己的双眼,欲流放自己或者要求被作为犯人处置。俄狄浦斯因为儿子们拒绝流放自己,就诅咒他们自相残杀。俄狄浦斯死后,他的两个儿子为了避免遭到诅咒,就决定轮流执政。当厄忒俄克斯(Eteocles)做国王时,他的兄弟波吕尼克斯(Polynices)被流放到了阿耳戈斯(Argos),在那里,波吕尼克斯娶了国王阿德剌斯托斯(Adrastus)的女儿阿耳噶娅(Argeia)。国王将一支部队送给他作为订婚礼物,波吕尼克斯率领队伍回到忒拜去攻打自己的兄长。在战斗中,两兄弟双双杀死了对方。考德韦尔对这个故事的处理类似于列维-斯特劳斯,他按照所谓的神话要素,将其排列为四组(见表1):

表1 俄狄浦斯神话心理分析结构

序列 人物	I	II	III	IV
拉伊俄斯	拉伊俄斯一岁时,拉布达科斯死了	拉伊俄斯拒绝与妻子伊俄卡斯特同房	拉伊俄斯强奸克律西波斯	拉伊俄斯被俄狄浦斯杀死
俄狄浦斯	俄狄浦斯诞生时被抛弃,后来杀死了拉伊俄斯	俄狄浦斯从科林斯逃到了忒拜	俄狄浦斯打败了斯芬克斯,娶了伊俄卡斯特	俄狄浦斯得知了自己的真实身份,刺瞎了双目
波吕尼克斯与厄忒俄克斯	他们虐待俄狄浦斯,遭到诅咒	他们达成协议,轮流统治忒拜	波吕尼克斯娶了阿耳噶娅,返回忒拜 厄忒俄克斯将女人视为敌人	兄弟俩相互残杀

考德韦尔指出,从三代人的谱系来看,"第一栏中的父亲在儿子的生命成长

过程中处于缺席地位，这实际上反映了父子之间关系的缺失。父子之间的来往都是以相互的敌意为标志的：俄狄浦斯诅咒自己的儿子们是因为他们虐待他或轻视他（或者根据一则异文说，俄狄浦斯以为自己的儿子们要引诱他们的母亲，这样就重蹈了自己的覆辙），俄狄浦斯与拉伊俄斯仅仅在两个场合邂逅，首先是父亲想杀死儿子，其次是儿子想杀死父亲，甚至连拉布达科斯的死亡这件看上去完全无关的事件，也最终导致了拉伊俄斯的流放与珀罗普斯的诅咒，后者是另外一个敌意的父亲"[①]。可以明显看出来，考德韦尔采用了列维-斯特劳斯的结构主义分析方法，只不过他在第一栏的内容中着重突出了父子之间的对立与敌意，而不是列维-斯特劳斯所强调的血缘关系。换句话说，考德韦尔借用了结构主义的神话要素分析架构，用心理学意义上父子间的情感置换了人类学所强调的血缘关系。

第二栏字面上强调的是俄狄浦斯一家三代人竭力逃避神谕所预言的命运，但是假如仔细分析每一个人与伊俄卡斯特及其象征之间的关系，一种二元对立要素就会呈现出来。珀罗普斯的诅咒导致了拉伊俄斯躲避伊俄卡斯特，同样的诅咒使得俄狄浦斯到了忒拜，出现了神谕中弑父娶母的结果。在俄狄浦斯的后裔中，俄狄浦斯的诅咒使得他的两个儿子轮流执政的协议破产并相互残杀。

波吕尼克斯与厄忒俄克斯兄弟俩之间的差异体现在第二栏中，恰好反映了俄狄浦斯与拉伊俄斯之间的不同：厄忒俄克斯拒绝与忒拜的女性为伍，这与拉伊俄斯拒绝自己的妻子伊俄卡斯特其实是一样的；波吕尼克斯离开了忒拜，到了异国后又返回忒拜，带着一支部队攻打自己的兄弟，这一点类似于俄狄浦斯的故事。"俄狄浦斯在三岔路口战胜自己的父亲拉伊俄斯并非仅仅意味着拥有行路的权力，同时还意味着拥有父亲的所有的：王权、伊俄卡斯特。类似的是，波吕尼克斯与厄忒俄克斯之间的争斗也是为了遗产，为了争夺他们父亲拥有的东西及忒拜的统治权，实际上，他们是为了争夺忒拜的第一个母亲，只不过采用了伊俄卡斯特这个形象来象征罢了。俄狄浦斯与波吕尼克斯遵照命运的安排离开了忒拜，然后返回并与自己的父亲或者兄弟争夺王权；拉伊俄斯与厄忒俄克斯则留在了忒拜，避免与家中的女性发生关系。"[②]总之，第二栏中表述的内容看上去是三代人逃避命运的故事，实际上却是父子争夺同一个女人的故事，只不过在第三代人那里，父子间的敌意被兄弟间的战斗取代，背后反映的还是父子之间的对立。这是考德韦

[①] Richard Caldwell, "The Psychoanalytic Interpretation of Greek Myth," in *Approaches to Greek Myth*, Lowell Edmunds. ed. London: The Johns Hopkins University Press, 1990. p. 370.

[②] Richard Caldwell, "The Psychoanalytic Interpretation of Greek Myth," in *Approaches to Greek Myth*, Lowell Edmunds. ed. London: The Johns Hopkins University Press, 1990. p. 371.

尔对第二栏内容的心理学诠释。他将结构主义神话要素可以在不同的语境中置换的思想用在了父子与兄弟关系的置换上,说明第二栏内容其实是对第一栏父子敌对关系的隐含反映,与列维-斯特劳斯第二栏是对第一栏血缘关系过低估计的思想是一脉相承的。

在考德韦尔看来,第二栏表述的"核心观念是他们对女人的矛盾态度,只不过通过四个男人竭力逃避命运的故事来体现,这种恐惧与渴望的冲突表现在俄狄浦斯的儿子们对其母亲的关系上。对于拉伊俄斯而言,恐惧是第一位的,但是对于俄狄浦斯来说,渴望却是首要的。神谕与诅咒使得拉伊俄斯离开了伊俄卡斯特,却使得俄狄浦斯回到了她身边。这种情节又在俄狄浦斯的儿子们身上重复"①。

至于第三栏所包含的心理学内容,顺着列维-斯特劳斯原来的思维模式,我们大概同样可以猜测出考德韦尔阐释的意义了。拉伊俄斯与厄忒俄克斯由于对女性的恐惧而避免接触女人,以至于拉伊俄斯强奸了克律西波斯。如果忽略了神话的历时性序列,拉伊俄斯的同性恋行为并不是惧怕伊俄卡斯特的原因,实际上,同性恋是由于对女人的恐惧与矛盾情感造成的。俄狄浦斯的身上同样存在这种情感,只不过他克服了对女性的惧怕而产生了对女人的渴望。斯芬克斯与伊俄卡斯特其实是女性的象征,前者象征着物质上的女性,后者象征着精神上的女性。波吕尼克斯娶了象征物质上的女性阿耳噶娅之后,转而返回忒拜,寻求精神上的目标。这样,考德韦尔就得出了第三栏蕴含的心理学意义:"第三栏描述了男人对于女人的恐惧与渴望这两种交替运作的态度。"②比较有意思的是,考德韦尔眼中的女人形象并非具有一种实体论意义,而是具有一种象征的意味。因此就出现了斯芬克斯与阿耳噶娅是物质性女人的象征,而伊俄卡斯特是精神性女人的象征的现象。这种精神上的诉求最终导致了考德韦尔的心理分析阐释,但这种象征并没有多大说服力。

第四栏的意义比较直白,四个男人试图逃脱既定命运的安排,但是最后都以失败告终。拉伊俄斯、波吕尼克斯与厄忒俄克斯都死于家族中的对手之手,只有俄狄浦斯一人幸免于难,他刺瞎了自己的双眼。男人对于女人们"情感上渴望与惧怕的双重矛盾通过俄狄浦斯的故事凸现出来,最后被拉布达科斯家族的

---

① Richard Caldwell, "The Psychoanalytic Interpretation of Greek Myth," in *Approaches to Greek Myth*, Lowell Edmunds. ed. London: The Johns Hopkins University Press, 1990. p. 371.
② Richard Caldwell, "The Psychoanalytic Interpretation of Greek Myth", in *Approaches to Greek Myth*, Lowell Edmunds. ed. London: The Johns Hopkins University Press, 1990. p. 372.

四个男人分解，通过他们的失败来彰显这种矛盾"[1]。这是第四栏所隐含的心理学意味，考德韦尔的阐释到此暂时告一段落。

从考德韦尔对俄狄浦斯的结构主义—心理学阐释来看，心理分析的方法并非仅限于探索神话的源头（童年的梦幻）与功能（无意识思想的表达），而且还为叙述的表达提供了一种阐释的可能性。他列出了列维-斯特劳斯结构主义神话的一些心理学版本，这些版本中包含了一些历时性单元中的概念，只不过这些概念只有在相互的指涉中才有具体的含义。与列维-斯特劳斯的神话要素之间可以相互置换的思想有所不同的是，考德韦尔将这些元素作了一种简化，用情感冲突代替了二元关系的对立，使得神话的意蕴仅限定在父子间的对立以及男人与女人间情感的冲突上。

列维-斯特劳斯在《结构人类学》《嫉妒的制陶女》等论著中，对弗洛伊德关于神话的心理阐释零星地进行了挑战。他宣称，当弗洛伊德试图对神话进行阐释时，他其实是一位创造了神话新版本的神话思想家。斯特劳斯对弗洛伊德最大的挑战是关于性的阐释，在他看来，性仅仅是神话同时展示的符码之一。此外，性符码并不是强制地被展示的，当它在场的时候，它或许处于一种缺席状态，它在场的价值或功能就在于与其他的符码互相关联。这一点是结构主义与心理分析在神话分析上的最大差异。对于结构主义者来说，角色、行动就是神话中表述的那些内容，与现实世界并不存在——对应的关系。相反，神话的各个内容都可以用别的东西来表示，这是因为它们是相互关联的。而心理学阐释往往会在神话与现实之间找到一种——对应的关系。

考德韦尔指出，结构主义与心理分析的差异不在实践上，而在理论上。"对于心理分析者来说，存在于那些无意识的层面的意义其实涵盖了一些被压抑的思想与幻想，列维-斯特劳斯与其他的结构主义者使用的'无意识'这个词语，心理分析者却愿意将其称为'前意识'，两种方法都认为潜在的冲突是神话的源泉，只不过理论的假设前提不一样罢了：结构主义者的冲突是一种知性的或逻辑的传统，就像语言学强调二元对立那样，但是对于心理主义者来说，这种冲突却是情感的冲突，它是焦虑、压抑、无意识幻觉的起源，同时也是神话的源泉。"[2]这种说法其实将结构主义的二元对立思想置换为心理分析的情感冲突，只不过心理分

---

[1] Richard Caldwell, "The Psychoanalytic Interpretation of Greek Myth," in *Approaches to Greek Myth*, Lowell Edmunds, ed. London: The Johns Hopkins University Press, 1990. p. 373.

[2] Richard Caldwell, "The Psychoanalytic Interpretation of Greek Myth," in *Approaches to Greek Myth*, Lowell Edmunds, ed. London: The Johns Hopkins University press, 1990. p. 367.

析强调的是家庭成员内部的"罗曼司",而结构主义的二元对立则是一种文化的反差。尽管如此,二者之间还是存在一些相似点,那就是"冗余原则"(principle of redundancy)的应用。对于心理学者而言,这就意味着,复杂的神话结构会滋生出各种各样的重复性冲动。对于结构主义而言,冗余就暗示着对共时性的强调,只有在不断重复与对立事件的关系中才会找到神话的意义。

这就强调了结构关系的优越性,这一点与弗洛伊德的观点是一致的。弗洛伊德认为,有意义的梦幻的要素不在梦书(dreambook),或一对一的符码中,而存在于涵盖了各种要素的复杂关系的功能中。弗洛伊德的梦的代码其实不在于象征中,而在于象征的过程,他寻找的不是梦的思想,而是梦的架构。换句话说,弗洛伊德探寻的其实是一种梦的结构,其中蕴含了结构主义的思想,这种方法的应用已经在考德韦尔的上述神话阐释中得到了证明。考德韦尔对俄狄浦斯神话的新解读,证明了弗洛伊德理论的结构主义思想,同时表明,在对神话的诠释上,结构主义与心理分析两种方法其实是可以联合起来进行的。

假如考德韦尔对神话阐释的成功之处就在于神话的心理结构中保存了结构主义的一些意义标准,那么,从某种程度上说,弗洛伊德在斯特劳斯那里所受到的指责算是被平反了。考德韦尔用自己对神话阐释的行为表明,弗洛伊德关于梦想世界的理论是对一个梦境中各个要素与语境之间的关系作了一种重要的认可。既然梦的解析是弗洛伊德神话阐释的基础,这就意味着,我们有可能在结构主义与心理分析对神话的阐释之间找到一种和谐相处的路径,这一点在弗洛伊德的思想中至少已经有了端倪。这样,考德韦尔就调和了结构主义与心理学之间的争论。

第四节 神话的本质与功能

20 世纪初期的神话研究者受到了达尔文进化论思想的影响,以为找到了神话的源头就找到了界定神话的钥匙,大部分学者的研究因此徘徊在神话的起源上。弗雷泽、赫丽生等剑桥人类学者将神话的源头上溯到原始人的集体情感[①],

---

[①] 关于剑桥学者们对神话起源的探讨,读者可以参见本书关于赫丽生仪式理论部分,以及沃尔特·伯克特神话—仪式理论中关于神话与仪式起源探讨引起的纷争部分,本章不作复述。

但是这些人却没有足够的心理学支撑，显得有些底气不足。弗洛伊德将神话的起源界定在人类的无意识，但是其对神话的泛性论阐释遭到了古典学者们的极力反对。英国古典学者柯克（G. S. Kirk）就是其中一位，他认为，弗洛伊德关于儿童存在性幻觉的理论具有极大的夸张性，无论如何，"如果仅仅将神话视为是某种精神上的无意识的产物，这将是一种极为错误的认识"[①]。尽管如此，柯克的批评并没有妨碍心理学者们对神话的继续探索，只不过后期的研究将对神话的源头追寻转移到了对神话的本质与功能的探讨上，在这一点上，考德韦尔走在了其他心理学者的前面。

弗洛伊德认为，神话是早期人类集体扭曲的梦幻，与宗教没有什么关系，考德韦尔对此并不苟同。他认为，尽管神话与梦幻之间存在一些相似点，但是神话却具有一种神圣性。从神话的范畴来看，"神话是一种宗教现象，神话与仪式是希腊宗教两个最为重要的构成要素"[②]。考德韦尔对神话作这种定位时，其实是想将神话的功能与宗教的情感需要联系起来。至于神话与仪式之间的关系，考德韦尔避而不谈，他关心的仅仅是神话本身。在他看来，"神话是一种具有虚幻性的传统故事，它通过有规律的象征来表达一些变形的无意识思想与冲突"[③]。神话和梦幻一样具有虚幻性，在功能上，它们都是无意识的希望与恐惧的有意识的表达。尽管如此，二者依然存在许多不同之处。神话与梦幻之间的差异有三个方面：第一，神话中的许多梦幻在梦境中同样可以找到，但只有很少一部分的梦幻成分能够在神话中发现；第二，神话是关于遥远往昔的表述，而梦幻则是刚刚过去的事情；第三，神话属于人类集体，而梦幻仅仅是个体的私有物。在神话与梦幻的关系上，考德韦尔并没有走出弗洛伊德的影响，只不过将神话与梦幻之间的关系进一步细化罢了，而他对神话的界定，是一种形式化的定义，其意图是为了强调神话的功能，并没有将神话本身的特性凸现出来。

芬兰民俗学家劳里·杭柯（Laurie Honko）综合现代神话学派的各种观点，将神话的功能归纳为 12 个类别：1. 作为认识范畴来源的神话；2. 作为象征性形式表述的神话；3. 作为潜意识投射的神话；4. 作为世界观和生活整合要素的神话；5. 作为行为特许状的神话；6. 作为社会制度合法化证明的神话；7. 作为社会关联标记的神话；8. 作为文化镜像和社会组织等的神

[①] G. S. Kirk, *The Nature of Greek Myths*. New York: Overlook Press, 1975, p. 72.

[②] Richard Caldwell, "The Psychoanalytic Interpretation of Greek Myth," in *Approaches to Greek Myth*, Lowell Edmunds, ed. London: The Johns Hopkins University Press, 1990. p. 345.

[③] Richard Caldwell, *The Origin of the Gods*. New York; Oxford: Oxford University Press, 1989. p. 6.

话；9. 作为历史状况结果的神话；10. 作为宗教性交流的神话；11. 作为宗教形式的神话；12. 作为结构媒介的神话。[①]考德韦尔对神话的这种分类与功能极为不满，认为这些神话的功能只包括两个方面：思想与行为，除此之外，应该将神话的审美功能添加进去，因为人们讲述神话的同时可能会制造一些心理的愉悦与满足感。希腊神话同样具有这种功能，只不过很多人在对希腊神话作分析时往往忽略了这种功能，或者忽略了神话的娱乐功能。考德韦尔进一步指出，上述神话的所有功能其实可以概括为心理功能与非心理功能，也就是知性的功能与情感的功能。情感功能中最为重要的有两个方面：表达无意识的幻觉与对好奇的满足。第一个方面在宗教现象中比比皆是，第二个方面主要与童年的发展及孩提生活有关。

可以明显看出，考德韦尔将神话心理功能之外的其他功能全部简化为非心理功能，而心理功能占据了主导地位。他强调，神话的一般功能是满足人类的各种需要，但是在神话中能够反映出来的是一种情感上的需要，这是人类第一位的需要。神话的心理功能具体表现为三种意图：一、表达一种无意识的思想，一般采用传统与社会所认可的形式来表述；二、神话采用情感的方式使得这些理念赋予那些没有情感功能的神话以能量；三、采用普遍的或特定的文化形式，为满足心理上的需要提供一种社会性的反应，一般来说是组成社会的个体成员来享用这些功能。

考德韦尔指出："因为这些心理学的功能在所有的神话中都有所表达，所以心理学功能与非心理学功能之间是一种互惠的关系：前者为后者提供了一种情感的能量，后者为前者的出现提供了一种机会。如果失去了另外一方，这种互惠性就不可能存在，互惠性是一种共生现象，每一种功能都不可能单独存在，至少在神话形式上如此。"[②]不论一则神话的非心理学功能是什么，神话普遍存在的心理学功能对神话的功能都具有一种决定性的影响，因为非心理学的内容要在结构内阐释，需要一种心理学的表述。希腊的神谱神话一般都用宇宙论与神谱形式来表现，宇宙事件与神学事件都是按照家庭成员来表述与界定的，尤其是父子关系、母子关系。为了论证自己的心理学假说，

[①] 参见 Laurie Honko, "The Problem of Defining Myth," in *Sacred Narrative: Reading in the Theory of Myth*, Alan Dundes, ed. Berkeley: University California Press. 1983. pp. 47-48.

[②] Richard Caldwell, *The Origin of the Gods*. New York; Oxford: Oxford Universiy Press, 1989. p. ix.

考德韦尔对赫西俄德的《神谱》中关于世界开始的神话进行了阐释，赋予它一种弗洛伊德式的心理学意义：将卡俄斯（Chaos）神话阐释为儿童最早的无意识状态，在这个阶段，婴儿还没有将自己与世界分开来；[1]盖亚（Gaia）的神话表述则是婴儿"本我"与"非我"区分开来的阶段；[2]随着个体成长过程中意识的觉醒，挫败感出现，于是塔坦罗斯（Tartaros）的故事就成为这个心理过程的象征；[3]此后，儿童开始有了欲望，厄洛斯（Eros）是欲望被压制的失落感之前的一种象征，表达了返回最初的无意识状态。[4]最后的结果是，这些最初返回未分化状态的欲望采用了一种性欲的形式表现出来。考德韦尔将赫西俄德关于世界起源的神话理解为孩提时代愿望的满足，这些故事克服了孩提时代的焦灼感。这种诠释明显带有一种自我主义的意味，突出了自我意识，但缺乏足够的说服力。

第五节　小结

达尔文进化论思想对整个西方现代人文学科的建设产生了极其重要的影响，学者们一致认为，一旦找到了事物的起源，也就能解释事物的本质。因此，现代学科的建设往往要首先解决起源的问题。从心理学对希腊神话的诠释来看，在心理学发展初期，因为受到了达尔文进化论思想与斯宾塞实证主义的影响，心理学本身处于建设阶段，在对神话进行探讨时，心理学者不自觉地带有这种起源探讨的倾向。因此，弗洛伊德等初期的心理学者们首先将神话源头界定在人类心理的无意识上，在此基础上，将神话与梦幻并置起来进行研究。探讨的内容一般是神话与梦幻、神话与儿童心理，以及神话与人类童年之间的关系。在对神话的具体阐释上，就出现了奥托·兰克等人利用弗洛伊德理论解读英雄诞生神话的做法。只不过，心理学者们对神话进行阐释时，往往一味依靠象征，将神话中的意象与梦幻中的符号等同起来，试图在神话与现实世界之间找到一种

---

[1] 参见 Richard Caldwell, *The Origin of the Gods*. New York; Oxford: Oxford Universiy Press, 1989. p. 130.

[2] 参见 Richard Caldwell, *The Origin of the Gods*. New York; Oxford: Oxford Universiy Press, 1989. p. 132.

[3] 参见 Richard Caldwell, *The Origin of the Gods*. New York; Oxford: Oxford Universiy Press, 1989. p. 140.

[4] 参见 Richard Caldwell, *The Origin of the Gods*. New York; Oxford: Oxford Universiy Press, 1989. p. 141.

一一对应的关系,从而将神话从其生成语境中剥离出来,这种做法遭到了古典学者们的强烈反对。

二战以后,随着结构主义思潮在欧洲大陆的传播及心理学本身的发展,一些心理学者试图在结构主义与心理学之间找到协调的道路,这个时候就出现了考德韦尔对希腊神话的结构主义—心理学诠释。与此同时,弗洛伊德原先所强调的无意识材料在神话中的表现,也被心理学领域中的对象理论所取代,考德韦尔对赫西俄德《神谱》中神话的解读其实不仅是对弗洛伊德理论的沿袭,而且是将弗洛伊德所强调的潜意识的性欲望转换为儿童自我意识与他人关系的内在化探讨,重点探索儿童与母亲分离所产生的创伤及失落感。这种调和型的阐释,为希腊神话的解读带来了一些生机,同时在不同学科之间打开了神话开放式的研究。

尽管心理学对希腊神话的阐释或多或少遭到来自不同学科的指责与批评,但是谁也不能否认神话的心理功能,既然神话具有满足人情感与心理的用途,对神话进行心理学阐释就具有必要性,毕竟人类是情感性动物,只不过,面对心理学阐释的同时,我们要考虑其缺失与不足。所有心理学对希腊神话的阐释都是从儿童的心理状态角度出发的,主要是受了弗洛伊德神话是人类童年扭曲的梦的假说的影响,而家庭成员之间情感的冲突也是探索的核心,包括父子之间、母子之间的情感冲突。如果心理学能够突破这一颇为狭窄的视角,希腊神话的心理学探索也许会出现新的研究范式。

第三章 神话—历史主义

第一节 概论

神话与历史是一个比较复杂的话题,西方学术传统一般倾向于将它们视为一对对立而互补的知识概念,其背后的运行原则是"秘索斯"(μέθος)与"逻各斯"(λóγοs)之间的对立,对二者的阐释也因此不能够彼此越界。尽管存在这种分歧,现代神话学界还是将神话与历史关系的探索纳入了议程之中。西方学界对神话与历史的探索一般包含两个层面的内容:一方面探讨神话书写的历史,这种研究神话的路径一般称为文献学(philological),是希腊神话研究不可或缺的一个层面;另一方面探讨神话中的历史,即神话的历史性内容。本文探讨的对象为后者,对第一个层面的内容不作深入阐释。[①]

希腊神话的历史性学术阐释并非始于 20 世纪,而是有着悠久的历史,最早可以上溯到公元前 4 世纪希腊学者犹赫米勒斯(Euhemerus)那里。犹赫米勒斯在《圣书》(Sacred Document)中对古希腊奥林匹斯众神作了类似"神谱"的考察,他认为希腊万神殿中的神明其实是古代希腊历史上一些伟大的统治者,比如,乌拉诺斯(Οὐρανος)是将星座崇拜介绍到希腊的天文学家,宙斯(Ζεύς)是一位外来的暴君,后人受惠于这些人,就逐渐将其纳入自己的家族中。这样看来,神话不是秘传的哲学,而是经过筛选的历史。犹赫米勒斯这种做法显然

[①] 神话书写的历史属于神话的收集与整理问题,始于系谱学者与历史学家,最早可以上溯到公元前 5 世纪—公元前 4 世纪。但主要的神话编撰与收集是从希腊化时期或早期帝国时期开始的(公元前 250 年—公元 150 年),主要分为两种类型:一类是对一些相关的神话进行搜集,作为一些诗人神话的背景,比如荷马、品达、悲剧家与其他诗人的神话参照;另一类是围绕一些统一的主题进行神话的收集,比如埃拉托色尼(Eratosthenes)笔下的星辰神话,巴萨尼乌斯(Parthenius)撰写的恋爱神话等等。关于这方面的具体论述,有兴趣的读者可以参看 Albert Henrichs, "Three Approaches to Greek Mythography," in *Interpretations of Greek Mythology*, Jan Bremmer, ed. London: Croom Helm, 1987. pp. 242-277.

是希腊化时代将统治者理想化及与普拉狄克斯（Prodicus）神学思想结合的产物，目的是将神话历史化、理性化，赋予神话具体的时代与系谱，在阐释过程中消除神话的虚构性。

学术界对神话与历史的探讨始于19世纪，代表人物为德国古典学者卡尔·奥特弗里德·缪勒（Karl Otfried Müller）。这位德国古典学者受到神话学先驱赫德（Johann Gottfrid Herder）关于神话民族性思想的影响，拒绝希腊神话源于东方的说法，坚持认为希腊神话是希腊本土的创造物，源于希腊历史、语言、风俗、地理与宗教的结合。他在《神话科学体系导论》（Introduction to a Scientific System of Mythology）一书中指出，古代希腊人拥有两种交流与表达的方式：一种是神话，一种是象征。神话与行为有关，象征用可视性的感觉来弥补行为。神话是人类在早期童年时代一种必然的表述形式，每个时代都有自己的价值，拥有自己的神明，神话与诗歌的出现不在同一个时期。不但每一个民族都有自己的神话，而且每一个地方都有自己的神话。希腊神话开始是分散的，后来就被体系化了，这个过程伴随着希腊民族政治上的融合，也就是说，神话先是在宗族中发展，后来到了部落中，再后来就成为国家神话。通过拒绝与神话意义阐释直接相关的研究，缪勒将对神话的分析缩减到对其年代与类型的考察，最终导致神话与历史的同化。

19世纪末至20世纪初，谢里曼（Heinrich Schliemann）在特洛伊（Troy）和迈锡尼（Mycenae）的考古新发现，伊文思（Sir Arthur Evans）在克诺索斯（Knossos）的发掘，为希腊神话的历史性解读提供了基础。考古学家们的发掘加强了这样一种感觉：神话在叙述上含有一定的历史性。与此同时，语言学获得了长足的发展，所有这些都为神话的历史性解读提供了条件。18世纪曾经一度受到古典学者批判的神话历史主义开始繁荣，一批学者开始利用卡尔·缪勒的理论投入神话与历史的探索之中，欧文·罗德（Erwin Rohde）、爱德华多·迈耶（Eduardo Meyer）、卡尔·罗伯特（Carl Robert）、乌尔里克·维拉莫威兹（Ulrich Wilamowitz）等都在该时期崭露头角。这些学者认为，神话故事是根据历史性事件改编的，可以在民间故事中找到其踪迹，神话故事中保留了往昔的历史性记忆。

继谢里曼的发现之后，欧文·罗德将在迈锡尼A圈出现的一些证据与荷马史诗中的一些风俗进行了比较。[1]与此类似，乌尔里克·维拉莫威兹将伊奥利亚史诗中的国王视为希腊历史上的显赫君王，而将七将攻忒拜神话事件视为希腊历

---

[1] 参见 Erwin Rohde, *Psyche*: *The Cult of Souls and Belief in Immortality among the Greeks*. London: Trench, Trubner & Co., Ltd., 1925. pp. 32-36.

史上最为古老的战争。[1]这些学者试图在神话与传说的底层探寻历史的真实性，目的是确定神话的精确可信度、源头及其发展方式。他们一致认为，假如神话的一种原型在特定时期、特定地点出现，那么这就意味着神话反映了特定的历史变更，诸如部落的迁移、城市的冲突、朝代的更替等。这是一种历史性与普遍性的研究，相关的工具是文献学与年代学，具有一种实证主义的色彩。

在历史主义者看来，要对神话进行探索，就必须对其起源，尤其是历史性源头进行研究，从卡尔·缪勒一直到20世纪的学者们都这样认为，这方面的典型代表当属瑞典学者马丁·P. 尼尔森（Martin P. Nilsson）。

第二节 希腊神话的迈锡尼起源

一 神话与民间故事

人类学者与社会学者倾向于将神话定位在宗教层面上，认为神话只不过是表达宗教情感的手段，神话与仪式构成了宗教的语言和行为层面。这样，神话就失去了在世俗生活中的功能，成为神圣宗教的阐释工具。尼尔森不同意这种缩减论的神话观，尽管他本人的神话阐释方法在列维－斯特劳斯看来同样是一种简化论。尼尔森认为神话，尤其是希腊神话，其实可以分为神明神话与英雄神话。前者描述众神的属性、行为、行动范围、面目、归属等，与宗教有着直接的关系；后者表述英雄的种种历险行为，在某种程度上是一种民间行为，与宗教并没有直接的关系，只不过英雄的历险神话故事中会涉及神明的帮助。因此，"神话是一个完全的主体，含有宗教性与神话性的一些概念，二者之间的结合构成了神话概念的合一"[2]。至于所谓的"宗教性"与"神话性"，尼尔森本人并没有作界定。按照他在其他论著中的阐释，笔者认为，"宗教性"是指神明神话的属性，与此相关的是神话的宗教定位，也就是神话的虚构性；而所谓的"神话性"，其实是英雄神话的民间属性，应该是真实性。换句话说，尼尔森眼里的神话包含两个部分：神明神话与英雄神话，前者属于宗教范畴，具有虚构性，后

---

[1] 参见 Carlo Brillante, "History and Historical Interpretation of Myth," in *Approaches to Greek Myth*, Lowell Edmunds, ed. London: The Johns Hopkins University Press, 1990. pp. 93-138.

[2] Martin P. Nilsson, *A History of Greek Religion*. New York: W. W. Norton & Company, Inc. 1964. p. 47.

者属于民间故事范畴，具有历史的真实性。

其实这种观点并不新鲜，早在尼尔森之前，德国古典学者卡尔·奥特弗里德·缪勒就已经指出，神话含有真实与理想的成分，是历史性与想象性的结合物。只不过尼尔森将希腊神话进一步细分为神明神话与英雄神话。进一步说，尼尔森认为神明神话与英雄神话之间的差异不在其表述对象上，而在其起源上。换句话说，神明神话源于人类的想象，英雄神话则源于一些真实的历史事件。尼尔森指责麦克斯·缪勒忽略了神明神话与英雄神话之间的差异，后者错误地认为二者具有相同的源头——自然现象。

神话除了宗教属性，同时具有民间属性，具体体现在神话与民间故事之间的关联上。在作这种界定时，尼尔森其实是在神话与民间故事的情节单元（motifs）[1]之间作一种嫁接。他认为，希腊神话中含有大量的民间故事情节单元，尤其是英雄的历险，这些历险的故事情节单元在神话中一般发生在比较遥远的过去，对于笃信理性主义的希腊人来说比较奢侈。这就表明，神话从民间故事中截取了这些故事情节单元来建构自己的结构。只不过英雄神话的历险故事中添加了嫉妒的妻子这个因素，同时将嫉妒的母亲与对手这样的要素保留了下来。尼尔森受到弗雷泽神话与巫术对立假说的影响，将巫术视为比较低级的范畴，拒绝将带有巫术色彩的故事情节纳入神话，认为它们是民间故事的情节单元在神话中的遗留，并非神话本身所独有。至于比较著名的美狄亚（Μήδεια）神话与喀耳刻（Κίρκη）神话，他将二者放入了东方神话之中。尼尔森认为，希腊神话是本土的产物，美狄亚神话与喀耳刻神话当然是希腊神话。为了将巫术从神话中排除，他将这两则神话放到了东方神话中，由此可以看出尼尔森对希腊神话的矛盾态度。尼尔森认为，相对于民间故事而言，希腊神话中缺少了一些情节主题：分离或永恒的灵魂，生命的记号，迁移的灵魂，神奇的诞生。这些故事情节单元在宇宙论神话中比较常见，在英雄神话中则比较罕见。

造成这种情况的原因是，"希腊神话是通过一种人格化的过程从民间故事中产生的"[2]。这其实是在情节单元上为希腊神话寻找一种形式性的源头，但是尼尔森却无法提供民间故事早于神话产生的时间证据，单纯在情节单元上寻找二者

---

[1] 中国大陆学界倾向于将"motif"一词译成所谓的"母题"，与此相对的是"子题"，似乎从中可以产生很多次情节。而在西方神话学界与叙述学界，"motif"恰恰是叙述中最小的情节单元，它根本不可能创造比自身更小的情节单元。此乃翻译工作者的误读及相关专业知识的不足所致，笔者在此不采用神话学与民俗学的这种翻译术语，认为应该将"motif"一词译为"情节单元"。

[2] Martin P. Nilsson, *A History of Greek Religion*. NewYork: W. W. Norton &Company, Inc. 1964. p. 49.

生成的时间顺序，因此这种说法遭到了民俗学者们的反对。古典学者安吉洛·布里奇（Angelo Brelich）指出，在神话叙述中将民间故事与神话的特征区别开来的工作是一件费力而徒劳的事情，重要的不是区分二者情节单元的差异，而是需要强调不同的语境中这些相同的情节单元的不同用途。民间故事与神话之间的关系也不仅仅表现在情节单元上，尼尔森并非不知道这一点，只不过他的意图不是在叙述形式上寻找希腊神话的真实性源头，而是确定神话中的历史性因素，从而试图将神话故事群（mythical cycles）与希腊历史联系起来。

二　希腊神话与迈锡尼

19世纪的欧洲学术界推崇种族主义理论，其核心是人群和族群的机制论，与此相关的一种理念认为，欧洲的气候比其他大陆的气候要好，欧洲人一定比其他地方的人优越。在这种理论观照下，被视为欧洲人祖先的希腊人就成了具有优越性的民族。这种欧洲人生理上与精神上的优越性种族范式被应用在所有的人类研究，尤其是历史研究中。在推行这种范式的学者们看来，一个民族要有创造性，首先在血统上必须纯正。希腊人曾经有一个纯正的"童年时代"，后来，埃及人与闪米特人的殖民活动改变了这种血统的纯正性。也就是说，早期希腊文明其实是一种自足发展的文明，并没有受到外来文明与文化的影响，希腊人同样是本土人种，并不是外来的迁移者。这种学术研究范式在20世纪20—30年代尤其盛行，生活在这个阶段的尼尔森不免受到这种学术范式的浸染。

早在19世纪70年代，谢里曼在迈锡尼、梯林斯（Tiryns）这两个地方进行发掘时，就坚持说自己"看到了阿伽门农的面孔"，认为荷马史诗中的那些英雄当然都是希腊人。到了19世纪90年代，亚瑟·伊文思在克里特有了新发现后，他宣称，迈锡尼人就是米诺人，并不是有着白色皮肤的北方希腊人，而是一群黑发黄肤的东方人，他们使用的语言是闪米特语，而不是希腊语。按照伊文思的看法，迈锡尼人起初在希腊大陆登陆，后来就征服了这些地方，成为希腊半岛的主人。希腊神话与史诗一样，也是在米诺人中间产生的。[1]在作这种论断时，伊文思其实是将希腊神话的源头上溯到闪米特人那里，创造神话的语言自然也就不是希腊语言，而是东方的闪米特语言。

尼尔森并不同意伊文思的结论。尼尔森是一名地道的种族论者，拒绝将希腊

---

[1] 参见 Arthur J. Evans, "The Minoan and Mycenaean Element in Hellenic Life," *The Journal of Hellenic Studies*, Vol. 32 (1912). pp. 277-297. Published by: The Society for the Promotion of Hellenic Studies.

文明视为外来文明影响的产物，竭力维护希腊文明的纯正性，坚守希腊人种族的本土性。他认为："迈锡尼人是希腊人，他们不像和善的米诺人，是一个好战的民族。"[1] 这些人是希腊人的祖先，创造了迈锡尼文明，也就是说，迈锡尼文明是希腊人创造的，而不是东方文明影响的结果。尼尔森指出，如果像伊文思所说的那样，希腊神话源于米诺文明，那么神话中应该有很多遗留下来的米诺名字，实际上，"几乎所有希腊神话中的名字显然都是希腊语，神话中只有很少一部分的名字是米诺语"[2]。尼尔森所说的神话中的名字，其实是希腊神话中英雄的名字，并不包括地名与神名。他指出，希腊神话中英雄的名字一般分为两种形式，一种是以"eus"结尾，如英雄珀琉斯（Peleus）、阿喀琉斯（Achilleus）、奥德修斯（Odysseus）、涅琉斯（Neleus）、俄纽斯（Oeneus）等；一种是以"us"结尾，如涅俄普托勒摩斯（Neoptolemus）、忒勒玛科斯（Telemachus）、墨涅拉俄斯（Menelaus）等。后者在荷马史诗中一般可以用语源学的方法作比较清晰的阐释，前者却无法解释。前者的生成时间比较古老，在荷马史诗之前就已经存在了，具体时间可以上溯到迈锡尼时代。与此相关的英雄神话故事群（mythical cycles）自然也可以上溯到迈锡尼时代。"英雄神话故事与迈锡尼文明的主要城市密切相关，这种连续性的关联不是出于偶然。它可以证明，在神话故事与迈锡尼文明之间存在一种联系。也就是说，神话故事的轮廓可以上溯到迈锡尼时代。"[3] 这是一种极为大胆的推断，它在时间上确立了希腊神话的起点。尽管在尼尔森之前的很多学者曾经探寻过希腊神话的起源，如剑桥仪式学派将希腊神话的源头上溯到社会情感那里，心理分析主义者则将神话视为人类无意识的产物，但这些学者却无法为希腊神话寻找一种历史性的坐标，将其生成时间确定下来，也无法将文献与考古资料联系起来进行论证。尼尔森认识到，在古典文献所表述的神话与古老的青铜时代根源之间存在普遍联系，在他之前的学者都没有意识到这种关联。

从语源学角度看，希腊神话中确实存在大量的希腊词汇，这些词汇与迈锡尼时代有着关联，不过尼尔森仅仅分析了荷马史诗中一些英雄的名字，而神明的名字与地名却被忽略了。这是因为，一方面，他认为希腊神明神话其实是一种

---

[1] Martin P. Nilsson, *A History of Greek Religion*. NewYork: W. W. Norton Company, Inc. 1964. p. 2.

[2] Martin P. Nilsson, *The Mycenaean Origin of Greek Mythology*. Berkeley: University of California Press. 1972. p. 21.

[3] Martin P. Nilsson, *The Mycenaean Origin of Greek Mythology*. Berkeley: University of California Press. 1972. pp. 27-28.

完全虚构的故事，无法与迈锡尼的历史性内容并置，而英雄神话故事则具有一种历史性的外表；另一方面，他骨子里依然是一位种族主义者，拒绝承认东方文明对希腊文明的影响，同时否认东方神话对希腊神话的影响，有意略去了赫西俄德《神谱》《工作与时日》中的一些英雄神话，因为这些神话明显带有东方因素。其实，希腊神话中存在的大量非希腊语，主要是地名与神名。法国年鉴学派代表人物费尔南·布罗代尔（Fernando Braudel）指出："一些与科林斯、梯林斯和雅典齐名的城市，以及超越德斐神谕，位于色萨利中心'天下第一'的帕尔纳索斯山，其名字也并非希腊语。荷马笔下一些英雄人物的名字也不是希腊语言，如阿喀琉斯、奥德修斯，这是何等的悲哀！还有克里特人地狱判官米诺斯和拉达曼提斯，以及统治地狱的女神珀尔塞福涅，都不是希腊语。"[1]尽管尼尔森的假设前提被后来的学者无情地解构，后者发现英雄的名字并不是希腊语言，但这并不能抹杀尼尔森对神话研究的贡献，他对希腊神话的解读首次突破了单纯的文献限制，将神话与爱琴考古结合起来，从时间上对希腊神话起源作了一种历史性定位。

三　英雄神话与古代部落

早在19世纪，德国古典学者卡尔·奥特弗里德·缪勒就已经指出，希腊神话经历了两段演变的历史：从家族到部落，从部落到国家。他试图通过这种进化论式的研究模式，将神话置于历史之中，神话的演变与历史的变迁因此得以并置。只不过卡尔·奥特弗里德·缪勒没有机会看到19世纪末爱琴考古的巨大发现，他的假说具有一定的推测性，其主要依据也仅仅是语言学与文献方面的证据，其中还有一种比较浓郁的种族主义倾向。尼尔森将卡尔·奥特弗里德·缪勒的思想加以继承并发展，形成了部落神话解读模式。

荷马史诗中出现的部落[2]表明，在古代希腊很早就出现了部落，但学者们无法对神话中部落的生成时间作明确界定。法国历史学家菲斯泰尔·德·古朗士（Numa Dennis Fusted de Coulanges）认为，古代希腊的部落有两类，一类是宗教部落，一类是地区部落，前者比后者出现的时间要早一些，荷马史诗中出现的部落应该是宗教部落，它的前身是具有宗教性质的胞族。"部落神通常与家神和胞族神的性质一样，都是一个被神化了的人或是一个英雄。人们以他的名字来

---

[1] [法] 费尔南·布罗代尔：《地中海考古：史前史和古代史》，蒋明炜等译，社会科学文献出版社，2005年，第104页。

[2] 参见 *Iliad*, II, 362, 668; *Odyssey*, XIX, 177.

命名部落,希腊将其称为'命名英雄'(eponymous hero),每年都有其祭日,其祭礼的主要内容就是全体部落成员都参加的聚餐"。[①]尼尔森认为,此处的部落神明其实是神话中的英雄,希腊的英雄神话很大程度上是由部落神话演变而成的,其生成时间要上溯到迈锡尼时代。至于所谓的部落到底是宗教部落还是地区部落,尼尔森并没有作具体界定,不过按照他所说的性质来看,应该是古朗士所说的宗教部落。

为了论证这种观点,尼尔森列举了很多著名的英雄神话,其中有两个英雄神话比较具有代表性。第一个是迈锡尼英雄珀耳修斯神话。一般的神话研究者认为,珀耳修斯神话的核心是斩杀妖怪戈尔工(Gorgo),其生成时间应该在公元前7世纪左右,属于后人创造的晚期神话。尼尔森一方面承认,斩杀妖怪的神话故事是希腊人后期的创造,与民间故事的情节单元混杂在一起;另一方面,他又认为,该神话真正的核心是英雄珀耳修斯的诞生而不是斩杀妖魔。他认为,珀耳修斯的母亲达那厄(Danaë)的名字其实是"达那安(Danaan)少女"的意思,它源于"达那奥伊(Danaoi)"这个词语,该词其实是迈锡尼时代一个部落的名字。从这些名字可以看出,珀耳修斯诞生的神话其实是在迈锡尼时代创造出来的。至于希腊人为何要将这样的一个部落名字与珀耳修斯联系起来,尼尔森并没有阐释,他寻找的是英雄神话与部落在历史时间上的关联,而不是二者之间的内在关系。

第二个是卡德摩斯建造忒拜的神话故事。关于这个英雄神话的解读,有很多学者提出过不同的见解,总结起来有两类:一类是神话虚构说,认为卡德摩斯建造忒拜城市的神话故事纯属虚构。例如卡尔·奥特弗里德·缪勒在《神话科学体系导论》一书中就认为,卡德摩斯最初只是忒拜某个部落的神明,后人之所以将这个神明误解为来自于腓尼基,是因为后期侵入皮奥提亚的部落将希腊语中的菲尼克斯(phoinix)这个词语误读为腓尼基;另一类是历史真实说,持此种观点的学者认为,卡德摩斯建造忒拜的神话故事中可能保留了史前时代希腊某个部落的历史记忆,尼尔森就是这种解说的坚持者。他认为,荷马史诗中的忒拜人一般被称为卡德米尼人(Cadmean),后者是居住在皮奥提亚的一个部落卡德米亚(Cadmea)的成员,卡德摩斯是这个部落的祖先,这些人后来就建造了忒拜这个城市。至于为何希腊人将这样一个本土部落的祖先与腓尼基人联

[①] [法]菲斯泰尔·德·古朗士:《古代城市:希腊罗马宗教、法律及制度研究》,吴晓群译,上海世纪出版集团,2006年,第147页。

系起来，尼尔森解释说，腓尼基人是第一个造访这个地方的外国人，于是本地人就将本土的祖先误解为来自于腓尼基了。后来的皮奥提亚人逐渐将卡德摩斯视为自己的祖先①。尼尔森肯定了卡德摩斯神话故事的历史性基础，却不能解释为何这样一个本土的部落宁愿将自己的祖先说成一个来自于东方的外国人，而不是本土的希腊人。这一点比较奇怪。历史时期的希腊人比较歧视异国人，尤其是东方人，他们将那些东方民族称为野蛮人（Barbarians），而以自己是希腊人（Hellenes）为荣，也就是说，历史时期的希腊人有一种浓郁的种族主义倾向。更令人难以接受的是，一个起源于本土的希腊部落，居然将自己的祖先误解为外国人，估计世界上没有哪一个部落会犯下这样的错误，这种假说无疑难以服人。

一方面，尼尔森否认了希腊英雄神话中其他几则关于城市建造故事的真实性，如珀耳修斯建造迈锡尼城市的神话故事，以及阿波罗与波塞冬帮助特洛伊国王拉俄墨东建造特洛伊城墙的故事，认为这些故事显然是后人附会上去的。在他看来，真正的城市建造故事应该与殖民地城市建造有关。另一方面，尼尔森又将卡德摩斯建造忒拜城市的神话故事视为真正的城市建造故事，但是拒绝将这个神话视为外来部落建造城市的神话，一再坚持希腊本土的卡德米亚部落建造了忒拜城市。这就前后矛盾，令人难以接受。

为何尼尔森会有这种阐释行为？这不是尼尔森本人学术知识视野的问题，也不是尼尔森所犯下的一个错误，而是其骨子深处的种族主义思想所致。他不愿将迈锡尼文明视为外来东方民族所创造，更不愿将希腊神话视为东方文化影响下的产物，因为这样就削弱了希腊文化的纯正性。尼尔森宁愿这样矛盾地去阐释这个英雄神话，尽管难以服人。于是他就留下了这样一句疲弱的结论："关于忒拜建造的神话实际上是一个历史事实的记忆，那就是，迈锡尼部落真的在忒拜建造了一个新的城市。"②这不是尼尔森本人的过错，而是 20 世纪 30 年代的种族主义思潮所致，毕竟，他是一名地道的欧洲人，摆脱不了种族优先论的思想桎梏。

尽管尼尔森将希腊神话视为希腊本土的产物，拒绝承认外来因素的影响，但这并不能够抹杀尼尔森对希腊神话的贡献。他是第一位将希腊神话生成时间上溯到迈锡尼时代的学者，为希腊神话的具体产生背景提供了一种历史性的假设

---

① 参见 Martin P. Nilsson, *The Mycenaean Origin of Greek Mythology*. Berkeley: University of California Press. 1972. pp. 120-127.

② Martin P. Nilsson, *The Mycenaean Origin of Greek Mythology*. Berkeley: University of California Press. 1972. p. 125.

前提，同时将神话中的历史性因素——辨别出来，为希腊神话的真实性作了辩护，从而将神话背后的历史真相发掘出来。神话不再是单纯的寓言与象征故事，而是有着真实的历史依据，神话与逻各斯之间的对立在这里被打破，希腊神话在历史上第一次找到了明确的时间坐标。

第三节 神话与历史结构

一 神话历史化面临的困境

以尼尔森为代表的历史主义者对神话的阐释模式，其实是在神话中寻找一些历史事件的影子，认为在神话故事中保留着特殊历史事件的踪迹。这类学者对神话文本的分析纯粹在文字层面进行，神话的各种异文被放在一起加以分析，而忽略了每一个神话文本的异质性，对神话的分析缩减到对其年代与类型的考察，最终导致了神话的历史化。该理论对神话的阐释有三个特征：第一，因果的或者语源学的阐释；第二，历史归结于传说；第三，神话中那些虚构性因素不能够用来解释一些历史实际的行为。神话虚构性的因素与历史现实没有任何对应的关系，神话研究仅仅寻找文本表面表述与历史真实性之间的关联，文本的深层意蕴全部被忽略。这种偏见以及语言学的逻辑传统使得其解释都带有一种缩减论的色彩，因此遭到了众多学者的反对。学者约瑟芬·坎贝尔（Joseph Campbell）曾经愤愤不平地指出："一旦神话诗歌被当做传记、历史或科学来阐释，神话就被杀死了。"[1]

面对这种历史主义阐释的困境，一些学者放弃了对神话外部现象的解读，试图寻找神话深层意义与历史的真实性之间的关联。对神话的分析强调的不是外部的关联，而是将神话内部叙述中的文化要素与历史文化的形式勾连起来。在这种范式下，神话的历史是沿着人类社会演化的顺序前进的，具有一种进化论的阐释色彩。一种模式认为，神话的创造要上溯到狩猎与采集时代，神话在农业阶段获得了发展，最后，神话在文明比较高级的社会阶段形成最初的模式。在希腊，创造神话的时间被上溯到了迈锡尼时代，此时神话表述的对象是万神殿中的众神。另一种模式则将神话中一些古老的历史性要素与历史事件连接起来，

---

[1] Joseph Campbell, *The Hero with a Thousand Faces*. Princeton; N. J.: Princeton University Press, 1968. p. 249.

如神话中的爱琴人其实就是历史上所谓的印欧人等。这种阐释模式强调的是神话与历史之间的内部关联,神话与社会、政治与文化之间的结构关系被纳入到了研究的核心中。这类探索者一般是人类学者,主要在历史文化事件与神话表述的文化要素之间寻求一种历史性的参照,其主要代表为德语世界的学者沃尔特·伯克特(Walter Burkert)。

二　神话的历史性起源

沃尔特·伯克特认为:"神话是传统故事的一种样式,它通过人神同形、同性的一些执行者的表演行为来组织行为序列,神话又是最为古老、流传最广的故事形式,主要讲述遥远时代神明们的故事,其根基是口头传统。"[1]从这种界定中可以看出,伯克特眼中的神话不是一般的传统故事,而是一种具有示范性作用的行为情节,其结构建立在一些最为基本的生物性或文化性的行为程序上。这样,神话就获得了一种历史性语境,与人类一系列的行为序列关联,同时与既定族群的历史和文化类型密切相关。

伯克特断言,神话的产生要上溯到史前的旧石器时代,此时的人类尚处于狩猎时期。人类为在自然界生存下去,就必须借助于简单的工具进行狩猎活动,同时还要与自己的竞争对手进行搏斗。人类为了成为勇猛的猎人而不断发展其侵略性的一面,在猎杀动物与同类的过程中,人类经历了一个个鲜活的生命被杀戮的过程。"在屠杀动物的过程中,人类有一种负罪感,为了克服这种感觉,人类就通过复杂的仪式模式来消除自己的负罪感。"[2]神话故事并不能对仪式上发生的行为作一种客观表述,它要为仪式倾向做一种命名工作。作为语言的神话就这样将人类的杀戮行为转换为故事,不断被重述与改编。就在讲述神话的过程中,人类释放了自己的负罪感与恐惧感。神话故事中人类的一些动作行为序列对应的是狩猎社会人类的一些侵略性行为。神话在讲述过程中创造了一种半真半假的空间,从而以一种拟人化的方式揭露了人类狩猎行为的内容:具有威胁性的姿态成为一个杀手的故事,表现出来的悲痛情感成为一个悲痛者的故事,一

---

[1] Walter Burkert, *Ancient Mystery Cults*. Cambridge; Mass.: Harvard University Press, 1987. p. 73.
[2] Walter Burkert, *Savage Energies: Lessons of Myth and Ritual in Ancient Greece*. Chicago & London: The University of Chicago Press, 2001. p. 11.

些色情的行为变成了情爱与死亡的故事。[①]

在这一点上，伯克特的观点无疑来自于瑞士学者卡尔·穆利（Karl Meuli）。米尤里指出，人类的仪式源于旧石器时代猎人们的表演性庆典，这些猎人们因为杀害了过多的动物，有一种负疚感，于是就举行一些表演性的杀戮仪式来减轻自己的这种感觉。伯克特在此基础上将米尤里的理论向前推进了一步，同时将弗洛伊德《图腾与禁忌》一书中的暴力观点加以改造，创造了神话的历史性起源背景。这种对神话的历史性因素的解读已经走出了"尼尔森们"在神话中寻找历史事件踪迹的范式，转而追寻神话中含有的文化的真实性，所谓的"历史性"已经被置换为"真实性"，只不过在其中加上了文化因素而已。从某种角度说，这种对神话历史性源头的追寻，已经不是狭义上的历史性事件了，而是宽泛意义上的文化的历史性语境。这样，伯克特就有理由在神话与文化的历史性事件之间建立一种关系，去阐释神话中蕴含的一些文化信息。

三　神话与文化事件

尼尔森等人关注神话故事中一些表层意义与历史事件之间的关联性，单纯地将神话与历史作一种线性的并接。在作这种分析时，往往舍弃了神话中一些异质性的东西，同时拒绝对单独的神话文本进行解读。实际上，神话尽管有不同的形式，却一直不断地被表述。一则单独的神话可以以不同的态度在同一个时代、同一个社群、不同的场合被表述，这恰恰是结构分析者最感兴趣的地方。结构主义者认为，神话通过推动某种固定的行为与特殊价值来建构社会价值，神话的意义在某种程度上总是与文化细节联系在一起。历史贬低了偶然性的一面，结构主义探讨的重点却是历史不同的变动要素在神话结构上的转换。这个时候，神话与文化事件之间的关联就被纳入了对神话的历史性阐释中。伯克特要做的是在神话与历史之间作一种结构性并接，在神话的深层结构中寻找历史性的文化事件，他试图将神话的行为序列与文化要素、生物行为对应起来。支撑伯克特的观点的依据自然很多，其中最为有力的是独目巨人波吕斐摩斯（Polyphemus）的神话故事。

英国古典学者柯克（G. S. Kirk）曾经对《奥德赛》中独眼巨人的神话故事

[①] 参见 Walter Burkert, *Homo Necans: The Anthropology of Ancient Greek Sacrificial Ritual and Myth*. Berkeley; Los Angeles; London: University of California Press, 1983. pp. 30-34.

情节①进行过结构主义的阐释,他认为,独眼巨人处于一种野蛮的状态,奥德修斯则是人类文明的化身,二者之间的对立反映了野蛮与文明之间的冲突。因此,"独眼巨人及其邻居们之间的对照,还有他们之间的关系,反映的是自然与文化之间的对立"②。伯克特对柯克的解释不以为然,他认为柯克并没有抓住神话故事的核心,他觉得柯克主张的"自然与文化之间的对立仅仅是一种逻辑游戏罢了"③。伯克特进一步指出,独眼巨人的神话故事的核心其实包含了一系列的行为模式:主人公到了一个从没去过的地方;他遇到了一个凶恶的陌生人;发现自己被困在一个山洞里;遇见了一个可怕的吃人妖怪;协商;制造武器;给予一个模棱两可的名字;麻醉对手;弄瞎了妖怪的眼睛;对手荒谬的求助失败;等待对手打开山洞的门;躲在羊肚子下逃跑;夸口、追赶、死里逃生、诅咒。关于独眼巨人的故事大概有 200 多个,尽管并非每一个模式都包含了这些情节单元,他们的故事却都可以被包含在这个寻求序列中。奥德修斯战胜独眼巨人的神话故事蕴含了四个符码:人类用武器抵挡手无寸铁的野人;清醒者抗击醉酒者;有眼的人抵挡瞎眼的人;有语言的人抵抗傻瓜。这样,神话就包含了智慧战胜野蛮的意义,其中包含了设圈套与逃跑的经验。伯克特扬言,他在神话中发现了为食物而进行的争斗,这其实反映了人类社会在狩猎阶段猎杀动物的最初状态。从伯克特的这种结构主义式解读中,我们可以看出,他其实是将故事分解为一系列的行为模式,然后在这些行为模式中寻找二元对立的行为,并将一些细节的综合与历史上一些文化事件的意义对应起来。只不过伯克特将尼尔森等人的外部事件与神话事件一一对应,置换为文化细节的对应罢了。

伯克特进而宣布:"在奥德修斯这个故事中,明显含有历史的线索:奥德修斯制造武器,在火上将长矛加固。"④他认为,奥德修斯根本没有必要制造木头长矛,他有自己的宝剑,完全可以轻松地杀死独眼巨人。神话故事中的这个细节其实映射了这样一个历史事实:人类社会在旧石器时代制造木矛,然后在火上

---

① 关于独眼巨人的神话故事比较著名,本书不作细说。荷马史诗中关于奥德修斯与独眼巨人之间的冲突,有兴趣的读者可以参看 *Odyssey*. 9.106-555。

② G. S. Kirk, *Myth: Its Meaning and Functions in Ancient and Other Cultures*. Berkeley: University of California Press, 1970. p. 164.

③ Walter Burkert, *Structure and History in Greek Mythology*. Berkeley: University of California Press, 1979. p. 34.

④ Walter Burkert, *Structure and History in Greek Mythology*. Berkeley: University of California Press, 1979. p. 33.

将其加固的文化事件。这就是这个神话故事所反映的历史真相,柯克对这个神话的结构主义分析其实犯了一个致命的错误。

令人不解的是,柯克的结构主义分析与伯克特的结构主义分析是同一种分析模式,得出的结果却是互相矛盾的。结构主义者声称自己对神话文本的分析是一种比较客观的科学方法,如果是这样,客观事实应该只有一个,但是柯克与伯克特二人却得出了不同的结论,这就不得不令人反思结构主义的"客观性"。所谓的"客观",其实是存在于研究者心中的一种表述状态,事物本身并没有显示客观事实,它仅仅是一种存在,"客观"的标准与含义,在这里要打一个引号。而二位学者截然不同的结论,也令人怀疑结构主义分析神话的可行性。在多大程度上,结构主义对神话中历史性事件的分析是客观的?神话的历史性结构分析是否真的发现了历史的真相?神话中的历史性要素是否能够如实反映历史上的真实性文化事件?分析者如何辨别神话的历史性线索与历史上文化变迁之间的关联?所有这些问题都没有解决,伯克特的尝试仅仅提供了一种可能性,而不是绝对性。不过,伯克特对神话的历史性分析多多少少提供了一种尝试,就像他自己表白的那样:"这对于希腊神话学的探讨来说是一个挑战,我们不应该仅仅看到神话独特的形式,还要通过经验的动态性结构与一些先前的希腊形式,在人类传统中一些重大的语境中重新看待并理解它们。毕竟,在过去的那些时代里,神话曾经塑造了人类的生活,锻造了人类的精神。"[1]

第四节　小结

20世纪的历史主义对希腊神话的阐释可以分为两种类型:一类是以尼尔森为代表的古典历史主义,一类是以沃尔特·伯克特为代表的历史结构主义。二者对神话的探讨属于两种不同的阐释模式,相互之间在某种程度上具有一定的排斥性。

以尼尔森为代表的古典历史主义基本上是一种历史性与普遍性的研究模式,其目的是确定神话的精确可信度,也就是神话的起源与演变。这种方法论所依靠的工具是文献学与年代学,同时参照了一些考古实物。这些学者对神话的探

---

[1] Walter Burkert, *Structure and History in Greek Mythology*. Berkeley: University of California Press, 1979. p. 141-142.

索基本上在如下一些层面：神话的源头、最早文献出处、生成时间、变文形式、最早版本等。这种研究范式基本属于神话的外部研究，通过拒绝对神话的意义进行直接的阐释，从而将对神话的解读缩减到对神话年代及类型的分析上，最终导致神话与历史的同化。在这种阐释模式下，神话中一些情节的变动都被视为历史事件的反映，如部落的迁徙、城邦之间的纷争、朝代的变更、仪式的确立等。在这个层面上，神话就成为历史主义。换句话说，古典历史主义研究的核心是在神话故事的底层追寻真实的历史事件，试图在神话中找到历史事件的真实影子。在古典历史主义看来，神话就是历史，只不过历史的真实面目被神话扭曲了，借助于一些文献与年代的考证，可以在神话中发现历史的真实面目。但是，"神话并不是从历史事件到神话语言的转换，学者们也不能够将神话转译成历史"[1]。神话与历史之间也不是一一对应的关系，除却表层结构与历史的对应性，神话还有自己的深层意蕴。古典历史主义却忽略了这一点，神话的异质性因而被置于一旁。这样，神话的阐释最终走向语言学与文献的大海中，脱离了神话本身的语境，神话成为历史的替代品。

沃尔特·伯克特看到了这种阐释的危机与困境，试图运用结构主义的分析模式将神话深层结构与历史性文化事件并接起来，对历史主义与结构主义进行一种调和。这种阐释模式的首要特征是将神话视为一种具有示范性的行为模式，其结构建立在一些最为基本的生物性或文化性行为程序上，神话中的情节单元与人类历史的一些特殊性文化事件密切相关。这样，对神话的外部阐释就转入了对神话内部行为序列的解读，对神话中历史性事件的追寻转向了对神话情节单元中文化事件的历史性语境的探索，神话的情节与文化的变革就有了一种对应关系。历史的真实性在这里被置换为文化事件的历史性语境，神话从而与文化具有一种历史性关联。

不论是哪种阐释模式，都是从历史的角度来探索神话的真实性要素，其目的是确立历史在神话中的反映，而不是神话在历史语境中的生成与发展。说到底，历史主义对神话的解读基本是一种"外行"的研究，该阐释模式仅仅关注神话的起源与演变，却忽略了神话本身的特征与异质性，将神话与历史等同起来，最后导致了神话的历史化。不可否认，历史的书写具有一定的片面性与偶然性，同时具有一定的虚构性，这一点与神话具有某些类同之处。不过历史主义关注的

---

[1] Christiane Sourvinou-Inwood, "Myth as History," in *Interpretations of Greek Mythology*, Jan Bremmer, ed. London: Routledge, 1988. p. 216.

不是神话与历史的虚构性，而是神话中的历史性。所谓的"历史性"开始被理解为历史的真实性，后来又被置换为文化的历史性语境，所有这些都背离了神话本身，而转向了历史与文化事件。神话已经不再是神话，而是被历史同化，被文化情节化了。如何寻找神话本身的历史性特征？神话与历史到底是一种什么样的关系？神话的历史性到底指的是什么？这些问题依然没有得到充分的探讨，传统历史主义无力解决这些问题，只有新历史主义才能将这些问题探讨下去，当然，这需要具体的历史与文化语境，属于另外一个话题。

第四章　比较神话学

第一节　比较神话学诞生的社会语境

尽管比较的方法已不新鲜，但是比较神话学作为一门学科出现，却是近代的事情。比较神话学形成于帝国主义时代，与当时的社会语境有着密切的关系。文艺复兴以后的一段时期里，对神话感兴趣的人只是那些希腊—罗马文学的研究者，其他学者对神话基本没有什么兴趣。不过随着欧洲帝国主义的扩张，神话逐渐引起了人们的注意。吸引人们的不是神话本身，而是神话质朴与口传的属性满足了欧洲人的想象。在欧洲人看来，尽管神话是一种粗俗而低贱的东西，却十分有趣，很大程度上反映了神话制作者本身的一些特性。因而，欧洲神话与非欧洲神话之间的比较，以及现代欧洲神话与古代欧洲神话之间的对比，成为比较神话学探讨的核心。在这一模式下，非欧洲神话及古代欧洲神话就成为现代欧洲神话的一种陪衬，也就是说，比较神话学的"比较"，其实是一种带有欧洲中心主义与欧洲帝国主义意味的探讨模式，是欧洲人对文化"他者"的一种观察，神话从而成为欧洲人自我发现的工具。

比较神话学的兴起与人类学的兴起有着不可分割的关系。众所周知，人类学的前身是欧洲人的殖民与扩张行为。欧洲人开始是历险，后来是贸易，最后演变为对殖民地的征服、开发与殖民活动。在接触殖民地人民的过程中，欧洲人遭遇了当地的风俗、仪式、神话、语言、宗教等，这些东西对于殖民者来说是一些比较陌生的东西，为了殖民的需要，欧洲人不得不了解这些东西。作为本土性知识形态的神话与仪式因而引起了人类学者的注意。在这样一种语境下，欧洲神话与非欧洲神话之间的对比成为人类学者与比较神话学者的一种需要，其目的是为了弄明白欧洲神话与非欧洲神话之间的差异，从而辨别神话制造者品性的不同，从而更好地将欧洲人与非欧洲人区分开来，确立欧洲文明的优越性。在这些殖民者看来，"对于早期的欧洲扩张者来说，文明仅仅意味着欧洲文化"①。这个时候，神话已经成为人类学者区分欧洲文明与非欧洲文明的手段，烙上了浓郁的欧洲中心主义色彩。

从学科影响上看，比较神话学与比较语言学有着密不可分的关系。1786年，琼斯在印度的一次演讲中指出，梵语与希腊语、拉丁语以及古英语之间，无论是在动词词根还是在语法形式方面都显示出系统的相似点，这种系统的对应现象非常普遍，绝不可能归结为偶然因素。琼斯同时认为，要解释这种现象，只有将它们的共同源头归结于某种也许已经消亡了的语言——原始印欧语言。这种原始母语就是后来人们所说的原始印欧语（简称 PIE）。只不过琼斯所说的原始印欧语只是假设的原始印欧人的口头语言，并没有任何文字记录。学者们只是通过对原始印欧语的若干支派语言进行比较研究，来推断出它的某些特征。接着，丹麦学者 R. K. 拉斯科（Rasmus Kristian Rask）、德国学者 F. 博普（Franz Bopp）等人在更多的语言中发现了类似的对应现象，他们根据这些系统的对应关系，推测了这些语言的共同起源，也就是原始印欧语的表现形式，同时把原始印欧语同后来语言之间的关系用简洁明确的定律形式表现了出来，于是印欧语言便正式得到了认可。

严格说来，印欧语言只是语言学的一个术语，但它后来指向了一个民族甚至更不恰当地指向了一个人种——印欧人。当这个属于语言学的术语被泛化后，它不可避免地被用到了比较神话学领域，19 世纪后期的比较神话学就是利用了比较语言学的发现来阐释希腊神话与印欧神话之间的关系，试图为希腊神话寻找一个更为古老的祖先，这样，希腊神话中那些粗鄙卑俗的因素似乎就找到了来源。

第二节　比较神话学的近代转向

从比较的视野上看，比较神话学的先驱应该是 19 世纪伟大的神话学家卡尔·奥特弗里德·缪勒（Kar Otfried Müller），他的代表作《科学神话学导论》（*Prolegomena to a Scientific Mythology*）含有一种比较的意味，只不过没有使用"比较神话学"这个术语罢了。首次将比较神话学这个名词纳入神话学研究范畴的是学者麦克斯·缪勒（Max Müller），当然，他身后还有大批追随者，

---

① Eric Csapo, *Theories of Mythology*. MA: Blackwell Pub., 2005. p. 11.

包括路德维希·普雷勒（Ludwig Preller）、克拉佩（A. H. Krappe）、保罗·德查尔密（Paul Decharme）这样一些非英国籍学者①。

因为麦克斯·缪勒对宗教与神话的研究影响极其深远，国外学者对其比较关注，关于麦克斯·缪勒的研究性论文与专著较多②，各个方面的探讨均有，尤以宗教与语言之间关系的研究胜出。国内学界对麦克斯·缪勒的介绍相当丰富，已经出版了他的数部论著③，其他相关宗教学论著中同时介绍了麦克斯·缪勒的宗教思想④，还有一些介绍其宗教学思想的论文⑤，在此不多介绍，重点阐释麦克斯·缪勒的神话观中关于神话与语言关系的见解。

---

① 路德维希·普雷勒是希腊人，而克拉佩则是德国学者，保罗·德查尔密则是法国比较神话学学者，尽管三位学者与麦克斯·缪勒并非来自于同一个国家，但他们所倡导的比较神话学方法与麦克斯·缪勒是一致的。

② A. Lang, "Mr. Max Müller and Fetishism," *Mind*, Vol. 4, No. 16 (Oct., 1879), pp. 453-469. Published by: Oxford University Press on behalf of the Mind Association; Mlle D. Menant, "Influence of Max Müller's Hibbert Lectures in India," *The American Journal of Theology*, Vol. 11, No. 2 (Apr., 1907), pp. 293-307. Published by: The University of Chicago Press; Richard M. Dorson, "The Eclipse of Solar Mythology," *The Journal of American Folklore*, Vol. 68, No. 270, Myth: A Symposium (Oct. - Dec., 1955), pp. 393-416. Published by: University of Illinois Press on behalf of American Folklore Society; G. R. Welbon, "Comments on Max Müller's Interpretation of the Buddhist Nirvāna," *Numen*, Vol. 12, Fasc. 3 (Sep., 1965), pp. 179-200. Published by: BRILL; Nirad C. Chaudhuri, *Scholar Extraordinary. The Life of Professor the RI. Hon. Friedrich Max Müller*, P. C. New York: Oxford University Press, 1974; Gregory Schrempp, "The Re-Education of Friedrich Max Müller: Intellectual Appropriation and Epistemological Antinomy in Mid-Victorian Evolutionary Thought," *Man*, New Series, Vol. 18, No. 1 (Mar., 1983), pp. 90-110. Published by: Royal Anthropological Institute of Great Britain and Ireland; Herman W. Tull, "F. Max Müller and A. B. Keith: 'Twaddle', the 'Stupid' Myth, and the Disease of Indology," *Numen*, Vol. 38, Fasc. 1 (Jun., 1991), pp. 27-58. Published by: BRILL; N. J. Girardot, "Max Müller's 'Sacred Books' and the Nineteenth-Century Production of the Comparative," *History of Religions*, Vol. 41, No. 3 (Feb., 2002), pp. 213-250. Published by: The University of Chicago Press.

③ [英]麦克斯·缪勒：《宗教学导论》，陈观胜等译，上海人民出版社，1989年；[英]麦克斯·缪勒：《宗教的起源与发展》，金泽译，上海人民出版社，1989年；[英]麦克斯·缪勒：《比较神话学》，金泽译，上海文艺出版社，1989年。

④ [法]安什林：《宗教的起源》，杨永等译，三联书店，1964年；吕大吉主编：《宗教学通论》，中国社会科学出版社，1989年；[美]理查德·M.多尔森：《太阳神话学的湮灭》，见[美]阿兰·邓迪斯编《世界民俗学》，陈建宪等译，上海文艺出版社，1990，第82—121页；程世平：《灵魂的需求——文明之源》，四川人民出版社，1994年；吕大吉：《西方宗教学说史》，中国社会科学出版社，1994年；[澳大利亚]加里·特朗普：《宗教起源探索》，孙善玲等译，四川人民出版社，1995年，第46—71页；孙亦平主编：《西方宗教学名著提要》，江西人民出版社，2002年；孟慧英：《西方民俗学史》，中国社会科学出版社，2006年。

⑤ 梁永佳：《维柯与缪勒：神名问题的语言学探讨》，载《武汉水利电力大学学报》（社会科学版）1999年第1期；翟志宏：《缪勒宗教起源的"无限观念"论析》，载《武汉大学学报》（哲学社会科学版）2005年第1期；刘素民：《追问宗教起源的发生学意义——麦克斯.缪勒思想中的宗教的起源与发展》，载《学术界》2006年第2期。

麦克斯·缪勒对希腊神话的比较解读其实是利用语言学的知识来寻找希腊神话的源头，将其上溯到印度神话。他将人类语言的发展分为三个时期：词语形成期、方言期与神话期[1]。在麦克斯·缪勒看来，神话属于宗教的一个组成因素，神话的发展与宗教的发展密不可分，同时与语言的发展联系在一起。他认为，宗教的发展有三个基本阶段：单一主神教、多神教和一神教。单一主神教是"物理学宗教"的一种表现，与单一主神教对应的是语言上的词语形成期，因为对于描述神圣的叙述者来说，自然的、物理性的一面虽然不具有隐喻的功能，但是对于崇拜者却具有直接的影响性作用。宗教的多神教阶段是所谓的"人类学宗教"，该阶段与语言中的神话解释倾向以及由此而产生的思维中的人格化倾向有关。描述神灵的词语不仅具有召唤的性质，而且还有性别，慢慢地这些神灵便等同于自然界与之相联系的那些部分，这样神明们实际上便成为黎明或者太阳。[2]麦克斯·缪勒的宗教发展的三个阶段中，比较有意思的是第一个阶段，也就是语言的神话期，在这个阶段，语言患了"病"，从而导致了人类思维的种种失常，神话开始出现。

学者加里·特朗普（Garry Trompf）在其论著《宗教起源探索》中，将麦克斯·缪勒关于宗教与语言之间发展的各个阶段关系列成如下之图。[3]（图1）

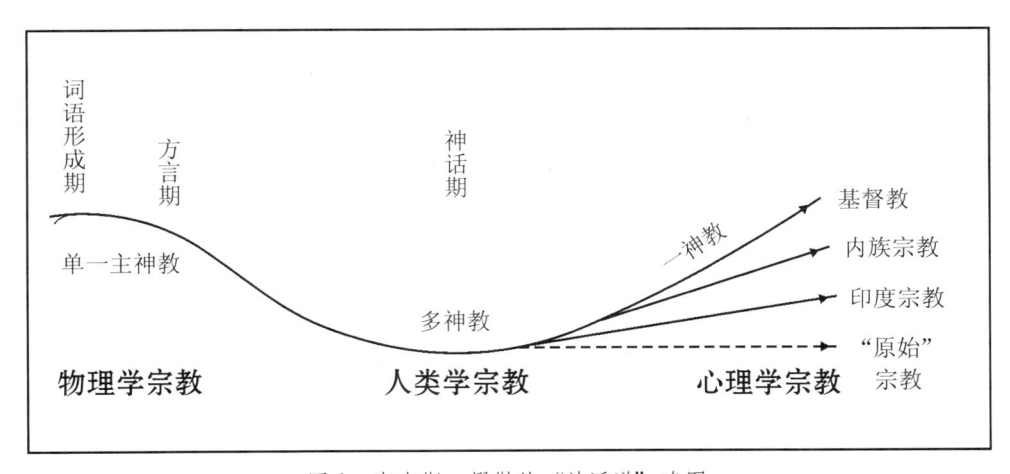

图1 麦克斯·缪勒的"神话说"略图

---

[1] 参见［英］麦克斯·缪勒：《比较神话学》，金泽译，上海文艺出版社，1989年，第7—14页。
[2] 参见［英］麦克斯·缪勒：《宗教的起源与发展》，金泽译，上海文艺出版社，1989年，第184—208页。
[3] 参见［澳］加里·特朗普：《宗教起源探索》，孙善玲等译，四川人民出版社，1995年，第65页。

麦克斯·缪勒将神话的荒谬与不一致性视为语言学的一种失常现象,是语言在发展过程中的一种隐喻性曲解。在他看来,神话是生长在语言之树上一颗病态的话语之果,而语言又扎根在宇宙现象最初的基本经验上,譬如太阳的起落、星辰的运转等。在语言"患了病"这样一种状态下,我们能够探讨神话意义的唯一方法就是语言学与词源学的研究。因此比较神话学的任务是探索那些语源学上的混乱、隐喻的发展以及语义的连接,从而去发现那些语言的最初价值,它们在语言意义的使用前已经失去了本来的意义,但是这些东西已经被转化在与自然相连的人类的语言根脉中了。这样在对神话的语言学分析中,就出现了自然主义占据主流地位的现象,神话与自然现象于是就密切联系起来了。如太阳神阿波罗(Apollo)爱上了女神达芙涅(Daphne),而后者却极力躲避,最后化作月桂树。麦克斯·缪勒认为,这则神话故事蕴含了这样一种自然事实:太阳追逐黎明。甚至荷马史诗中吟唱的特洛伊战争也是一则太阳冲破黑暗的自然寓言。

爱德华·泰勒(Edward B. Tylor)和安德鲁·兰(Andrew Lang)及剑桥学派的一些学者,如弗雷泽、赫丽生等人,坚决反对麦克斯·缪勒的"太阳神话说"。他们认为,神话的野性不能被归结为语言的恶化,神话也不是立足于语言的有意识而被创造的。相反,神话是高级文明的发展与遗留物。在他们看来,希腊神话的一些奇怪性因素不能被归结于语言的任意的发展,而应该归结于人类社会特定阶段的发展与智性解放的发展。神话不再处于一种语言病态的状态,而是一种野性的遗留物,可以被界定为野性思维阶段的产物。这样就导致了确定野性思维与现代思维的差异,以及确定二者之间的精神距离,列维-布留尔(Lévy Bruhl)的《原始思维》就是其中的一个例子。泰勒在他的一系列论著中探讨神话的万物有灵论,弗雷泽的《金枝》则将交感巫术视为神话的主要特征。在这些学者看来,野性的思维与现代欧洲人的思维不但不一样,并且还是一种前逻辑的思维与神话的思维,与理性的思维不仅有所差异,而且是对立的。这样,原始思维就成为欧洲理性主义的对立物与陪衬品,属于异族人的神话,从而成为异族人野蛮性的一种证明。

在这些运用比较方法的学者中,比较突出的是英国学者弗雷泽。弗雷泽的比较方法与麦克斯·缪勒有所不同,缪勒的比较方法主要是语言的直接比较,而弗雷泽则对语言没有什么兴趣,他的方法纯粹是一种人类学的比较——将神话与仪式联系起来。人类学对神话的研究忽略了比较语言学的方法，人类学者并没有受到比较语言学与比较哲学的影响，其研究来源于一些民族学方面的资料，这不是有意而为之，而是其本身的学科特性使然。一直到19世纪，人类学才开始形成一门学科，其学科基点是欧洲殖民与扩张，研究资料是一些商人、传教士与旅行者的旅游笔记与见闻录，官方的研究资料来源于非洲、南太平洋、澳大利亚，这些地方的文化大部分是在部落基础上发展起来的单一文化，还有一些研究资料源于地理学与考古学资料。

弗雷泽的比较方法可以分为四个步骤：

1. 发现一个特殊的问题：仪式、神话或者一种风俗，这对于那些本土的仪式、神话与风俗来说，显得比较怪异，或看上去自我矛盾，或与理性主义格格不入；

2. 为这个仪式、神话或者风俗收集一些例子，这些例子来自于不同的文化；

3. 为这些例子寻求一种普遍性的解释；

4. 通过重申这些普遍的解释将其总结一下，然后回到最初的问题上去。

这样的例子很多，比较典型的就是该隐（Cain）和亚伯（Abel）的故事，这个故事来自《圣经·旧约》。在《圣经》中，该隐因为嫉妒自己的弟弟亚伯被上帝所钟爱，就杀死了亚伯。上帝将该隐驱逐出自己的居住地，并在该隐的额头上做了一个记号，警告遇见该隐的人不可杀死他。[1]弗雷泽将这种上帝在该隐身上打记号的例子做了一种比较广泛的资料收集，在世界各地不同的文化中找到了很多类似的例子，他将这种在身体上做记号的现象称为"血污"现象。他比较了很多文化中这种"血污"的现象，认为这种在身上做记号的现象其实是严禁别人接触自己的一种警示。他认为："该隐额头上的记号或许本来应该是一种伪装杀人的方式，或者是在身上标上一种恶心的或可怕的标志，使得将被他杀害的人无法看出他的本来面目，至少给该隐提供一种宽泛的保护。"[2]

在《金枝》一书中，弗雷泽将人类文化的发展分为三个阶段：巫术阶段、宗

---

[1] 参见《圣经·旧约》创世记 4：1—15 节。
[2] James Georges Frazer, *Folk-lore in the Old Testament*. New York: Tudor Publishing Company, 1923. p. 44.

教阶段、科学阶段。这个发展模式其实是一种线性进化的模式，是按照欧洲文明发展的假说来界定他者文化发展的类型。弗雷泽认为，巫术有交感巫术与顺势巫术，也就是摹仿巫术与传染巫术，前者是相似律，后者是接触律。在论及科学与宗教时，弗雷泽将宗教与科学截然分开了，之所以这样分开，是因为弗雷泽眼中的宗教是原始社会的产物，在欧洲以外的其他地方依然存在，科学则是欧洲人发明的，比宗教要高级得多。只不过弗雷泽的比较方法中大多数情况下遵循的是雷同与差异原则，它们是弗雷泽研究方法中比较重要的原则。

弗雷泽这种通过神话的比较来探讨原始社会状况的方法被人类学者 E.E. 埃文斯－普理查德视为一种"剪刀加糨糊"式的比较方法，后者曾不无讥讽地指出："与其说它是比较的研究方法，不如说它是一种描述，差不多就是心理学家过去所说的'猎奇法'。大量偶然的实例被拼凑在一起，以阐释某种一般性的观念，并支持作者论述那种观念的论文。从来就不曾有过未被选择的实例来检验其理论的尝试。当从一个任意的猜测推导出另一个任意的猜测（被称作'假说'）时，连最起码的谨慎也被忽视了，归纳法（求同法、求异法和共变法）的最简单的准则也被忽视了。"[①]换句话说，这种比较方法缺乏任何历史批判感，具有任意性，在某种程度上曲解了那些远离其背景的事实，就像将各种零零碎碎的东西拼凑到一块怪异的马赛克里那样。

第三节　新比较神话学的崛起

进入 20 世纪之后，主要由于安德鲁·兰（Andrew Lang）和麦克斯·缪勒在用"自然象征说"来解释神话是否恰当的问题上发生了冲突，学者们对印欧比较神话学的兴趣就大大减弱了。人类学者伯厄斯、马林诺夫斯基及其他学者在英国倡导的新经验主义精神阻碍了这方面兴趣的发展，加之比较神话学与库恩、麦克斯·缪勒等人的自然神话学理论联系在一起，比较神话学成为人们竭力回避的东西。后来，到了 20 世纪上半叶，法国学者乔治·杜梅齐尔（Georges Dumézil）所倡导的"新比较方法"出现之后，比较神话学才重现生机，并被学者们冠以"新比较神话学"之名。

[①] [英] E.E. 埃文斯－普理查德：《原始宗教理论》，孙尚扬译，商务印书馆，2001 年，第 12 页。

国外学界关于杜梅齐尔的研究颇多,除了相关论文[①]和在神话专著[②]中的系统论述,还有专门阐释杜梅齐尔"新比较神话学"思想的专著[③],该书作者 S. 列特尔顿（C. Scott Littleton）阐释了杜梅齐尔新比较神话学的方法与模式,叶舒宪先生选编的《结构主义神话学》一书收录了该书部分译文[④]。国内学界出版了杜梅齐尔的两部神话学论著[⑤],对推动国内学者们了解这位神话学者的思想起到了很大作用。不过,国内对杜梅齐尔神话思想进行介绍的学术文章并不多见,本书在此加以阐释,主要关注杜梅齐尔印欧神话中反映"三分"社会结构之说及

[①] Richard N. Frye, "Georgés Dumezil and the Translators of the Avesta," *Numen*, Vol. 7, Fasc. 2 (Dec., 1960), pp. 161-171. Published by: BRILL; J. Gonda , "Some Observations on Dumézil's Views of Indo-European Mythology," *Mnemosyne*, Fourth Series, Vol. 13, Fasc. 1 (1960), pp. 1-15. Published by: BRILL; C. Scott Littleton, "Toward a Genetic Model for the Analysis of Ideology: The Indo-European Case," *Western Folklore*, Vol. 26, No. 1 (Jan., 1967), pp. 37-47 . Published by: Western States Folklore Society; C. Scott Littleton, "The New Comparative Mythology," *Western Folklore*, Vol. 29, No. 1 (Jan., 1970), pp. 47-52 Published by: Western States Folklore Society; David M. Knipe, "American Aid to Dumézil: A Critical Review of Recent Essays," *The Journal of Asian Studies*, Vol. 34, No. 1 (Nov., 1974), pp. 159-167. Published by: Association for Asian Studies; J. Gonda, "Dumézil's Tripartite Ideology: Some Critical Observations," *The Journal of Asian Studies*, Vol. 34, No. 1 (Nov., 1974), pp. 139-149. Published by: Association for Asian Studies; C. Scott Littleton, "'Jenesuis pas ... structuraliste': Some Fundamental Differences between Dumézil and Levi- Strauss," *The Journal of Asian Studies*, Vol. 34, No. 1 (Nov., 1974), pp. 151-158. Published by: Association for Asian Studies; Alf Hiltebeitel, "Dumézil and Indian Studies," *The Journal of Asian Studies*, Vol. 34, No. 1 (Nov., 1974), pp. 129-137. Published by: Association for Asian Studies; Emily B. Lyle, " Dumézil's Three Functions and Indo-European Cosmic Structure," *History of Religions*, Vol. 22, No. 1 (Aug., 1982), pp. 25-44. Published by:The University of Chicago Press;Arnaldo Momigliano,"Georges Dumézil and the Trifunctional Approach to Roman Civilization," *History and Theory*, Vol. 23, No. 3 (Oct., 1984), pp. 312-330. Published by: Blackwell Publishing for Wesleyan University; Hilda Ellis Davidson, "Georges Dumézil, 1898-1986," *Folklore*, Vol. 98, No. 1 (1987), p. 106. Published by: Taylor & Francis, Ltd. on behalf of Folklore Enterprises, Ltd; Bruce Lincoln, "Rewriting the German War God: Georges Dumézil, Politics and Scholarship in the Late 1930s," *History of Religions*, Vol. 37, No. 3 (Feb., 1998), pp. 187-208. Published by: The University of Chicago Press.

[②] Daniel Dubuisson, *Twentieth Century Mythologies*: *Dumézil*, *Lévi-strauss*, *Eliade*. Tanslated by Martha Cunningham. London; Oakville: Equinox Publishing Ltd. 2006. pp. 7-101.

[③] C. Scott Littleton, *The New Comparative Mythology*: An Anthropological Assessment of the Theories of Georges Dumézil. Berkeley: University of California Press, 1973.

[④] 参见 [美] C. Scott Littleton：《迪缪塞尔教授与新比较神话学》,见叶舒宪编：《结构主义神话学》,陕西师范大学出版社,1988 年,第 292—314 页。

[⑤] [法] 乔治·杜梅齐尔：《从神话到小说》,施康强译,三联书店,1999 年；[法] 迪迪耶·埃里邦：《神话与史诗》,孟华译,北京大学出版社,2005 年。

其对结构主义思想的影响。

所谓"新比较神话学",只是指杜梅齐尔的研究视角,而不是研究资料。先前的学者麦克斯·缪勒等人,其实是从语言学立场来探讨神话与宗教之间的关联,而弗雷泽等人的比较神话学,是从人类学立场作文明与野蛮之间的外部对比。杜梅齐尔则是通过印欧神话的比较,探讨神话内部的职能与系统,从单纯的外部比较转向了对神话内部复杂体系的探索。只不过在研究路径上,杜梅齐尔依然采用了比较语言学的套路,其理论基础则是涂尔干这类社会学家的社会学假说。与前面几位学者不同的是,杜梅齐尔本人始终都认为神话学是社会科学中一门单独的学科,不属于语言学或人类学。他竭力表明,神话是一种有意义的存在物,它阐释人类的秩序与宇宙的来源,神话思维不是偶然的,而是在一种神明行为与功能有机系统内生成的,这样神话就与其生成的社会结构产生了一种直接的关联。

杜梅齐尔使用比较语言学的证据,借助于神话来考察史前印欧人的社会结构与宗教信仰。他通过语言学研究发现,印欧神话中的神明与英雄形象,按照其地位的高低,可以分为三类:僧侣、武士与平民,神话中这三个阶层反映了印欧人社会中的三个阶层,也就是第一职能、第二职能与第三职能,古代印度、欧洲及印欧社会的其他地方,都存在这种三分法式的社会职能,这三个职能分别涉及三个领域:神圣、体力与丰产。最为重要的僧侣阶层负责维系神秘的宗教和律法、制度统治;武士阶层向社会提供一种体魄上的力量;平民阶层是处于印欧人社会中最底层的力量,向整个社会提供生存物质,包括社会的生产物质、动植物的丰产与活动等。杜梅齐尔指出,三分法的社会职能不仅存在于史前社会,而且已经成为一种结构性的社会意识形态,保存在印欧人的记忆中。"比如雅典本身,就没有被谁统治过,而是在某种程度上由三个主要执政官所掌握。'国王'执政官主要掌管宗教事务(他领导着秘密祭礼);'军司令官'执政官,其名称本身就已经指出了他原来的任务,但古雅典十将军会成员们的法规剥夺了他的'军事'权,不过至少保留了他为'战死沙场者'组织葬礼的职责;执政期极短的执政官,或曰'名年执政官',主管公民之间可能产生的各种与家庭有关的经济问题(公民包括外国侨民、定居的外国人,这些人由于词语的模糊性而属于'军司令官'管辖)。"[1]这三个社会性"职能"组成了史前及后来印欧

---

[1] [法]乔治·杜梅齐尔:《追寻印欧人的足迹》,见[法]迪迪耶·埃里邦:《神话与史诗》,孟华译,北京大学出版社,2005年,第106页。

人的社会结构，呈金字塔形状。如果用一个金字塔来表示三者之间的关系，则有图2：

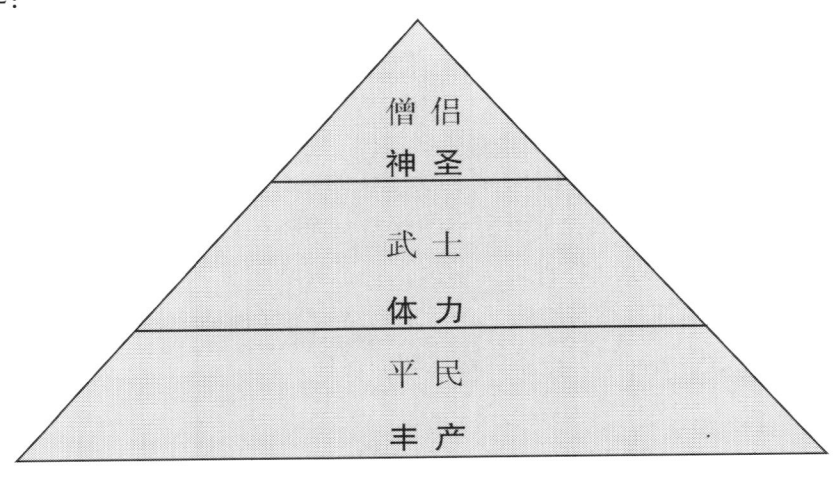

```
        僧 侣
        神 圣
      ─────────
        武  士
        体  力
     ──────────
        平  民
        丰  产
```

图2　杜梅齐尔三分法模式

杜梅齐尔眼中的"职能"不是现代人类学功能主义所说的"职能"，并不具有普遍性，仅限于印欧神话及社会体系。这个术语"归根结底指的既不是社会阶层及其成员的行为，也不是他们的神的形象。其实，它是指给这些现象下定义的原则。将其称为'第一'、'第二'和'第三'指的是这些原则通常借以得到体现的等级次序"[①]。关于这种神话职能与社会结构，杜梅齐尔强调如下三点：第一，史前印欧社会母体在解体之前，其社会观念的主要特征是三分法；第二，印欧社会是一个不断移民的社会，其社会成员在不断的迁徙中，将这种观念带到了他们移居的印欧大陆的各个地方；第三，早期印欧社会的神话与史诗中大多可以找到三分法的踪迹，如从印度的《吠陀》到冰岛的《埃达》，从《摩诃婆罗多》到《海蒙斯金拉》，在这些古代文学文本中都可以发现三分法的社会结构与职能。不过，这种三分法的"职能"基本是一种推想，其依据是语言学与比较神话学，并没有考古证据。考古学者马丽加·金芭塔丝指出："杜梅齐尔的三个功能全部是男性的功能，与万神殿中那些女神所反映的社会结构是相反的，这就是他的失败之处。应该将第三个功能转移给古欧洲的女神，丰产或生殖女神。"[②]

---

① [美] S. 列特尔顿（C. Scott Littleton）：《迪缪塞尔教授与新比较神话学》，见叶舒宪编：《结构主义神话学》，陕西师范大学出版社，1988年，第297—298页。
② Marija Gimbutas, *The Language of Goddess*. London: Thames and Hudson Ltd., 1989. p. xvi.

尽管杜梅齐尔受到了语言学、哲学、比较宗教史学等各个方面的批判,他的三个功能的假说并不适用于所有的神话,只适用于印欧神话及印欧社会,我们却无法否认,从柏拉图到黑格尔,欧洲人确实存在三分法的思维习惯,甚至阿兰·邓迪斯在美国的当代文化中也发现了三分法的结构。[①]杜梅齐尔对比较神话学的贡献是不可否认的,他将19世纪麦克斯·缪勒等人开创的比较神话学向前推进了一大步,同时对19世纪学者们所建构的整个知识体系作了一种修复,使得比较神话学与社会学摆脱了语言学的桎梏,而将神话的比较体系建立在社会学与人类学的基础之上,将神话探索深入到了前欧洲意识形态,从语言学的线索中发现神话的内部规律与结构,对后来的结构主义神话学起到了奠基性作用,同时将比较神话学引向了另一条内部比较的道路。

第四节　希腊神话与东方[②]神话

一　沃尔特·伯克特的比较模式

尽管杜梅齐尔的"新比较神话学"具有一种划时代的意义,将对神话从外部现象的探讨拉回到对神话内部的研究,但他依然没有摆脱语言学与文献学的局限,在某种程度上说,他对印欧神话的解读也仅限于印度神话与罗马神话,他所发现的"三分法"的神话结构原理也不适用于希腊神话,唯一能够将"三分法"原理阐释得通的希腊神话是帕里斯与金苹果的神话故事,其他希腊神话很难应用这种理论模式。杜梅齐尔的思想被后来的结构主义神话学所继承,发展出了结构主义神话学阐释模式,但是比较神话学本身却沿着另一条道路前进,走向希腊神话与非希腊神话——埃及神话与西亚神话之间比较的道路。这方面做得比较突出的是马丁·伯纳尔、沃尔特·伯克特、查理斯·彭伽拉斯(Charles Penglase)等。这些学者运用比较神话学的原理来探讨希腊神话的"东方"源头,试图替希腊神话验明文化身份,在文化交流的架构内探讨希腊神话与埃及神话、美索不达米亚神

[①] 参见 Alan Dundes, *Every Man His Way: Readings in Cultural Anthropology.* Alan Dundes, ed. (Prentice Hall Anthropology Series.) Englewood Cliffs; New Jersey: Prentice-Hall, Inc., 1968. pp. 401-423.

[②] 严格来说,所谓的"东方"、"东方学"、"东方文化"一类的称呼其实是从欧洲人视角与价值立场出发的一种地位与文化的判断,指的是欧洲以外的非洲、亚洲及其文化,笔者在引用时使用了引号来标明就是想表明这个意思,并非是对这种称呼的沿用。

话、腓尼基神话之间的关系。

在欧洲文化传统中，希腊文化是西方文化的奇迹，它孕育了西方文化，但希腊文化却是独立发展繁荣的，是一个独立自足的文化类型，与其他文化类型并没有什么联系。自文艺复兴之后，西方人将古希腊视为西方知性思维的源头，欧洲人以希腊文化为荣，以至于古典希腊成为整个欧洲文明的滥觞。西方知识界将希腊古典文化视为欧洲文明的典范与根源，因而任何将它与"劣等"的亚洲与非洲文明联系在一起的"企图"，都是不可接受的。

20世纪欧洲人的考古大发现给这种"欧洲文明中心论"带来了无情的冲击：1915年赫梯文明与语言被学术界接受；伴随着对美索不达米亚、叙利亚、乌加特的重大考古发现，1930年闪米特语言破译成功；1946年，赫梯文本《天堂的王权》（Kingship in Heaven）得以出版，该书所表述的内容与赫西俄德的文本有惊人的相似之处，但比赫西俄德的文本早了许多年；1952年，克里特线形文字破译成功。上述这些发现都将希腊与西方人眼中的"东方"，尤其是西亚直接联系了起来，也直接导致了西方学者对欧洲文明，尤其是希腊文明的根源重新进行反思，这样就出现了20世纪中期以后的西方学界对欧洲文明的寻根热潮。1950年施瓦布（R. Schwab）的《东方文艺复兴》得以出版，1978年萨义德的《东方主义》首先掀起了这场西方文化的寻根浪潮。之后，马丁·伯纳尔（Martin Bernal）的《黑色雅典娜》（Black Athena）和朱利安·鲍尔迪（Julian Baldick）的《黑色上帝》同时回应了这种对西方文明寻根溯源的热潮。《黑色上帝》一书的作者朱利安·鲍尔迪认为，具有非洲—亚洲宗教体系的"黑色风暴神"与犹太—基督教的上帝是同根同源的；马丁·伯纳尔在《黑色雅典娜》中所探讨的内容"是在公元前两千纪，或者更准确地说，是公元前2100年到公元前1100年的一千年间，希腊借鉴吸收埃及与黎凡特文化的情况，当然也会涉及前后一个阶段内的文化交往"[①]。不过二者偏重于对西方文明的非洲因素考察，而对于西方人眼中的西亚，涉及部分相对要少一些。在他们眼中，非洲黑色文明对希腊文明的影响要大于近东，19世纪学者们所说的"雅利安模式"只是印欧语言对希腊的影响，从文化与宗教的角度上来讲，希腊文明的基因之源在非洲。

相对于上述学者的文化寻根情结，沃尔特·伯克特（Walter Burkert）则显得更加理智，他在回应这场西方文明寻根热潮的过程中，承认马丁·伯纳

[①] Martin Bernal, *Black Athena*: *The Afroasiatic Roots of Classical Civilization*. Vol. 1. Lodon: Free Association Books, 1987. p. 17.

尔、朱利安·鲍尔迪及他们之前的一些学者,如科学史专家乔治·萨顿(George Saton)、怀特海(Alfred North Whitehead)、东方学家戈登(Cyrus H. Gordon)、阿斯特(Michael C. Astour),古典学者韦伯斯特(T.B.L. Webster)等的探索,但是他没有采取上述学者们那种激进的、一边倒的阐释:要么全盘否定西方的学术传统,单纯强调青铜时期西方文明对东方文明的消极反应;要么一味凸显东方文明对西方文明尤其是希腊文明的冲击,而忽视了文化的互动与自我消化能力。作为一名欧洲学者,伯克特站在一种比较客观清醒的立场上来看待西方文明的源头与发展,他的态度很明朗:"争论本身并没有什么价值,我们应该寻找更加有力并且新出的证据,作出更为公正的判断。"[1]基于这种立场,沃尔特·伯克特晚年出版了两部专著来论述希腊文明的东方源头与东方化语境,一部是1995年出版的《东方化革命》(*The Orientalizing Revolution: Near Eastern Influence on Greek Culture in the Early Archaic Age*),一部是2004年出版的《希腊文化的东方语境》(*Babylon, Memphis, Persepolis: Eastern Contexts of Greek Culture*),二者合在一起,对希腊文明的东方源头与语境作了全面考察。

马丁·伯纳尔与朱利安·鲍尔迪对西方文明的东方溯源采用的是一种比较的方法,前者是比较语言学,后者是比较神话学。尽管二者的考察目的是追寻希腊文明的东方根源,但是在探讨的过程中,这种比较是一种类同现象的描述,将大量同类的事物放在一起来阐释同一主题,达到目的的同时却不免有类似于拼贴马赛克的弊病,但是,"确定希腊文化中的北非、西亚因素,并不能解释清楚希腊古典文明是如何形成的"[2]。沃尔特·伯克特清楚地知道,文化的发展并非遵循简单线性的因果论路线,多种文化间的交往是一种互动推进式的开放演进,单纯考察文化的影响是远远不够的,必须关注文化内部与外部的互动与推演。问题的关键是:古典希腊既有的社会与经济模式是怎样的?它们在发展的过程中是怎样受到了东方文化因素的影响?在接受东方文明影响的过程中,希腊文化如何保持了自己的本土性与创造力?在文化传播的过程中,希腊文化如何影响并融入了东方文化的发展模式?

沃尔特·伯克特认为,在青铜时代,地中海沿岸是一个交往频繁与互动密切的区域。这个时候的希腊人迁入了克里特与塞浦路斯等地,他们沿着海岸线一

---

[1] Walter Burkert, *Babylon, Memphis, Persepolis: Eastern Contexts of Greek Culture.* Cambridge; Mass.: Harvard University Press, 2004. Introduction.

[2] 陈恒:《雅典娜——东方还是西方?》,见陈恒主编:《历史与当下》第二辑,上海三联书店,2005年,第118页。

路到了意大利与西西里南部地区，与东方保持着密切的贸易来往。但是地中海的西部区域只是被动地输出原材料，尤其是金属材料，以此来维持自己的农业。这个时候，东方文明高度发达，埃及与美索不达米亚地区的文化已经有了高度的发展，同时，叙利亚、巴勒斯坦以及介于二者之间的安纳托利亚地区也毫不逊色，这些文化形态在地中海地域占据主导地位。公元前 1200 年，一场灾难席卷了爱琴海地区，青铜时代的文明在此时轰然倒塌，克里特、赫梯、叙利亚、巴勒斯坦的文明遭到灭顶之灾，希腊文明也难逃此劫。

地中海的东部逐渐出现了一些新的世界，巴勒斯坦的非利士人在地中海沿海建立了比较富庶的特洛伊、西顿等城市，从叙利亚北部到安纳托利亚地区出现了一些小型的王朝如阿拉姆王朝与卢威王朝，在这个地区北部以外的地方出现了一个强大的孔雀王朝，东部地区还有另外一个比较有力的王国乌加特王朝。那个时候有三种主要的因素在控制、改变这种侵略与危机：第一，海上贸易的发展，它直指地中海西部，主要是为了寻找金属，开始是腓尼基人，后来是希腊人；第二，亚述军事力量的进攻；第三，一种新的书写文字的传播，这种书写字母脱胎于王室或者是寺庙的官僚书写系统，被商人们拿来作为自己的书写工具。上述这些相互交织的因素导致了文明的中心从地中海的东部移向西部，距离地中海最近的就是希腊人，他们立刻从中获益——他们得到了这种发展的机会，制造了希腊奇迹。

希腊对东方文明的全面接受在公元前 8 世纪中期，此时东西方之间的联系比青铜时代的联系要更为深入。滥觞于近东的文化，连同军事的扩张、经济的发展，在公元前 8 世纪的地中海世界创造了一种连续的文化，在地中海世界蔓延，它将那些与具有高级形态的闪米特的东方文化频频交往的希腊人囊括了进去。此时的希腊文化，全面接受了东方文化的影响，手工技术、艺术、建筑、宗教、巫术、书写、神话、史诗，乃至巫术，各个层面都接受了东方的影响，东方的文化优势持续了一个时期。与马丁·伯纳尔简单的文化因果论阐释方法不同的是，伯克特并没有一味凸显东方文化对希腊文化的单方面输出，而是同时强调了文化的互动与开放，他阐释了在此"东方化"过程中，希腊人以一种惊人的改编与转换来接受东方文化的影响，在此基础上形成了自己的文化风格，很快希腊在地中海文明中占据了领导地位，并在地中海沿海卷起了"希腊化"风暴。

伯克特对希腊神话与西亚神话的比较建立在一种具体的历史语境上——希腊的"东方化"时期。他认为，希腊人的青铜时代与黑铁时代是开放的时代，与埃及、美索不达米亚、闪米特有着密切的来往，不论是文化交往还是贸易来往，希腊都不是一个与世隔绝的世界。但希腊并没有全面接受外来文化的影响，直到黑铁时代，也就是公元前 750 年—公元前 650 年，这个时期曾经是希腊全面"东方化"时期，伯克特将其称为"东方化革命"（Orientalizing Revolution）时期。所谓的"东方化革命"是指希腊文化对黎凡特、美索不达米亚文化的全面接受，尤其是文化、经济、技术、宗教、语言与书写字母，简而言之，希腊所有的一切都是在"东方化"时期从异域接受的，自此以后，"在东方文化的影响下，希腊文化获得了一种前所未有的发展，并逐渐取得地中海世界的霸权地位"[①]。伯克特试图表明，所有的东方对希腊的影响都发生在公元前 750 年—公元前 650 年，所有外来的语言借用都已经被全部吸收到希腊语言中的语音学与形态学中去了，最为重要的是闪米特语言对希腊语言的影响。尽管伯克特并没有否认埃及对希腊的影响，他批判了那些试图保护希腊人血缘纯正性的学者，但是他自己在心底深处却有几丝罗马人情结，当他强调公元前 750 年—公元前 650 年是"东方化"时期，其实是在暗示着，在此之前的希腊是一个高度自治的社会，文化上也是比较孤立保守的，仅仅在后期受到了外来文化的侵略与影响。这一点遭到了美国学者马丁·伯纳尔的反对。后者认为，在"东方化"时期之前，希腊曾经是埃及与腓尼基的殖民地，希腊文化受到了埃及的全面影响，希腊文化并不是本土生成的文化，而是一个杂交与殖民的文化，希腊也从来不存在一个绝对纯净的文化保守阶段，希腊永远处于一种"东方化"状态中。[②]

在这种历史语境下，伯克特的比较神话学就具有了几分文化意蕴，同时将希腊神话与美索不达米亚之间的比较标注了具体的时间坐标，神话内部比较与外部的历史生成语境之间产生了一种互相对应的可能性。这个时候的比较，已经不是单纯的语言学操作模式，而是一种神话故事主题与情节单元之间的类似性比较，在相似之中，找到希腊神话本身的创造点。从比较的视野来说，比较并不是什么新鲜的做法，早在麦克斯·缪勒那里就已经开始了比较。20 世纪 30 年代的一些神话学者沃尔特·鲍兹格（Walter Porzig）、福里尔（E. O. Forrer）曾经探讨过荷马史诗、《神谱》与赫梯神话之间的关系，只不过那个时候由于政治因素的影响，这种神话研究的模式还没有形成规模，直到 20 世纪 80 年代之后，

---

① Walter Burkert, *The Orientalizing Revolution: Near Eastern Influence on Greek Culture in the Early Archaic Age*. Cambridge; Mass.: Harvard University Press, 1995. p. 6.
② 马丁·伯纳尔的具体观点及对沃尔特·伯克特的批判，本书在"后殖民主义"一章中有专门阐释，此处不累述。

人类学及其他学科所倡导的多元文化论观点逐步渗入到神话学领域,希腊神话学领域逐步改变了传统的比较研究,开始将希腊神话的探讨纳入了多元文化架构的体系内。

从比较文学的研究"范式"上看(这里的"范式"仅仅是一种权宜之说),伯克特的探讨模式属于影响研究,同时又有平行研究的因素在内,二者并不是绝对隔开的。从神话比较的具体对象来看,伯克特的比较有三种:神话思想、故事主题与故事情节单元,这三种比较一般情况下是相互结合在一起的,很多时候不分彼此。伯克特的比较神话学探讨的模式一般有以下几个步骤:

第一,在希腊神话中寻找出一种故事主题或情节单元模式,指出其具体的叙述情节要素与主题思想,并结合希腊文化的特征,找出这种神话故事主题或情节单元的外来性特征,确定其为非希腊文化要素。

第二,将这个故事思想、主题或情节单元放入美索不达米亚神话中,寻找其更为古老的神话原型与神话文本,最终在西亚神话中找到这种神话思想、主题或情节单元的最古老源头,指出其原初性。

第三,在美索不达米亚神话中找到与希腊神话思想、故事主题或情节单元对应的部分,具体分析其表述细节。

第四,一一指出希腊神话与美索不达米亚神话故事在思想、主题或情节单元上的异同,并找出希腊神话的改编与保留之处。

第五,找出希腊神话对外来神话要素借鉴的文化原因,并指明其改动部分是与希腊文化有冲突的部分,在改编中加入希腊文化的本土性因素,而保留部分是希腊文化与外来文化共有的部分。当然,其目的是表明,"不论希腊人从野蛮人那里学到了什么,他们总是将其弄得更好"。这句话早在柏拉图那里就成为希腊人的口头禅,并不是伯克特本人的发明。

这样的总结有点抽象,下面来看一看伯克特本人的比较神话案例。伯克特给出的例子很多,其中比较著名的一个是奥德修斯(Odysseus)的妻子珀涅罗珀(Penelope)祈祷的神话情节。《奥德赛》中有这样一组情节单元:当珀涅罗珀发觉儿子特勒马科斯(Telemachos)要出海寻找自己的父亲奥德修斯,而那些求婚者预谋杀害他时,这位女人开始哭泣与悲悼。稍微平静之后,珀涅罗珀开始梳洗,她穿上衣服,在女仆的陪同下走进储藏间,在篮子里装上一些大麦,向雅典娜女神祈祷,祈求自己的儿子能够平安归来。然后,这位女人在含糊不清的祷告与哭声中结束了自己的祈祷。[1]伯克特指出,在篮子里装上大麦、大声哭泣

---

[1] *Odyssey*, 4.759-767.

这些现象在希腊的血祭仪式中都会出现，但是那是在祭坛上献祭的仪式性行为，而不是一个妇女在家中的行为。从希腊的风俗与礼仪传统习惯来看，并没有一个关于妇女在家中向雅典娜女神哭泣祈祷、献上大麦的表述或记载，荷马神话中表述的这组故事情节显然不是希腊的仪式性行为，而是一种外来的东西，源于异族文化。一些历史学者、人类学者认为，这组神话情节单元是荷马对希腊文化的错误理解造成的。

伯克特指出，珀涅罗珀的这些行为其实不是荷马对希腊文化无意中的误读而造成的，恰恰相反，这是荷马有意而为，是希腊神话吸取外来文化并加以改编的成功之处。当研究者将目光转向古代巴比伦神话文本《吉尔伽美什》（Gilgamesh）中英雄的母亲为自己的儿子向太阳神祈祷的故事情节时就会明白。《吉尔伽美什》有这样一组神话情节：当英雄吉尔伽美什要随同自己的伙伴恩启都（Enkidu）离开自己的城市去征服妖怪芬巴巴（Humbaba）时，英雄的母亲宁尼苏（Ninsun）走进自己的房间，拿出一种特殊的香草，披上一件得体的外衣，将水从碗里洒向土地与尘埃。然后，她走上楼梯，登上楼顶，点燃熏香，向太阳神献上自己的祭品，最后，她举起手臂，开始充满忧伤地祷告，祈求自己的儿子平安归来。[①]这种母亲为儿子祈祷的场面在许多地方都可以见到，但是荷马史诗《奥德赛》与巴比伦史诗《吉尔伽美什》在细节上却有许多类似之处。实际上，与《吉尔伽美什》中祈祷相近的还有《伊利亚特》中阿喀琉斯（Achilles）的祈祷[②]。在闪米特人那里，在屋顶上烧香拜神，尤其是向太阳神献祭是一种很普遍的做法。但在希腊，这种妇女在阁楼上祈祷的仪式从来就没有听说过，荷马的表述就显得有些怪异。伯克特认为，"有可能荷马知道焚香的行为在英雄时代是不合时宜的，因此他在这种献祭仪式上添加了希腊仪式中的祭品大麦及妇女的哭叫"[③]，使得这种祈祷方式能够被大众接受，但其来源是古代巴比伦的神话与献祭仪式。

从叙述情节上看，这是一组比较连续的情节单元，但又是仪式行为，若将其单纯视为叙述中的情节单元，则比较武断。在某种程度上讲，荷马对这则叙述情节单元的改变是出于文化接受的需要，其实是外来文化中宗教因素与本土文化的融合问题，而不单纯是叙述中情节单元的问题，这样一种比较模式并不能使人信服。

---

① 参见 *Gilgamesh*, III, ii, 1-21.

② 参见 *Iliad*, 16.220-253.

③ Walter Burkert, *The Orientalizing Revolution: Near Eastern Influence on Greek Culture in the Early Archaic Age*. Cambridge; Mass.: Harvard University Press, 1995. p. 100.

当然,伯克特这种分析神话的意图不是证明希腊神话对东方神话因素的单纯借用,而是另有目的:"文化并非是孤立地萌芽发展的,它永远对实践有着好奇与兴趣,它是通过向他者学习而不断发展的,从异国与异质文化中汲取精华。这种非常特殊的'东方化'时期为文化的发展提供了一种机会。'希腊奇迹'并不只是独特的故事的结果,它要归功于希腊是西方世界的最东方这样一种特殊的地理位置。在公元前8世纪这样一种特殊的大背景下,希腊文化参与了每一种文化的发展,在军事的毁灭进程中并没有沦为文化的牺牲者。希腊文化与叙利亚文化、南部安纳托利亚文化相互为邻。当然,奇迹本身并没有重复,波斯帝国这个时候侵入了希腊,但是最后却宽恕了希腊文化。接下来,东方与西方都遭受到一种致命的灾难,而希腊担当了一种艰难的调停者身份。当然希腊并非是西方帝国。"[①]换句话说,希腊文化的"东方化"固然存在一些"东方化"的因素,但这是文化交往自身的结果,也是希腊独特的地理位置与"东方化革命"的结果,这些成果首先要归功于希腊人对外来文化的接受与改造。"东方化"之后,希腊文化统领了地中海文明的潮流,希腊人使得希腊文化成为希腊文化自身。

伯克特想要说明的是,尽管希腊文明从东方文明吸取了营养,但希腊人与西方人不必为此而担忧,也不必为自己的祖先曾经从埃及人、巴比伦人、腓尼基人那里借用过一些知识与技术而担忧与困惑,因为希腊文化已经包容并改进了这些东方文化因素。接受者文化的价值不单是由其借用的那些外来文化因素左右的,还有新的文化背景在其中运作。作为一名欧洲人,在对自己的文化进行寻根的同时,伯克特更注重希腊对东方文化的包容与改造功能。这种反思,其实超越了马丁·伯纳尔与朱利安·鲍尔迪,具有一种欧洲知识分子自我反刍与求索的精神。当然,这种对希腊文化源头的考察,并不纯粹是全面清算欧洲中心主义历史观与无色人种优越论,而是西方学者对自身文化起源与未来发展的一种清醒认识,探索欧洲文化的东方源头不是赞颂"东方"文化,而是为了更好地认识西方文化自身,文化"他者"仅仅是建构文化"我者"的镜子,欧洲文化的自我身份认同才是这种文化寻根的真正目的。

二 查理斯·彭伽拉斯的比较模式

伯克特对希腊神话的东方寻根探索模式是,为希腊神话中的故事主题与情节单元寻找巴比伦的神话原型,然后将这种影响归结于希腊文化对古代巴比伦文

[①] Walter Burkert, *The Orientalizing Revolution: Near Eastern Influence on Greek Culture in the Early Archaic Age*. Cambridge; Mass.: Harvard University Press, 1995. p. 129.

化的借用。伯克特关注的不是希腊神话与古代巴比伦神话的相似点，而是希腊神话自身对神话情节的改变与吸收。至于希腊神话思想与古代巴比伦神话思想的一些平行之处，伯克特并没有过多阐释，倒是另一名学者查理斯·彭伽拉斯作了尝试。

与伯克特相较而言，彭伽拉斯寻找的不是希腊神话与美索不达米亚神话情节上的相似点，而是二者神话思想的共同之处。彭伽拉斯赞同伯克特提出的希腊的"东方化"时期这种说法，只不过在他看来，这个时间应该在公元前 850 年—公元前 600 年。他认为，不管是商业的、文化的还是其他形式的接触，这些外来因素对希腊的影响一定是大量的、完全的、细节化的，而且呈现出一种内在的观念和理念使用的一致性与相似性。既然希腊文化接受了美索不达米亚文化的影响，那么在它们的思想（idea）中一定存在一些痕迹。他认为，"思想"这个术语一般指的是一种比较完整的观念，它包括很多情节单元（motif），不过有些时候"思想"也指神话故事中的一个叙述要素。

作为文化记忆的神话一定保存了这种文化上的影响，表现为希腊神话思想与美索不达米亚神话思想的一致性。这位古典学者比较的出发点很独特，他选取的是"权力旅行神话"，也就是神明在游历中获取自己权力的神话，在这种架构内，对希腊神话与美索不达米亚神话的一些相似点进行阐发。彭伽拉斯强调的相似点有三类：思想、观念与核心要素，包含其中的是一些神话主题、情节单元与叙述细节，作者就是借助于这些神话要素来建构自己的神话探讨模式的。

彭伽拉斯神话比较的模式一般有四个程序：第一，在美索不达米亚神话中分析一个或几个比较特殊的神话，指出其核心的神话是在旅行中获得权力；第二，在这些权力游历神话中找出一些与神明的权力相关的象征物或者情节单元，将其进一步深入下去；第三，在希腊神话，尤其是《荷马颂歌》与赫西俄德神话中找到一些神明旅行的神话，在主题与叙述情节上加以比较，归纳其相同之处；最后，指出这些相同之处均源于美索不达米亚神话。从某种程度上说，这种平行分析法与伯克特的影响研究几乎是相似的，但是彭伽拉斯在神话思想上比伯克特要走得更远一些，他将神话思想进一步分解为观念、主题与情节，在共同的思想基础上再归纳其叙述主题与情节的类似之处。在神话研究范式上，彭伽拉斯开辟出了另外一种探讨的空间。

美索不达米亚神话中有伊南娜（Inanna）女神下冥府的故事，彭伽拉斯认为，这个神话故事中包含了旅行获得权力的神话思想。神话中的伊南娜下到冥府，再度回到天堂之后，获得了来自于冥界的一些权力，拥有了原来所没有的决定生死的权力。彭伽拉斯指出，权力的符号有很多，在伊南娜女神下冥府的神话故事中，"伊南娜的衣服表达的是权力，因为它们象征着自我"[1]。在这样一种假设下，伊南娜穿上衣服就意味着女神拥有了权力，而脱下衣服自然象征着权力的失去。这种衣服与权力联系在一起的象征假说并没有十足的证据，仅仅是作者本人的一种猜测，他也并没有为此提出相关的论述，在某种程度上，这种观点令人难以接受。

有了这种假说之后，彭伽拉斯就在阿卡迪亚伊士塔尔（Ishtar）女神下冥府神话中发现了类似的思想。他指出，美索不达米亚神话中的这种游历获得权力的思想深远地影响了希腊神话，《荷马颂歌》与赫西俄德神话中都有这样的游历神话，其中比较典型的是《荷马颂歌》中德墨忒耳（Demeter）下冥府寻找自己的女神枯瑞（Kore）。这个神话与美索不达米亚伊南娜女神下冥府的神话思想有相似之处，都是为了获得权力而下到冥府，最后都获得了自己想要的权力。在伊南娜下冥府神话与德墨忒耳下冥府神话之间还有一些相似的情节，它们分别是：

1. 女神下到冥府并返回，其中伴随着地下权力与地上权力的获取；
2. 女神的释放、救助及回归；
3. 伊南娜下冥府、德墨忒耳下冥府的结果是永恒的季节性的回归，这种思想在其他神话的结尾同样存在；
4. 悲伤的母亲四处寻找自己被抓到冥府的孩子，在经历了数次的尝试后，母亲最后找到了自己的孩子；
5. 一些结构性的因素，伊南娜或德墨忒耳的释放伴随着众神集会上助手下到冥府，这些过程都发生在女神最初的挫败后，流浪的母亲女神同样扮演了助手的角色。

这些都是旅行神话中富有结构性的因素，这些要素在《荷马颂歌》中反复出现，还有其他一些相同的要素：季节性丰产的崇拜、死者命运的关注、女神的诅咒、女神的谎言、冥府的食物、女神的呼叫等。

在彭伽拉斯看来，希腊神话与美索不达米亚神话的这些相似点在希腊人看来似乎是理所当然的，"但实际上，这种影响不是由于文本的影响造成的，因为来自于希腊颂歌的文字作品与版本各有不同。一种可能是，这些神话故事与思想是以口传的形式传播的，而不是直接的文字传输造成的。另外，它不是在希腊神话中

---

[1] Charles Penglase, *Greek Myths and Mesopotamia: Parallels and Influence in the Homeric Hymns and Hesiod*. London and New York: Routledge, 1994. p. 23.

产生的文学故事,而是包含在各种故事中的旅行思想,这些故事表达的是关于崇拜的一些基本思想。与这些希腊颂歌的旅行思想联系在一起的还有其他一些因素,这些平行的思想与情节单元是用文学作品的形式来表达的,这些东西有可能是在同一个时间内传播的"[1]。这样的结论不免来得有些突兀,因为全文并没有就神话的文本传播和口传作任何表述,将希腊神话与美索不达米亚神话思想的相似点归结于口传结果的假说难以服人,遭到了一些古典学者的批判。

从阐释模式上看,尽管伯克特与彭伽拉斯有所不同,但在西方文明的"东方"寻根上,二者在本质上并没有什么差异,只是探讨的角度不同:伯克特强调希腊神话主题与叙述要素的"东方"源头,而彭伽拉斯则偏重于希腊神话思想中的"东方"色彩,后者更具普遍性。这个时候,神话已经不是一种单纯的文本,而是欧洲人寻找文明之根的有力工具,神话阐释成为文明探源的先决条件,欧洲文明的"东方"寻根,首先体现在希腊神话与"东方"文明之间的关联上。神话学已经超越了其自身所属的学术视野,走向了欧洲文明反思和解构其自身源头的探讨路径,现代神话学因而成为欧洲人自我发现与自我认同的概念性工具。

问题的关键是:神话是否是希腊文明乃至西方文明探源的唯一途径?除了神话,是否还有其他路径?神话在何种程度上扮演了欧洲文明探寻其"东方"之根的角色与工具?其可靠性与可操作性到底有多大?神话研究者与文明探源者之间又存在何种差异?神话在寻找欧洲文明的"东方"源头上又有什么差异与类似之处?所有这些都是比较神话学在探讨文明起源问题时所要面对的具体问题,研究者本身或许会无视这些问题,作为旁观者,必须清醒地意识到这些问题,才不至于在探讨时迷失方向。

第五节　小结

从19世纪末到21世纪初,比较神话学走过了一条从语义比较到文明探源的道路,从初期希腊与印度神话神名的比照转向了后来希腊与"东方"神话中思想的比较,比较神话学自身亦逐步摆脱了语言学的路径,转向了东西文明源流的探索。乍一看来,比较神话学这种研究范式的转换极为突兀,二者之间并无

---

[1] Charles Penglase, *Greek Myths and Mesopotamia: Parallels and Influence in the Homeric Hymns and Hesiod.* London and New York: Routledge, 1994. pp. 145-146.

任何关联。其实不然，这是比较神话学自身的发展需要所致，也是西方学界神话研究的内在诉求。毕竟，比较神话学探讨的场域为西方知识界，特定的学术话语与探讨话题受到了当时社会与历史语境的影响。

自比较神话学诞生的那一刻起，它就注定与欧洲文化、文明的自我身份认同联系在一起。初期的比较神话学研究者最为主要的目的是通过神话为欧洲与"东方"之间的近亲关系寻找一种更为古老的源头，只不过其借助的手段是语言学证据，其创始者麦克斯·缪勒对印欧神话的解读就是从希腊语与梵语之间的比照开始的。当麦克斯·缪勒探讨希腊神话与古代印度神话之间的关系时，他其实是想将希腊神话中那些看上去不合理的成分转移到印度神话中，认为希腊神话是受到了具有非理性精神的印度的影响，希腊永远是一个理性的世界，只有"东方"才充满激情与非理性的因素。神话与原始思维、神秘的"东方"世界产生了一种直接关联，在某种程度上，神话是欧洲人想象异族的一种手段，成为欧洲人自我发现的一种工具。很显然，这种比较神话学的研究模式是与欧洲中心主义和种族主义联系在一起的。

到了英国人类学者弗雷泽那里，这种寻找欧洲与"东方"文明之间渊源的探讨模式被欧洲与非欧洲之间的文化、风俗之间的类同关系所代替，但依然没有摆脱欧洲中心论的色彩，因为弗雷泽本人是用达尔文进化论的观点来看待欧洲与"东方"的。所谓的比较，其背景与标准是欧洲及其文明，"东方"仅仅是凸显欧洲文化、文明优越的衬托物，文明演化的出发点是"东方"世界，终点则是欧洲。作为异国的"东方"永远是欧洲的他者，其目的是为了寻找一个外在于欧洲的视角，以便更为深刻地审视与反观欧洲自身。这种思想被"新比较神话学"的倡导者杜梅齐尔所领悟，他者与自我、欧洲与"东方"文明之间关系的探讨，最终投射到古印欧神话"三分法"思想的探讨上。"新比较神话学"研究范式依然具有一种欧洲中心主义的意味，与最初比较神话学研究者们的态度并没有差异，唯一不同的是，杜梅齐尔直接宣称自己的研究对象不包括"东方"神话，只是针对一个由语言学建构起来的印欧人族群而言。

当然，欧洲中心主义仅仅是一种价值观，而对作为欧洲异国的"东方"及其神话的关注，因为20世纪后半叶欧洲知识界对欧洲文化的反思与批判，再次被沃尔特·伯克特、查理斯·彭伽拉斯等学者纳入了探讨话语场域内，"东方"及其神话不仅是相对于欧洲而言的一个时间与空间概念，还是一个文化与文明的范畴与类型，与欧洲息息相关。在神话探讨的性质上，此时的比较神话学呈现出一种对"东方"文明的从排斥到认同的趋势，从最初非理性的异国文明转换为理性的文明形态特点。但在本质上，神话学者对神话的认识并未改变，神话与神话问题不是单纯的神话学问题，而是事关欧洲文明及其源头的问题。这样，神话研究就与文明探源联系在一起，二者最终成为同一问题的两个方面：神话一方面是欧洲人认识自我的一面镜子，另一方面是文明探源的一种根据，通过对神话的分析，可以窥见欧洲文明与"东方"文明之间的内在关系与渊源。而欧洲文明对异文明的认同与接受，通过神话得以反射。神话成为文明的缩影，神话研究与文明探源纠结在一起，不分彼此，因而神话与历史、文明成为三位一体的学术"共同体"，占据了学术探讨的主要空间。

　　从文化认知的视角来看，任何一个文化群体都有"我族中心主义"的倾向，因而对于文化"自我"持有一种认同与近亲感，而对异文化则持排斥乃至敌对心态。从初期对"东方"及其神话的语义学比较，到后来对欧洲文明"东方"之根的探讨，比较神话学一直都在寻找文化上的"自我"，其目的是想通过"东方"这个异国文化来克服自身文化与文明所面临的危机与异化。神话学研究者认为，只有通过对欧洲与"东方"神话的探讨，寻找到欧洲文化与文明的古老源头，从而更好地认识欧洲自我，才能够拯救欧洲文化与文明。从这个角度上说，希腊神话的"东方"寻根思潮其实是欧洲文明自我反思的体现，神话源头的探讨成为欧洲文化身份认同的一种依据。在这种文明寻根的背后，欧洲中心主义与对它的解构性认识相互作用。在这一意义上，现代神话学成为欧洲文明自我发现的一种工具。

　　但是，这种神话学文明探源的背后却是欧洲人的自我意识与自我批判，"东方"及其神话只不过是比较神话学者们探讨问题的背景与衬托，真正的主角是欧洲文化与文明。通过对欧洲与"东方"神话的比较，学者们将欧洲文明自身还原为一个新的"自我"，旧有的欧洲文明与文化则自动退出历史舞台。一言以蔽之，比较神话学视阈下的文明探源依然是欧洲人早期帝国殖民的延伸，其间尽管经历了研究范式与手段的变化，其本质依然是欧洲文化与文明的反观与审视，神话仅仅充当了一种探讨的工具，比较神话学也只不过是承载此种话语场域而已。神话已经失去其最初的意蕴与功能，成为令欧洲文明不断自我反思的利器。

第五章 结构主义神话学

第一节 概论

二战后,欧洲帝国主义失去了在亚洲、非洲的殖民地,第三世界的民族独立与民族解放运动进一步削弱了欧洲殖民主义者的统治,欧洲学者在这些地方的神话研究受到了极大的限制。因为欧洲人类学者对亚洲、非洲殖民地国家的文化持有偏见,比如,弗雷泽就认为,野蛮人的思想是杂乱无章的,他们的思维是随机的、混乱的、矛盾的,根本没有欧洲人理性的思维先进,他们的神话同样如此。在这样一种时代背景下,神话研究就需要转换范式来解除这种危机,由原来的田野实地考察转变为以理论为主,结构主义的出现恰好满足了这种需求。

与此同时,现代科学技术的发展,对生产力与科技的过度推崇使得人的主体性地位逐渐丧失。面对二战中因使用生物技术造成的灾难,一些欧洲知识分子对科学与进步的理念产生了怀疑并逐渐失去了兴趣,学者们希望借助一种理论将其从对现实的关注中解脱出来,科学研究从此走向一种内部的研究,不再关注研究对象与外部世界之间的联系,结构主义因此受到了欧洲学者们的欢迎。当研究事物内部关系的结构主义出现之后,知识分子对其很感兴趣,罗曼·雅各布森(Roman Jakobson)曾经不无欣喜地宣称:"除了关系之外,我什么都不信。"[1]

此外,还有来自于自然科学的影响。二战后,欧洲的精密科学领域由于采用了更为精密的计数与研究方法,从而完成了一些重大惊人的发现。面对自然科学领域的冲击,人文与社会科学界产生了一种对精确方法的渴望,语言学界出现了数理语言学(Mathematical Linguistics),而结构主义偏重的是叙述文本内部的一些量化分析,这种研究模式满足了对于精密数字有渴望感的部分学者的需求,结构主义因而被推上了学术舞台。

---

[1] Eric Csapo, *Theories of Mythology*. Malden; MA: Blackwell Pub., 2005. p. 182.

当然，结构主义有多种含义，一般将其视为人文、社会科学研究的一种思想方法，因为结构主义已经超越了最初的人类学研究领域，渗透到其他学科中并产生了深远的影响。这里的结构主义神话学是一种神话理论，其肇始者为瑞士语言学家索绪尔（Ferdinand de Saussure），集大成者为法国人类学家列维-斯特劳斯，其身后还有大批追随者。尽管列维-斯特劳斯是结构主义神话学方面的权威，本书不准备多加介绍，只对其神话基本观点作简单阐释。这样做的原因有两点：第一，国外、国内学界对列维-斯特劳斯的结构主义思想已有多方面介绍与阐释，读者们已经比较熟悉；第二，列维-斯特劳斯的理论大部分是关于北美洲原住民神话的阐释，他对俄狄浦斯神话的阐释是孤立的，并没有将其放入希腊文化系统中解读。

在列维-斯特劳斯看来，神话是一种沟通的工具，神话与语言具有类似性，可以运用语言的分析方法来理解并阐释神话。列维-斯特劳斯认为，所有已知的神话都组成了一个神话体系，就在这些神话体系中隐藏着看不见的结构，只有将一则神话与其他神话联合起来阅读，才能理解其内在含义。因此，神话的意义就在其结构中，而不在它所依靠的情境中。如果在神话的外部可以找到其意义的话，那么只能够在人类的思想中发现它。用形式主义的术语来说就是，神话的结构是一种逻辑关系——对立的、交织的、平行的。在众多关系中，列维-斯特劳斯尤其强调二元对立关系，他相信这种关系就像计算机中的语言一样，具有一种普遍性。

结构主义分析神话的核心概念有三个：关系、转换、文本。第一个概念涉及各种各样的关系，包括神话内部各要素之间的关系、不同神话版本之间的关系。在结构主义看来，单独的一则神话没有任何意义，神话的意义就在于它与其他神话之间的关系。第二个概念涉及各种不同的神话与另外一些神话之间的转换，以及各神话之间关系的相互转换。第三个概念与第一个概念有关，它强调分析者在分析神话时，要理解独立于神话之外的民族志文本，因为它们组成了当地的文化，涵盖了集体的对象、价值，还有组成文化的各个社会机制。在分析神话的时候，要对以下要素进行分析：植物、动物、食物、狩猎方式、渔猎技术、天文历法等。结构主义者宣称，只有在一个比较系统的文化结构中分析这些要素之后，才能够全面理解神话。

从理论来源上看，结构主义神话学与以下三门学科具有密切的联系：一是比较神话学，二是心理学，三是语言学。20世纪30年代后，法国学者乔治·杜梅齐尔认为，印欧神话与社会结构中"'三分制'的结构模式，即作为社会范畴者而生，嗣后又可成为分类和分析赖以进行的手段"[①]。只不过杜梅齐尔强调的印欧神话的三分结构是静态的，它们所涵盖的各要素之间也不能相互转换，而结构主义神话学探讨的恰恰是神话的动态结构及各要素之间的互换关系。但是，对于结构主义来说，这些只是文化现象的结构性表现，他们追求的是这些现象背后的无意识性质，而这些理论主要来源于弗洛伊德，后者毕生的梦想是找到对全人类心理都普遍有效的思维构成原则。在二元对立关系的强调上，结构主义推崇文化与自然之间的对立关系，它其实类似于荣格的本能与有意识之间的对立，二者之间的差别就在于：荣格强调心理上的对立，结构主义偏重逻辑上的对立。当然，列维-斯特劳斯神话理论中共时性与历时性的部分源于瑞士语言学家索绪尔的《普通语言学教程》。索绪尔认为，词语与概念并非直接源于自然界，而是源于语言。世界是一个杂乱而无始无终的世界，语言使得世界保持了秩序。换句话说，不是现实世界的结构使得世界对语言具有一定的影响，而是语言的结构使得语言对世界具有现实的影响。语言是自足的，具有自己的内部结构，这是由语言自身所决定的。看不见的语言（langue）属于共时性层面，支配着具体的言语（parole）行为，后者属于历时性层面。索绪尔认为，语言在历时性上的改变是随意的，不成系统的，同时也是没有意义的。于是，一个人要研究语言，就只能在共时性上研究，这个时候，所有的语言都存在一种共同的东西，具有内部的和谐性。受此语言学理论影响，结构主义者认为，所有的神话都组成了一个神话的语言，它不仅具有超越历史的合法性，还具有一定的稳定性，它不仅指向过去，同时指向未来。因此，神话学家的任务是揭示看不见的神话的语言，它隐藏在神话言语之下看不见的结构性系统中。神话的语言说明了某种特定神话模式的普遍性，也就是说，尽管一些神话制造者的想象性虚构千差万别，但不同文化的神话却具有惊人的一致性。这样，作为语言的神话结构就被纳入结构主义研究范畴中，隶属于神话叙述的深层结构。而作为神话叙述的表层结构的言语则被忽略，因为它是一种线性的历时性序列，具有易变性。

第二节　约瑟芬·方廷罗斯的神话思想

一般认为，俄国学者普罗普（Vladimir Propp）的《故事形态学》是结构主

[①] [苏联] 叶·莫·梅列金斯基：《神话的诗学》，魏庆征译，商务印书馆，1990年，第79页。

义思想的精神源头之一,它对后来的结构主义产生了巨大的影响。普罗普断言,看似复杂的俄国民间故事其实可以按照其内部逻辑规律,分为 31 个"功能"(function)。而所谓的"功能",其实是"从其对于行动过程意义角度定义的角色行为"①。说得明白一点就是故事中人物的行为,普罗普将其称为情节的"组合模式","这一模式重复的是所有结构的(稳定的)要素,而不是那些非结构的(可变的)要素"②。从叙述学的角度看,这些行为其实是一个抽象的系统。尽管"功能"被界定为人物的行为,但与行为之间并没有直接的关联。普罗普宣称:第一,故事中的"功能"是有限的,实际上只有 31 个功能;第二,所有"功能"都具有相同的故事序列。③虽然普罗普宣称民间故事中具有一定的逻辑,但他并没有告诉我们这种逻辑到底是什么,他只是确立了民间故事的分类体系。同时他将民间故事的逻辑结构限制在一种行为模式上,具有一种线性序列的意味。关于神话,尤其是希腊神话,普罗普并没有进行深入的探讨,除了承认有些希腊神话故事建立在与民间故事一样的系统上,如伊阿宋(Iησων)寻求金羊毛、珀尔修斯(Περσεύς)斩杀美杜莎、忒修斯(Τηθύς)寻找迷宫的历险故事等。

　　普罗普的分析是从内容出发的,最终归结到了形式主义分析上,而不是先前的内容分析。将普罗普故事形态学理论纳入希腊神话研究之中的,是美国学者约瑟芬·方廷罗斯(Joseph Fontenrose)。这位学者在国外一直没有受到公正的学术待遇,几乎没有人关注其神话研究,而实际上,他的思想对古典学者柯克(G. S. Kirk)产生了极大影响,后者的很多神话观念都受益于方廷罗斯。

　　方廷罗斯本人将其神话研究模式称为"主题研究",笔者认为其阐释范式其实是普罗普式的——叙述主题阐释。所谓主题(theme),其实是"传统故事中一种循环性的因素或情节。它是故事的主要组成部分,但是在某种意义上,主题是独立的,它有可能在别的故事中出现"④。方廷罗斯宣称,在进行神话主题分析时,要遵循以下几个原则:1. 角色的转换;2. 行为的转换;3. 异文中要素的变化;4. 角色行为或特性的转变;5. 主题和角色的联合或融合;6. 主题、人

---

① [俄] 弗拉基米尔·雅可夫列维奇·普罗普:《故事形态学》,贾放译,中华书局,2006 年,第 18 页。
② [俄] 弗拉基米尔·雅可夫列维奇·普罗普:《故事形态学》,贾放译,中华书局,2006 年,第 191 页。
③ 参见 [俄] 弗拉基米尔·雅可夫列维奇·普罗普:《故事形态学》,贾放译,中华书局,2006 年,第 19—22 页。
④ Joseph Fontenrose, *Python: A Study of Delphic Myth and Its Origins*. New York: Biblo & Tannen Booksellers & Publishers, Inc. 1974. p. 6.

物、情节的扩展或延伸。方廷罗斯这种转换思想对结构主义神话学倡导的转换原则产生了一定的影响，后者强调神话在不同异文与版本之间的转换。

从方廷罗斯的探讨模式来看，他关注的是神话叙述中人物的行为模式，也就是行动、事件的综合，按照普罗普的观点，应该称为功能或角色的行为。不过为了与这位神话学者的研究术语保持一致，本书还是将其冠以"神话主题研究"之名，但要提醒读者，这种阐释方式其实是从普罗普那里直接借用过来的。二者之间的差异是，普罗普并没有对希腊神话进行多少深入的探讨，而方廷罗斯借用了这种民间故事的解读模式，将其直接应用在希腊神话研究上，并取得了卓然成果。

方廷罗斯对希腊神话的阐释模式如下：第一，列出一类神话的一系列主题，以及主题包含的情节；第二，在世界各地不同神话版本与异文中分别找出各自的神话主题与情节；第三，将不同版本的神话情节与这一类神话的主题与情节分别对照，找出这些主题与情节的共同要素与缺失的要素；第四，分析这些相同主题与情节产生的原因；第五，从神话主题的分析中推论神话的一些性质，如神话的源头、属性、定义等。这样的例子很多，其中分析得比较精彩的是巨蟒神话。

希腊神话中有关于太阳神阿波罗（Ἀπόλλων）在德尔斐（Δέλοι）与自己的对头巨蟒战斗的表述，阿波罗战胜了这条巨大的蟒蛇后，确立了自己在德尔斐的崇高地位。方廷罗斯将这类战斗神话故事总结为10个主题，其中包括相关的神话情节，现罗列如下：

1. 阿波罗的对头有着神性血统。

①他是原始母亲混沌女魔或大地女神的儿子。

②他是男神的儿子，父亲是混沌男魔或被废弃的父神、主神。

③他有一个妻子或女同伴，与自己有着相似的身世或性格。

2. 对头住在一个神秘的地方。

①他与那些妖魔鬼怪住在一起。

②他要么住在岩洞中，要么住在棚屋中，要么住在大树里。

③他被一个神明保护。

④他被一些精灵或灵魂佑护。

⑤他住在大海、湖泊、河流中。

3. 对头有着怪异的外貌与特征。

①他是一个巨人。

②他是非人类：大部分以蛇的面目出现，有时是蜥蜴、鳄鱼、蝎子、鱼、河马、公猪、狮子、狼、狗、马、公牛、鹰、秃鹫等，有时是人兽混合体。

③他有七头六臂。

④他的嘴巴、鼻子、眼睛能喷火，能吐出毒气使人致死。

⑤他可以随心所欲地变形。

⑥他既是死人的灵魂，又是邪恶的妖怪与鬼魂，从冥府来到人间。

⑦他是风、洪水、瘟疫、饥荒、干旱。

4. 对头邪恶而贪婪。

①他是个盗贼、杀手或战争的制造者。

②他是个暴君或残酷欺压部下的恶棍。

③他抢走了一些年轻人与牲畜。

④他是个饕餮，吃人和牲口。

⑤他是个好色之徒，常常要求人类向他献祭少女。

⑥他霸占了一条道路，设立赌局，杀死路人。

5. 对头与上天作对。

①他幻想统治世界。

②他的母亲、妻子或女性伙伴怂恿他。

6. 英雄遇到了一个神明支持者。

①大气神明或天空神明与英雄搏斗。

②英雄开始了自己的第一次历险：起初还是一个小男孩，后来成为一个棒小伙。

7. 英雄的神明支持者与对头战斗。

①英雄的帮助者杀死了对头。

②英雄使用各种手段、武器与对头搏斗。

③其他神明劝告英雄的对头逃跑。

④英雄伙伴的姐妹、妻子或母亲会帮助英雄。

⑤一些别的神明或英雄过来帮忙。

⑥对头在战斗中逃跑了。

⑦别的巨人介入了战斗。

8. 英雄的拥护者看上去要失败了。

①他暂时受伤。
②对头从他身上取走一个器官，或拿走一个东西。
③对头用食物诱惑他陷入圈套。
④对头使用美人计或离间计。
⑤将死的帮助者被哀悼。
9. 英雄终于打败了对头，同时经受了一些考验：美食、性、阴谋与巫术。
10. 英雄的拥护者打败了对头并欢呼胜利。
①他惩罚了对头，甚至在杀死对头之后，将其打入地狱或压到大山之下。
②他摆设庆功宴席，与众神和人类共庆胜利。
③他的血污被清洁了。
④他建立崇拜、祭祀与节日，并为自己建立了一座庙宇。①

从这种解读范式上看，方廷罗斯的10个神话主题与普罗普民间故事的31个功能几乎是一致的，只不过他的分类比普罗普的31个功能更为简洁，直接从英雄与对头之间的对立开始，没有前面所说的普罗普的英雄与其他人物之间的冲突。在角色的转换与行为的变换上，方廷罗斯与普罗普的观点是一致的，不同的是，方廷罗斯强调了情节的扩展，而忽略了故事中的7个角色。

当然，这种故事主题或情节的分类概括并不是方廷罗斯的最终目的，它只是开始。接下来，他要对这个庞大的神话主题进行验证，在世界各地的神明与巨蟒搏斗故事的表述中寻找共同的主题与情节，以及缺失的主题与情节。其间涉及的神话很多：赫梯神话、美索不达米亚神话、印度神话、埃及神话、中国神话、日本神话、德国神话、美洲神话等。最后，他对这些神话作了一些归纳：

1. 英雄并非只有一个对头，他有两个强大的对头，有男有女，后者更可怕。
2. 对头一般都会以巨蟒的面目出现，然后是巨人或冥府的怪物，它们生活在冥府或大海中，对头的配偶同样也是如此。
3. 神话中的冥府与大海具有重要的地位。
4. 战斗神话只是神话的开始，该神话故事讲述的是有序与无序、混沌与宇宙之间的关系。
5. 混沌是黑暗而潮湿的怪物，生活在冥府的死亡之岛上，它在宇宙开始之前就已经存在了，依然在包围着宇宙。

---

① 参见 Joseph Fontenrose, *Python: A Study of Delphic Myth and Its Origins*. New York: Biblo & Tannen Booksellers & Publishers, Inc. 1974. pp. 9-11.

6. 混沌是雌雄同体或雌雄异体的妖怪，它们是战斗神话中英雄的对头，它们的权力范围是冥界与水域。

7. 毒龙住在水中，对有序世界造成了威胁，英雄杀死毒龙是为了维护秩序。

8. 战斗神话同样是有序对抗无序神话的一个类型。

9. 希腊诸神抗争神话与东方的巨人神话同样属于战斗神话之列。

10. 拥护英雄的神明一般等同于垂死的丰产神明。

11. 垂死的丰产神明等同于敌人。

12. 当拥护者与敌人快要死亡时，就已经分出了胜负。

13. 丰产神的母亲或爱人一般等同于大女神。

14. 维纳斯的神话有好几个变体，分化出了朱迪斯神话、美狄亚神话等。

15. 英雄拥护者有不同的死亡方式，有时会下到可怕的地狱中。

16. 战斗神话后来分化出英雄与毒龙战斗的神话，神话的宇宙论意义从而消失。①

方廷罗斯这种观察其实指出了这类神话的一些共同特征，以及世界各地神话中角色之间的转换与关系。问题是：世界各地英雄与巨蟒战斗的神话为何都存在这些类似或差异？是什么原因造成了这些情节与主题上的差异？难道说这些神话拥有一个共同的起源？如果有一个共同的起源，那么这个起源是什么？是否可以这样推论，所有的神话都有一个共同的起源？

解答这些问题的前提是：究竟什么是神话？这是一个柏拉图式的问题，很难回答。人们一般很容易界定神话不是什么，而很难回答神话是什么。因为这其实是在对神话作一种性质上的界定，将它与其他类似的叙述类型区别开来，如民间故事、传奇、史诗等。尽管方廷罗斯曾经极为愤懑地指出，重要的不是神话本身的定义，而是这样一个问题："当我们使用'神话'这个术语时，我们会带出一些什么现象？"②他还是对神话作了界定："神话是与仪式相关的一种传统故事。"③他指出，这并不意味着所有的神话都与仪式有关，有的神话与仪式相关，有的神话则与仪式没有任何关联。神话与仪式之间的关系并不像剑桥学派

---

① 参见 Joseph Fontenrose, *Python*: *A Study of Delphic Myth and Its Origins*. New York: Biblo & Tannen Booksellers & Publishers, Inc. 1974. pp. 465-466.

② Joseph Fontenrose, *The Ritual Theory of Myth*. Berkeley: University of California Press, 1966. p. 53.

③ Joseph Fontenrose, *Python*: *A Study of Delphic Myth and Its Origins*. New York: Biblo & Tannen Booksellers & Publishers, Inc. 1974. P. 3.

学者所说的那样——所有神话都源于对仪式的阐释，阿波罗战胜巨蟒的神话与德尔斐这个地方的仪式没有一点关系，这个地方的仪式并没有影响神话，神话也没有从仪式中获取故事情节。

另一方面，方廷罗斯又强调，"当一个故事与崇拜或仪式没有关联时，不论是从外部还是从内部来看，它都不是神话，而应该被称为传奇或民间故事"[①]。这里存在一个比较矛盾的问题：既然神话是与仪式相关的传统故事，为何有的神话与仪式有关，而有的神话如阿波罗战胜巨蟒的神话与仪式无关？如果神话与仪式没有关联，那么神话的定义就必须重新界定。后来，方廷罗斯对神话的定义作了改动：所谓神话，其实"是关于妖魔鬼怪的一种传统故事"[②]。方廷罗斯对神话的这种界定比较模糊，很多传统故事都可以放到这个神话架构中，包括民间故事与传奇，而神话与这几个概念之间的联系与区别，他闭口不谈。一直到柯克那里，这些问题才得到解决，笔者在下文中会谈到这个问题。

不过，这并不妨碍我们对神话的功能作一种假想式解读，也同样不能阻止方廷罗斯对此作一番考察。方廷罗斯指出，当我们论及神话的功能时，其实意味着讲述者使用神话的意图。一部分学者认为神话的功能是解释世界的秩序，这种说法的背后是一种现代人的理性思维观。尽管赫西俄德与《创世记》的编纂者利用神话来阐释世界的来源，但这种事情只发生在神话生成之后的文明阶段，而不是神话生成时期。"对于神话的最初讲述者而言，神话其实具有一种意识形态的特征：它们经常为社会制度和风俗提供一种基本原理。信念与信条同样具有这种目的。只不过高级文明社会的意识形态通常以一种阐释性的面目，而不是神话那种叙述的形式出现在众人面前，虽然一些信念在最初的社会中并不缺乏，但是当社会机制改变之后，神话与信念同样会发生变动。这个时候，社会就需要一些新的解释，而神话的一些竞争者和部分神话就会创造出一些与原来神话和信念相冲突的东西。"[③]方廷罗斯的意思很明确，他认为神话具有一种社会—政治性的功能。不过，方廷罗斯之后的学者柯克认为，这不是神话的唯一功能，对于不同的神话讲述者而言，神话具有不同的功能，而在不同的社会与

---

① Joseph Fontenrose, *Python: A Study of Delphic Myth and Its Origins*. New York: Biblo & Tannen Booksellers & Publishers, Inc. 1974. p. 434.

② Joseph Fontenrose, *The Ritual Theory of Myth*. Berkeley: University of California Press, 1966. p. 55.

③ Joseph Fontenrose, *The Ritual Theory of Myth*. Berkeley: University of California Press, 1966. p. 58.

时代，神话的功能也是有所差异的，任何试图对神话的功能作一种普遍性阐释的努力都是不可能的。

还是回到前面我们探讨的话题上，这些世界各地关于英雄与巨蟒战斗的神话的共同特征与不同之处到底说明了什么呢？方廷罗斯认为，"最初的时候，所有的神话都是口传故事，所有的希腊神话都是在那个没有文字的社会里被讲述的，故事一旦被书写下来，就不是神话与民间故事了，而是一种虚构的故事。口头传统具有流动性：在从一个讲述者到另一个讲述者的过程中，神话模式的表达经历了一次又一次的变动，其事件与人物被补充、删减、改变、缩略、提炼、扩展，这个时候，神话的主题与情节的位置同样也会被改变；一个神话在发展的过程中，会有好几个版本，然后它又会传播到一个国家的其他省份或不同的国家，在此过程中，神话人物的名字会根据本土的需要而加以改变，这样就出现了异文"[1]。这就是世界各地英雄战胜巨蟒的神话中有各种不同的异文与情节的主要原因。另一方面，尽管一些情节与主题被改造了，但故事中一些叙述性情节模式依然被保留了下来，这样我们在上述不同的神话异文中就看到了一些基本的主题。那么，这是否意味着神话源于口传故事呢？

我们已经看到，方廷罗斯承认神话最初是一种传统故事，但这并不意味着神话的源头就是传统故事，它只能说明神话的性质。后来，方廷罗斯不得不承认："事实上，关于神话的起源我们一无所知。"[2]这样的回答倒是一种事实，因为过去对现在而言已不存在，它在当下的世界里已经完全消失。我们无法触摸、观察或感觉过去，尽管我们可以触摸、观察那些遗物，实际上它们却属于当下，因为它们存在于当下的世界里，数千年前的人们曾经制造或使用过这些东西，但是这些东西却存在于现实世界的时间与空间里，神话同样如此，它已经从我们的视线里消失。关于神话、神话的起源，我们一无所知，所有的阐释都是猜测式的，永远不可能达到神话的"原点"，除非我们发明一种时间机器，返回创造神话的那个时代。

方廷罗斯的思想对英国古典学者柯克（G. S. Kirk）产生了极大的影响，后者关于神话的观点很多都是受到了方廷罗斯的启发而生成的。在柯克看来，方廷罗斯的很多神话论著都很有价值，尤其是《巨蟒》（*Python: A Study of Delphic*

---

[1] Joseph Fontenrose, *Orion: The Myth of the Hunter and the Huntress*. Berkeley: University of California Press, 1981. p. 2.

[2] Joseph Fontenrose, *The Ritual Theory of Myth*. Berkeley: University of California Press, 1966. p. 56.

Myth and Its Origins. New York: Biblo & Tannen Booksellers & Publishers, Inc. 1974）一书，更是一部"内容丰富、贡献巨大"的神话学论著，只可惜很多学者出于无知而对这部论著无动于衷。那么，柯克的神话思想到底有多少是从方廷罗斯而来，他对神话的探讨又作了多大推进？

第三节　柯克的神话研究范式

柯克是一位怀疑论者，对任何神话的界定都持一种不满与批判的态度。他认为，任何关于神话的理论都具有一定的局限性，如自然论、病源论、心理论、神话—仪式理论等。柯克在此基础上进而宣称，神话就是神话，任何关于神话的界定都具有片面性，也许比较合理的一种方式是，在讨论神话时，我们应该关注由神话引起的各种神话现象。这其实是方廷罗斯的观点，只不过柯克再次强调罢了。柯克认为，神话是一种含糊而不确定的种类，一个民族的神话有可能是另外一个民族的传奇或故事、民间故事、口头传统。而所谓的神话学（mythology），"尤其是一个含糊不清的词语。它一般有两种意思：其一，关于神话的研究；其二，神话的集合。在第一种用法中，它与昆虫学、天文学之类的词语具有某种类似性——这些词语暗示着它本身是关于昆虫或天体运转的理论或研究等。第二种用法是上述两种用法中比较宽泛但容易引起误解的词语"[1]。他认为，从某种程度上讲，神话的源头与属性都具有多样性，对于不同的神话讲述者与听众来说，神话具有不同的功用，因此，不存在本体论的神话。

从剑桥学者开始，所有的神话研究者都试图对神话作一种界定，似乎一旦确定了神话的定义，神话的很多问题就迎刃而解了，柯克自然也不例外。只不过他并没有像赫丽生等仪式主义者那样，将神话与宗教联系起来，认为神话是信徒表达宗教情感的神圣文本，相反，他将神话与文学连接在一起，认为神话与作为文学表述形式的传统故事之间具有某种关联。尽管柯克曾经不止一次地强调，神话的定义具有多样性，任何一种界定都有可能将神话的性质固定在某一个方面，他还是对神话作了一种宽泛的界定。在他看来，"对于广义的神话来说，'传统的口头故事'这种说法也许是一种比较可靠的说法。不过这个定义会排斥一些诸如'现代神话'之类，以及一些像克里萨斯王（Croesus）这样的一些文

---

[1] G. S. Kirk, *The Nature of Greek Myths*. New York: The Overlook Press, 1975. p. 21.

学化与历史化的东西"[1]。这其实是方廷罗斯的神话观,即神话是"关于妖魔鬼怪的传统故事"说法的延展,只不过柯克将神话严格界定在口头故事上,同时去除了关于妖魔鬼怪之类的表述内容。柯克这种关于神话的定义与人类学者威廉·巴斯克姆(Willian Bascom)将神话视为散体叙述(prose narrative)的理念是一致的,在后者看来,"散体叙述其实是一种流传颇广且非常重要的口头艺术,其中包括了神话、传奇与民间故事这类范畴"[2]。可以看出,柯克对神话的定义其实是文学式的,麦克斯·缪勒文学式的神话观点在这里再次复活。这么一来,作为传统故事形态的神话就与史诗、民间故事、童话、传奇等联系在一起,它们之间存在一种极其复杂的关系。从这个角度上说,柯克对神话的界定不是简化,而是复杂化了,只不过这些都是基于文学之上,而不是出于神话本身的蕴涵。

关于神话与史诗、民间故事、童话、传奇之间的区别,早就有人关注,这是民俗学者与神话学者比较关心的一个话题。沃尔特·伯克特、威廉·巴斯克姆、简·布莱摩尔(Jan Bremmer)等人曾经不止一次探讨过这些叙述形态之间的差异[3],而柯克比较感兴趣的则是神话与民间故事之间的差异,对于神话与其他传统故事形态之间的差异,他并不怎么关注。柯克认为,要区分神话与民间故事,必须从神话学立场出发,以往那种从故事情节与叙述主题来区别神话与民间故事的视角其实是民俗学的视角,并非神话学的探讨模式。从叙述对象上看,"民间故事关注的永远是老百姓的日常生活与问题,没有贵族化的情调。希腊神话则相反,它们讲述的是神明或英雄的故事,那些贵族式角色的诞生和出生语境与平常人有所不同。……民间故事并不关注那些重大问题,诸如死亡的必然性与王权的合法性等,其关注焦点严格限定在家庭内部。民间故事表述的主题一般是歹毒的继母与善妒的姐妹引发的纷争,乱伦与性接触引发的后果不是它表述的内容。民间故事中涉及一些超自然的因素,如巨人、妖怪、巫婆、仙女、魔

---

[1] G. S. Kirk: "On Defining Myths," in *Sacred Narrative: Reading in the Theory of Myth*, Alan Dundes, ed. Berkeley: University of California Press, 1984. p. 57.

[2] William Bascom, "The Forms of Folklore: Prose Narratives," in *Sacred Narrative: Reading in the Theory of Myth*, Alan Dundes, ed. Berkeley: University of California Press, 1984. p. 7.

[3] 关于神话与史诗、民间故事、童话、传奇之间的区别,是一个相当复杂的问题,上述学者们的相关探讨并不是本书的关注重点,此处重点强调的是柯克本人的神话观,其他学者的相关论述在此省略。有兴趣的读者可以参看:Walter Burkert, *Structure and History in Greek Mythology and Ritual*. Berkeley: University of California Press, 1979. pp. 22-23; William Bascom, "The Forms of Folklore: Prose Narratives," in *Sacred Narrative: Reading in the Theory of Myth*, Alan Dundes, ed. Berkeley: University of California Press, 1984. pp. 5-27; Jan Bremmer, "What is Greek Myth," in *Interpretation of Greek Mythology*, Jan Bremmer, ed. London: Routledge, 1988. pp. 1-9.

力与符咒等，并没有完全意义上的神明，也没有将问题扩展到世界或社会的开始之类，它对宗教的形成也并不关心。民间故事的表述具有一种写实而模糊的风格。故事不像神话那样被置于一个没有时间标志的过去，而是被放在一个特定而模糊的时间与空间语境下，故事的主人公一般都有一个比较普通的名字……最后，民间故事一般采用一种比较特殊的方式来讲述，为了达到令人惊讶或高潮的目的，它会采用一些简朴的叙述方式来丰富故事情节。其中一个比较普遍的故事主题是考验或寻求：英雄为了活命就必须经受一些困苦或危险，最后他打败了敌人大获全胜"[1]。可以看出，柯克对神话与民间故事的区分其实是从叙述学立场出发的，也不是他再三强调的神话学角度。而他所强调的民间故事中特有的英雄的考验或寻求主题，其实不是民间故事所独有的，希腊神话中到处都有这样的故事，英雄赫拉克勒斯（Ἡρακλῆς）、忒修斯、珀耳修斯的历险故事都属于这样的主题故事。从这个角度看来，这种对神话与民间故事之间的武断区分不是那么令人满意。

结构主义与功能主义比较关心的是神话的结构和功能，对二者的探讨胜过对神话的界定。在列维-斯特劳斯看来，神话其实是原始思维的一个组成部分，而原始思维并不是一种前科学的思维，也不是反科学的思维，而是一种充满科学的思维模式。从某种程度上说，结构主义研究的不是结构，而是人类的思维模式。神话也是一种人类的思维模式。在列维-斯特劳斯看来，原始思维是一种系统的分类学。斯特劳斯相信事物的秩序是科学的核心，原始人组织自己世界的思维模式与现代人并没有什么区别，二者的不同之处就在于，原始思维与现代思维的标准是不一样的：原始思维建立在观察的基础上，是一种感官的标准；现代思维是一种体验性的，也就是没有感官的、精微的标准。神话是具体的、有形的，是关于某些特殊事件或角色的；现代思维是抽象的、是概括的。神话的特殊性在于它是概括性的象征。神话不仅表述这些对立，而且协调这些对立。神话解决的是知性的问题，它其实是关于人类思想的表述，而不是关于世界的表述。在列维-斯特劳斯看来，神话的功能是解决文化上的冲突，尤其是那些文化与自然之间的冲突，或者是文化意识形态与自然事实之间的冲突。严格说来，这种解决的方法从来都不是逻辑性的，而是模仿性的，但能解决逻辑所不能解决的问题。只不过，列维-斯特劳斯分析的不是神话的叙述结构，而是神话描述的世界结构，这不能不令人感到沮丧。

---

[1] G. S. Kirk, *The Nature of Greek Myths*. New York: The Overlook Press, 1975. pp. 33-34.

柯克十分反感列维-斯特劳斯对神话的结构主义分析,他像沃尔特·伯克特一样对结构主义颇有微词。沃尔特·伯克特认为,结构主义有三大缺点:第一,缺乏普遍性;第二,在理论上不能够被验证;第三,难以理解且难以解码。沃尔特·伯克特毫不客气地批评:"我不认为列维-斯特劳斯作出了什么贡献,他只是用一种其他学者所没有料想到的方式来阐释神话罢了。"[1]柯克的说法倒是没有那么刻薄,但是对于结构主义,他同样没有什么好感。他指出:"作为一种普遍化的理论,斯特劳斯的方法其实是一种误导——即是说,所有对仪式的解释都是一种自然寓言,以及诸如此类的东西。列维-斯特劳斯的成功之处就在于,他证明了在某些文化中的神话具有某种阐释性的功能,而在此之前并没有人意识到这些问题。"[2]不过,令人感到不解的是,柯克一边批判结构主义的不是,一边应用结构主义方法来阐释希腊神话,在此基础上寻求神话的功能与意义。

早在1969年,学者科恩(Percy S. Cohen)在伦敦大学纪念马林诺夫斯基100周年纪念大会的演讲中就提出,神话不仅具有不同的功能,而且各个功能是叠加在一起的,彼此难分。如果神话研究者在操作过程中出于一种偏颇的目的,将这些功能一一分解,那么,"当神话这些不同的功能被一个一个分割开时,与此同时发生的还有结构变迁与文化差异,这个时候,神话就会失去其部分力量,被其他的信念系统所取代或填补"[3]。柯克当然明白科恩的这种警告,他将这种主张加以补充,形成了他自己的观点:第一,神话的起源具有多样性;第二,神话的形式具有多种形态;第三,神话具有不同的功能,而且这些功能彼此交叉。在此基础上,他反对任何一体论神话,拒绝对神话作一种绝对化的界定。"至少我们要强调一点:神话有不同的种类,神话有不同的功能,神话很有可能具有不同的起源,一体理论的神话理论已经落伍了。"[4]笔者认为,这种看法同时存在以下几点疑问:第一,这是否意味着不同的神话具有不同的功能?第二,是否可以理解为相同的神话具有不同的功能?第三,所谓的功能,是指哪个方面的功能?是社会、文化功能还是心理功能?柯克的这些说法并不明确,以至给阅

---

[1] Walter Burkert, *Structure and History in Greek Mythology and Ritual*. Berkeley: University of California Press, 1979. p. 11.

[2] G. S. Kirk, *Myth: Its Meaning and Functions in Ancient and Other Cultures*. Berkeley: University of California Press, 1970. p. 83.

[3] Percy S. Cohen, "Theories of Myth," in *Man*, New Series, Vol. 4, No. 3 (Sep., 1969), pp. 337-353, p. 351.

[4] G. S. Kirk, "Greek Mythology: Some New Perspectives," *The Journal of Hellenic Studies*, Vol. 92 (1972), pp. 74-85. p. 76.

读他论著的人带来了一定的困难与疑惑。

不过，上述这些不足也不能阻碍柯克本人对神话的功能作雄辩的归纳与概括，他像数学大师归纳公式那样将神话的功能概括为三种："第一，叙述与娱乐功能；第二，操纵、重复与确认功能；第三，思辨与阐释功能。"[1]柯克指出，在所有这些功能中，最为重要的是叙述功能，它与作为传统故事的神话属性密切相关，与此相关的还有神话的生成背景，后者产生于口传时代。第二种功能则具有一种比较宽泛的含义，有时与仪式或庆典联系在一起，与宗教有着某种关联。第三种功能则是出于一种哲学层面的考虑而界定的，相对于前两个功能来说，应该是神话产生后期衍生出来的，与哲学尤其是认知哲学有着密不可分的关系。在笔者看来，这种功能的分类其实是一种类型学式的抽象归纳，而分类的标准则模糊不清，没有统一的归类依据，不过是各种神话理论叠加在一起然后加以总结罢了。神话的其他功能与特征，如神话的心理功能与虚幻性要素，在这里被柯克抛弃了。既然柯克承认神话具有多样性，其中包括心理学形态的神话，神话的功能中就应该包括心理功能，不幸的是这些都被柯克忽略了。

列维-斯特劳斯认为，神话的目的是为各种冲突提供一种逻辑性的解决模式。各种对立，如死亡与生命、文化与自然之间的对立，都可以通过神话的逻辑来解决。尽管柯克反对列维-斯特劳斯的结构主义方法，但在某种程度上，柯克本人对列维-斯特劳斯所倡导的神话具有文化调停功能却有着莫大的兴趣，尤其关注神话协调生与死、自然与文化之间冲突的功能。不过柯克在界定神话的功能时，却将神话的这种功能消解了，将其分解在三个功能之中。关于神话协调自然与文化之间冲突的功能，列维-斯特劳斯有不少例证，但是大多数是南美洲神话，涉及的希腊神话只有俄狄浦斯故事，这就让人产生一种印象：似乎希腊神话不具有这种协调文化冲突的功能，或者说，希腊神话不能够反映希腊文化中文化与自然之间的冲突。柯克一方面批判列维-斯特劳斯的结构主义，一方面却用自己的神话分析实践证明：希腊神话中存在大量的二元对立思想与冲突，尤其是自然与文化之间的矛盾，这其实是对结构主义思想的一种回应。

柯克援引的例子比较多，其中比较典型的是独眼巨人（Κύκλωπες）的神话故事。荷马在《奥德赛》中描述了独眼巨人的故事，不过他倒是没有说这些巨人族是独眼，根据赫西俄德《神谱》（140—145行）的表述，这些巨人只有一只眼睛，手艺精巧而力大无穷：

---

[1] G. S. Kirk, *Myth: Its Meaning and Functions in Ancient and Other Cultures.* Berkeley: University of California Press, 1970. pp. 253-254.

Βρόντην τε Στερόπην τε καὶ Ἄργην ὀβριμόθυμον,

οἳ Ζηνὶ βροντήν τε δόσαν τεῦξάν τε κεραυνόν.

οἳ δή τοι τὰ μὲν ἄλλα θεοῖς ἐναλίγκιοι ἦσαν,

μοῦνος δ᾽ ὀφθαλμὸς μέσσῳ ἐνέκειτο μετώπῳ.

Κύκλωπες δ᾽ ὄνομ᾽ ἦσαν ἐπώνυμον, οὕνεκ᾽ ἄρα σφέων

κυκλοτερὴς ὀφθαλμὸς ἔεις ἐνέκειτο μετώπῳ:

"大地还生出了勇敢无比的库克洛佩斯，赠给宙斯雷电、为宙斯制造霹雳的布戎忒斯，斯忒罗佩斯和无比勇敢的阿耳戈斯。他们都只有一只眼睛，长在前额中间，除此之外，一切方面都像神。由于他们都只有一只圆眼长在额头上，故又都号称库克洛佩斯①。他们强壮有力，手艺精巧。"②

柯克认为，这些巨人其实是自然的象征，而奥德修斯（Ὀδυσσῆος）代表了文化，独眼巨人与奥德修斯及其属下的争斗象征着自然与文化之间的对立与冲突。"波吕斐摩斯（Polyphemus）及其邻居们之间的对照，他们之间的关系整体上反映了自然与文化之间的对立。"③这样的结论是建立在叙述文本分析上的，柯克的分析详见图1④。柯克认为，独眼巨人波吕斐摩斯及其同伴其实是希腊人眼中自然的象征，这些人的品性和所处环境与人类社会的文明和文化有着某些冲突的地方。看上去，柯克的分析图与列维-斯特劳斯的分析图似乎有些相似，同样是四列，但实际上并不是一回事。柯克的分析是一种叙述要素的排列，而不是文化要素之间的对立，他所列出的一些文字也不是神话情节，而是叙述要素的特征，谈不上是神话叙述情节的分析，更不能称为文化要素的二元对立。从结构主义所遵循的共时性与历时性原则来看，这种分析不是结构主义分析的模式，唯一可以与结构主义并置的特征是，这张图与结构主义强调倡导的神话具有协调文化冲突的功能联系了起来。柯克认为奥德修斯与独眼巨人的故事反映了希腊人眼中

---

① Κύκλωπες 在希腊文中的意思是"圆目者"。
② 参见 [古希腊] 赫西俄德：《神谱》，第 140—145 行，张竹明等译，商务印书馆，1997 年，第 30 页。
③ G. S. Kirk, *Myth: Its Meaning and Functions in Ancient and Other Cultures*. Berkeley: University of California Press, 1970. p. 164.
④ G. S. Kirk: *Myth: Its Meaning and Functions in Ancient and Other Cultures*. Berkeley: University of California Press, 1970. p. 169.

其他巨人		波吕斐摩斯	
开化的或超—开化的"仰仗长生者的恩赐"（《奥德赛》9：107）	未开化的"无法无规、骄蛮暴虐"（《奥德赛》9：106）	超—未开化的或野蛮的他是个魔怪，无法无规，离群索居，不像吃食谷类的人胎。（《奥德赛》9:187-192）	相对开化的其他人与波吕斐摩斯相邻而居（《奥德赛》9：399）
他们不种不收庄稼与酒浆全由宙斯提供（《奥德赛》9:108-111）他们好像饮酒成性。（《奥德赛》9：357）		他独自放牧，离群索居。（《奥德赛》9：187）他好像以奶食与奶酪为生？（《奥德赛》9：216）他喝光了奥德修斯敬献的美酒，烂醉如泥。（《奥德赛》9:288-293）	他像其他人一样饮酒（《奥德赛》（9：357）（通常他以奶食奶酪为生）（《奥德赛》9：216）
每个家庭都有自己的规矩。（《奥德赛》9：114）	他们没有律法与聚会之地。（《奥德赛》9：112）	他杀人，食肉吞骨像野兽。（《奥德赛》9：288-293）他没有家室，目中无法。（《奥德赛》9：188）	
他们居住在波吕斐摩斯附近，回应了他的呼救。（《奥德赛》9：399-402）	他们住在山中洞穴里，各有家室，不关注别人。（《奥德赛》9：113-115）他们没有船只，也不迁旅。（《奥德赛》9：125-129）	他离群索居，住在海边。（《奥德赛》9：182）	其他人与他住的很近，可以听见呼喊。（《奥德赛》9：399）他建了羊圈，造了木桶。（《奥德赛》9:184-186，222）
他们与神亲近，如同库克洛佩斯和野蛮的巨人族。（《奥德赛》7：205）	根据波吕斐摩斯说法。他们一定不敬神，因为他们自身远比神明强壮。（《奥德赛》9：275）	他并不尊重众神，因为他很强壮。（《奥德赛》9：275）他不和别人来往。（《奥德赛》9：188）	他很珍爱自己的公羊。（《奥德赛》9：447）他的力量比别的巨人要大，比如，他是他们的统治者。（《奥德赛》1：70）
死亡不可避免。（《奥德赛》9：411）			他注定要患病，向波塞冬呼救。（《奥德赛》9：411）

图 1　柯克独眼巨人分析图

的文化与自然之间的对立,这是一种文化意识在神话中无意识的表露。笔者认为,这种阐释其实是对结构主义分析模式的拙劣模仿,并没有抓住结构主义的分析特征。柯克宣称神话反映了自然与文化之间的冲突,这其实是一种牵强的说法,在他的图中并没有反映出来,而柯克对整个故事的阐释,其实是从象征主义角度出发的,可信度要打一个折扣。

这么看来,柯克并不是一位严格意义上的结构主义者,他对结构主义的理解在某种程度上是偏颇的,就像他对列维-斯特劳斯的批判一样。在某种程度上讲,柯克并没有很好地领会结构主义分析神话的模式,他对结构主义的神话分析其实是一种误导与误解。实际上,将结构主义方法真正领会并运用到希腊神话领域的是一批法国学者,其中比较杰出的是狄廷(Marcel Detienne)与韦尔南(Jean-Pierre Vernant)。

第四节 米歇尔·狄廷的神话分析模式

列维-斯特劳斯认为,神话的意义不在它所依靠的环境中,而在其结构中,神话要素之间的关系组成了神话的结构关系。一则单独的神话没有任何意义,只有将其放入整个神话体系中,方可找到神话的意义。尽管神话有不同的版本,在同一种神话结构下,很多神话要素其实是可以相互转换的。在阐释神话时,必须将神话放入当地的文化结构与系统中,将其作为文化的一种构成要素来分析,这样,神话就与民族志文本联系在一起了:天文、历法、动物学、植物学、仪式、风俗等,这些文本独立于神话文本之外,与神话共同构成了当地的文化机制。这就涉及前面所说的关系、转换与文本这样几个概念。

只不过,结构主义的倡导者列维-斯特劳斯并没有将主要精力放在希腊神话的结构阐释上,俄狄浦斯神话的结构阐释很快就被美洲神话取代了。柯克关于希腊神话中独眼巨人体现了自然与文化之间冲突的阐释,在某种程度上并没有体现结构主义的思想,只能说是对希腊神话的结构主义阐释模式的模仿。狄廷对希腊神话中阿都尼斯(Ἄδωνις)故事的结构主义阐释,弥补了这方面的不足。神话学者埃里克·科萨帕(Eric Csapo)在其论著《神话学理论》中曾经介绍了狄廷关于香料神话的阐释[①],其核心在于强调狄廷结构主义思想中的意识形态分析,本书要突出的则是狄廷对结构主义中结构与文化代码的认知。

希腊神话中关于阿都尼斯的故事梗概如下:美女密耳拉(Μύρρα)因为拒绝

[①] 参见 Eric Csapo, *Theories of Mythology*. Malden; MA: Blackwell Pub., 2005. pp. 263-276; pp. 278-280.

与男性结婚而遭到爱神阿芙洛狄特（Ἀφροδίτη）的惩罚，爱上了自己的父亲喀倪剌斯（Κινύρας）王，并串通父亲的侍女，与自己的父亲有了床笫之欢。后来，她的父亲知情后，拔剑追杀她。快要追上时，密耳拉向众神呼救，于是被神明变为一株没药树。十个月后，这棵没药树中诞生了一个俊美无比的男孩阿都尼斯。阿芙洛狄特十分喜爱，把他放在一个箱子里交给冥后珀尔塞福涅（Περσεφόνη）抚养。阿都尼斯长大后，冥后珀尔塞福涅十分喜爱，拒绝将他交还给阿芙洛狄特，于是两位女神发生争执。宙斯（Ζεύς）出面解决这件事情，最后宣判：阿都尼斯应该每年在阿芙洛狄特那里住上四个月，然后在珀尔塞福涅那里待上四个月，剩下的时间由他自己支配。后来在一次狩猎中，阿都尼斯被野猪所伤，死后变为一朵没有香味的银莲花。

除了神话，希腊各地还有很多关于阿都尼斯的节日与祭祀仪式。在阿提卡（Ἀττίκα）这个地方，每年盛夏都要举行阿都尼斯的祭祀仪式。在这个仪式上，阿都尼斯的偶像被装扮成尸体的样子摆在大街上，妇女们披头散发，袒胸露怀，一路哭泣着将阿都尼斯的偶像抬到大海边扔到波涛里。在每年天狼星升起的这一天，雅典城都要举行阿都尼斯园圃的仪式，只不过仪式具有私人性质：妇女们与她们的情人聚集在一起，喝酒唱歌，尽情欢乐，然后在聚会的房顶上摆上各种瓶瓶罐罐，将装有各种植物种子的泥土放入其中，其中包括小麦、大麦、莴苣、茴香等。一些女人照看这些植物，并将这些瓶瓶罐罐搬来搬去，让其最大限度地接受阳光的暴晒。最后这些新生的植物绿芽在阳光的炙烤下迅速地发芽、生长，然后枯萎。到了第八天，这些枯萎的植物与阿都尼斯的偶像通通被拿到水边，扔到大海或溪流里。

关于阿都尼斯神话与仪式的阐释，最早由弗雷泽发起，他在《金枝》一书中整整用了两卷来讨论。[1]其后，马丁·尼尔森、沃尔特·伯克特等人均在自己的论著中作了相关探讨。[2]上述学者们对阿都尼斯神话与仪式的阐释有两点共同之处：一、阿都尼斯掌管那些盛夏骄阳下晒死的植物神灵，仪式中栽种的植物是对阿都尼斯死亡的悼念；二、这种栽种植物的活动是一种农业仪式，它暗示着那些被晒死的植物的复活。弗雷泽等人认为，这些仪式中的阿都尼斯其实是一位植物年神，植物在夏季的枯萎象征着阿都尼斯的死亡。柯克接受了这种说法，

---

[1] 参见 Sir James George Frazer, *The Golden Bough: A Study in Magic and Religion*. Third edition, New York: The Macmillan Company, 1935. Vol. 1.2.

[2] 参见 Martin. P. Nilsson, *A History of Greek Religion*. New York: W. W. Norton & Company. Inc, 1964, p. 300; Walter Burkert, *Structure and History In Greek Mythology and Ritual*. Berkeley: University of California Press, 1979. pp. 105-111.

然后作了进一步的发挥：死而复生的阿都尼斯是一位丰产神祇，对他的崇拜其实是一种庆贺农业季节循环的巫术性仪式①。学者们在作这种论断时，其实是在神话与仪式的细节上寻找一一对应点，将阿都尼斯的死亡与植物的复苏等同起来，也就是说，在将神话叙述情节与自然现象联系起来的基础上，探讨神话与自然之间的对应关系。

狄廷坚决反对弗雷泽及其追随者所采用的跨文化比较方法,拒绝将阿都尼斯的形象与西亚神话中杜穆兹（Dumuzi）之类的植物精灵等同起来。他认为，阿都尼斯的神话、仪式与丰产根本就没有关系，相反，它们是对培育植物的一种否定与颠覆，神话与仪式中蕴含的信息是诱惑，它们所引发的只能是不孕。阿都尼斯也不是死而复生的植物神明，而是一位短命的、脆弱的、不孕的凡人形象。这种解读其实是对神话—仪式学派的解构，也是结构主义神话学对神话—仪式学派神话观的挑战，其根本依据，则是神话与文化之间的关系。这一点在列维-斯特劳斯那里已经得到阐释：神话的信息就隐藏在其结构之中，也就是说隐藏在神话角色与各个角色之间的关系上；神话的意义同时隐藏在各种代码中——社会学的、宇宙论的、嗅觉的、植物学的等。狄廷将这种结构主义思想应用在了阿都尼斯的神话阐释中，我们不妨看一看具体的阐释过程。

狄廷对阿都尼斯的神话的探讨分为三个层面：

第一，阐释阿都尼斯的神话意义。

第二，解读阿都尼斯仪式中的文化意蕴。

第三，将神话与仪式对应起来解读，完整理解其中蕴含的文化信息。

在阐释过程中连带出了相关的问题：第一，如何解读阿都尼斯故事？第二，阿都尼斯神话到底表达了什么意思？这些都是狄廷要回答的问题。其具体操作步骤是：首先，解读神话内部的结构，将神话结构蕴含的神话要素之间的关系一一理清，分析出各个代码；然后，将这些代码放入希腊文化体系中，解读其文化蕴涵；最后，回到神话中来，整体上解读神话的意义。这样的命题在狄廷解读阿都尼斯神话之前已经由列维-斯特劳斯提出了,这是结构主义理解神话的前提：一、"神话的'意义'不可能存在于构成神话的各种孤立的要素中，它天生就存在于那些孤立要素的组合方式中，而且必须考虑到这种组合所具有的转换潜力"；二、"神话的语言显示出特殊的性质，它高于一般的语言水平"②。

---

① 参见 G. S. Kirk, *Myth: Its Meaning and Functions in Ancient and Other Cultures.* Berkeley: University of California Press, 1970. pp. 195-222.

②［英］特伦斯·霍克斯：《结构主义和符号学》，瞿铁鹏译，上海译文出版社，1987年，第39页。

狄廷认为，既然阿都尼斯的母亲是密耳拉（Múρρα），这个词语在英文中的意思是"没药"（Mytth），那么阿都尼斯一定与没药、香料具有某种关系，也就是说，阿都尼斯是其父亲与女儿之间乱伦的结果。狄廷由此选择了以下一些神话要素：阿都尼斯、阿芙洛狄特、珀尔塞福涅、德墨忒耳（Δημήτηρ）、弥尼忒（Mίνθε，Minthe）等，这些角色背后对应的是香料植物：没药、乳香、莴苣、银莲花、薄荷、茴香、肉桂，与此相关的是大豆、大麦、小麦、谷物等一些植物。当然，这些植物不是神话中所有的要素，神话中其他一些要素如野猪、玫瑰等则被忽略了。关于阿都尼斯出生的神话有很多版本[①]，而狄廷单单选取了他的母亲是密耳拉这样一种比较晚近的说法。在阿波罗多诺（Ἀπολλόδωπος）引用赫西俄德（Ἡσίοδοςη）的神话中，阿都尼斯不是密耳拉与喀倪剌斯的儿子，而是福尼克斯（Φίνχ）与阿尔斐西玻亚（Ἀλφείβια）的儿子。[②]狄廷根据自己的阐释意图筛选了一些神话异文，其他的一些神话版本则被他置于探讨视野之外。由此看来，结构主义强调的文本，其实是有选择性的。研究者根据个人的喜好与意图来选择神话版本与要素，而不是所有的神话要素与异文要素，这种分析是否能客观反映神话本身的结构与代码之间的复杂关系，不免令人怀疑。

结构主义对神话要素的探讨是去追寻其文化调节功能，狄廷对阿都尼斯神话要素及其结构的分析同样有这种目的。他指出，既然阿都尼斯神话有大量的香料，那么就应该将这些代码放入希腊文化系统中，在神话生成的文化语境内探讨这些代码的文化意义。于是，他首先将香料放入希腊文化中，主要是香料、没药在希腊人日常生活与祭祀中的特殊用途，然后寻找这些神话细节与文化代码之间的对应关系。狄廷发现，希腊有很多关于采集香料的神话，一般是一些鸟儿把守着那些香料。这一类神话，尤其是"收集肉桂的神话、收集香料石的神话、狩猎怪鸟的神话，它们表述的其实是同一个结构。在人类和神明之间显然存在一道不可逾越的界限，表现在神话中就是：要么是一些香料的收集者或猎人被从天堂赶出，要么是与香料分离。在每一个例子中，总是有一只来自天堂的鸟儿充当了沟通生者与死者的使者。不过，天堂与地府之间的感通要依靠第二次沟通才可以得以进行，在这种鸟类的对立关系中，我们发现了一种来自于鹰和秃鹫之间上与下的完全对立。……成块的肉使得香料从鸟巢中掉下来，这不是因为肉的重量与形状，而是因为这些肉来自于下方，它们属于死者与腐烂

[①] 叙述阿都尼斯出生的神话版本分别有：Apollodorus, *Bibliotheca*, 3.14.3-4; Ovid, *Metamorphoses*, 10.300-559,708-739; Aristophanes, *Lysistrata*, 708-739; Theocritus, *Idylls*, 15.

[②] 参见 Apollodorus, *Bibliotheca*, IV. I4.4.

的世界，香料则属于天堂世界"①。可以明显看出，香料在希腊人眼中属于不死的神明世界，具有神圣性，它的功能是沟通人类与神明，在人神之间架设一座交流的桥梁，这是香料在希腊文化中的属性。当狄廷这样表述时，他其实想告诉我们，在结构主义者看来，解读一则神话的最好途径是将其要素置于生成的文化语境中，而不是像弗雷泽等人那样，割断神话与文化背景之间的关系，作一种去语境化的猜测式解读，结构主义对神话的探讨路径恰恰相反，它是一种实证主义的神话阐释模式。

没药与熏香是不容易腐烂的东西，它们一般用来沟通大地与天空。狄廷指出，"仪式与献祭中所使用的香料是用来散发一种香气的，但是香料的功能并非仅仅如此"②。神圣的香料除了在宗教中具有感通人神的神奇功能，还在希腊人的婚姻中扮演了联合两性的角色：吸引男性与女性，让他们走到一起，组成家庭。不过很多时候，香料与香水则具有一种诱惑的意味，可以将一些男女吸引到一起，发生肉体上的关系，对正常的婚姻构成了威胁，这个时候，香料就具有一种负面作用了。

在希腊植物学与医药学中，香料作物主要有茴香、莴苣、没药、薄荷、银莲花等。根据古代希腊的药典记载，茴香具有暖身、解毒的功效，同时具有促进生殖力、增加精液的功能，没药同样具有这种功能。莴苣与没药、茴香恰好是对立的，普林尼（Pliny）在其论著《自然史》中指出，莴苣是可以导致男性阳痿的植物，因为莴苣中含有大量的水分，与干热恰恰是对立的。在植物学上，没药与莴苣也是对立的，二者在性质上也是相反的。

狄廷发现，将香料的这种植物学功能放回到阿都尼斯神话中，神话中的阿都尼斯与没药、莴苣、薄荷具有一种密切的关系。这就使得阿都尼斯的形象具有一种色情的意味，代表的是不孕与贫瘠，还有引诱与堕落。因此，他与谷物女神德墨忒耳的关系是对立的，同时与农业的耕作也是对立的。

弗雷泽等人的最大兴趣是将神话与仪式——对应起来，在二者的关联中解读神话的意义。尽管狄廷反对弗雷泽等人跨文化的比较方法，但他并不拒绝神话与仪式之间的比较，只不过他的阐释模式是结构主义的：在仪式内部寻找各个要素之间的关系，同时将其与神话要素进行比照。

狄廷认为，众多阿都尼斯仪式中最为典型的是阿都尼亚（Ἀδώνια）仪式，

---

① Marcel Detienne, *The Gardens of Adonis*: *Spices in Greek Mythology*. Princeton; New Jersey: Princeton University Press, 1994. pp. 28-29.

② Marcel Detienne, *The Gardens of Adonis*: *Spices in Greek Mythology*. Princeton; New Jersey: Princeton University Press, 1994. p. 60.

也叫"阿都尼斯的园艺"仪式,这种仪式中隐藏着一些重要的文化信息。他指出,在解读仪式时,庆典之中的每一个细节都要考虑在内,因为每一个细节都在自己所处的整个有序系统中具有确切的意义,其意义与其他要素之间的意义是互相呼应的。狄廷对阿都尼斯仪式的解读包括以下几个要素:

第一,仪式举行的具体日期。对阿都尼斯的庆贺是在天狼星升起的这一天举行的,此时恰是盛夏,太阳与地球之间的距离最近,两性之间的诱惑也最为旺盛,此时又是收集香料的时间。

第二,仪式举行的场所。阿都尼斯的仪式在一些私人的住宅中举行,而不是在一些公共的避难所中,这种仪式具有一种私人性质。并且,仪式举行的地点在私人的屋顶上,这就涉及上与下之间的联合。

第三,仪式的工具。在屋顶旁边斜放着一把梯子,这样做的原因是为了使得神明们能够通过梯子自由出入,到达他们的菜园。

第四,仪式的参与者。参加阿都尼斯仪式的主要是一些妇女、情人和妓女。这些人打扮得花枝招展,与那些受邀来参加仪式的人共餐、跳舞。

第五,仪式的宗教氛围。仪式过程中人们发出各种各样的声音,做出各种放肆行为,其中包括各种形式的酗酒行为与乱交举动。

第六,仪式的意图。人们在一些陶器中放入一些植物的种子,试图因此建立一个微型的菜园。妇女们将这些陶器放在屋顶上,使它们置于夏日阳光的暴晒之下。在短短几天内,这些植物的种子迅速地萌芽、成长、变绿,然后迅速地枯萎、死亡。妇女们将这些花盆打碎,在其中灌入清水或泉水,将其投入大海中。

与阿都尼斯仪式相对的是雅典的立法女神节(Θεσμοφόρια)仪式。这个仪式举行的时间在秋季,期限为三天,仪式举行的时间恰恰在播种谷物与雨季来临之前。妇女们在谷物女神德墨忒耳的避难所中举行仪式,不过该仪式对于参与者有着严格的限定:只有取得合法婚姻地位的已婚妇女才有资格参加仪式,男人、妓女、未取得合法婚姻的已婚妇女、未婚少女一律不能参加。立法女神节的第一天被称为"卡西多斯"(Κάθοδος)和"阿诺多斯"("Ανοδος),希腊语中意思分别为"下落"和"上升"。在仪式的第一天,参加仪式的妇女们要下到一个深坑里去收集腐烂的小猪肉,因为在一段时间前深坑里就埋了一些死猪。腐烂的猪肉与阳具样的面饼和谷物种子搅拌在一起,在举行仪式的月末,人们将这些东西一起播种到泥土里。仪式的第二天叫做"涅斯泰亚"(Νηστεία),意思是"戒斋"。在这一天,妇女们要戒食,摹仿谷物女神德墨忒耳失去女儿珀尔塞福涅的悲痛,大声哭泣。在戒食的同时,这些妇女们躺在一张模仿一种叫做"贞节树"(Ἁγνός κάστυς)植物形状的床上。第三天被称为"卡利格涅亚"

(Καλλιγένεια），意思是"顺利地生长"或"生育美丽女儿的母亲"。妇女们在这一天要举行献祭，并以"顺利诞生女神"的名义举行盛宴。在准备立法女神节仪式的过程中，参加仪式的妇女们要严禁与自己丈夫同房，尽管在举行仪式的过程中会有很多猥琐的动作。

狄廷认为，阿都尼斯的仪式与立法女神节仪式其实是对立的。立法女神节是一个农业丰产仪式，而阿都尼斯的仪式是对正常农业生产秩序的颠倒。谷物的种植是在秋季进行的，这个时候不冷不热、不干不湿。相反，阿都尼斯花园的种子却是在最热时，也是最干时播种的，此时最不适宜进行播种。谷物女神德默忒耳种子的发育经历了从干爽到潮湿，再到热、干的过程，但是阿都尼斯种子的成长却是直接从干燥到被扔到水里。女神德墨忒耳的种子是播种在土层深处的，而阿都尼斯的种子却种在屋顶上的瓶瓶罐罐里，仅有薄薄的一层土。女神德墨忒耳的种子要在地里长到8个月，然后由男人们费力地从地里收割回家，阿都尼斯的种子则是仅仅长了8天，很快就枯萎死掉了，然后由女人们扔到大海里。阿都尼斯的仪式是一个不结果的、没有目标的游戏，含有色情的意味，其执行者是那些妓女与情妇。屋顶上那些打破的罐子，与埋在地里的奢口大瓮形成了鲜明的对比，象征着女人们不能生育的子宫。那些妓女、情妇与合法的妻子、婚姻是对立的，不能生出合法的后代来。

对仪式的结构主义分析使我们看到，阿都尼斯的仪式复活了阿都尼斯的神话：过度放纵肉欲与禁欲都会导致不育，性早熟会失去生命力，导致死亡。阿都尼斯的花园中那些植物的选择具有植物学上的意义。阿都尼斯的花园设定了微观宇宙的植物学代码。莴苣的象征意义是冷的、湿的、野生的、生食的，与不孕、腐烂、死亡、兽性与野性有关。阿都尼斯的花园所象征的微观世界表现了香料作物与潮冷作物之间的对立，就像阿都尼斯的神话与潘恩的神话所表述的意义那样。整个的阿都尼斯仪式强调的是从突然的早熟到突然的早死，从干热到湿冷之间的转变。

狄廷指出，"实际上，所有这些消极的情节表明，阿都尼斯的菜园表达了对真正意义上培育植物的否定，还有对谷类作物生长的颠覆。在宗教的层面上，主要是对被培育的植物的一种颠覆，即是与谷物女神德墨忒耳的对立"[1]。换句话

---

[1] Marcel Detienne, *The Gardens of Adonis*: *Spices in Greek Mythology*. Princeton; New Jersey: Princeton University Press, 1994. p. 103.

说，阿都尼斯仪式与丰产根本就没有什么联系，相反，仪式中蕴含的信息是诱惑，必定要走向不孕。这就是阿都尼斯仪式所蕴含的文化意义。可以说，阿都尼斯仪式中蕴含的文化意义与神话—仪式学派阐释的意义是完全相反的，后者认为这个仪式是一种丰产仪式，是人类祈求神明保佑谷物丰收的祭神行为。两个仪式之间的对比可以用一张表来表示（表1）：

表1 阿都尼斯仪式、立法女神节仪式对照表

要素＼仪式	阿都尼亚（Ἀδώνια）仪式	立法女神节（Θεσμοφόρια）仪式
祭祀对象	阿都尼斯、阿芙洛狄特	德墨忒耳、珀尔塞福涅
时间	一年中最热的季节，灼热的阳光将大地上所有植物都晒蔫了	秋天雨季来临之前，恰逢人们播种谷物前
社会性质	私人仪式	官方仪式
参与者	妓女与情人	取得合法婚姻的妇女
男人地位	被女人们邀请	被排斥
性行为	引诱	戒绝
位置	屋顶	躺在地上，下到深坑与地缝里
植物	熏香与没药	贞洁树
气味	过度芬芳	恶臭
食物	盛宴、饮酒	禁食
行为	培育那些早熟但很快枯萎的植物	混合腐烂猪肉与谷物种子
农业性质	不育仪式	丰产仪式

这么一来，阿都尼斯的形象就十分明晰了：阿都尼斯不是弗雷泽所说的那样，是一个不朽的植物精灵，而是一种色情、短命、不孕、不健康的象征。因此，阿都尼斯的形象是对大地与太阳之间关系破裂的表述，是对正常的婚姻与两性关系的否定与颠覆，同时又是对农业播种的否定。不论在神话还是仪式中，阿都尼斯都与婚姻、农业对立，他是性早熟与不育的象征性符号，与丰产无缘。

狄廷反复强调，香料的传奇只有通过那些隐藏的密码才可以揭示出来，这样就将围绕着阿都尼斯的一些单独的神话联系了起来，这种观点与列维－斯特劳斯宣称的结构人类学是揭示人的无意识、结构、代码与象征的观点是吻合的，所有这些都隐藏在文化行为之下。狄廷以其博学，加上结构主义阐释神话的基本

原则，颠覆了阿都尼斯的丰产形象，使其成为色情、不孕与短命的象征。从某种程度上讲，这不仅是对阿都尼斯形象的解构，而且是结构主义神话学思想对神话—仪式学派的胜利。因为长久以来，神话—仪式学派认为，只有他们才可以全面理解古典文化尤其是神话。狄廷对阿都尼斯神话与仪式的解读说明，在阐释古代文化尤其是古典神话时，结构主义神话学拥有更为全面的阐释空间与可能性，它对文化及文化现象的理解比神话—仪式学派更具有优越性，毕竟，它是一种实证主义的阐释模式，涉及的文化要素更为系统与复杂。

通过对阿都尼斯神话的解读，狄廷想表明，希腊神话并不是非理性的，它一点也不比现代人的理性程度低。古典主义者认为神话具有多种功能，但他们总是强调神话的文学功能。对于古典主义者来说，神话不仅是各种各样的神话，除此之外，神话还可以是历史。但对于列维-斯特劳斯来说，神话不是故事，它有着自己严格的逻辑结构，是一种智性的实践。列维-斯特劳斯这样做是希望克服原始神话与近代科学之间的距离，而狄廷的目的则是将这种意图限制在希腊，就是缩小希腊神话与科学之间的距离。狄廷看上去是想拒绝古代希腊人是原始人的这么一种界定，他想表明，希腊人的思维与其他民族没有什么区别，希腊人不是没有理性，而是非常理性。在这一点上，狄廷与赫丽生等人的思想是一致的。在对希腊人理性思维方式的认知上，结构主义与仪式主义取得了共鸣。

第五节　让-皮埃尔·韦尔南的神话分析方法

一　系统与意识形态

结构主义的核心概念是系统，系统内部各个要素之间的关系是互动的、彼此呼应的。对于结构主义者而言，神话与宗教是社会思想的一种特殊形式，与文化、政治联系在一起，这些思想形式与行为背后隐藏着一定的逻辑，它们之间是相互契合的，通过系统分析可以发现这些东西之间的内在联系。因此，对于神话的分析必须是结构式的：先分析神话内部各个要素之间的关系及其隐藏的思想，然后将这些神话要素置入社会文化机制中，探讨它们与其他思想形式之间的对应关系，这样就可以揭示神话所蕴含的文化意义。列维-斯特劳斯首先提出了这种思想，主要应用在对美洲神话的分析与阐释中，狄廷将这种分析模式用在了阿都尼斯神话与仪式的解读上。但是狄廷的分析在某种程度上忽略了神话内部各个要素之间的联系，而侧重于对社会意识形态的阐释。真正将列维－斯特劳斯这种结构主义思想应用自如并结合希腊神话自身特点进行分析的，是法国结构主义大师让－皮埃尔·韦尔南。神话学者埃里克·科萨帕（Eric Csapo）在《神话理论》一书中介绍了韦尔南对潘多拉神话的阐释[1]，他关注的重点是韦尔南的神话思想中结构主义语义学层面的要素，本书要在这里介绍的是韦尔南结构主义分析的三个步骤。

韦尔南沿着杜梅齐尔的道路走了下去，认为"语言不仅涵盖了思想，语言就是思想本身，而且思想还不仅是语言的组成部分，思想从来就不能够完全被语言所涵盖"[2]。社会的各个因素（神话、语言、机制或政治结构）都是沿着自己独立的发展道路进行的，尽管如此，这些要素之间却是彼此对应的。对于神话而言，它已经脱离了社会思想的束缚，具有一定的独立性，但神话中却蕴含了一定的社会意识形态，与社会文化机制中的其他要素遥遥相对。他所关心的是神话与婚姻、祭祀、农业、战争、经济之间的互动关系，这种分析模式集中体现在对普罗米修斯（Προμηθεύς）神话故事的阐释上。

二　普罗米修斯神话

《神谱》535—616 行关于普罗米修斯的神话故事如下：

καὶ γὰρ ὅτ᾽ ἐκρίνοντο θεοὶ θνητοί τ᾽ ἄνθρωποι　　535
Μηκώνῃ, τότ᾽ ἔπειτα μέγαν βοῦν πρόφρονι θυμῷ
δασσάμενος προέθηκε, Διὸς νόον ἐξαπαφίσκων.
τοῖς μὲν γὰρ σάρκας τε καὶ ἔγκατα πίονα δημῷ
ἐν ῥινῷ κατέθηκε καλύψας γαστρὶ βοείῃ,
τῷ δ᾽ αὖτ᾽ ὀστέα λευκὰ βοὸς δολίῃ ἐπὶ τέχνῃ　　540
εὐθετίσας κατέθηκε καλύψας ἀργέτι δημῷ.
δὴ τότε μιν προσέειπε πατὴρ ἀνδρῶν τε θεῶν τε:

---

[1] 参见 Eric Csapo, *Theories of Mythology*. Malden; MA: Blackwell Pub., 2005. pp. 263-276; pp. 250-268; pp. 278-279.

[2] Jean-Pierre Vernant, *Myth and Society in Ancient Greece*. London: Metheun &Co, Ltd, 1982. p. 7.

Ἰαπετιονίδη πάντων ἀριδείκετ᾽ ἀνάκτων

ὦ πέπον, ὡς ἑτεροζήλως διεδάσσαο μοίρας.

ὣς φάτο κερτομέων Ζεὺς ἄφθιτα μήδεα εἰδώς. 545

τὸν δ᾽ αὖτε προσέειπε Προμηθεὺς ἀγκυλομήτης
ἦκ᾽ ἐπιμειδήσας, δολίης δ᾽ οὐ λήθετο τέχνης·

ζεῦ κύδιστε μέγιστε θεῶν αἰειγενετάων,
τῶν δ᾽ ἕλε᾽, ὁπποτέρην σε ἐνὶ φρεσὶ θυμὸς ἀνώγει.
Φῆ ῥα δολοφρονέων· Ζεὺς δ᾽ ἄφθιτα μήδεα εἰδώς 550
γνῶ ῥ᾽ οὐδ᾽ ἠγνοίησε δόλον· κακὰ δ᾽ ὄσσετο θυμῷ
θνητοῖς ἀνθρώποισι, τὰ καὶ τελέεσθαι ἔμελλεν.
χερσὶ δ᾽ ὅ γ᾽ ἀμφοτέρῃσιν ἀνείλετο λευκὸν ἄλειφαρ.
χώσατο δὲ φρένας ἀμφί, χόλος δέ μιν ἵκετο θυμόν,
ὡς ἴδεν ὀστέα λευκὰ βοὸς δολίῃ ἐπὶ τέχνῃ. 555

ἐκ τοῦ δ᾽ ἀθανάτοισιν ἐπὶ χθονὶ φῦλ᾽ ἀνθρώπων
καίουσ᾽ ὀστέα λευκὰ θυηέντων ἐπὶ βωμῶν.
τὸν δὲ μέγ᾽ ὀχθήσας προσέφη νεφεληγερέτα Ζεύς·

Ἰαπετιονίδη, πάντων πέρι μήδεα εἰδώς,

ὦ πέπον, οὐκ ἄρα πω δολίης ἐπιλήθεο τέχνης. 560

ὣς φάτο χωόμενος Ζεὺς ἄφθιτα μήδεα εἰδώς·

ἐκ τούτου δὴ ἔπειτα δόλου μεμνημένος αἰεὶ

οὐκ ἐδίδου Μελίῃσι πυρὸς μένος ἀκαμάτοιο

θνητοῖς ἀνθρώποις, οἳ ἐπὶ χθονὶ ναιετάουσιν.

ἀλλά μιν ἐξαπάτησεν ἐὺς πάις Ἰαπετοῖο　　　　　　　　565
κλέψας ἀκαμάτοιο πυρὸς τηλέσκοπον. αὐγὴν
ἐν κοΐλῳ νάρθηκι· δάκεν δέ ἑ νειόθι θυμόν,
Ζῆν᾽ ὑψιβρεμέτην, ἐχόλωσε δέ μιν φίλον ἦτορ,
ὡς ἴδ᾽ ἐν ἀνθρώποισι πυρὸς τηλέσκοπον αὐγήν.

αὐτίκα δ᾽ ἀντὶ πυρὸς τεῦξεν κακὸν ἀνθρώποισιν·　　　570
γαίης γὰρ σύμπλασσε περικλυτὸς Ἀμφιγυήεις
παρθένῳ αἰδοίῃ ἴκελον Κρονίδεω διὰ βουλάς.
ζῶσε δὲ καὶ κόσμησε θεὰ γλαυκῶπις Ἀθήνη
ἀργυφέῃ ἐσθῆτι· κατὰ κρῆθεν δὲ καλύπτρην
δαιδαλέην χείρεσσι κατέσχεθε, θαῦμα ἰδέσθαι·　　　　575
[ἀμφὶ δέ οἱ στεφάνους, νεοθηλέος ἄνθεα ποίης,
ἱμερτοὺς περίθηκε καρήατι Παλλὰς Ἀθήνη.]
ἀμφὶ δέ οἱ στεφάνην χρυσέην κεφαλῆφιν ἔθηκε,
τὴν αὐτὸς ποίησε περικλυτὸς Ἀμφιγυήεις
ἀσκήσας παλάμῃσι, χαριζόμενος Διὶ πατρί.　　　　　580
τῇ δ᾽ ἐνὶ δαίδαλα πολλὰ τετεύχατο, θαῦμα ἰδέσθαι,

κνώδαλ᾽, ὅσ᾽ ἤπειρος πολλὰ τρέφει ἠδὲ θάλασσα,

τῶν ὅ γε πόλλ᾽ ἐνέθηκε,—χάρις δ᾽ ἀπελάμπετο πολλή,—

θαυμάσια, ζῴοισιν ἐοικότα φωνήεσσιν.

αὐτὰρ ἐπεὶ δὴ τεῦξε καλὸν κακὸν ἀντ᾽ ἀγαθοῖο. 585

ἐξάγαγ᾽, ἔνθα περ ἄλλοι ἔσαν θεοὶ ἠδ᾽ ἄνθρωποι,

κόσμῳ ἀγαλλομένην γλαυκώπιδος ὀβριμοπάτρης.

θαῦμα δ᾽ ἔχ᾽ ἀθανάτους τε θεοὺς θνητούς τ᾽ ἀνθρώπους,

ὡς εἶδον δόλον αἰπύν, ἀμήχανον ἀνθρώποισιν.

ἐκ τῆς γὰρ γένος ἐστὶ γυναικῶν θηλυτεράων, 590

[τῆς γὰρ ὀλώιόν ἐστι γένος καὶ φῦλα γυναικῶν,]

πῆμα μέγ᾽ αἳ θνητοῖσι μετ᾽ ἀνδράσι ναιετάουσιν

οὐλομένης πενίης οὐ σύμφοροι, ἀλλὰ κόροιο.

ὡς δ᾽ ὁπότ᾽ ἐν σμήνεσσι κατηρεφέεσσι μέλισσαι

κηφῆνας βόσκωσι, κακῶν ξυνήονας ἔργων— 595

αἳ μέν τε πρόπαν ἦμαρ ἐς ἠέλιον καταδύντα

ἠμάτιαι σπεύδουσι τιθεῖσί τε κηρία λευκά,

οἳ δ᾽ ἔντοσθε μένοντες ἐπηρεφέας κατὰ σίμβλους

ἀλλότριον κάματον σφετέρην ἐς γαστέρ᾽ ἀμῶνται—

ὣς δ᾿ αὔτως ἄνδρεσσι κακὸν θνητοῖσι γυναῖκας   600

Ζεὺς ὑψιβρεμέτης θῆκεν, ξυνήονας ἔργων

ἀργαλέων: ἕτερον δὲ πόρεν κακὸν ἀντ᾿ ἀγαθοῖο:

ὅς κε γάμον φεύγων καὶ μέρμερα ἔργα γυναικῶν

μὴ γῆμαι ἐθέλῃ, ὀλοὸν δ᾿ ἐπὶ γῆρας ἵκοιτο

χήτεϊ γηροκόμοιο: ὅ γ᾿ οὐ βιότου ἐπιδευὴς   605

ζώει, ἀποφθιμένου δὲ διὰ κτῆσιν δατέονται

χηρωσταί: ᾧ δ᾿ αὖτε γάμου μετὰ μοῖρα γένηται,

κεδνὴν δ᾿ ἔσχεν ἄκοιτιν ἀρηρυῖαν πραπίδεσσι,

τῷ δέ τ᾿ ἀπ᾿ αἰῶνος κακὸν ἐσθλῷ ἀντιφερίζει

ἐμμενές: ὃς δέ κε τέτμῃ ἀταρτηροῖο γενέθλης,   610

ζώει ἐνὶ στήθεσσιν ἔχων ἀλίαστον ἀνίην

θυμῷ καὶ κραδίῃ, καὶ ἀνήκεστον κακόν ἐστιν.

ὣς οὐκ ἔστι Διὸς κλέψαι νόον οὐδὲ παρελθεῖν.

οὐδὲ γὰρ Ἰαπετιονίδης ἀκάκητα Προμηθεὺς

τοῖό γ᾿ ὑπεξήλυξε βαρὺν χόλον, ἀλλ᾿ ὑπ᾿ ἀνάγκης   615

καὶ πολύιδριν ἐόντα μέγας κατὰ δεσμὸς ἐρύκει.

智慧而产生的愤怒。事情是这样：当初神灵与凡人在墨科涅（Μηκώνηι）发生了争执，普罗米修斯出来宰杀了一头大牛，分成几份摆在他们面前。为蒙骗宙斯的心，他把牛的肥壮的内脏堆在牛皮上，放在其他人面前，上面罩以牛的瘤胃，而在宙斯面前摆了一堆白骨，巧妙堆放后蒙上一层发亮的脂肪。这时凡人和诸神之父对他说：

　　"伊阿珀托斯之子，最光荣的神灵，亲爱的朋友，你分配得多么不公平啊！"

　　智慧无穷的宙斯这样责备了他。但是狡猾的普罗米修斯微微一笑，没忘记诡诈的圈套，说：

　　"宙斯，永生神灵中最光荣、最伟大者，你可以按照自己的心意，随便挑选任何一份。"他这样说着，心里却想着自己布置的圈套。智慧无穷的宙斯看了看，没有识破他的诡计，因为他这时心里正在想将要实施的惩罚凡人的计划。宙斯双手捧起白色脂肪时，看到了巧妙布置用以欺骗他的白骨，不由得大怒——正是由于这次事件，以后大地上的凡人就在芬芳的圣坛上焚烧白骨献祭神灵。驱云神宙斯对普罗米修斯说道：

　　"伊阿珀托斯之子，聪明超群的朋友！你仍然没有忘记玩弄花招！"

　　智慧无穷的宙斯愤怒地说了这番话。此后，他时刻谨防受骗，不愿把不灭的火种授予住在地上的墨利亚的垂死的人类。但伊阿珀托斯的高贵儿子瞒过了他，用一根空茴香杆偷走了远处可看见的不灭火种。在高处打雷的宙斯看到人类中有了可见的火光，精神受到刺激，内心感到愤怒。他立即给人类制造了一个祸害，作为获得火种的代价。按照克洛诺斯之子的愿望，著名跛足神用泥土塑造了一位腼腆的少女形象，明眸雅典娜给她穿上银白色的衣服，亲手把一条漂亮的刺绣面纱罩在她的头上，并把刚开的美丽花环套在她头颈上，还用一条金带为她束发，这发带是一件非常稀罕的工艺品，看上去美丽极了。因为这位匠神把陆地上和海洋里生长的大部分动物都镂在上面，妙极了，好像都是活的，能叫出声音，还闪烁着灿烂的光彩。这位少女是著名跛足神为讨好其父亲而亲手制作的礼物。

　　匠神既已创造了这个漂亮的灾星报复人类获得火种,待他满意于伟大父亲的明眸女儿给这少女的打扮后，便把她送到别的神灵和人类所在的地方。虽然这完全是个圈套，但不朽的神灵和会死的人类见到她时都不由得惊奇，凡人更不能抵挡这个尤物的诱惑。她是娇气女性的起源（是可怕的一类妇女的起源），这类女人和会死的凡人生活在一起，给他们带来不幸，只能同享富裕，不能共熬可恨的贫穷。就像有顶盖的蜂箱里的工蜂供养性本恶的雄蜂一样——工蜂从早到晚采花酿蜜，为贮满白色蜂房而忙碌不停，雄蜂却整天待在蜂巢里坐享别的蜜蜂的劳动成果——在高空发出雷电的宙斯也把女人变成凡人的祸害，成为性本恶者。为了报复人类获得火种，他又给人类制造了第二个灾难：如果谁想独身和逃避女人引起的悲苦，有谁不愿结婚，到了可怕的晚年就不会有人供养他。尽管他活着的时候不缺少生活资料，然而等他死了，亲戚们就会来分割他的财产。如果一个人挑选了结婚的命运，并且娶了一个称心如意的妻子，那么对于这个男人来说，恶就不断地和善作斗争。因为他不幸生了个淘气的孩子，他下半辈子的烦恼、痛苦就会没完没了，这种祸害是无法消除的。

因此，欺骗宙斯和蒙混他的心智是不可能的。即使像伊阿珀托斯之子，善良的普罗米修斯那么足智多谋，也没能逃脱宙斯的盛怒，并且受到了他那结实的锁链的惩处。①

赫西俄德的《工作与时日》(ΕΡΓΑ ΚΑΙ ΗΜΕΡΑΙ) 45—105 行，有另外一个关于普罗米修斯与宙斯的故事：

αἶψά κε πηδάλιον μὲν ὑπὲρ καπνοῦ καταθεῖο,   45

ἔργα βοῶν δ᾽ ἀπόλοιτο καὶ ἡμιόνων ταλαεργῶν.

ἀλλὰ Ζεὺς ἔκρυψε χολωσάμενος φρεσὶν ᾗσιν,

ὅττι μιν ἐξαπάτησε Προμηθεὺς ἀγκυλομήτης:

τοὔνεκ᾽ ἄρ᾽ ἀνθρώποισιν ἐμήσατο κήδεα λυγρά.

κρύψε δὲ πῦρ: τὸ μὲν αὖτις ἐὺς πάις Ἰαπετοῖο   50

ἔκλεψ᾽ ἀνθρώποισι Διὸς πάρα μητιόεντος

ἐν κοΐλῳ νάρθηκι λαθὼν Δία τερπικέραυνον.

τὸν δὲ χολωσάμενος προσέφη νεφεληγερέτα Ζευς:

Ἰαπετιονίδη, πάντων πέρι μήδεα εἰδώς,

---

① 参见 [古希腊] 赫西俄德：《神谱》，第535—616行，张竹明等译，商务印书馆，1997年，第42—45页。

χαίρεις πῦρ κλέψας καὶ ἐμὰς φρένας ἠπεροπεύσας, 55

σοί τ' αὐτῷ μέγα πῆμα καὶ ἀνδράσιν ἐσσομένοισιν.

τοῖς δ' ἐγὼ ἀντὶ πυρὸς δώσω κακόν, ᾧ κεν ἅπαντες

τέρπωνται κατὰ θυμὸν ἑὸν κακὸν ἀμφαγαπῶντες.

ὣς ἔφατ': ἐκ δ' ἐγέλασσε πατὴρ ἀνδρῶν τε θεῶν τε.

Ἥφαιστον δ' ἐκέλευσε περικλυτὸν ὅττι τάχιστα 60

γαῖαν ὕδει φύρειν, ἐν δ' ἀνθρώπου θέμεν αὐδὴν

καὶ σθένος, ἀθανάτῃς δὲ θεῇς εἰς ὦπα ἐΐσκειν

παρθενικῆς καλὸν εἶδος ἐπήρατον: αὐτὰρ Ἀθήνην

ἔργα διδασκῆσαι, πολυδαίδαλον ἱστὸν ὑφαίνειν:

καὶ χάριν ἀμφιχέαι κεφαλῇ χρυσέην Ἀφροδίτην 65

καὶ πόθον ἀργαλέον καὶ γυιοβόρους μελεδώνας:

ἐν δὲ θέμεν κύνεόν τε νόον καὶ ἐπίκλοπον ἦθος

Ἑρμείην ἤνωγε, διάκτορον Ἀργεϊφόντην.

ὣς ἔφαθ': οἳ δ' ἐπίθοντο Διὶ Κρονίωνι ἄνακτι.

αὐτίκα δ' ἐκ γαίης πλάσσεν κλυτὸς Ἀμφιγυήεις 70

παρθένῳ αἰδοίῃ ἴκελον Κρονίδεω διὰ βουλάς:

ζῶσε δὲ καὶ κόσμησε θεὰ γλαυκῶπις Ἀθήνη·

ἀμφὶ δέ οἱ Χάριτές τε θεαὶ καὶ πότνια Πειθὼ

ὅρμους χρυσείους ἔθεσαν χροΐ· ἀμφὶ δὲ τήν γε

Ὧραι καλλίκομοι στέφον ἄνθεσιν εἰαρινοῖσιν· 75

[πάντα δέ οἱ χροῒ κόσμον ἐφήρμοσε Παλλὰς Ἀθήνη.]

ἐν δ᾽ ἄρα οἱ στήθεσσι διάκτορος Ἀργεϊφόντης

ψεύδεά θ᾽ αἱμυλίους τε λόγους καὶ ἐπίκλοπον ἦθος

[τεῦξε Διὸς βουλῇσι βαρυκτύπου· ἐν δ᾽ ἄρα φωνὴν]

θῆκε θεῶν κῆρυξ, ὀνόμηνε δὲ τήνδε γυναῖκα 80

Πανδώρην, ὅτι πάντες Ὀλύμπια δώματ᾽ ἔχοντες

δῶρον ἐδώρησαν, πῆμ᾽ ἀνδράσιν ἀλφηστῇσιν.

αὐτὰρ ἐπεὶ δόλον αἰπὺν ἀμήχανον ἐξετέλεσσεν,

εἰς Ἐπιμηθέα πέμπε πατὴρ κλυτὸν Ἀργεϊφόντην

δῶρον ἄγοντα, θεῶν ταχὺν ἄγγελον· οὐδ᾽ Ἐπιμηθεὺς 85

ἐφράσαθ᾽, ὥς οἱ ἔειπε Προμηθεὺς μή ποτε δῶρον

δέξασθαι πὰρ Ζηνὸς Ὀλυμπίου, ἀλλ᾽ ἀποπέμπειν

ἐξοπίσω, μή πού τι κακὸν θνητοῖσι γένηται.

αὐτὰρ ὃ δεξάμενος, ὅτε δὴ κακὸν εἶχ᾽, ἐνόησεν.

Πρὶν μὲν γὰρ ζώεσκον ἐπὶ χθονὶ φῦλ᾽ ἀνθρώπων 90

νόσφιν ἄτερ τε κακῶν καὶ ἄτερ χαλεποῖο πόνοιο

νούσων τ᾽ ἀργαλέων, αἵ τ᾽ ἀνδράσι Κῆρας ἔδωκαν.

[αἶψα γὰρ ἐν κακότητι βροτοὶ καταγηράσκουσιν.]

ἀλλὰ γυνὴ χείρεσσι πίθου μέγα πῶμ᾽ ἀφελοῦσα

ἐσκέδασ᾽· ἀνθρώποισι δ᾽ ἐμήσατο κήδεα λυγρά. 95

μούνη δ᾽ αὐτόθι Ἐλπὶς ἐν ἀρρήκτοισι δόμοισιν

ἔνδον ἔμιμνε πίθου ὑπὸ χείλεσιν, οὐδὲ θύραζε

ἐξέπτη· πρόσθεν γὰρ ἐπέλλαβε πῶμα πίθοιο

[αἰγιόχου βουλῇσι Διὸς νεφεληγερέταο.]

ἄλλα δὲ μυρία λυγρὰ κατ᾽ ἀνθρώπους ἀλάληται· 100

πλείη μὲν γὰρ γαῖα κακῶν, πλείη δὲ θάλασσα·

νοῦσοι δ᾽ ἀνθρώποισιν ἐφ᾽ ἡμέρῃ, αἳ δ᾽ ἐπὶ νυκτὶ

αὐτόματοι φοιτῶσι κακὰ θνητοῖσι φέρουσαι

σιγῇ, ἐπεὶ φωνὴν ἐξείλετο μητίετα Ζεύς.

οὕτως οὔτι πῃ ἔστι Διὸς νόον ἐξαλέασθαι. 105

诸神不让人类知道生活的方法，否则，人工作一天或许就能轻易地获得足够的贮备，以至一年都不需要再为生活而劳作了；或许立即就可以把船卸下置于岸上，牛和壮骡翻耕过的田亩又会变成荒地。但是愤怒的宙斯不让人类知道谋生之法，因为狡猾的普罗米修斯欺骗了他。因此，宙斯为人类设计了悲哀，他藏起了火种。但是伊阿珀托斯的优秀儿子又替人类从英明的宙斯那里用一根空茴香杆偷得了火种，而这位雷电之神竟未察觉。聚云神宙斯后来愤怒地对他说：

"伊阿珀托斯之子，你这狡猾不过的家伙，你以瞒过我盗走了火种而高兴，却不知道等着你和人类的就是一场大灾难。我给人类一件他们都为之兴高采烈而又导致厄运降临的不幸礼品，作为获得火种的代价。"

人类和诸神之父宙斯说过这话，哈哈大笑。他吩咐著名的赫淮斯托斯赶快把土与水掺和起来，在里面加进人类的语言和力气，创造了一位温柔可爱的少女，模样像永生女神。他吩咐雅典娜教她做针线和编制各种不同的织物，吩咐金色的阿芙洛狄特在她头上倾洒优雅的风韵以及恼人的欲望和倦人的操心，吩咐神使阿尔古斯、斩杀者赫耳墨斯给她欺诈的天性和一颗不知羞耻的心。

宙斯作了上述吩咐，众神听从了克洛诺斯之子、众神之王的安排。著名的跛脚之神立刻按照克洛诺斯之子的意图，用泥土创造了一个腼腆的少女的模样，明眸女神雅典娜给她穿衣服、束腰带，美惠三女神和尊贵的劝说女神给她戴上金项链，发髻华美的时序三女神往她头上戴春天的鲜花（帕拉斯·雅典娜为她做了各种服饰的周身打扮）。按照雷神宙斯的要求，阿尔古斯、斩杀者神使赫耳墨斯把谎言、能说会道以及一颗狡黠的心灵放在她的胸膛里，众神的传令官也给了她成篇的语言。宙斯称这位少女为"潘多拉"，意思是：奥林波斯山上的所有神明都送了她一件礼物——以五谷为生的人类之祸害。

诸神之父已经布置好这个绝对无法逃避的陷阱，便派荣耀的阿尔古斯、斩杀者、诸神的快速信使把她作为一份礼物送到厄庇米修斯那里。厄庇米修斯没有考虑普罗米修斯吩咐他的话——普罗米修斯曾吩咐他永远不要接受奥林匹斯的宙斯送给他的任何礼物，送来了也要退回去，以免可能成为人类的灾祸——他接受了这份礼物，后来受到祸害时，他才领会了那些话的含义。

须知在此之前，人类各部落原本生活在没有罪恶、没有劳累、没有疾病的大地上，命运三女神给人类带来了这些灾难（须知在不幸中人老得很快）。这妇人

（潘多拉）用手揭去瓶上的大盖子，让诸神赐予的礼物都发散出来，为人类制造许多悲苦和不幸。唯有希望仍逗留在瓶颈下牢不可破的瓶腹中，未能飞出来。像手持埃癸斯招云的宙斯所设计的那样，在希望飞出瓶口之前，这妇人便盖上了瓶盖。但是，其他一万种不幸已经漫游人间。不幸遍布大地，覆盖海洋，疾病夜以继日地流行，悄无声息地把灾难带给人类，因为英明的宙斯已经剥夺了他们的声音。因此，没有任何可躲避宙斯意志的办法。①

三 神话分析三步骤

韦尔南对这两则神话故事的分析与一般人有所不同。他认为，要读懂这个故事，必须从神话文本内部出发，然后将文本放入希腊整个文化体系中探寻其文化意义。基于这种思想，他将该神话的解读分为三个步骤：

第一，形式分析，分析神话文本内部的叙述要素、情节与逻辑关系。在此过程中他呼吁大家关注文本及神话叙述中的时间序列和因果关系。这样做不是去检验情节的清晰度，而是为了考察情节的逻辑或语法，以便考察行为的转换。

第二，语义分析。该阶段分析是从一个特定的文本中脱离出来，转而检验神话的另一个文本或具有寓言性质的不同神话，目的是去关注神话中同质或对立的一些因素。比如，它们是否涉及地点、时间、对象、因素、行为与情形相反的一些因素等。这样做时，韦尔南探讨的对象是故事语法所决定的故事架构及具体的语法内容。

第三，文化或意识形态分析，即将神话放入社会语境中解读。在该阶段，韦尔南要探讨的是这样一些问题：这是一种什么样的思想类别？是何种对立体系与分类标准创造了这种特殊的神话？神话是如何被当时的社会纳入现实性之中并被语言与艺术编码的？神话内部的分析是如何与外部语境的因素如社会机制、祭祀行为、农业、神话等互相补充的？

1. 形式分析

赫西俄德的神话文本叙述了普罗米修斯与宙斯之间的斗智过程，故事表述中充满了一系列的行为与动作。韦尔南对这个神话故事解读的第一阶段是对神话故事形式与逻辑进行分析。首先是叙述行为分析，他将《神谱》与《工作与时日》

---

① 参见［古希腊］赫西俄德：《工作与时日》，第45—105行，张竹明等译，商务印书馆，1997年，第2—4页。

中表述的两则神话异文中的行为分别总结如下：

A.《神谱》(535—616行)

(1)普罗米修斯欺骗宙斯接受了献祭中不能吃的那部分。

(2)宙斯装作收下了，不过他并没有意识到这是一种欺骗性行为。

(3)宙斯将火种藏了起来，不给人类。

(4)普罗米修斯盗得火种，将其送给人类。

B.《工作与时日》(42—105行)

(1)众神将人类谋生的手段藏了起来。

(2)宙斯将火种藏起来不给人类。

(3)普罗米修斯将火种藏在空茴香杆中。

(4)普罗米修斯从神明那里偷得了火种。

(5)宙斯哄骗厄庇米修斯收下了潘多拉。

(6)厄庇米修斯接受了潘多拉。

在神话表述中，献祭是普罗米修斯送给宙斯的礼物，火种则是普罗米修斯送给人类的礼物，而潘多拉又是宙斯给予人类的礼物。从这个角度上看，赫西俄德神话的核心其实是礼物——火种与潘多拉，同时涉及上述一系列的行为，还牵涉到神明与人类之间的往来。

韦尔南指出，上述这些叙述行为之间不是一种线性的因果关系，而是互动的，所有的行为其实都是可以互相转换的：一方面是给予，一方面是接受。只不过在赫西俄德的神话文本中，普罗米修斯与宙斯之间的举动是一种隐蔽性的行为，某些时候具有欺骗性质。但整个神话故事叙述的是神明与人类、宙斯与普罗米修斯之间礼物的给予与接受这样一种行为。赫西俄德在叙述中一直强调宙斯与普罗米修斯共同的特性：狡猾与诡诈。他们之间礼物的交换与一般礼物的交换有所不同，是一种富有欺骗与隐蔽性质的非正常交换，目的是欺骗并加害于对方。一般的送礼物是公开的与公认的，通常没有什么目的，但是宙斯与普罗米修斯之间的礼物交换却是一种不正当的礼物交换形式，交换的意图与礼物的性质被隐瞒了。故事中每一个行为都以诡诈的形式来表现，本书将普罗米修斯与宙斯之间的礼物交换称为"隐匿模式"，以区别于公开、正常的礼物交换模式。如果用一张简图来表示这种礼物的公开模式与隐匿模式的逻辑原则，则可简单总结如下（表2）：

表2　礼物模式表

行为方式	给予模式	公开	隐匿
给予	供给	拿出	哄骗接受
给予	不给	扣留	隐藏
接受	接受	接受	偷盗
接受	不接受	拒绝	假装接受

　　韦尔南指出，假如我们比较一下这两个神话版本，就会发现它们其实有一个同样的逻辑结构。赫西俄德的《工作与时日》中说，宙斯将火种与谷物藏了起来，但在《神谱》中，他又说宙斯不给人类火种，他保留了火种，这是一种公开的行为模式。如果我们沿着《神谱》的语言走下去的话，就会发现，这个故事可以分为两个对称的部分：一方面宙斯试图去保留普罗米修斯要偷盗的东西；一方面，普罗米修斯警告自己的哥哥厄庇米修斯不要接受宙斯的礼物，但宙斯最后还是采用欺骗手段让厄庇米修斯接受了自己的礼物。宙斯试图保留火种，但是火种最后还是被普罗米修斯偷走了；普罗米修斯试图拒绝潘多拉，但最终还是被厄庇米修斯接受了。每一个神话版本都反映了斗智的过程，都以人类接受神明的礼物即火种与女人为结束。

　　公开的礼物给予行为所蕴含的逻辑模式是：赠送者要么不给，要么给予；接受者要么接受，要么不接受。通常的礼物交换一般有两种可能性：要么给予，要么不给予；与此对应的是两种结果：要么接受，要么不接受。但是"隐匿模式"却不一样：给予对方礼物采用一种哄骗对方接受的模式，不给对方礼物则将礼物隐藏起来；接受对方礼物是从对方那里盗取礼物，不接受对方礼物的方式则是装作接受对方的礼物。在该模式下，给予与不给予都会引起一种相关的接受结果。

　　这种礼物给予模式涉及的对象分别有：神明、人类、宙斯、普罗米修斯，礼物则有：火种、潘多拉。公开模式中礼物给予应该是：人向神明献上祭品讨好神明，神明将火种作为回赠的礼物送给人类。但实际上并非如此，普罗米修斯在献祭过程中欺骗了宙斯，结果宙斯就将火种隐藏起来，不给人类；普罗米修斯从宙斯那里偷得了火种，作为礼物送给人类，这样就出现了潘多拉，宙斯将其作为礼物送给人类，导致了人类的各种祸患。如果我们将赫西俄德的两个神话当做一个神话来看待，就会明白，它表明了人类与神明之间的斗智行为，只不过是通过礼物给予的方式进行的。笔者用格雷马斯的矩阵来表示这种公开给予礼物与隐匿给予礼物的模式（图4、图5）。

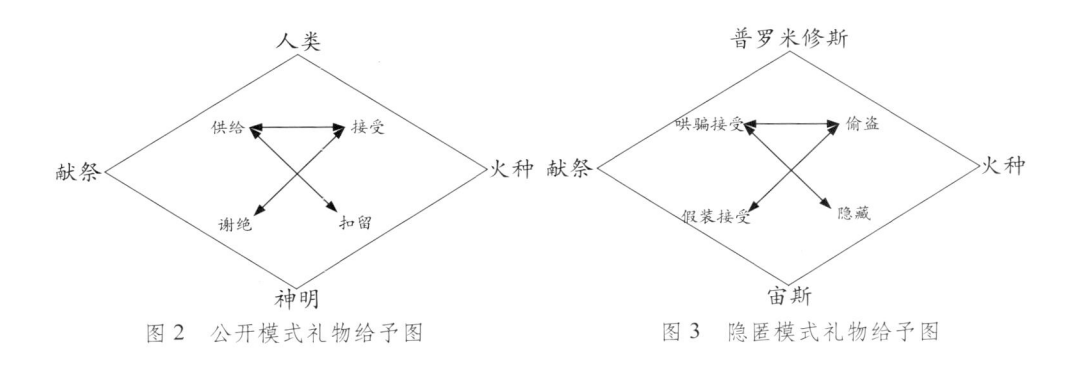

图 2　公开模式礼物给予图　　　　图 3　隐匿模式礼物给予图

故事的言外之意很明白，赫西俄德在故事中已经指出了这一点——人类永远斗不过神明。更进一步说，"故事的逻辑反映了人类处境的暧昧性特征，这种特性其实是众神隐匿性行为的结果，美好的事物与丑恶的事物，给予或不给予，所有这些都不是彼此割裂的。与此同时，这个故事阐释了人类的境况，也就是介于兽性与神性之间的中间状态：其特征性表现是献祭，用于烹调与技术操作的火，被视为男人妻子与贪婪胃口的潘多拉，谷类食物以及农业劳作"[①]。当然，这只是神话行为逻辑分析得出的结论。关于该神话的阐释，韦尔南还有另外两个层面的解读。

2. 语义分析

在赫西俄德的神话叙述中，人类的现状是非常悲惨的：疾病、痛苦、死亡、丑恶、劳作，各种东西并存，远远不是最初人神共处的美好时代的状况。在人类的黄金时代，人们过着一种极其幸福的生活，《工作与时日》112—116行表述了这种状态：

ὥστε θεοὶ δ' ἔζωον ἀκηδέα θυμὸν ἔχοντες

---

① Jean-Pierre Vernant, *Myth and Society in Ancient Greece.* London: Metheun& Co, Ltd, 1982. p. 177.

νόσφιν ἄτερ τε πόνων καὶ ὀιζύος: οὐδέ τι δειλὸν
γῆρας ἐπῆν, αἰεὶ δὲ πόδας καὶ χεῖρας ὁμοῖοι
τέρποντ᾽ ἐν θαλίῃσι κακῶν ἔκτοσθεν ἁπάντων:

θνῆσκον δ᾽ ὥσθ᾽ ὕπνῳ δεδμημένοι:

"人们像神灵那样生活，没有内心的悲伤，没有劳苦和忧愁。他们不会可怜地衰老，手脚永远有劲头；除了远离所有的不幸，他们还享受筵席的快乐。他们的死亡就像熟睡一样安详，他们拥有一切美好的东西。"[1]

也就是说，在这样一种纯粹美好的状态下，人类与神明之间的关系是亲密的，土地会自动出产各种食物，人类也是从大地深处自动诞生的，他们无忧无病，根本没有任何烦恼。但是普罗米修斯最初的行为及与宙斯的斗智游戏，使得人类陷入了一种悲惨的境况中。从此，人类就与自己的童年告别了，同时与众神隔离，开始处于一种必死的不幸状态中。在这种处境下，人类要向众神献祭，使用火来烧烤食物与烹饪食物，要进行艰苦的农业劳作才能获取宙斯埋在大地深处的粮食，要与女人结合才可以繁衍后代。而这些东西——技术、祭祀、火、农业与婚姻——恰恰是人类文化的组成部分。在这个层面上说，普罗米修斯神话表述的是人类文化出现的复杂过程，它是一种充满了不幸的复合物。

韦尔南的语义分析表明，赫西俄德神话中出现的献祭、火种、农业、婚姻、潘多拉、坛子，所有这些神话要素其实是类似的东西，只不过形式不同罢了，它们在神话中是并置关系。也就是说，这些人类时代文化的构成要素，在神话中其实是同一回事，彼此可以相互转换，表达的是同一个意思。这样说不免有些抽象，我们不妨看一看韦尔南的阐释。

韦尔南没有一一阐释上述这些神话之间的关系，其重点是考察潘多拉与其他神话要素之间的关系。因为从神话叙述的角度来说，祭祀、火种、婚姻、潘多拉与潘多拉所持的大坛子，其实都是众神送给人类的礼物，其背后逻辑是给予与接受，而其核心要素是潘多拉。从给予礼物来说，潘多拉类似于献祭的牛，前者是神明送给人类的礼物，后者是普罗米修斯献给宙斯的祭品。潘多拉迷人的漂亮外表对应着普罗米修斯献给宙斯祭品的诱人外表，但是在二者美好的外表下都隐藏着不可告人的诡计。普罗米修斯献给宙斯的礼物外面包上了一层发亮

---

[1] [古希腊] 赫西俄德：《工作与时日》，第 112—116 行，张竹明等译，商务印书馆，1997年，第 5 页。

的脂肪，而给人类的礼物则被包在牛的瘤胃中，前者看上去很是悦目，装的却是不可吃的白骨，后者尽管非常难看，却包着肥美的牛肉和内脏。同样，宙斯送给人类的潘多拉也有着优雅迷人的外表，但心中却被众神注入了可怕的邪念与丑恶。潘多拉具有三重属性：神性、人性与兽性。从邪恶的性质来看，她与胃的性质其实是一样的。在希腊人看来，胃是贪婪、无耻的代名词，因为它吞噬了人类的食物与粮食，潘多拉则吞噬了男人的情欲与家产。从这两个方面来说，潘多拉与普罗米修斯献给神明的礼物的性质其实是一样的，也就是说，在神话世界里，潘多拉与胃是等同的，二者可以相互转换。如下表：

表 3 人类两个时代对比表

时代 / 状态	黄金时代	现在的时代
人神关系	与神共栖	人类向神明献祭
火	使用神圣的火种	普罗米修斯之火
食物	各种食物自动从土地中诞生	农业劳作获得粮食
人类的诞生	自动诞生	与女人成婚生子
整体处境	无病无忧	疾病与年老并存，无望地活着
性质	纯粹的美好	好与坏并存

韦尔南同时指出，在语义层面上，"根据故事的逻辑，潘多拉有好几个层面的含义，她是普罗米修斯火种的匹配物"[1]。普罗米修斯从宙斯那里偷来了火种，将其作为礼物送给人类，这个火种首先是偷盗的火，其次是具有欺骗性的火。《神谱》567 行说：

ἀλλά μιν ἐξαπάτησεν ἐΰς πάις Ἰαπετοῖο
κλέψας ἀκαμάτοιο πυρὸς τηλέσκοπον. αὐγὴν
ἐν κοΐλῳ νάρθηκι:

---

[1] Jean-Pierre Vernant, *Myth and Society in Ancient Greece*. London: Metheun& Co, Ltd, 1982. p. 179.

"但伊阿珀托斯高贵的儿子（普罗米修斯）瞒过了他（宙斯），用一根空茴香杆偷走了远处即可看见的不灭火种。"

《工作与时日》（53 行）中有类似的表述：

τὸ μὲν αὖτις ἐὺς πάις Ἰαπετοῖο

ἔκλεψ᾽ ἀνθρώποισι Διὸς πάρα μητιόεντος

ἐν κοΐλῳ νάρθηκι λαθὼν Δία τερπικέραυνον.

τὸν δὲ χολωσάμενος προσέφη νεφεληγερέτα Ζευς:

"但是，伊阿珀托斯优秀的儿子又替人类从英明的宙斯那里用一根空茴香杆偷得了火种，而这位雷电之神竟未觉察。"[1]

火被藏在茴香的茎秆之中，外面是阴冷的绿色，里面却是火热的红色，与此对应的是湿与干、冷与热的对立。这种对比恰好等同于潘多拉美丽的外表与邪恶的内心之间的比照。在里外之间的对立、礼物的欺骗性上，潘多拉与普罗米修斯的火种有着惊人的一致性。当然，这只是外表上的相似性。更进一步说，普罗米修斯的火种其实是一种具有吞噬性的火种。诸神拥有的火种是一种永远不灭的火种，但是普罗米修斯偷来的火种却并非如此，它需要人们不断地播种，不停地用一些东西喂养它才能够保持不灭，一旦停止了喂养，火种也就灭了。因此，这种火种具有一种毁灭性与饥饿感，它与潘多拉作为邪恶女人的本性是类似的。赫西俄德在《工作与时日》（702—705 行）中认为：

οὐ μὲν γάρ τι γυναικὸς ἀνὴρ ληίζετ᾽ ἄμεινον
τῆς ἀγαθῆς, τῆς δ᾽ αὖτε κακῆς οὐ ῥίγιον ἄλλο,
δειπνολόχης: ἥτ᾽ ἄνδρα καὶ ἴφθιμόν περ ἐόντα
εὕει ἄτερ δαλοῖο καὶ ὠμῷ γήραϊ δῶκεν.

娶到一位贤惠的妻子胜过其他任何东西，没有比娶一位品性恶劣的老婆更糟糕的了。一个贪吃的坏妻子就像一个火把，残酷地灼烤自己的丈夫，让他过早地衰老。因为女人有着可怕的食欲与性欲，会榨干耗尽男人的精力。赫西俄德在《工作与时日》（375 行）中告诫自己的兄弟：

---

[1]〔古希腊〕赫西俄德：《工作与时日》，第 53 行，张竹明等译，商务印书馆，1997 年，第 3 页。

ὃς δὲ γυναικὶ πέποιθε, πέποιθ' ὅ γε φηλήτησιν.

千万不可信任女人，相信女人就是相信贼。另外，火种不再是来源于神的世界，而是在人间通过一根中空的茴香茎秆得到保存，这种情形类似于农夫将种子播种到土里，以及男人在女人的肚子里留下"种子"以孕育后代。

韦尔南指出，潘多拉与谷物有着一种类似性。在古代希腊思想中，女人往往和大地相关，两者赋予男人的使命也是类似的：繁衍后代和播种收获。就像普罗米修斯将肉食藏在牛胃中，将火种藏在中空的茴香杆中一样，男人要将自己的"种子"藏在女人的子宫中才能够诞生后代。当然，潘多拉也与她自己手中抱着的那个大坛子有着某种类似性。在神话表述中，巨大的坛子要被埋到土里，以便贮存农业播种的种子，尤其是收获的谷物。人们在坛子里放上种子与食物，就像人类将种子放在土地里然后播种一样，类似于人类将食物放在胃中。坛子的形状有些像胃，也有些像子宫的形状。坛子放在泥土里，仅仅露出坛口，巨大的坛腹隐藏在土地里面，这就类似于女人的子宫，深藏在身体的内部。人们在坛里放上种子，这就是来年收获的希望，这种做法就像男人们将自己的"种子"放在女人的子宫中一样，期望可以生出自己的后代。

从韦尔南的分析中我们可以看出，潘多拉与祭祀（人与神之间的关系）、农业耕作（人与自然的关系）、婚姻（男人与女人的关系）之间有着密切的关联，而后三者恰恰是古希腊社会文明活动的主要组成部分。在关系的远近上，潘多拉与耕作、婚姻之间的关联与相似性尤其明显。女人、农业与婚姻，是古代希腊人社会生活中的主要因素，在某些时候，三者可以相互转换。因而它们与上面逻辑分析之间的关系也就凸显出来了："故事的逻辑分析揭示了一个可逆的等式：在神话与人类的关系上，给予与不给予等于隐藏。这种故事语法具有一种语义学的意义（对于人类来说，美好的东西总是隐藏在罪恶之中，而一些罪恶的事情也总是隐藏在美好的东西里面，有些时候，二者被自己的隐匿性所遮蔽）。不同层面的语法关系都围绕着这个相同的主题展开，并在不同层面上得到了发展，织成一种相互呼应的网络。这就充实了这样一种思想，即不论从哪种形式与角度来说，人类的存在都处于一种被支配的状态，众神在冥冥之中操纵着人类的命运，美好与罪恶的东西同时也在发挥着作用，暧昧与诡诈也参与其中。"[1]

---

[1] Jean-Pierre Vernant, *Myth and Society in Ancient Greece*. London: Metheun& Co, Ltd, 1982. p. 177.

这就是这则神话的语义意义，它与韦尔南在形式分析层面上得出的结论互相呼应。我们可以将韦尔南对潘多拉的语义分析列成一张简表（表4）：

表4 潘多拉与人类文化要素关系表

名称 描述	女人	献祭	农业	火种	坛子
外表	白色的外衣，似神的外貌掩盖了邪恶的思想（外美内坏）	骨头上盖着一层白色的脂肪（外美内坏）	将谷物掩埋在泥土里	火种被隐藏在中空的茴香杆中（热与冷、湿与干的对比）	坛盖子隐藏了内部的邪恶
内部	肚子（胃部）的内部：男人必须喂养全家的肚子，同时在女人的子宫中种下"种子"，女人则养护孩子	牛的瘤胃中隐藏着肉类（外陋内好）	要耕种撒种在土地里才能收获庄稼	必须不停喂养、播种普罗米修斯的火种	坛子的里面装着希望、疾病与死亡，好与坏并存
特征	女人是一团带有贼性的火焰：让男人备受煎熬，过早衰老		劳作使得男人早衰、死亡	被偷来的火种	坛子里飞出了疾病与死亡

3. 文化或意识形态分析

在结构主义看来，系统是一个有机的整体，每一个既定的部分都有自己的界限与界定，它们没有任何意义，其意义就存在于与整个系统及其要素之间的关系中。从某种程度上说，分析者关注的是各个要素之间的关系所组成的网络，要么是既定文本表层的关系，要么是神话或社会机制或祭祀行为，所有这些都是结构主义的真实性概念。韦尔南继承了杜梅齐尔的思想，认为社会的各个因素（神话、语言、机制或政治结构）都有着自己独立的发展方向。当它们共同发展时，就有可能彼此之间存在一些对应，但这种对应不是自动的。神话一般倾向于用一种比较稳定的形式来传承，而不是像政治那样有着剧烈的变动。神话与宗教是一种社会机制，与文化、政治这些特殊的思想形式彼此关联。所有的思想形式与行为背后隐藏着一定的逻辑，它们之间是相互契合的，因此，通过系统的分析可以发现它们之间的内在联系。

因此，对于韦尔南来说，第三个分析步骤要做的是理解这些故事的文化语境，或者将其置于人类的精神空间组织内（连同其分类标准、组织方式、文化现实，还有不同意义领域的表述），正是在这个层面上，各种故事被创造出来，现代的神话阐释者可以在其中发现神话完整而复杂的意义。换句话说，就是将神话表述的思想置于生成神话的社会与文化语境中，在整个文化网络中解读神话的意义，验证其文化蕴涵，并寻求神话与文化其他要素之间的关系。

韦尔南宣称，普罗米修斯神话中出现了献祭、火种、婚姻与农业，语义分析表明，这些因素在神话内部其实是可以相互转换的。在古希腊文化中，三者同样可以转换，与神话是彼此关联的。也就是说，神话内部表述的一些理念，在文化语境中具有同样的功能。

在希腊祭祀中，人们同样会使用火：神明食用的食物是必须在祭坛上焚烧的肉类，而人类只能够食用烧烤与煮食的部分。许多创造神话的文化中经常会出现这样一些同质或对立的表述：驯养/熟食，野生/生食。列维－斯特劳斯《生食与熟食》在一文中作了精彩的表述。意识形态允许将大多数的文化行为视为一种熟食形式的文化。因为动物吃生肉，人类吃熟肉，所以一种文化同样会将这种逻辑上的对立与界定延续到神明身上，认为神明吃煮得过久的食物，以别于动物和人类食肉的方式。人类在屠宰这些动物之前，驯养的动物身上、祭坛上要撒上那些培植的谷物。在这个层面上，献祭使得人类与神明区别开来，献祭同时又是人类与神明沟通的纽带。人类接受的是死去的动物与容易腐烂的肉，而神明接受的是骨头焚烧的烟雾与熏香，这些都是不容易腐烂的东西，根本不适合人类来享用，只有那些不死的神明有资格享受。与此同时，献祭使得人类与动物区别开来：尽管二者都是必死的生物，都需要不断补充一些必然要腐烂的营养物质，二者之间的主要区别就在于，人类培育谷物，驯养动物，将这些作为自己的食物，动物却将野生植物与动物的生肉作为自己的食物。

潘多拉身上具有三重属性：神性、兽性与人性。她有着神明一样的外貌，有着兽类的本性，还有人类的声音与力量。但她一旦开口说话，就开始说谎与骗人，因此人类与她的交流就非但不可能而且还很危险。韦尔南因此宣称："这样我们就很容易理解故事中潘多拉的双重属性，她是人类处境暧昧性的象征。"[1]潘多拉的模糊性对应的是希望的模糊性——希望保留在坛子里面。假如人类有了神明的远见与智慧，也许就不需要希望了，如果人类没有智慧，就像动物那样对自己的必死性浑然不觉，那么人类也不需要希望。恰恰是因为人类处在远见

---

[1] Jean-Pierre Vernant, *Myth and Society in Ancient Greece.* London: Metheun& Co, Ltd, 1982. p. 183.

与短见之间,希望才在他们中间留存。"从此之后,任何事物都有了对立的两面:只有通过献祭才能够与神明接触,同时将人类与神明之间的距离神圣化。没有不幸就没有幸福,没有死亡就没有新生,没有劳作就没有收获,没有厄庇米修斯就没有普罗米修斯——总之,没有潘多拉就没有人类。"[1]韦尔南的文化语境分析表明,从婚姻到农业,再到火,这种思想在神话中是连续的、普遍深入的,仪式、语言、文学与科学同样如此。神话内部的因素是与外部文化语境中的因素互相补充的:社会机制、祭祀、农业、神话,所有这些其实是社会意识复杂网络中的构成要素,彼此互相关联。

第六节 小结

对于结构主义来说,神话其实是人类思想的折射,它与人类的思维模式一样,是理性的。正因为神话是理性的产物,研究者才可以采用系统分析的科学方法对其进行阐释。只不过,部分结构主义学者受到了俄国形式主义者罗曼·雅各布森的影响,同时受到了瑞士语言学家索绪尔的影响,将语言学的观点运用到神话与仪式的研究上来。他们认为神话与语言一样具有独立的结构与要素,通过对神话的语言学分析,就可以揭示神话内部各个符码与要素的关系,从而探寻神话的本原意义。结构主义因此宣称,就像语言具有日常话语和隐藏在话语之下的语言系统两个层面一样,神话也由表层与深层构成。表层的东西被称为神话"表层结构",深层的东西则被称为神话"深层结构",表层结构永远处于不断变化中,深层结构则处于不变状态,因为所有的表层结构都是以深层结构与逻辑为依据的。这么一来,结构主义就将研究的重点转向了神话深层结构,而忽视了表层结构。不论是列维-斯特劳斯还是狄廷,他们关注的都是神话符码背后的文化意义,而不是神话要素本身的意义,因为他们认为神话各个要素本身并没有意义,其意义就在它与其他各个要素的相互关系上。

在结构主义初期,神话研究者关注的只是神话系统本身的结构——神话文本是如何逻辑地或系统地进行运转的,其意义产生的机制是什么,神话文本与其他神话文本共同具有的结构是什么,它们是如何由相互关联的各个部分所组成的,以及诸如此类的问题。但这种神话系统本身的解读在某种程度上并不能充

---

[1] Jean-Pierre Vernant, *Myth and Society in Ancient Greece*. London: Metheun &Co, Ltd, 1982. p. 185.

分阐释神话的意义。柯克对独眼巨人的分析就存在大量的漏洞，遭到了一些结构主义者的批评。[①]

20世纪70年代之后，结构主义的发源地法国出现了一批结构主义改革派，他们将列维-斯特劳斯的结构主义方法加以改进，从文化人类学的角度切入神话内部，对神话进行文化阐释。这一类学者将神话内部各要素视为一种符码，认为在这些文化符码中一定潜藏着文化的微妙意义，只要破解了神话中的文化符码，就揭开了神话本身的意义。在这种语境下就出现了狄廷对香料神话的阐释，以及对阿都尼斯形象的再解读。这种神话阐释模式其实是对列维-斯特劳斯倡导的文化人类学研究模式的革新，只不过狄廷的解读模式不同于列维-斯特劳斯那种复杂难懂的符号式的阐释方法，而是将神话内部各个要素之间的关系简化为文化意义之间的对立，同时结合了神话与仪式之间的关系来研究神话。这样，结构主义的神话阐释再次走向了文化阐释的方向，返回文化阐释模式。

法国另外一位结构主义大师韦尔南对希腊神话的三个步骤的解读模式——形式分析、语义分析、意识形态分析——再次推动了神话学的发展，将神话研究带向了表层结构与深层结构结合起来进行阐释的方向。韦尔南克服了列维-斯特劳斯与狄廷神话阐释的不足——忽略了神话表层结构的解读，将神话表层叙述要素、叙述行为与逻辑纳入研究范畴，在此基础上探寻其语义学意义，最后将神话置于社会—文化语境中，验证神话思想在意识形态内与其他思想要素之间的关联，探寻神话的意义。这样一来，神话就与社会文化网络中的其他因素如祭祀、婚姻、农业、技术，乃至于经济，有了关联。沿着列维-斯特劳斯开拓的道路，希腊神话研究再次走向了文化阐释的方向。

总的来说，结构主义神话学从诞生开始，就一直处于不断发展中，从单纯的神话内部机制的阐释，最后走向了神话要素与社会其他要素的互相关联，由忽略神话表层的研究而专注于深层的阐释，走向了将神话表层结构与深层结构结合起来研究的互动模式。

问题是，不论是表层结构还是深层结构，所有这些其实都是由研究者来发现的，神话本身并没有在叙述中告诉接受者这些信息，它是隐藏在神话内部的。所谓的"结构"也只不过是阐释者根据自己的喜好将神话各个要素整合到一个结构中，而这个"结构"是神话解读者自己发现乃至于发明出来的。这样一来，结

[①] 关于结构主义者对柯克的批判，读者可以参见 Samuel Kinser, "Myth: Its Meaning and Functions in Ancient and Other Cultures by G. S. Kirk," *History and Theory*, Vol. 12, No. 3 (1973). pp. 343-351. Published by: Blackwell Publishing for Wesleyan University.

构主义对神话的阐释就遭遇到了这样一个问题：神话的结构到底是客观的还是主观的？从神话要素来看，神话结构当然是客观的，因为它是由各个客观存在的神话要素反映出来的。但是，神话要素其实是研究者自己从众多神话要素中选择出来的，带有一定的主观性。在这个层面上，结构其实是一种主观的产物。由此连带出来的问题是：这种主观选择的结构能否客观反映神话的体系？这种神话阐释模式解读出来的意义是否具有客观性？即结构主义的阐释模式能否真实还原神话的意义？笔者认为，所有这些问题还需要进一步探讨。

结构主义反对将单个神话要素拿出来进行探讨，因为它本身没有任何意义，其意义只存在于与其他要素之间的互动关系上。这样，结构主义神话学就忽略了单独一个神话文本与神话形象的解读与阐释，在某些时候，造成了神话形象的暧昧性，就像韦尔南笔下的潘多拉一样。但是，女性主义神话学告诉我们，潘多拉不是神话中所表述的那样，是暧昧性与邪恶性的象征，而是一位伟大的创造女神，她才是普罗米修斯神话表述的核心。关于潘多拉及神话中其他女性形象的研究，是女性主义神话学探讨的核心，后面的相关章节会做详细介绍。

第六章　后殖民主义

第一节　概论

　　一个世纪前，人类学者弗雷泽写出了包罗世界各地神话与风俗的《金枝》，该书成为英帝国统治者了解殖民地文化的重要参考资料。只不过英帝国一统世界的政治梦想并没有因《金枝》的再三重版而实现，却遭遇到各种各样的政治与文化危机，神话也仅仅充当了欧洲人了解异国的工具而已，并没有将欧洲人从困境中解脱出来。

　　当罗兰·巴特将神话视为一种元语言时，整个西方大众文化都被神话化了，神话具有一种后现代社会的虚构性意味，从而成为欧洲人自我反思的工具。只不过这种自我认同与反思要借助于西方文化的"他者"来进行，作为西方文化的异类的东方此时就成为西方反思文明进程的一面镜子。爱德华·萨义德（Edward Said）的《东方学》其实是将整个西方学界对"东方"的表述视为一则现代神话，在他看来，所谓的"东方学"是西方学者们的话语建构起来的一个"神话体系"，是文化帝国主义的产物。萨义德及其追随者的主要研究对象是西方以外的"东方"，本质上属于欧洲世界以外文化"他者"身份的表述探讨。这种研究尽管对元叙述依然持怀疑态度，但其终极目的却是对西方文化进行自我反思，只不过涉及所谓的"东方文化"[①]，从而引起这些国家知识分子的共鸣。这种西方文化内部学术话语的反思被贴上了"西方文明的东方化寻根"的标签，成为"东方"学者们探讨本土文化的一把利刃，殊不知这种探讨已经变成学术话语生产的另一则现代神话。

　　[①] "东方"、"东方学"、"东方文化"之类的表述是从西方立场来看待非西方世界，带有欧洲中心主义色彩的术语，本质上是一种种族主义与地理决定论。所谓的"东方"是指亚洲与非洲，因其位置在欧洲世界的东方，欧洲人便将这些地区统称为"东方"。在这种价值判断体系下，西亚被称为"近东"，东亚被称为"远东"，所谓的"远"与"近"其实是根据距离欧洲的远近而言，这种"我族中心主义"的称呼明显带有一种欧洲优越论色彩。只不过很多中国学者并没有意识到这种术语表述背后的真实意味，依然在不觉间沿袭这种称呼。

与上述学者不同的是，马丁·伯纳尔（Martin Bernal）的《黑色雅典娜》（*Black Athena*）一书中对西方文明的反思并没有借助于"他者"身份的建构，而是直指西方文明的故乡希腊，对欧洲人文化的自我身份发起了挑战。伯纳尔在质疑西方文明源头的过程中，建构了希腊神话的历史性架构。在此语境下，希腊神话成为西方文明的构成要素，与此同时，神话变成西方后现代社会的一种知识形态与文化性文本，与政治、权力的运作密切相关，此时，希腊神话就不存在于真空中，而是具有一种后殖民的历史性语境了。

　　国外学界对马丁·伯纳尔的批评颇多[1]，反对者与追随者各有其人。总的来说，学者们探讨的大多是伯纳尔关于希腊文明起源的观点及争议，并没有涉及神话与历史之间的关系。相对于国外而言，国内学界的反应则比较冷清。率先

---

[1] 关于马丁·伯纳尔论著《黑色雅典娜》一书的批评似乎有演变成"马丁·伯纳尔学"之趋势，1987年在华盛顿召开了专题研究会，Blacks as Seen by Ancient Egyptians, Greek and Rome Artists: An Illustrated Lecture；1992年在芝加哥大学召开了会议，Blacks as Seen by Ancient Egyptians, Greek and Roman Artists；目前已经出版的视听材料有：*Africa in Antiquity.* Stamford, CT: Sandak, 1978; *Black Athena.* San Francisco: California Newsreel, 1991; *Black Orphrus*, Los Angeles, CA: Connoisseur Video Collation, 1988; Jobin, Antonio Carlos, *Black Orpheus*: *Original Soundtrack of the Movie.* 对《黑色雅典娜》进行批评的论著分别有：Mary Lefkowitz, *Not Out of Africa*: *How Afrocantrism Became an Excuse to Teach Myth as History.* New York: Basic Book. 1996; Mary R. Lefkowitz and Guy MacLean Rogers ed, *Black Athena Revisited.* Chapel Hill and London: University of North Carolina Press, 1996; Jacques Berlinerblau, *Heresy in the University*: *The Black Athena Controversy and the Responsibilities of American Intellectuals*, New Brunswick: Rutgers University Press, 1999. 与马丁·伯纳尔相关的研究性论文则有："The Challenge of Black Athena," *Issue* (Fall, 1989), pp. 5-114; J. Hall, "Black Athena: A Sheep in Wolf's Clothing?" *Journal of Mediterranean Archaeology*, 3 (1990), pp. 247-254; M. M. Levine, "Classical Scholarship anti-Black and Anti-Semitic?" *Bible Review*, 6 (June, 1990), pp. 32-41; Stuart Manning, "Frames of Reference for the Past: Some Thoughts on Bernal, Truth and Reality," *Journal of Mediterranean Archaeology*, 3 (1990), pp. 255-274; V. Y. Mudimbe, "African Athena?" *Transition*, No. 58 (1992), pp. 114-123; Michael Poliakoff, "Roll over Aristotle: Martin Bernal and His Critics," *Issue* (Summer, 1991), pp. 12-28; E. Hall, "When Is a Myth Not a Myth?" *Arethusa* 25 (1992), pp. 181-201; Jacob H. Carruthers, "Outside Academia: Bernal's Critique of Black Champions of Ancient Egypt," *Journal of Black Studies*, Vol. 22, No. 4 (Jun., 1992), pp. 459-476; Molly Myerowitz Levine, "The Use and Abuse of Black Athena," *The American Historical Review*, Vol. 97, No. 2 (Apr., 1992), pp. 440-460; Cheryl Johnson-Odim, "The Debate over Black Athena," *Journal of Women's History*, Vol. 4. No. 3. (Winter, 1993), pp. 84-89; Walter Cohen and Martin Bernal, "An Interview with Martin Bernal," *Social Text*, No. 35 (Summer, 1993), pp. 1-24; Alice Bach, "Whitewashing Athena: Gaining Perspective on Bernal and the Bible," *JSOT*, 77 (1993), pp. 3-19; Mary Lefkowitz, "The Afrocentric Interpretation of Western History: Lefkowitz Replies to Bernal," *The Journal of Blacks in Higher Education*, No. 12 (Summer, 1996), pp. 88-91; Josine H. Blok, "Proof and Persuasion in 'Black Athena': The Case of K. O. Müller," *Journal of the History of Ideas*, Vol. 57, No. 4 (Oct., 1996), pp. 705-724; William Cobb, Jr., "Out of Africa: The Dilemmas of Afrocentricity," *The Journal of Negro History*, Vol. 82, No. 1 (Winter, 1997), pp. 122-132; Molly Myerowitz Levine, "The Marginalization of Martin Bernal," *Classical Philology*, Vol. 93, No. 4 (Oct., 1998), pp. 345-363; Mary R. Lefkowitz, "Black Athena: the Sequel (Part1)," *International Journal of the Classical Tradition* (Spring 2003), pp. 598-603.

将马丁·伯纳尔及其论著介绍到中国学术界的是学者叶舒宪[①]，他在相关的论文中介绍了《黑色雅典娜》一书的主要观点及其对新神话学价值重构的学术意义，将其视为西方知识学界新神话主义的典型。史学界则相继发表了《黑色雅典娜》的主要导言与介绍性文章[②]，指出了伯纳尔观点的一些不足之处。上述学者忽略了《黑色雅典娜》关于神话与历史之间关系的探讨，本书将对这一问题加以探讨，试图从中理解伯纳尔的神话与历史观。

第二节　马丁·伯纳尔与《黑色雅典娜》

一　《黑色雅典娜》的历史建构模式

《黑色雅典娜》的标题含有一种象征意味：不存在"黑色雅典娜"，它是作者创造出来象征希腊文明的非洲与腓尼基源头的词语。伯纳尔对《黑色雅典娜》的书名作了一种极为明朗的阐释："如果有可能，我倒是愿意将题目改为'非洲的雅典娜'。"[③]《黑色雅典娜》探讨的不是历史问题，也不是文化与文明的起源问题，而是借助于希腊文化与文明起源的探讨形成的两种模式——古代模式与雅利安模式，来考察欧洲学术界对希腊文明与文化起源的运作机制与权力关系，也就是希腊文明与文化起源的知识社会学探讨。伯纳尔断言，从文艺复兴到20世纪早期，这一段学术历史的探讨表明，欧洲人关于希腊人的感知其实是自18世纪以来一种虚假的认识，可以将其称为"虚构的希腊"。伯纳尔指出，西方社会内部各种错综复杂的关系发明了两种希腊文化与文明起源的假说，它们是学者借助于知识话语与文化话语霸权制造出来的一则学术神话。也就是说，自1785年以来，西方学界关于希腊文化起源的学术探讨其实是一则种族主义与欧洲中心主义的神话，是西方殖民主义的另外一种形式——话语殖民。伯纳尔将关于

[①] 参见叶舒宪：《从〈金枝〉到〈黑色雅典娜〉》，载《寻根》2000年第6期，第29—39页；叶舒宪：《西方文化寻根的"黑色风暴"》，载《文艺理论与批评》2002年第3期，第104—108页；叶舒宪：《人类学想象与新神话主义》，见《文学理论前沿》第二辑，北京大学出版社，2005年，第86—124页。

[②] 参见［美］马丁·伯纳尔：《黑色雅典娜》（导言），李霞译，见陈恒主编：《历史与当下》第二辑，上海三联书店，2005年，第96—112页；陈恒：《雅典娜——东方还是西方？》，见陈恒主编：《历史与当下》第二辑，上海三联书店，2005年，第114—118页；陈恒：《略论古希腊文明中的东方因素》，载《上海师范大学学报》（哲学社会科学版）2004年第1期，第104—109页。

[③] Martin Bernal, *Black Athena Writes Back: Martin Bernal Responds to His Critics*. Edited by David Chioni Moore. Durham and London: Duke University Press, 2001. p. 23.

希腊文化和文明起源的各种解说梳理为一门系统的知识形态学,从中窥见了希腊文明起源中的各种权力关系与文化霸权机制,其中包括种族主义、反闪米特主义、欧洲中心主义、进步主义、理性主义、浪漫主义等。

伯纳尔对希腊文明起源的探讨基于这样一种假设:希腊文明是欧洲文明的摇篮与故乡,因此,探讨希腊文明其实就是对欧洲人文化身份与历史书写的一种自我反思。至于为何欧洲人将希腊人视为自己的祖先,伯纳尔提供了一种解释。他指出,欧洲人将希腊人视为祖先的观念并非出于欧洲古代传统,而是欧洲浪漫主义的产物。"浪漫主义的中心思想是,寒冷的气候可以催生思想的生成。这种观念基于这样一种古典传统:北方或生活在山区的民族比较善良——比如塔西塔斯(Tacitus)的人们就是如此。……到了18世纪,人们就认为,越往北,那里的人们就不仅越简朴,而且越来越富有智慧与纯洁。……这种寒冷环境可以帮助大脑细胞发育的观点在欧洲人心中保持一种强劲的势头。希腊人之所以如此受人羡慕,就是因为他们居住在地中海周围。这样,浪漫主义就尽可能地将他们的源头往北推移。"[①]说白了,这是一种地理上的欧洲优越论与种族主义,只不过在伯纳尔之前的学者很难意识到这种种族主义的来源。希腊文明之所以成为欧洲文明的摇篮,是浪漫主义思想在地理上的成见决定的。在此期间,欧洲人并不认为希腊人是他们的祖先,他们羡慕的是罗马人。"对于希腊人而言,意大利应该是理想的地中,但现在地中却在北部与东部之间,处于欧洲与亚洲之间的这一片区域——地中海沿岸。"[②]伯纳尔对希腊在欧洲文明中地位的探讨表明,所谓的希腊文明中心观,其实是欧洲人处于自身利益的需要而建构起来的一种虚假的感知,它并不是一种永恒不变的真理,所有这一切,包括历史的书写与编纂,都是学术话语的产物,它并不是现代社会发明的另一则神话。

只不过,伯纳尔并没有注意到,浪漫主义的这种观点并不是什么新创见,它早在亚里士多德那里就定型了。亚氏认为,"在寒冷地带居住的人群和欧洲各族的居民都生命力旺盛,但在思想和技术方面较为缺乏,所以他们大都过着自由散漫的生活,没有什么政体组织,也缺乏统治邻人的能力。亚细亚的居民较为聪颖而且精于技巧,但在灵魂方面则懒惰过重,故大多受人统治和奴役。至于希腊各族,正如位于这些地方的中间地带一样,兼具二者的特性。因为希腊人

---

① Walter Cohen and Martin Bernal, "An Interview with Martin Bernal," in *Social Text*, No. 35 (summer, 1993), pp. 1-24, Duke University Press. p. 2.
② Benjamin Isaac, "Proto-racism in Graeco-Roman Antiquity," in *World Archaeology*, Vol. 38 (1): pp. 32-47, Taylor & Francis Group, 2006. p. 40.

既生命力旺盛又富于思想，所以既保持了自由的生活又孕育了最优良的政体，并且只要能形成一个政体，它就具有统治一切民族的能力"[1]。这种环境决定论思想是既定品性理念的遗产，它以理念的形式被强加进了社会与文化中，被古代希腊与罗马人广泛接受。该观点认为，"一定族群和民族的品性一成不变地受气候与地理决定。这就暗示着，个人身心的一些本质因素来自于外部，它们十分稳定，并不随基因演化与有意识选择而发生改变，社会的互动仅仅扮演了次要角色，个人的品性和个体的改变因此可以忽略不计。当运用这种观点来解释某一个人类群体时，人们总是以为，该族群的特性是统一而持续的，除非他们大举迁移，而后者会因为位置的转移与血统的混杂而导致品性的下降与退化"[2]。这种地理决定论将希腊人视为欧洲人的祖先，同时将希腊文明高举到欧洲文明源头的地位，而大多数欧洲人并不明白，这种虚构的祖先观源于希腊。在这种文化语境下，探讨希腊文明的源头就具有欧洲人自我身份认同的意味，伯纳尔要考察的正是这种历史编撰与书写的过程。

伯纳尔指出，18世纪以后，西方学界关于希腊文明源头的历史性探讨基本可分为两种模式："一种认为希腊文明基本上是属于欧洲或雅利安的；另一种模式则认为，希腊文明属于黎凡特[3]，处于埃及和闪米特文化的边缘，我分别将其称为'雅利安模式'（Aryan Model）与'古代模式'（Ancient Model）。"[4]根据伯纳尔"古代模式"的说法，最初的希腊居民是皮拉斯基人（Pelasgian）与其他一些原始部落的居民。公元前2000年，统治了地中海许多地域的埃及人与腓尼基人，曾经对这些希腊本土的居民实行了殖民统治。"古代模式"对希腊文明起源的假说与古代希腊人关于自己文明的来源是一致的。希腊人认为他们的祖先是一群居住在田园风光中的诗人，一直到埃及人与腓尼基人侵入了希腊，后者征服了希腊，带来了希腊文明。

到了19世纪，由于一些外部的原因，"古代模式"受到了质疑，走向衰落。1830—1840年，"雅利安模式"开始崛起，研究古代历史的学者们开始承认印欧

---

[1] [古希腊] 亚里士多德：《政治学》，第1327b行，见苗力田主编：《亚里士多德全集》第9卷，中国人民大学出版社，1994年，第243—244页。

[2] Benjamin Isaac, "Proto-racism in Graeco-Roman Antiquity," in *World Archaeology*, Vol. 38 (1): pp. 32-47, Taylor & Francis Group, 2006. p. 44.

[3] 伯纳尔所说的黎凡特指地中海东部沿海地区，尤指今叙利亚和黎巴嫩地区。英语世界的学者一般倾向于将上述地区称为黎凡特地区，与克里特、爱琴地区相对应。

[4] Martin Bernal, *Black Athena: The Afroasiatic Roots of Classical Civilization*. Volume 1. London: Free Association Books, 1987. p. 1.

语言的存在，认为希腊北部那些说着印欧语言的先民是希腊人的祖先，他们是印欧语言大家庭的一员，希腊文明因此是由操着印欧语言的一群外来者或从北部侵入希腊的雅利安人创造的。这些外来者被学者们称为"前希腊人"，他们既不是非洲人，也不是闪族人，而是白种人。伯纳尔指出："早期的'古代模式'被'雅利安模式'所代替，并不是由于'雅利安模式'能够更好地或真正地解释任何事物，而是出于欧洲当时的社会与文化的需要。造成这种现象的原因有多种：罗曼司主义、理性主义、反闪米特主义。实际上，'雅利安模式'所要做的是，制造希腊的历史以及与埃及与黎凡特世界的关系，它所遵从的是19世纪的世界观，尤其是种族主义的世界观。"①

伯纳尔认为，"雅利安模式"有两种形式：一种是极端的"雅利安模式"，一种是宽泛的"雅利安模式"。极端的"雅利安模式"坚持将希腊从地中海东部分割出来，并拥抱任何形式的北部影响假说。宽泛的"雅利安模式"则相反，它接受南部亚洲，包括闪米特对希腊文化的影响，而拒绝任何形式的埃及或非洲影响希腊文化的假说。宽泛的"雅利安模式"的盛行期为1890—1920年，从那之后，极端的"雅利安模式"崩溃。20世纪80年代之后，宽泛的"雅利安模式"再次崛起。关于西方学术界对地中海世界及希腊文明源头的纷争，伯纳尔在《黑色雅典娜》第一卷中作了如下归纳：

1. 从公元前15世纪到公元前5世纪的证据表明，古典时代、希腊化时代与异教时代的希腊人都承认，希腊文明的起源与埃及和近东有关，这实际上是一种相对统一的历史模式。

2. 在18世纪，这种希腊文明的埃及与黎凡特起源假说在欧洲历史编撰传统中一直被坚守着，直到19世纪初才被中断。

3. 从18世纪到19世纪，随着古典学这门现代学科的确立，首先是埃及对希腊文明的影响被否定，其次是腓尼基对希腊的影响被否定。部分是由于印欧语言存在的外在因素，但是大部分归结于欧洲的社会性与智性压力，"古代模式"从而被"雅利安模式"所取代。

4. 尽管闪米特对希腊的影响不断上升，但"古代模式"中所强调的埃及对希腊文明的影响却不断遭到否定，这依然是由一些外部的因素所导致的，于是现代学者们中就出现了修正的"雅利安模式"。

---

① Martin Bernal, *Black Athena: The Afroasiatic Roots of Classical Civilization*. Volume1. London: Free Association Books, 1987. p. 442.

5. 尽管"雅利安模式"是一种罪恶的概念，却不能阻止其本身作为一种富有启发的思维模式，对欧洲历史的质疑具有一定的超越性。[1]

伯纳尔指出，在过去的两百年间，西方学者们为了迎合时代的政治性与文化要求，系统地重写了历史，按照现代的殖民主义形象重构了历史，从而蓄意隐瞒了非洲与亚洲对希腊文化的影响。造成这种结果的原因很大一部分归结于种族主义与反闪米特主义，现代西方文化中到处充斥着这种意味，一些古典学者也身染其中。伯纳尔对这种欧洲中心主义与种族主义的学术探讨模式极为反感，他直言不讳地指出，文明意味着一种欧洲中心主义与进步主义的立场，这就意味着非洲文化在欧洲文明的形成过程中具有一种目的论功能。《黑色雅典娜》的"政治意图是刹一刹欧洲人文化的自大"[2]，而伯纳尔本人想做的是"摧毁欧洲的自我中心主义形象，从而削弱欧洲中心主义的优越感"[3]。

伯纳尔认为，不论是"古代模式"还是"雅利安模式"，都是西方学者们出于自身需要而建构起来的一种假说，并不是希腊历史的本来面目。他认为，希腊文明起源的模式应该是"修正的古代模式"（Revised Ancient Model）：史前时期的希腊人是操印度—赫梯语的土著人，在公元前4000年—公元前3000年，来自北方的印欧语系民族侵入了希腊。时值公元前两千纪前半叶，埃及与腓尼基人对希腊进行了殖民活动，各种文化的交融创造了后来的希腊文明。换句话说，希腊文明的源头是埃及、腓尼基文明，因为在公元前两千纪中叶，希腊曾经是埃及、腓尼基的殖民地。

当伯纳尔作这种断言时，他其实是对希腊历史进行重构，这种探讨主要集中在《黑色雅典娜》第二卷中。伯纳尔在《黑色雅典娜》第二卷中强调，希腊与埃及、腓尼基之间的文化关系就像日本与中国之间的文化关系一样，不同的是，腓尼基与埃及对爱琴地区的影响是直接的，主要通过殖民或军事力量的侵入而实现。伯纳尔将埃及与腓尼基对爱琴地区的影响分为四个阶段：

1. 公元前三千纪晚期，埃及的灌溉技术影响了克里特（Crete），并且对玻俄提亚（Boetia）地区的农业灌溉技术产生了影响。

---

[1] Martin Bernal, *Black Athena*: *The Afroasiatic Roots of Classical Civilization*. Volume1. London: Free Association Books, 1987. pp. 439-443.

[2] Martin Bernal, *Black Athena*: *The Afroasiatic Roots of Classical Civilization*. Volume1. London: Free Association Books, 1987. p. 73.

[3] Walter Cohen and Martin Bernal, "An Interview with Martin Bernal," in *Social Text*, No. 35 (summer, 1993), pp. 124, Duke University Press. p. 22.

2. 公元前 2000 年，发生了塞索斯特里斯（Sesostris）第一次和第二次战役，对高加索（Caucasus）、安纳托利亚（Anatolia）、北部巴尔干（northern Balkans）这些地方的政治与文化产生了重要影响，后者的政治与文化曾经一度被打断。

3. 公元前 18 世纪，埃及喜克索斯（Hyksos）王国在克里特及其他地方，包括迈锡尼地区建立了自己的殖民地。

4. 公元前 15 世纪—公元前 14 世纪，希腊人从图特摩斯三世（Thutmose III）建立的第十八王国中获益不少，该帝国在地中海东部是一个世界性的王国。

实际上，伯纳尔试图根据一些新的考古学证据对爱琴地区的历史进行全面重构，他同时坚持地中海文明的连续性，其中比较重要的是语言的连续性。伯纳尔"修正的古代模式"将印欧语言视为印度—赫梯（Indo-Hittite）语的子语言，这个语系包括所有的印欧语言，还有安纳托利亚语言，伴随着农业传播，它从安纳托利亚传到了爱琴地区。这种语言后来传到了巴尔干地区，公元前六千纪早期的巴尔干文化语言就是印度—赫梯语言。印欧语言作为一种文化语言在巴尔干生成，该地区的文化既是农业文化，又是游牧文化。所有的印欧语言都是从这种叫做印度—赫梯语的语言中发展而来的，它在公元前 4000 年到公元前 3000 年之间走向崩溃。公元前 3000 年，这种语言随着迁移的人们而被传播，后来到达了希腊大陆而不是克里特地区，希腊语言因此是印欧语言的一种。公元前 2000 年，克里特开始出现一种混杂的文化，其文化源头有可能是埃及，而其语言上的起源有可能是闪米特语言。公元前 18 世纪后期，亚洲南部的喜克索斯人开始行动起来，克里特文化开始走向崩溃。到达希腊的喜克索斯文化就是所谓的迈锡尼文化。迈锡尼文化之所以在希腊存在 500 年之久，是因为希腊本土没有足够的文化来支撑自己。希腊人从埃及与腓尼基借用文字的时间在公元前 17 世纪，希腊的地名、神名大部分都是从埃及引入的。[①]

伯纳尔的意图是在东部地中海文化架构内探讨历史起源模式与希腊文明的发展，但他没有告诉我们这种模式是如何运行的，仅仅提供了一些考古学证据与文本的证据，其中还包括语源学与神话学方面的资料。在伯纳尔建构的"修正的古代模式"中，古代埃及在古代希腊文明的生成中扮演了极其重要的角色，腓尼基的角色则远远没有埃及强大。只不过这种影响不是通过贸易与移民，而是

---

① 参见 Walter Cohen and Martin Bernal, "An Interview with Martin Bernal," in *Social Text*, No. 35 (summer, 1993), pp. 124, Duke University Press. p. 4.

通过大规模的殖民与征服实现的。在伯纳尔看来，文明的生成与政治上的暴力和强权联系在一起，而不是与贸易和经济联系在一起。人类学家的田野考察表明，现实中并不存在这样一种文化与历史的影响模式，所有文化的交往都是一种互动性的行为，而不是依靠外部的殖民与暴力来进行的，伯纳尔的观点因此遭到了来自人类学界的批判[①]。

二 《黑色雅典娜》的神话学意义

伯纳尔认为，不管是"古代模式"还是"雅利安模式"，都是西方历史书写与编撰的一种虚构性行为，带有一种欧洲中心主义色彩。而他倡导的"修正的古代模式"，试图采用一种"不偏不倚"的学术中立态度来重新审视希腊历史，对西方历史的书写进行重构。问题是，所有这一切与希腊神话有什么关系？

笔者认为，尽管《黑色雅典娜》探寻的是希腊历史的书写，从学科范畴上看，属于古典学与史学论著，但它对希腊神话学的影响同样不可忽视。《黑色雅典娜》不仅给希腊神话提供了具体的历史性生成背景，同时给希腊神话的研究范式带来了变革。从这个层面上看，伯纳尔是在后工业文明社会对希腊神话进行后殖民主义思索的先行者，只不过一般的学者倾向于将《黑色雅典娜》视为史学论著，而忽略了它在神话学领域的革新价值。

现存的希腊神话一般保留在希腊诗人与悲剧家的作品中，还有一部分保留在希腊瓶画上，对这些神话的解读一般以文字阐释为主，学者们很少对神话的生成背景作深入探讨，因为他们现有的知识体系无力完成对神话复杂语境的历史性建构。在伯纳尔之前，从立陶宛迁入美国的考古学者马丽加·金芭塔丝曾经对希腊神话的史前产生背景作过深入探讨。金芭塔丝指出，希腊神话其实是史前女神宗教与文明的产物，希腊神话不应该限于文字书写时代，而是可以上溯到旧石器时代早期的古欧洲。希腊神话中的很多神明，其前身其实是旧石器时代古欧洲的"大女神"，只不过后来的父权制文化遮蔽并扭曲了这些原始的女神

[①]《黑色雅典娜》的发表在西方学界引起了一场异常激烈的大讨论，延续了十年之久，支持者与批判者皆有，本书不作累述。关于人类学与其他学科批判《黑色雅典娜》的文章，有兴趣的读者可以参看：Mary R. Lefkowitz and Guy M. Rogers, eds, *Black Athena Revisited*. Chapel Hill: University of North Carolina Press, 1996; Mary Lefkowitz, *Not out of Africa*: *How Afrocentrism Became an Excuse to Teach Myth as History*. New York: Basic Book, 1996; Jacques Berlinerblau, *Heresy in the University*: *The Black Athena Controversy and the Responsibilities of American Intellectuals*, New Brunswick: Rutgers University Press, 1999.

形象。①金芭塔丝建构的只是希腊神话的史前背景,并没有提供历史时期希腊神话的生成语境,而其依靠的证据主要是考古学实物,大多是一些带有符号性的资料,希腊神话在文字书写时期的历史背景,被金芭塔丝置于研究视阈之外。

德国学者沃尔特·伯克特对希腊神话的历史语境探讨基于狩猎时代与"东方化"时代,但他对希腊神话的历史语境持两可态度,他一方面承认希腊神话形成于史前狩猎时代,另一方面又认可希腊神话在"东方化"时期接受了源于美索不达米亚文化的影响。伯克特对希腊神话的东方化因素的探讨具有一种种族主义的思想意味,因为他拒绝埃及文化对希腊神话渗透的观点,仅仅强调了西亚文化对希腊神话的影响性因素。②伯克特倾向于强调希腊神话的产生背景是"东方化"时代的希腊社会,伯纳尔并不同意这种观点。他指出,"任何时代与任何世纪,都不存在东方化革命,希腊一直处在东方化过程中。尽管接触的程度有所差异,希腊并不存在任何一个纯正的阶段,就像黎凡特与埃及不存在一个纯正的阶段一样。任何试图标明闪米特和埃及对本土希腊影响的起始时间的努力都是根本不可能的,正如标明希腊对罗马的影响一样。希腊化主义或希腊化不可能锁定在任何一个特定的阶段与空间之内——只可能将其视为一种风格或模式的延续。在这种语境下,希腊本土文化与外来文化的介入永远相互交织或混杂在一起"③。

这样一来,对希腊神话生成语境的探讨也就陷入困境之中,尽管神话在当代社会被后现代主义的学者们视为虚构的话语,但其形成背景却是一种真实的历史事实。在这样一种悖谬的语境下,伯纳尔对希腊历史与文化起源的建构,也就是"修正的古代模式"的提出,为希腊神话的产生提供了一种历史性背景。尽管伯纳尔模式依然是一种虚构的历史模式,但它为探讨希腊神话在历史中的地位,以及它与当时社会文化、历史之间的关系建立了一种时间坐标。在此时间函数中,希腊神话与埃及、腓尼基文化之间的关系被整合在一起。在伯纳尔笔下,希腊、埃及、腓尼基神话三者之间形成一种互动的张力,与各自所属的文化构成一张历史之网,共同表述人类社会早期的生存状态。神话因而成为一种

---

① 马丽加·金芭塔丝关于"女神文明"与女神宗教的相关论述,本书在"神话考古学"一章有专门论述,此不累述。
② 沃尔特·伯克特对希腊神话史前时代生成语境的探讨及"东方化"时期与西亚文化之间的关系,本书在"神话—仪式理论"一章和"比较神话学"一章有专题阐释,这里不累述。
③ Martin Bernal, *Black Athena Writes Back: Martin Bernal Responds to His Critics*. Edited by David Chioni Moore. Durham and London: Duke University Press, 2001. p. 317.

社会性和文化性文本，不再局限于文字书写的范畴，神话学因此走向了社会与文化方向，跨学科的方法论研究模式在这里成为一种可能。

伯纳尔"修正的古代模式"同时强调埃及与腓尼基对希腊早期社会的殖民活动，他认为，希腊文化其实是在殖民化语境下生成的："一直到公元前1700年—公元前1500年间的殖民化时代之后，希腊语才成为一种确定的语言，希腊文化或民族身份才开始定型。在上述这个时段，希腊一些比较重要的地区被操闪米特与埃及语言的帝国控制，这些比较高级的文化形态与语言对希腊文化和希腊语的形成具有一种关键性影响。"[1]这样看来，作为文化形态文本的希腊神话同时具有殖民性因素与东方性色彩。伯纳尔对希腊神话的殖民性文化语境的建构，使得希腊神话中一些难以解释的神话符号与形象得以合理阐释。比如，希腊神话中比较著名的俄狄浦斯神话中神秘的斯芬克斯（Sphinx），很多人对此不解，金芭塔丝将斯芬克斯的原型理解为史前再生女神，但这种阐释不能解释为何在埃及与美索不达米亚地区的一些政治性场合会出现斯芬克斯符号。伯纳尔将斯芬克斯神话形象放入了殖民性历史语境中解释，他指出，斯芬克斯不是一种简单的艺术符号或神话形象，而是与王权和征服联系在一起的象征性符号。斯芬克斯源于埃及，其形成时间在公元前4000年左右，最初象征着太阳。青铜时代晚期斯芬克斯形象传入了克里特，后来就与格里芬（Griffin）联系在一起。实际上这两个神话符号与喜克索斯王国有着密切的关系，二者都是喜克索斯国王权力的象征。"在克里特整个的后宫殿时代晚期与迈锡尼时代，斯芬克斯与格里芬都是王权的标志性象征符号。"[2]尽管这种阐释具有一种浓厚的政治性色彩，但却能解释这个神话形象为何在象征着王权的场合频频出现。这种对神话的殖民性因素的考察，使得希腊神话具有一种异样的阐释空间，神话与政治在这里获得了共生。

三　虚构与真实

在伯纳尔之前，法国学者罗兰·巴特将神话视为一种元语言和元叙述，认为神话具有虚构性与欺骗性，神话因此成为建构大众文化的元文本。利奥塔

---

[1] Martin Bernal, *Black Athena*. Volume 2: *The Archaeological and Documentary Evidence*. New Brunswick; New Jersey: Rutgers University Press, 1991. pp. 525-526.

[2] Martin Bernal, *Black Athena*. Volume 2: *The Archaeological and Documentary Evidence*. New Brunswick; New Jersey: Rutgers University Press, 1991. p. 377.

（Jean-Francois Lyotard）则对这种元叙述持一种怀疑态度，认为元叙述只不过是一种语言游戏罢了，不值得信赖。当萨义德将整个东方学视为一个神话体系时，神话便具有了一种话语的虚构性特征，成为西方学者认识自身文化危机的工具。上述学者对神话持一种后现代主义的质疑性态度，在解构神话真实性的同时建构了神话的话语生产属性。

伯纳尔对神话的态度比较暧昧，其神话观点本质上是一种分裂的二元论。之所以这样说，是基于这样一种事实：伯纳尔承认，西方学者对希腊历史起源表述的建构是一种虚构，不论是"古代模式"还是"雅利安模式"，都是西方学术界根据自身需要与政治性诉求而建构起来的一套虚假的学术表述体系，其背后运作的机制是种族主义与反闪米特主义，后二者则是政治性意味十足的名词，而不是学术界本身的术语。在这个维度上，伯纳尔将西方近两百年对希腊历史起源的表述视为一套话语表述体系，是一种元叙述与元语言，是现代工业社会制造的神话。当伯纳尔这样解读西方历史的书写与编撰时，他是在神话与历史之间寻求一种虚构性的共通之处。他认为神话是元叙述，历史则是元叙述中的一个表述单元，历史的书写因而成为神话叙述中一个情节性因素。不过令人感到尴尬的是，当伯纳尔将"修正的古代模式"置于这种作为元叙述的神话表述体系中时，它同样是一种虚构的历史表述模式，也就是说，"修正的古代模式"难逃伯纳尔自己圈定的神话表述体系，成为元叙述中的一个情节。

伯纳尔将神话视为元叙述的同时，又将神话视为文化性文本，认为神话中含有一定的历史真实性成分，将神话纳入了建构西方文化事实的表述体系中。他认为：一方面，"一些神话完全是虚构的，另外一些则是从别的民族借用过来的。另一方面，可以明显看出，许多起源神话含有历史性的因素"[1]。神话的历史性真实成分被伯纳尔拿来，作为他证明埃及和闪米特对青铜时代希腊文化影响的证据，神话虚构的成分则被抛弃。他再三强调，神话应该"被视为一种建构历史的重要资源，与考古学、语言学、青铜时代的档案和绘画一样具有重要的价值。正是对这些资料的考察使我相信，古代的殖民传统是真实的。从这个角度来说，我再三坚持，神话的确含有一种真实性的内核"[2]。

在这种前提下，伯纳尔将希腊神话纳入了其富有历史真实性的阐释范畴中，

---

[1] Martin Bernal, *Black Athena Writes Back*: *Martin Bernal Responds to His Critics*. Edited by David Chioni Moore. Durham and London: Duke University Press, 2001. p. 91.

[2] Martin Bernal, *Black Athena Writes Back*: *Martin Bernal Responds to His Critics*. Edited by David Chioni Moore. Durham and London: Duke University Press, 2001. p. 92.

一些看似荒诞的神话也因此具有了一层真实性外衣。比如，他认为，"卡德摩斯（Kadmos）的神话故事具有一定的历史性功能，这些神话故事应该被视为一种历史性过程的象征与表述，故事本身表达的事实是移民与征服这样一种真实性的行为"[1]。伯纳尔将卡德摩斯视为喜克索斯王朝的一位统治者，他执政期间曾经向希腊进行过大规模的移民与征服活动，因此，卡德摩斯寻找妹妹欧罗巴（Europa）的神话故事就成为埃及喜克索斯王朝统治者卡德摩斯进军希腊的历史事件的比喻与象征。[2]除了卡德摩斯，希腊神话中还有一位著名的人物，那就是希腊神话中的大英雄赫拉克勒斯。伯纳尔将其阐释为类似于一位埃及中王国时期的法老和水利工程师形象的人物，这种阐释未免难以服人。沃尔特·伯克特指出，希腊神话中的英雄赫拉克勒斯的形象源于历史时代，其具体形成时间在旧石器时期的狩猎时代，英雄一生中所有故事的内容都可以在旧石器时期的岩画上看到。伯克特认为，赫拉克勒斯既是一位伟大的猎手，又是一位类似于萨满的巫师，他能够杀死动物，又可以在人间与冥界自由往返。苏美尔与阿卡地亚的圆形印章上就出现了这位英雄的形象，画面上的英雄身披狮子皮，手持大弓，正在斩杀一头凶猛的狮子。[3]

作为元叙述与元语言的神话，在这里遭遇到了作为历史事件表述的神话，二者在虚构与真实之间产生了不可调和的冲突。作为一种话语虚构性的神话，又在历史的真实性上扮演了一种旁证的角色，虚构与真实之间的界限被抹杀。只不过伯纳尔本人并没有意识到这种分裂的二元论神话观，其目的是利用神话来证明历史的真实性，但他对神话的后现代界定却使得他本人的论证具有一种分裂的色彩。

四　小结

不论是后现代还是后殖民理论，都对元叙述进行了质疑，作为元叙述的神话在学者们眼中已经成为一种具有虚构性的元话语，在某种程度上与西方社会权力机制有关联。萨义德将"东方学"视为神话体系的学术立场表明，神话已经不是一种从古代社会沿袭的叙述类型，而是现代社会发明出来用以维护西方利

---

[1] Martin Bernal, *Black Athena*. Volume 2: *The Archaeological and Documentary Evidence*. New Brunswick; New Jersey: Rutgers University Press, 1991. p. 497.

[2] 参见 Martin Bernal, *Black Athena*. Volume 2: *The Archaeological and Documentary Evidence*. New Brunswick; New Jersey: Rutgers University Press, 1991. pp. 497-509.

[3] 参见 Walter Burkert, *Greek Religion*, J. Raffan, Trans. Cambridge; Mass: Harvard University Press, 1985. pp. 208-212.

益的一种工具，是西方人自我认同的一面镜子。

　　伯纳尔对神话持一种两可态度，一方面，他承认作为话语表述形态的神话具有一种彻底的虚构性；另一方面，他又认为神话中包含了历史的真实性因素，也就是说，他在神话的真实性与虚构性之间徘徊。不过，这并不能遮蔽《黑色雅典娜》对神话学的贡献。因为他在建构希腊历史模式时，为希腊神话提供了历史性背景，使得希腊神话具有了确定的时间性坐标，在此语境下，对希腊神话的阐释具有了一种历史的参照。希腊神话成为一种文化性与社会性文本，神话研究也不再局限于单纯的文本内部探讨，而走向了跨学科阐释。

　　只不过，伯纳尔对希腊神话的阐释基本是一种"外部"的研究，他只从神名寻找希腊神话的东方性源头。从研究目的上看，伯纳尔不是为神话而进行神话阐释，其神话阐释目的是为了建构"修正的古代模式"，换句话说，他是为了历史而研究神话，带有一种明显的目的论与工具论色彩，这样的阐释模式在某种程度上具有一种偏颇性，神话阐释因此被打上了功利的烙印。

第七章 后结构主义

第一节 概论

对于经典结构主义者列维-斯特劳斯（Lévi-Strauss）来说，神话是人类的一种感通系统，神话与语言都是为了满足人类的交流需要而被使用的，因此可以运用语言学的方法来理解并阐释神话。列维-斯特劳斯认为，所有的已知神话都组成了一种神话言语（parole），神话学家的任务是去揭示隐藏在神话言语之下那种看不见的、具有普遍性的神话语言（language）。但在交流的相似性上，神话与语言并没有什么类同之处，神话不是元语言（metalanguage），它与语言一样，是人类文化网络的一个组成部分，而语言也只是原始人表述神话的一种工具。

罗兰·巴特（Roland Bathes）继承了索绪尔（Ferdinand de Saussure）与列维-斯特劳斯结构主义思想中关于神话与语言的界定，在其论著《神话学》（Mythologies, New York: Hill and Wang, 1972）中认为，神话与语言一样，是一种符号体系，但它不是一个完全索绪尔化的独立符号体系，而是一个二级符号体系。在这个二级系统中，语言是一种语言符号，由能指（signifier）与所指（signified）组成，语言是第一符号体系，同时又是第一系统中的符号、第二系统中的能指，该能指与其所指结合在一起，构成整个二级系统中的符号，正是这个符号成为神话本身。在巴特的神话模式中，第一系统是语言，第二系统是神话，神话是建构在第一符号系统（primary sign system）之上的第二符号系统（second sign system）。因此，神话不是一种语言，而是一种元语言。当然，巴特的神话具有一种意识形态意味，与话语并无任何关系，笔者在这里只是为了表述神话与语言之间的关系而将其列出。厘清神话与话语之间关系的，是法国后结构主义者克劳德·卡莱默（Claude Calame）。

卡莱默是一位献身于希腊神话符号学研究的后结构主义者，对希腊文学有着

161

异常的热爱之情。在 1990 年出版的《雅典人想象中的忒修斯：古希腊传奇与崇拜》(Theseé et l'imaginaire Athnéien: Légend et cult en Gréce antique) 一书中，卡莱默采用了一种比较特殊的方法对忒修斯的神话文本作阐释。卡莱默将其研究方法称为符号—叙述学方法（semionarrative approach），其实是符号学与叙述学知识的一种并接性行为。从方法论层面看，这种研究属于一种话语生产研究，探讨的是古代文学模式中的话语创造。1992 年，卡莱默出版了专著《古希腊诗歌中的厄洛斯》(The Poetics of Eros in Ancient Greece. Princeton; N. J.: Princeton University Press, 1999)，该书从人类学视角对希腊神话中厄洛斯的形象作了一种符号—叙述学阐释尝试。1996 年，卡莱默出版了《古希腊的神话与历史》(Myth and History in Ancient Greece: The Symbolic Creation of a Colony. Princeton: Princeton University Press, 2003) 一书，是卡莱默各个时期对希腊神话探讨的论文汇编，比他的其他任何一部论著都具有实践性，它在实践上验证了卡莱默的符号—叙述学理论。

第二节 神话与锡兰尼叙述

一 符号—叙述三层面

克劳德·卡莱默将其神话研究方法称为符号—叙述方法（semionarrative approach），同时冠以"象征过程"之名，暗喻其话语生产属性。这是对格雷马斯符号学理论的发展，只不过去除了一些艰涩的术语。理解卡莱默神话阐释模式的关键是其符号—叙述结构的三个层面，下面分别加以阐释。

第一，话语结构（discursive structures）。卡莱默的这个术语包含了叙述生产中的一些应用性要素：角色、环境、时间，此外，它还涵盖了行动化、空间化与时间化的过程。在卡莱默看来，要想使得话语结构富有功效，就必须将其置于一定的自然与社会环境中，换句话说，在某种方式上，话语结构必须具有自然的、文化的或物理的参照系统。"神话"、"传奇"、"民间故事"这类术语经常被古典学者或人类学者挂在嘴边，似乎没有什么可以质疑的。卡莱默指出，这种分类其实是将叙述形式与生成语境割裂开来的一种做法，根本不是讲述者自己的分类范畴，而是研究者基于自身文化语境作出的一种建构。因此，在论及上述术语时，必须将其置于既定文化与社会环境下，否则，只能是缘木求鱼。[1]这其实是对列维-斯特劳斯神话概念的批判,因为后者将神话视为具有普遍性精神结构的反射。

第二,表层结构(surface structures)。卡莱默在这个层面探讨了叙述各角色在叙述中的互动关系,其核心原则是将这些叙述要素置于具体的时间与空间背景中,即叙述与语境之间的关系中。各类叙述形象可以分为四类:发送者、主体、反主体、接收者,而它们之间的对立关系只有两种:发送者与接收者之间的对立,主体与反主体之间的对立(参见图1)。在这一点上,卡莱默的方法是对格雷马斯理论的一种继承与创新。

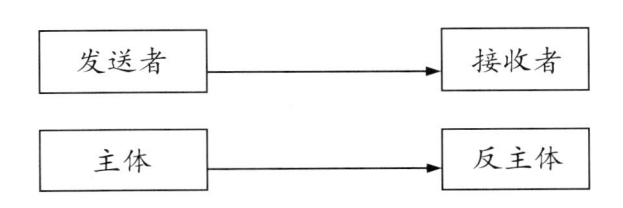

图 1 卡莱默叙述行为模式

卡莱默指出,在神话叙述中,比较重要的是动作的发送者,它们是超然存在的神明,所有的动作都由众神来发送,而接收者一般为人类,处于动作的被动状态,这里含有一种明显的意识形态意味。这样说不免有些抽象,举个例子,希腊神话叙述中有一个重要特征:每到关键时刻,人类总要通过神谕来占卜未来,而神明通过祭祀或先知发布自己的旨意。例如,卡德摩斯(Κάδμος)在神谕的指引下建立了忒拜城市;俄狄浦斯(Οἰδίπους)根据神谕查明了自己的身份;伊阿宋(Ἰάσων)在阿波罗(Ἀπόλλων)的神谕指导下进行远征,他后来的一系列行为都处于神明的保护下。在寻求金羊毛的过程中,宙斯(Ζεύς)同样扮演了伊阿宋保护者的角色。在上述这类叙述中,人类所有的行为都是由神明通过神谕发起的,因而神明是叙述动作的发送者,人类是接收者。

可以明显看出,卡莱默的行为模式其实是格雷马斯叙述行为模式的简化。叙述行为形象去除了帮助者与反对者,突出了动作行为的发送者与接收者,将二者置于对立关系中;与此同时,他将反对者改造为反主体,使其与主体处于一种冲突状态,从而强调了主动与被动之间的对立。

第三,深层结构(deep semionarrative structures)。思维与分析模式其实类似

---

[1] 参见 Claude Calame, *Myth and History in Ancient Greece: The Symbolic Creation of a Colony*. Translated by Daniel W. Berman. Princeton: Princeton University Press, 2003. pp. 9-10.

于结构主义的"深层结构"概念。具体说就是,在第一、第二层面探讨之后,在第三层面,从语义学视角出发将叙述的主题、角色、行为、观念加以重构,建立一种全新的叙述关系,当然,其中以对立关系为主。

与结构主义相比较,卡莱默的三个层面其实是对前者的继承与创新。他的叙述结构依然植根于"结构"的思维模式中,只不过这种"结构"处于叙述形式层面上。卡莱默符号—叙述的三个层面类似于结构主义所倡导的"结构"、"表层结构"与"深层结构",而他将叙述要素与语境中时间与空间相结合的分析模式,则突破了结构主义将分析对象置于一种普遍文化机制中的分析原则,而把具体表述与社会、意识形态语境互相结合起来。从这个角度看,卡莱默不是一名反结构主义者,而是一名后结构主义者。

二 神话的界定

半个世纪前,英国古典学者柯克(G. S. Kirk)曾经对现有的神话理论提出了尖锐的批评,认为它们都是一种自言自语式的一体论,不具备普遍性。柯克毫不客气地宣称:"我认为,从来就不存在一体论或完全的神话理论——所有这些理论必然要走向错误。"[1]神话的定义同样如此。最后,怀疑主义者柯克将神话定义为一种传统的故事,认为这是唯一可靠的界定。该定义连带出的问题是:作为传统故事的神话,其创造者是谁?神话从何时开始成为一种传统故事?神话是如何成为一种传统故事的?这些问题在柯克那里并没有得到回答。

历史学者霍布斯鲍姆(Eric Hobsbawm)指出,所谓传统,只不过是现代人的发明而已,一些看上去十分古老的"传统"其实是非常新近的,甚至是被发明出来的。被发明的"传统"是一套仪式性或象征性的行为,它通过与某一具有历史性意义的过去相关的重复,来灌输一定的价值与行为规范,试图在一个不断变动与革新的社会中,建构起社会生活中某些不变的、恒定的部分。[2]学者皮特·希黑斯(Peter Heehs)尖锐地指出,这种被发明的"传统"其实就是一则现代神话,是去神话化的一些历史学者们梦寐以求的事情。实际上,"传统的发明者就是神话的制造者,他们试图在这个逻各斯时代将其创造赋予一种历史性

---

[1] G. S. Kirk, *The Nature of Greek Myths*. Woodstock; New York: The Overlook Press, 1974. p. 38.

[2] 参见 Eric Hobsbawm, "Introduction: Inventing Tradition," in *The Invention of Tradition*, E. Hobsbawm and T. Ranger, ed. New York: Cambridge University Press, 1985. pp. 1-2.

的出身"①。问题是，神话与传统之间，乃至于某些传统故事之间，如民间故事、传奇、童话等，它们在概念上有怎样的关系？

最早对这些观念作辨析的是人类学者弗雷泽。20世纪60年代之后，欧洲学者重新对这些概念作了阐释，其中包括巴斯克姆（W. Bascom）、柯克（G. S. Kirk）、沃尔特·伯克特（Walter Burkert）等人，这些概念的界定可以列为下表（表1）。

表1　神话与传统故事的关系演变

形式	属性	时间	地点	态度	主要角色
神话	事实	遥远的时代	不同的世界：其他时代或早期社会	神圣的	非人类
传奇	事实	不远的过去	今日世界	世俗或神圣的	人类
民间故事	虚构	任何时代	任何地方	世俗的	人类或非人类

卡莱默对上述几种叙述的分类表示质疑，他认为，学者们对神话、传奇、民间故事的界定其实是一种科学式的做法，根本就没有厘清三者的关系。因为研究者从自身经验出发将神话与其他叙述形式作比较，本质上是将现代意义上的叙述概念强加到古代叙述的分类体系中。这些观念与希腊人自己对神话的观念根本没有什么关系，要理解神话，必须从古代希腊人的视角出发。

卡莱默进而指出，"当我们论及神话时，神话本身并不存在，也不与任何一种普遍的文化现实相对应。在本质上，神话只是现代人类学者处于怀疑状态所发明出来的一个概念，后来希腊人自己逐渐认可了这个概念，因为在希腊传统中，神话是指希腊历史上一些确切的情节。在这种传统中，传奇与历史是一种对等的关系。对于希腊人而言，一种叙述的可信度不在于它与现实保持一致性，而在于它对精神协作作了一种判断。希腊人发明了'神话'这个术语，但是他们眼里的神话与现代人类学家眼里的神话并不是一个概念"②。在希腊传统叙述中，"神话"（μέθος）一词最初指的是一种叙述，在亚里士多德《诗学》中，神

---

① Peter Heehs, "Myth, History, and Theory," *History and Theory*, p. 3. Vol. 33, No. 1 (Feb., 1994), pp. 1-19. Published by: Blackwell Publishing for Wesleyan University.

② Claude Calame, "Narrative the Foundation of a City: The Symbolic Birth of Cyrene," in *Approaches to Greek Myth*, Lowell Edmunds, ed. Baltimore and London: The Johns Hopkins University Press, 1990. p. 287.

话是一种被讲述的故事，尤其是悲剧中具有戏剧性的叙事。在这个层面上说，神话、民间故事、传奇之间的比较与区分就显得有些生硬，因为在希腊人的叙述传统中，这些叙述概念之间其实没有什么差异。卡莱默进而断言："神话不是一种普遍的事实……没有本体论的神话。"①

这种说法其实是对法国学者狄廷（Marcel Detienne）的神话观的回应。狄廷在《神话的创造》一书中指出，"神话"一词从来就不存在，它不仅是现代人建构起来的一个术语，还是自柏拉图以来的神话研究者创造出来的一个概念。②换句话说，神话只是神话收集者的产物，它只是在我们阅读的文本中得到反映，根本就没有"原始"的神话文本。神话是个历史性的概念，处于不断建构并不断解构中，换言之，自从有了神话这个符号或概念，就有了非学科意义上的神话研究。无论我们认为神话是什么或神话不是什么，也不管将神话纳入一种什么样的价值体系内，我们其实都带有一种假设性的思维前提。这样，对神话与其他叙述形态之间的比较就是一种徒劳。

但这并不意味着放弃对神话的界定。既然后现代主义拒绝神话是一种传统的叙述形态，就必须重新定义神话。美国古典符号学者查理斯·西格尔（Charles Segal）认为："从符号的角度来看……神话是一种叙述的结构，其符号与象征系统都与文化的核心价值有密切关系，尤其是与那些表达了超自然的文化、价值或文化规范的解释有关。"③西格尔强调神话的叙述属性，认为语言是神话表述的一种特有手段，神话与既定社会的文化价值体系密切关联，或者与社会的价值体系相关。

卡莱默与西格尔的观点有些类似，与西格尔不同的是，他将神话的定义放到了希腊人的表述系统中："在希腊人眼里，神话指的是一些故事，它们自身并没有对应的叙述类型，与种族中心主义的概念或特殊的思维方式没有任何关系。因此当我们使用神话的复数形式时，指的是一种具有流动性的叙述，'神话'这个词语并不能定义本土神话的类别。相反，现代意义上的神话类别——传统的或基本的故事，因为表述超人类的故事而具有虚构性——作为一种特殊的所指，在希腊人眼里并没有得到认可。"④这种观点在某种程度上是对神话学者狄廷的批

---

① Claude Calame, *Myth and History in Ancient Greece: The Symbolic Creation of a Colony*. Translated by Daniel W. Berman. Princeton: Princeton University Press, 2003. p. 27.
② 参见 Marcel Detienne, *The Creation of Mythology*. Chicago: University of Chicago Press, 1986.
③ Charles Segal, *Interpreting Greek Tragedy*: Myth, Poetry, Text. Ithaca: N. Y.: 1986, p. 48.
④ Claude Calame, *Myth and History in Ancient Greece: The Symbolic Creation of a Colony*. Translated by Daniel W. Berman. Princeton: Princeton University Press, 2003. p. 27.

判，因为狄廷拒绝认为神话是一种传统故事的同时，既将其视为人类社会思维结构的反映，又将其看做一种流动的叙述形态，在二者之间来回摇摆。卡莱默摒弃了神话的理性属性，而将其与叙述直接关联起来。在作这种界定时，卡莱默并没有否认神话与其历史环境及文化环境之间的复杂关系，他认为，神话叙述和政治背景、社会背景，乃至生态地理环境之间具有一种密切的联系。毕竟，叙述生来打上了文化的烙印，对神话的界定涉及社会、文化机制，同时关联到它在本土叙述分类范畴中的位置。

三 神话与历史的话语共生

在批评意识尚不明晰的历史时期，神话与历史之间的关系曾经被一度割裂，神话与历史沿着不同的发展道路前进，历史在知性与理性上享有极高的声誉，而神话则在很大程度上成为与虚构共谋的一个术语，对二者的研究因而彼此水火不容。实证主义的历史编撰者宣称，神话对历史毫无帮助，而学院派神话学者则反驳说，历史对神话毫无用处。在历史学家看来，假如一则事件是真的，那么它就是历史，否则就是神话。这种宣言背后运行的原则是"真实性"。什么是真实性？谁的真实性？亚里士多德认为，所谓的真实性，其实是指人类的生存状况。他进一步指出，诗歌表达了人类生存经验的一般规律，而历史表述的则是人类生存经验的特殊规律。芬利先生将亚氏的诗歌置换为神话：神话表述了人类生存状态的普遍性，而历史则表达了人类存在的特殊性。[①]在作这种界定时，芬利将神话置于历史之上，而将所谓的真实性置于一边。

现代史学家面临的一个问题是，如何将神话恢复到历史条件之下，也就是如何从遥远的神话传说背后寻找历史的真实。历史主义者认为，神话就是真实的历史，只不过随着时间的流逝，神话中一些真实的历史因素被毁坏与扭曲了，尽管如此，从神话表述中依然可以窥见历史的真实面孔。历史学派的学者们运用一种具有普遍性与历史性的研究方法，力图确定神话的精确可信度——神话的源头及其发展的方式，他们的有力工具是文献学与年代学。这些学者要探讨的主题是：神话从何处开始，从哪里出现，何时被确立，接下来以何种面目出现，神话的第一个版本的原型是什么等。历史主义者拒绝对神话的意义进行直接阐释，而是将对神话的研究缩减到对其年代与类型的考察上，最终导致了神话与

[①] 参见 M. I. Finley, "Myth, Memory, and History," in *History and Theory*, pp. 281-282. Vol. 4, No. 3 (1965), pp. 281-302. Published by: Blackwell Publishing for Wesleyan University.

历史的同化。在他们看来，神话类型的变更反映了特定的历史变化，诸如部落的迁移、城市之间的冲突、朝代的更替等。在这个层面上，神话与历史之间就存在一种线性的演变关系。神话学者洛德·拉格兰（Lord Ragland）甚至还确立了神话向历史演变的具体阶段。他认为，神话的演变经历了四个阶段：第一阶段，神话与宗教仪式密切相关，后者是社会生活的核心；第二阶段，神话成为"历史"；第三阶段，"历史"转变成民间故事；第四阶段，民间故事转化为文字资源。[1]但是，神话与历史之间的关系并非如此简单，相反，二者之间的关联极为复杂，对二者的探讨不亚于希腊神话中对迷宫的探索。

当然，探讨的核心是神话与历史之间的关系，尤其是神话的历史性与历史的神话性问题。美国历史学者唐纳德·R. 凯利（Donald R. Kelley）认为，"神话可以被理解为一种记忆形式，或者一种纪念形式，用来认识过去或体现过去——或者可以被理解为对已逝者的敬意"[2]。在这个层面上，神话就成为历史编撰的一个对象或种类，在关于过去的表述上，二者具有共同性。而另外一些人则走得更远，认为当代历史就是我们的神话，是神话的一个组成部分。威廉·H. 麦克尼尔（William H. McNeill）断言，所谓历史，其实是一种科学式历史，它本身是一套信念的集合，带有一种不可质疑的臆想性。而所有诸如此类的体系，包括科学的历史，都是神话式的。在一个充满竞争的臆想系统中，每一个集团都视自己的信条为真理，而其他集团的信条则是神话。因此，整个当代的历史就是一则神话，也就是所谓的神话历史（Mythistory），历史学家的任务只不过是辨别一些神话的可信度到底有多大而已。[3]这种观点被海登·怀特（Hayden White）发挥到了极致，他将整个19世纪的欧洲历史视为一则神话，神话因而成为欧洲人的元历史。

卡莱默指出，空洞地探讨神话与历史之间的关系没有任何意义，必须将二者置于希腊文化的特定时间与空间背景中阐释它们的关联，当然，这种分析的前提是将神话视为一种流动的叙述形态，而不是僵死的书写文本。这个时候，阐释的层面就设定在前面我们所介绍的符号—叙述的三个层面上。而具体的神话表述，卡莱默选取了库瑞涅（Κυρήνη）神话。

---

[1] 参见 Lord Ragland, "Myth and Ritual," in *Myth*: *A Symposium*, T. A. Sebeok, ed. Bloomington and London: Indiana University Press, 1958. p. 129.

[2] [美] 唐纳德·R. 凯利：《多面的历史》，陈恒等译，三联书店，2003年，第25页。

[3] 参见 William H. McNeill, "Mythistory, or Truth, Myth, History, and Historians," *The American Historical Review*, Vol. 91, No. 1 (Feb., 1986), pp. 1-10. Published by: American Historical Association. Historical Association.

希腊神话中的库瑞涅是利比亚的公主，异常美丽勇猛，曾经赤手与狮子搏斗。阿波罗对其爱慕不已，后来设法与其结婚，生下了儿子阿里斯泰俄斯（Ἀρισταεύς）。与这个神话相关的一个历史事实是，希腊人在非洲北部利比亚的锡兰尼（Cyrene）拥有一个同名的殖民地[①]。来自于希腊化后期的一些考古学证据表明，该时期希腊与地中海的非洲海岸有过频繁的贸易往来，在公元前7世纪前半叶，希腊在北非叙利亚的锡兰尼这个地方曾经进行过殖民活动，但是却没有证据表明，锡兰尼这个地方在古代就是希腊的殖民地。

卡莱默指出，在古代希腊的表述中，关于锡兰尼殖民地的叙述早就存在了。希腊叙述传统中关于锡兰尼的表述极其丰富，品达的《德尔菲人》、希罗多德的《历史》、阿波罗尼乌斯（Apollonius）的《阿尔戈英雄》、卡雷马科斯（Callimachus）的《阿波罗颂歌》，所有这些作品的表述组成了锡兰尼的殖民地故事。就在各种叙述的表述过程中，锡兰尼的神话故事一变再变，具有不同的叙述形式，拥有不同的结构与功能。神话、诗歌与历史话语，共同组成了关于锡兰尼的叙事，建构了希腊历史中锡兰尼殖民地的历史书写。各种叙述形态表述的细节与具体内容各不相同：在品达笔下，锡兰尼殖民地城市的建造在年代上具有一种线性的延续，含有隐喻与象征意味；阿波罗尼乌斯强调年代上的协调性，具有统一的神话主题与陌生化效果；希罗多德采用了族谱的形式来表述锡兰尼殖民地的历史，其间充满对锡兰尼殖民地英雄后裔的赞美之情。尽管如此，上述所有表述在叙述类型上却具有同质性：锡兰尼殖民地城市的建立。

在话语结构上，虽然叙述空间与叙述时间随着叙述形象的不同而改变，从希腊本土转移到锡兰尼，从岛屿移到大陆，从高山再到峡谷，但其核心却是锡兰尼城市的建造，以及利比亚与希腊的联姻。在符号—叙述表层结构层面，神明们扮演了叙述动作发送者的角色，他们是锡兰尼殖民地建立的直接策划者，采用神谕的形式向人类发布建造锡兰尼殖民地城市的旨意，而希腊的英雄们则直接领受了神谕，在锡兰尼这个地方创建了城市，希腊人的殖民因而是受到德尔菲神明保佑的一种行为。从符号—叙述深层结构来看，这些叙述表达了同一个主题：希腊人对利比亚的锡兰尼的征服与殖民，其间伴随着各个叙述角色之间的对立，以及希腊人与神明之间的联合，还有隐喻与象征性表述等。

符号—叙述三个层面的分析表明，尽管"锡兰尼创建的传奇发展经历了种种不同的版本，但是这些版本中并没有呈现我们所理解的那种从神话到历史的轮

[①] 库瑞涅与锡兰尼其实是同一个名字，希腊文为 Κυρήνη，英文则是 Cyrene。

廓。此处并不存在一种从神话到逻各斯的理性化程序的转换与定义"①。最多，我们能在希罗多德关于锡兰尼创建的表述中，发现品达笔下一些事件发生的准确年代。一方面，上述各个表述的版本被希腊诗人们所使用，在德尔菲庆贺胜利的庆典仪式上被众人吟唱，所有这些都是神话性的表述；另一方面，希罗多德关于锡兰尼的表述是相互交织的，二者之间很难调和，希罗多德的叙述在语义学层面有一种英雄化的色彩，而在叙述结构上则有一种历史的神谕化意味。希罗多德关于逻各斯的概念涵盖了历史的话语范畴，同时又包含了神话概念。当阿波罗尼乌斯表述锡兰尼的土地时，其意图是支持阿尔戈英雄们的扩张，创造一种亚历山大风格的历史表述模式与意义；卡雷马斯在《阿波罗颂歌》中将这种传奇再次符号化，其间使用了一种隐喻的手段，在七弦琴的伴奏下，达到了一种诗学目的。

卡莱默指出，当品达在《德尔菲人》中论及锡兰尼城市的建造者伊斐摩斯（Euphemus）时，或当希罗多德将口吃者巴特斯（Battus）名字的意思抽象化时，在符号—叙述学的层面上，二者达到了互动目的。在与传统保持一致性的前提下，它们更改了传统表述中的情节与要素，跨越了不同的叙述体例、地理位置与时代，而这些不同形式的叙述组成了希腊殖民地锡兰尼的过去。从这个角度上说，希腊人传奇般的历史是由一系列叙述所组成的。关于锡兰尼的表述并不是一个抽象的整体，而是一种不断发展的叙述形式，就在这些不断流动与变化的叙述体例中，神话与历史话语二者得以建构。对于希腊人而言，不存在与叙述分割的历史，同样，在话语生产的过程中，也不存在与话语无关的神话。卡莱默宣称，"不论是历史还是传奇，过去总是由发挥着其在当下功能的叙述所建构起来的"②。换句话说，所谓历史，是由不同的叙述形式建构起来的，而神话则充当了建构历史的主要因素，历史与神话之间，不存在本质性的区别，唯一的不同是具体的年代。历史以族谱的形式叙述事件，而神话则以神谕的形式表达事件的缘起。历史总是存在于叙述与观念的王国之中，摇摆于真相与假象之间，当历史学家用通俗的叙述形式表述一个历史真相时，历史就是被表述的对象，成为另外一种意义上的神话。卡莱默这种对神话与历史的认识，与马丁·

---

① Claude Calame, *Myth and History in Ancient Greece: The Symbolic Creation of a Colony*. Translated by Daniel W. Berman. Princeton: Princeton University Press, 2003. p. 114.

② Claude Calame, "Narrative the Foundation of a City: The Symbolic Birth of Cyrene," in *Approaches to Greek Myth*, Lowel Edmunds, ed. Baltimore and London: The Johns Hopkins University Press, 1990. p. 281.

尼尔森（Martin Nilsson）在 20 世纪 30 年代的断言具有某种类似性："希腊神话的历史性因素，尤其是神话年代的历史性因素，是诗人们将神话系统化的结果，更是史话家们将其理性化与历史化的产物。"①

那么,历史与神话在话语表述中充当了怎样的角色？二者之间又是如何互动的？卡莱默对锡兰尼殖民地叙述的分析表明，在话语生产的过程中，历史事件通过自身的记忆而屈从于象征过程，历史事件中的一些因素则通过象征思索以叙述形式的方式得以重构。神话话语的功能是将历史因素加以虚构化，而历史话语的功能则是将神话因素时间化，所有这些都是通过话语的象征行为来实现的。神话与历史之间的互动关系最后得以确立："在古希腊，如同别处一样，连接过去的唯一途径便是象征。从希腊'谜斯'到希腊神话的成功制造，在调解时代上的混乱状况方面，体现了希腊人的诗性创造；同时，神话又在表述过去的同时对照了现实，从而发挥出其社会的功能。"②

在某种程度上说，过去并不存在，它已经消失了，即使我们拥有那些在过去时代里创造的东西，但是这些物品却属于当下，并不属于过去拥有它的所有者。物品本身并不能够说话，只有现代的阐释者代替这些物品发言，而所有的解释都不过是利用现有的知识对过去的一种猜测。在这个层面上说，所谓的"破译"与"还原"只能是尽可能地接近当初事物的"原点"而已。神话同样如此。因此，探寻神话与历史之间虚构性和真实性的问题是一种徒劳之举，唯一富有成效的是，探索历史与神话在话语建构层面的互动性，从而管窥神话与历史的书写者对神话话语的利用。只是，卡莱默在利用符号—叙述方法阐释希腊殖民地神话的过程中忽视了一点，并不只是希腊神话才具有这种神话与历史在话语层面的互动，其实，美索不达米亚神话、中国神话中同样存在这种神话的历史化与历史的神话化现象，中国的很多英雄神话，如感生神话，尤其是后稷神话，就是一个这类神话的典型。只不过，我们很难利用卡莱默的符号—叙述方法来阐释这类神话，因为它过于艰涩与程式化，可操作性并不是很强。

另一方面，卡莱默对神话与历史的阐释，在某种程度上缺少了文化与历史语境的分析，神话内部要素的分析和外部社会环境的阐释并没有融为一体，神话要素被过分地突出，而叙述元素之间的互动关系则成为探讨神话在话语层面

---

① Martin Nilsson, *The Mycenaean Origin of Greek Mythology*. Berkeley: University of California Press, 1972. p. 4.

② Claude Calame, *Myth and History in Ancient Greece: The Symbolic Creation of a Colony*. Translated by Daniel W. Berman. Princeton: Princeton University Press, 2003. p. 119.

的主要任务。问题的关键是，为何不同的时代与叙述者，在面对同一则神话时，会采用不同的叙述态度与方式来再造神话？被创造的神话在当时的文化语境中担任了何种功能？如何来看待这种神话与历史在话语层面的共谋？所有这些问题，都没有答案。也许，卡莱默或其他神话学者会将这些问题继续研究下去，给我们一个答案。

第八章　神话图像理论

第一节　概论

多数学者对希腊神话的研究基本以文字资料为主，在他们看来，希腊神话存在于希腊文学家、历史学家与哲学家的论著中，尽管在赫西俄德与荷马之前曾经有过鲜活的口头传承，但这些记忆已经随着时间的流逝而湮没在民间的宗教崇拜与仪式中，要探寻希腊神话的原初面目，就必须通过各种途径考察神话与社会、文化各要素之间的关系。于是就出现了各种各样的理论与方法：仪式主义、心理分析、结构主义、女性主义、新历史主义等。尽管这些流派的学者们在探讨过程中并没有忽视希腊神话的艺术形象，其基本观点却是，希腊神话的图像资料没有独立价值，它们仅仅是文字资料的一种佐证。其实，对于希腊人而言，希腊神话鲜活的记忆更多地保存在他们的艺术品中，那些神庙中的雕塑与壁画神像、瓶画上的神话形象、盾牌上的人物、硬币上的图像，所有这些生动的图像场景都是他们的神话财富。于是学者们开始关注这些古代的艺术品，从神话学的角度对其进行阐释，其中卓有成效的是图像学阐释方法。

图像学是一种独立自足的神话研究方法，它对神话的阐释不是基于对文字资料或口头传统的验证，也不是考察图像中日常生活场景与现实之间的关系，而是按照神话形象本身的肖像特征对其进行考察，探讨同一个形象与各种艺术品形象的对应关系，"这种方法的目的不是确定这些艺术品作者的意图，而是确定其意义生成过程"[1]。图像学对神话阐释的主要意义就在于，它突破了文字书写的限制，在图像叙事的语境与象征体系内解读神话形象，将神话研究上溯到了没有文字书写的史前时代，从而去除了文字的遮蔽，将神话形象的原初意义还原出来。在某些时候，图像学对神话的解读是对书写的神话的一种"祛魅"，颇

---

[1] Lowell Edmunds, *Approaches to Greek Myth*. Baltimore: Md.: Johns Hopkins University Press, 1990. p. 394.

富解构意味。它既是对现有神话阐释范式的挑战，同时又是一种反思。

本书介绍图像学方法对希腊神话阐释的新贡献，重点说明考古实物和图像超越文字叙事的历史阐释效力，也就是国学立场上所谓的"第四重证据法"。笔者试图从中表明，图像学对神话，尤其是希腊神话的诠释，走出了神话文本阐释所面临的臆想性困境，开拓了一种全新的符号与图像解读空间。

第二节　希腊与东方

在希腊众多艺术品中，希腊瓶画因为性质的特殊而被保存下来，上面描绘了大量的神话场景，尤以阿提刻瓶画（Attic Painting）居多。公元前5世纪的雅典花瓶（Athen Vases）上，尤其盛行一种比较特殊的图像场景：一位男青年，身披斗篷，手握短剑，在追逐一位神色惊慌的女性。

许多神话学家对这种神话场景的解释是：这是男神追逐人间女子的色情再现，表现了男神对人间女子美貌的贪恋。因为希腊神话故事中的神明一般都比较迷恋凡人的美貌，但是神明的恋人却无美满结局，被神明追逐的结果要么是死亡，要么是癫狂，要么是变成动物。因此很多凡人比较恐惧，想方设法逃避

图 1　公元前 5 世纪阿提刻瓶画追杀场景

神祇的色情追逐。这种神明与凡人之间的情欲追求成为艺术家们热衷的素材,在艺术品尤其是瓶画中加以表现。希腊的"瓶画家发明了求爱这种固定的模式。在这些求爱图景中,凡人仓皇奔逃,神灵穷追不舍——追求者充满了热望和爱欲,他们伸出双手试图捉住自己的恋人,被追逐者则极为惊慌,表现出不情愿与惊惧的神色。虽然这种模式缺乏细腻感,但是效果却比较明显,受到了大众的青睐,它不但被用来表现神灵向凡人求爱,而且还用来表现凡人竭力追逐自己的渴慕对象的形象"[①]。

但这种阐释却不能解释为何男神要手握宝剑,因为神明一般不佩带这种武器,希腊神话中的文字资料并没有瓶画图像中的细节性表述,更为重要的是,此种神话形象的解读不能解释为何在这个时期盛行此种神话场景。任何一种神话图像场景的盛行绝非偶然,其背后一定蕴含着深意。

图2 公元前5世纪阿提刻瓶画追杀场景

利物浦大学的女考古学家英伍德对一般的神话肖像解读方法极为不满,认为现有"任何一种对古代形象的解读都是一种经验论的方法,都不可避免地带上了我们自己时代的一些假设性因素在其中,所有这些都是由文化所决定的,这些解读后的形象与原来的古代形象之间存在巨大差异,其实是我们对古代形象的一种重构与侵犯"[②]。要破译这些古代雅典瓶画上的神话形象及其背后的故事,就必须借助于图像学的方法才能进行。

英伍德对雅典瓶画上神话场景的阐释在两个向度上展开,"第一是图像学层面:这些希腊图像的意义体系的规约、代码、特征;第二是语义学层面:知识、理念、假说、思想,所有这些要素组成了语义场域并在其中被加以表述,它们

---

① Susan Woodford, *Images of myths in Classical Antiquity*. Cambridge; UK: Cambridge University Press, 2003. p. 57.
② Christiane Sourvinou-Inwood, "Myths in Images: Theseus and Medea as a Case Study," in *Approaches to Greek Myth*, Lowell Edmunds, ed. Baltimore; Md.: Johns Hopkins University Press, 1990. p. 395.

被一些即将成型的形象所召集,就在艺术家们赋予这些形象以意义的过程中,形象本身得以创造,意义得以萃取,观众同时也能够明白这些场景的意义"[1]。在第一个层面上,深受后现代主义者德里达影响的英伍德认为,图像与符号本身没有固定的意义,只有在相互指涉的意义系统中,它们才具有特定的意义,与此同时,图像与符号的意义具有多义性,在一个特定的意义体系内,所有符号的意义都是相对的而不是绝对的。正是因为第一个层面的这种特征,所以要进行第二个层面的语义分析。

在图像分析层面,英伍德将一幅瓶画中的男青年、女性图像符号与其他瓶画中的男青年、女性图像符号进行了比较,同时对这些瓶画肖像的共同特征进行了归纳。图像学细节的分析表明,这些形象的姿态及其相互之间的关系,在整体上都是互相呼应的,但具有不同的形式。这些瓶画上的场景表述的是雅典英雄忒修斯(τηθύς)追杀自己的继母美狄亚(Μήδεια)的故事。这是一场危及生命的真实追杀,不是其他神话学家所认为的那样,是神明追逐人间美女的色情表述。但是,这些雅典瓶画的制造年代在公元前460年—公元前440年,是在希腊人取得希波战争胜利后。为何是这个时期盛行忒修斯追杀美狄亚的神话场景而不是别的时期?

这就需要语义学层面的阐释。对于雅典人而言,忒修斯与其他英雄有所不同,他是雅典人的楷模,又是雅典人的祖先。关于这位英雄斩杀牛怪米诺陶(Minotaur)的故事,后来被去神话化并被历史化,他不再是一个斩杀妖怪的神话英雄,而是雅典人的民族英雄。雅典公元前6世纪的一首史诗《忒赛德》(Theseid)中出现了忒修斯,其目的是将这位英雄变为雅典人的英雄。该史诗说,很早的时候,阿提卡没有城市,只有一些分散的村庄,正是忒修斯使得这些小村庄联合成一个整体。与此相关的还有一个奇怪的政治仪式:各个政治成员从家里拿来一块生肉放在仪式上,表示最初的时候,他们共同拥有一个统一的政治组织。"在公元前6世纪,忒修斯从一个民间英雄转化为半历史政治化的英雄,具有无比的威望。"[2]修昔底德说忒修斯是一位独裁的暴君;普鲁塔克则将忒修斯想象为一个贵族子弟;甚至有人说他是希腊"贝壳放逐法"的创立者,与雅典民主有关联。

---

[1] Christiane Sourvinou-Inwood, *Reading Greece Culture*: *Text and Images, Rituals and Myths*. Oxford: Clarendon Press, 1991. pp. 11-12.

[2] Fritz Graf, *Greek Mythology*: *An Introduction*. Baltimore and London: The Johns Hopkins University Press, 1993. p. 139.

图 3　公元前 5 世纪瓶画希腊人战胜肯陶洛斯人

图 4　公元前 5 世纪瓶画希腊人战胜亚马逊人

根据希罗多德的《历史》表述，美狄亚被忒修斯逐出雅典后，与自己的儿子墨多斯（Μήδειος）到了东方，在米底亚（Media）建立了自己的统治。雅典人认为波斯人是墨多斯的后裔，这样，美狄亚就与东方的波斯人联系在一起了。瓶画的制造时间为公元前 460 年—公元前 440 年，在雅典人看来，在瓶画上描绘忒修斯驱逐美狄亚的神话场景具有一种象征与隐喻的意蕴。英伍德认为，瓶画场景的语义学解读表明，忒修斯追杀美狄亚有两个维度上的蕴涵："第一，这则神话是一个男性战胜女性的神话；第二，这则神话是希腊人，尤其是雅典人战胜了东方人的神话。"[①]这样，这种神话模式的表述就具有雅典人战胜波斯军队的蕴涵了。英伍德由此认定：手握短剑的男青年为忒修斯，奔跑的女性为美狄亚，整个场景表现的是忒修斯驱逐美狄亚出雅典的故事场景，同时象征了公元前 492 年—公元前 449 年希波战争中希腊人战胜波斯人的自豪感。这样看来，忒修斯追杀美狄亚的图像场景就含有一种爱国主义情绪与意识形态的意味。

公元前 5 世纪雅典瓶画上表述的并非都是忒修斯追杀美狄亚的神话场景，除此之外，还有其他的神话场景，比如，希腊人与肯陶洛斯人争斗的场景（图 3），希腊人与亚马逊人战斗的场景（图 4），特洛伊战争的场景（图 5、图 6）等。英伍德认为，实际上，在公元前 5 世纪这个特殊的语境下，任何一个忒修斯追杀女性的场景都可以被解读为忒修斯追杀美狄亚的神话模式，因为这种神话模式表述的是希腊人战胜波斯人的象征与隐喻。所有这些神话场景都可以与忒修斯追杀美狄亚的神话模式相互置换，这个时候神话场景就具有了一种象征与隐喻的

---

① Christiane Sourvinou-Inwood, "Myths in Images: Theseus and Medea as a Case Study," in *Approaches to Greek Myth*, Lowell Edmunds, ed. Baltimore; Md.: Johns Hopkins University Press, 1990. p. 409.

图 5　公元前 5 世纪瓶画特洛伊战争　　　图 6　公元前 5 世纪瓶画特洛伊战争

意义,隐喻了当时的历史事件——希波战争。

热衷于探索希腊文明源头的一些学者,如沃尔特·伯克特、马丁·伯纳尔(Martin Bernal)、查理斯·彭伽拉斯(Charles Penglase)等人,习惯了利用各种手段与资料来追寻希腊与东方的关系,但是这些学者却忽略了希腊人自己看待希腊与东方关系的方式。英伍德对忒修斯追杀美狄亚神话场景的解读表明,不管文字书写的神话是何种状态,希腊人在瓶画描述的场景中已经表明了对东方人的仇视与敌意。一幅看似简单的神话场景,背后却有着深厚的意识形态蕴涵,其意图比任何文字书写的神话都具有象征性张力与功效。这种图像学的阐释,对于希腊神话研究的冲击是相当剧烈的,因为它对希腊神话的阐释远远超越了文字叙事,这也就达到了英伍德本人的目的:"第一,尽可能按照古人当时看待形象的方式来解读这些古代形象;第二,重构希腊人赋予神话意义的方式,他们通常通过文本与肖像两种方式来建构自己神话的意蕴;第三,重构古代社会的现实状况,尤其是宗教实践、信仰、集体表征与态度。"[1]

希腊有大量的瓶画、雕塑、壁画、饰版画、镶嵌画,这些艺术品上的神话形象不同于希腊文字书写与口头表述的神话,具有自己的相对独立性与特征,英伍德开创的这种富有冲击力的图像学理论,为这些艺术品中神话形象的归类与解读带来了一种前所未有的契机,由此催生了大批学术论著,带来了西方希腊神话研究的"图像学"热潮。

---

[1] Christiane Sourvinou-Inwood, *Reading Greece Culture: Text and Images, Rituals and Myths*. Oxford: Clarendon Press, 1991. p. 3.

第三节 图像与文本

  1844年，意大利考古学者亚历山大·弗兰克（Alessandro Francois）在奇乌斯（Chiusi）这个地方发掘伊特鲁斯坎（Etruscan）墓穴的时候，发现了大量的黑色瓶画。这些瓶画的制造时间在公元前570年左右，上面绘有各种各样的神话人物，有名有姓的就有120位左右，对这些瓶画上的人物形象的阐释开启了希腊神话图像学的先河。但是大多数研究者在图像的选择上是凌乱无章的，尽管英伍德对雅典瓶画上的一组青年握剑追杀的神话场景进行了辨别与阐释，但依然有大量的神话故事没有被鉴别出来。不过，在这位女学者的影响下，大批学者投入到了瓶画的场景分类与辨别之中，米切尔·安德森（Marchael Anderson）、苏姗·伍德福德（Susan Woodford）、托马斯·H.卡彭特（Thomas H. Carpenter）等人是其中的佼佼者，而托马斯·H.卡彭特尤其突出。

  卡彭特在牛津大学古代考古学专业拿到博士学位后，曾经在牛津阿什莫林博物馆（Ashmolean Museum）担任首席研究员，其后被聘请为美国俄亥俄州立大学古典与人文学教授。丰富的考古学视野与专业知识使得他对希腊瓶画上的神话场景有着全面的理解，他对希腊瓶画上的神话故事解读主要集中在《古希腊艺术与神话手册》（*Art and Myth in Ancient Greece: A Handbook.* London:

图7 珀尔修斯斩杀美杜莎

图 8 赫拉克勒斯斩杀亚马逊人

Thames and Hudson, 1991)、《公元前 5 世纪雅典的狄俄尼索斯形象》(*Dionysian Imagery in Fifth Century Athens*, Oxford: Oxford University Press, 1997)等论著中。

公元前 750 年，阿提刻瓶画上第一次出现了神话故事画面，此后希腊各地的瓶画上大量出现表述神话故事的场景，这种趋势一直延续到公元前 4 世纪。英伍德所选取的瓶画局限于公元前 460 年—公元前 440 年，卡彭特并没有受这位女学者观点的影响，将自己的研究时间扩展到了公元前 700 年—公元前 323 年，这个阶段是希腊瓶画表述神话场景的活跃时期。沿着英伍德对忒修斯追杀美狄亚的神话场景的阐释，卡彭特将这位已经被历史化的神话人物一生的历险故事从众多的神话画面中分辨出来。他认为，这一类追杀的场景已经形成了阿提刻瓶画的固定模式，并不仅限于忒修斯追杀美狄亚的神话场景，与此相关的是一系列追杀画面，比如，珀尔修斯（Περσεύς）故事情节中的杀戮画面（图 7），英雄赫拉克勒斯（Ἡρακλῆς）的十二件功绩中的追杀主题（图 8），阿喀琉斯（Ἀχιλλεύς）对特洛伊王子特洛伊罗斯（Τροίλος）追杀的图景（图 9），宙斯（Ζεύς）追杀对手提丰（Τυφάον）的场景（图 10）等。卡彭特认为，希腊之所以盛行这种瓶画场景，不仅因为雅典人对波斯人的敌意与仇视，而且因为，在此之前希腊瓶画已经有了固定的艺术表现模式，这些追杀的神话故事场景模式在希波战争前已经存在了几个世纪。

半个世纪前，英国古典学者柯克（G. S. Kirk）认为，神话总是处于不断变化中，神话的形式与功能具有多样性，但是神话的故事结构则保持不变。当柯克这样对神话作论断时，他的神话范畴仅限于文字部分，不包括图像资料。尽管卡彭特的神话阐释范围不在柯克界定的范畴之内，但是在他将英雄与神明相关的故事从杂乱的瓶画神话场景中一一鉴别出来之后，他同样发现了这种规律：这些神明与故事的表现形式是多样的，神明的肖像与故事的场景处于不断变化与发展的状态中。卡彭特宣称，瓶画"描绘故事的方式会代代更改，同样是一则神话故事，公元前 400 年表述故事的语境与公元前 580 年的语境之间存在很大差异。有时，瓶画叙述的神话故事是没有文字可依的；有时，瓶画表述的神话故事与那些文字记载的故事有很大出入；有时，瓶画中的故事场景仅仅是文字故事的简略再现"①。也就是说，瓶画表述的神话故事与文字表述的神话是平行的，并没有受到古代文学家们所叙述的神话故事的限制，而是有着自己独立的表述传统与模式。瓶画中的神话场景并不是为神话文本所做的插图，而是艺术家们自己的创作，就像作家们的创作一样，是独立的。这种创造是神话故事的视觉形象，与神话文本没有任何关系。

以德国学者沃尔特·伯克特为代表的古典学者认为，神话"是传统故事的一种样式，它通过人神同形、同性的一些执行者的表演行为来组织行为序列，神话又是最为古老、流传最广的故事形式，它主要讲述遥远时代神明们的故事，其根基是口头传统"②。这种视神话为传统故事的观点，被大多数学者所接受，但是关于神话源于口头传统的观点却一直有异议，尽管约瑟芬·方廷罗斯（Joseph Fontenrose）等人对此作出了不

图 9　特洛伊罗斯与波吕克塞娜逃避阿喀琉斯

图 10　宙斯斩杀提丰

① Thomas H. Carpenter, *Art and Myth in Ancient Greece: A Handbook*. London: Thames and Hudson, 1991. p. 7.
② Walter Burker, *Ancient Mystery Cults*. Cambridge, Massachusetts and London; England: Harvard University Press, 1987. p. 73.

懈的努力，但该问题依然是神话学界争论不休的焦点之一，因为学者们在现有的神话文字资料中找不到足够的材料来支撑这种观点。卡彭特对希腊瓶画上神话故事的鉴别表明，图像与文本所表述的神话其实是独立进行的，二者互不关联。但是，这种现象同时表明，在图像与文本表述的神话外，有一个源远流长的神话口头传承传统，它为二者的叙事提供了源源不断的素材，否则，就无法解释这些图像所表述的故事的来源。图像与文本，二者共同源于口头讲述传统，这是卡彭特对神话溯源的新贡献。神话文字资料不能提供的证据，在卡彭特这里找到了另外一种答案。

第四节　从丰产到色情

在历史学家希罗多德看来，赫西俄德与荷马两位诗人共同创造了希腊人的神明，宙斯管理的社会是一个秩序井然的完美世界。剑桥学者赫丽生（Jane Ellen Harrison）则十分鄙视这些奥林匹斯神祇，认为它们仅仅是诗人们想象出来的艺术品，不是希腊人真正神圣的神明，由一个主宰一切的大地女神统治的前奥林匹斯世界才是希腊人真正崇拜的宗教。当这位女学者在一个世纪前提出这种观点时，她的假想与巴霍芬（Jakob Bachofen）在《母权论》（*Das Mutterrecht*）中提出的人类历史的第一个阶段是母权社会的理论一样，缺乏足够的考古学资料。尽管赫丽生并没有确定女神宗教社会的确切时间，但是其闪烁着光芒的思想却拓展了希腊神话研究的新空间。

20世纪初，考古学者亚瑟·伊文思（Arthur Evans）在克诺索斯（Knossos）的发掘，使得他本人与后来的古典学者尼尔森（Martin P. Nilsson）都确信，希腊神话中那些女性其实都源于同一个女神，前者认为女神们的原型是米诺斯强大的自然女神，后者则认为希腊女神源于迈锡尼时代，只是他们不能确定这位女神的身份与功能。20世纪后半叶的考古学女学者马丽加·金芭塔丝（Marija Gimbutas）认为，公元前7000年至公元前3000年，在新石器时代的欧洲与小亚细亚，宗教主要集中在生命的轮回与循环上，其核心为出生、养育、成长、死亡和再生，以及农作物的耕种与动物的饲养。有一个伟大的"大女神"（Great Goddess）主宰着宇宙与世界，她具有不同的形象与功能，她所体现的是生命的出生、死亡与再生的完整循环。"大女神"的形象有多种形式：蛇、熊、母猪、猫头鹰、杜鹃、鸽子、蛙、刺猬、鱼、公牛、蜜蜂、蝴蝶、月亮、卵形、三角形等，这些符号都是女神的再现，除此之外，女神还以裸体的女性形象出现（图11、

图12）。女性裸露的身体这个时候就具有一种神圣的丰产象征意味，并没有现代意义上的淫秽之意。女神在欧洲的统治从旧石器时代一直持续到新石器时代，地中海地区则一直延续到青铜时代。

图 11　史前裸体女神　　　　　　图 12　史前裸体女神

　　金芭塔丝认为，克里特宗教是史前女神宗教的组成部分，人们所崇拜的女神同样是史前的大女神，那些艺术品中裸体的米诺女神形象同样是古欧洲大女神形象的延续，只是到了父权制度的社会里，这些古欧洲单性繁殖的女神被转换为男神们的新娘、妻子或者女儿，与那些好色、好战的男神们一同被安置在神庙中，还有一部分保留了一些最初的形象与功能，最后进入希腊人的奥林匹斯万神殿中。例如，希腊神话中的女神赫卡忒（Εκάτη）其实是从古欧洲神话中主管诞生、死亡与再生的大女神演变而来的，喜好狩猎的阿尔忒弥斯（'Άρτεμις）女神则是再生大女神的变形，而好战的雅典娜（'Αθηνᾶ）（图13），其原型是古欧洲的鸟女神（图14），荷马笔下善妒而脾气暴躁的赫拉（"Ήρη）是史前的蛇女神等。[①]这样，巴霍芬、赫丽生所提出的史前母权制度假说在金芭塔丝这里得到了验证；而伊文思、尼尔森所确定的含糊不清的希腊女神的身份与功能，同样在这里找到了具体的答案；赫西俄德与荷马作品中那些神秘的动物形象与妖怪形象，在考古学的图像阐释中，揭开了面纱。

　　然而，并非所有的学者都能够接受金芭塔丝的这种观点，备受推崇的法国考

---

① 关于金芭塔丝观点的具体论述，读者可以参看：Marija Gimbutas, *The Goddesses and Gods of Old Europe, 6500-3500 BC: Myths and Cult Images*. Berkeley: University of California Press, 1982; Marija Gimbutas, *The Language of the Goddess*. London: Thames and Hudson, 1989; Marija Gimbutas, *The Civilization of the Goddess: The World of Old Europe*. San Francisco; Calif.: Harper San Francisco, 1991; Marija Gimbutas, *The Living Goddesses*. Berkeley: University of California Press, 1999. 中文译本参见叶舒宪等译：《活着的女神》，广西师范大学出版社，2008年。

图 13　雅典娜女神　　　　　图 14　史前鸟女神

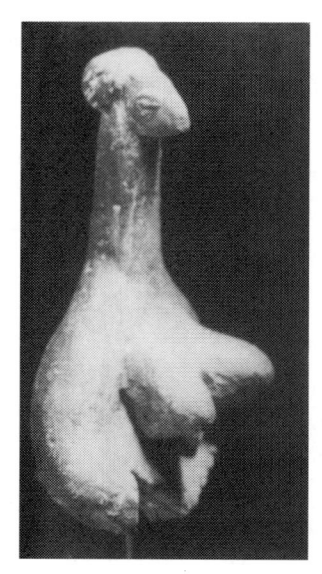

古学家南诺·马瑞纳托斯（Nannó Marinatos）认为，公元前 2000 年左右，近东与希腊出现了大量的裸体女神，这些裸体女神形象有的静止不动（图 15），双手交叉放在胸前，有的则将衣角掀开，露出生殖三角区（图 16），裸体女神身边站着一个男性或者几个男性。金芭塔丝所考察的裸体女神的形象一般是单独出现的，或者处于整个图像场景的核心位置，而南诺·马瑞纳托斯关注的图像画面上的女神大多与男性一起出现，并非处于画面的核心位置。南诺·马瑞纳托斯因此认为，这些裸体女神的形象是以男性的视角描绘的，表示女性的性力与男性有关，而与女性无关。裸体女神的肖像展示的是女性的性能力与危险性，"这些裸体女神的形象一般与色情和性联系在一起"[①]，裸体女神的肖像在画面上具有一种性力的强大力量的象征，对于男人们来说，这种色情具有一种危险性，但是对于女性则没有威胁。具有强大性力的女神肖像的拥有者则可以借助于这种色情的魔力，战胜自己的敌人，保护自己。因此到了后期，裸体的女神肖像有的就被转换为女巫，具有一种强大的巫术力量。有的裸体女神形象被作为崇拜的对象，这些雕像的角色有一种调停者的意味，使得崇拜者与自己的崇拜对象能够建立起一种沟通的可能。在这种阐释模式下，裸体女神的象征意味被转移到了另外一个向度，欧洲历史上被宗教法庭烧死的女巫形象，以及中国传统观念中"女人是祸水"的男性主

[①] Nannó Marinatos, *The Goddess and the Warrior: The Naked Goddess and Mistress of Animals in Early Greek Religion.* London&New York: Routledge, 2000. p. 35.

义论调，居然在这里找到了自己古老的图像学原型。

图 15　近东裸体女神　　　　　　　　图 16　近东撩衣女神

米诺女神（图17、图18）是克里特宗教中最突出的神明，女神的画像被描绘在圆筒印章、戒指、壁画、雕像中，这些女神一般双手操蛇，手臂高举，乳房裸露，在克罗诺斯尤其突出。亚瑟·伊文思将其称为"伟大的米诺斯女神"，金芭塔丝将其认定为新石器时代的再生女神，而南诺·马瑞纳托斯则持不同意见："米诺人克里特操蛇女神更多地与巫术和控制有关，但是与冥府和死者一般没有什么太大的关系。"[①]这一类女神形象与近东的操蛇女神有某种关联，操蛇神明为冥府神明的观点是希腊青铜时代的宗教观点，不是克里特时期的观点。希腊艺术品中存在大量的裸体女神，尤其是"东方化"时期的艺术品这些女神不是从古欧洲大女神演变而来的，也不是克里特裸体女神的延续，而是源于近东与埃及、叙利亚。希腊人是一个喜好高举自我的民族，在后来的社会发展中，这些最初的裸体女神肖像被他们不断改编，拿来在自己的艺术品上加以表现，希望给自己带来保护，从而将女神裸体所具有的色情的魔力置换为保护性的力量，于是女神就成为武士的保护神，或者裸体的色情女神被转换为富有色情诱惑力的战争女神。但是不管怎样，这些对男性们具有保护意味的女神肖像，都源于古代的裸体女神，她们经历了一个漫长的演变过程，从具有性力威胁的色情女神转变为希腊人的保护神。

这样看来,英伍德与卡彭特所探寻的那些希腊瓶画上男性追杀女性的图像学场景，在南诺·马瑞纳托斯这里可以作这样一种颠覆性的阐释：最初，是那些富有色情意味的裸体女神拥有强大的性能力，对男性造成了巨大的威胁；后来，女神的地位逐渐下降，裸体女神的性力被置换为巫术力量，保护那些武士与青

[①] Nannó Marinatos, *The Goddess and the Warrior : The Naked Goddess and Mistress of Animals in Early Greek Religion*. London&New York: Routledge, 2000. p. 126.

年男子；最后，裸体女神成为富有色情意味的女性，被希腊人拿来在自己的艺术品上加以表现。希腊瓶画上那些盛行一时的追杀图像场景，其原型却是裸体的女神对男性的威胁，女性肖像的色情蕴涵要上溯到几千年前。

图 17　米诺女神　　　　　图 18　米诺操蛇女神

第五节　小结

近期对希腊神话的图像学解读基本可以分为两种类型：第一，将艺术品的神话形象分类整理并加以鉴别，对图像表述的神话场景加以解读，这方面做得比较突出的是卡彭特与伍德福德，本书重点关注卡彭特的研究成果；第二，对这些图像作一种纯学术的神话学关注，并形成一种卓有成效的图像学阐释方法，英伍德、金芭塔丝与南诺·马瑞纳托斯是这方面的典范。

图像学对神话的解读基于图像形象与场景本身，从图像特征的本身与生成语境来理解并阐释神话形象，最大程度地将图像还原到其最初意义上，从而避免了神话图像解读的文化决定论缺陷。尽管图像学对希腊神话的阐释起步比较晚，最早只能上溯到19世纪，但图像学却极大地扩展了希腊神话解读的空间。通过这些考古实物的图像，图像学揭开了神话文字表述中那些神秘形象的原初面目，使得神话形象的真面目大白于天下，从而突破了神话文字资料的限制，将其上溯到没有文字书写的史前时代。

第九章 神话考古学

第一节 神话英雄与祖先崇拜

一 概论

早在一个世纪之前,谢里曼就宣称,他在发掘迈锡尼墓穴的过程中"看到了阿伽门农的脸",他将迈锡尼坟墓中的死者视为希腊神话中的英雄,认为他是希腊历史上真实的历史人物。只不过早期的一些学者,如欧文·罗德(Erwin Rohde)、乌尔里克·维拉莫威兹(Ulrich Wilamowit)、法内尔(L. R. Farnell)等,都否认荷马史诗中存在英雄崇拜。[1]这种说法遭到了后来以哈克(R. K. Hack)为首的古典学者的猛烈攻击。[2]1976 年,《希腊研究杂志》(*The Journal of Hellenic Studies*)刊发了科德斯特里姆(J. N. Coldstream)的《荷马时代的英雄崇拜》(*Hero Cults in the Age of Homer*)一文,科德斯特里姆在该文中断言,英雄崇拜始于公元前 8 世纪—公元前 7 世纪,是荷马史诗传播的直接后果。[3]此后,学者们才将英雄崇拜与希腊史前时代真正联系起来。这里的英雄崇拜大体包括两类:一类是神话英雄崇拜,一类是史诗英雄崇拜,不过在实际探讨中很难将二者分开。

关于英雄崇拜有两种假说:一种认为英雄崇拜始于公元前 8 世纪,因荷马史诗传播而生成,科德斯特里姆是该观点的代表;另外一种则坚持认为,英雄崇

---

[1] 参见 L. R. Farnell, *Greek Hero Cults and Ideas of Immortality*. Oxford: Clarendon Press, 1921; Erwin Rohde, *Psyche: The Cult of Soul and Belief in Immortality among the Greeks*. Trans. W. B. Hollis. London: Routledge and Kegan Paul,1950. pp. 115-155.

[2] 参见 R. K. Hack, "Homer and the Cults of Heroes," *Transactions and Proceedings of the American Philological Association,* Vol. 60 (1929), pp. 57-74. Published by: The Johns Hopkins University Press.

[3] 参见 J. N. Coldstream, "Hero Cults in the Age of Homer," *The Journal of Hellenic Studies*, Vol. 96 (1976), pp. 8-17. Published by: The Society for the Promotion of Hellenic Studies.

拜是随着城邦的出现而产生的，其前身为祖先崇拜，该假说的倡导者是斯诺德格拉斯（A. M. Snodgrass）。[1]以上两种探讨只局限在英雄崇拜的时间与源头，并未涉及英雄崇拜的社会功能、变迁与崇拜形式，将这些问题深入探讨下去的，是女学者安东娜乔（Carla M. Antonaccio）。

二 英雄崇拜与祖先崇拜的起源

赫西俄德将人类划分为五个种族：黄金种族、白银种族、青铜种族、英雄种族、黑铁种族，[2]英雄种族因为其独特属性而与其他四个以金属命名的种族齐名，由此引起了神话学者的关注。后来的希腊诗人品达在其诗作《第二次奥林波斯运动会》中进一步将宇宙中的生命形态分为三类：诸神、英雄和人类，英雄成为与神明和人类并存的一个存在范畴。对于考古学者与神话学者来说，英雄的存在引起了一些重要的问题：神话英雄崇拜的起源及本体论结构是怎样的？在何种程度上英雄崇拜具有一种宗教价值？英雄崇拜与祖先崇拜之间的关系是什么？英雄崇拜的社会功能是什么？在这些问题中，英雄崇拜与祖先崇拜之间的关系是学者们经常探讨的一个话题，围绕着该议题所形成的争论因此成为西方神话学界关注的焦点。

早在20世纪初，古典学者欧文·罗德就指出，希腊神话中的英雄"一方面与冥府神灵有关，一方面与死者有关。事实上，英雄只是死者的灵魂，他们住在地下，像诸神一样永远待在那里，具有诸神一般的力量"[3]。英雄像神明一样享受献祭，但是两种献祭的名称及程序均有所不同。与此同时，欧文·罗德认为，英雄的神圣起源与魔鬼一样，源自"瞬息的"或"特别的"神灵，即出自具有特殊功能的神祇。英雄崇拜有些时候与墓穴崇拜联系在一起，随着希腊城邦的兴起，贵族家族的祖先崇拜就逐渐扩展到英雄崇拜中。这种假说的支撑资料都来自文献中关于英雄骸骨的表述，缺乏足够的说服力，由此引来一片非议

---

[1] 参见 A. M. Snodgrass, *The Dark Age of Greece: An Archaeological Survey of the Eleventh to the Eighth Centuries B. C.* Edinburgh: Edinburgh University Press, 1971; A. M. Snodgrass, "Iron Age Greece and Central Europe," *American Journal of Archaeology*, Vol. 66, No. 4 (Oct., 1962), pp. 408-410. Published by: Archaeological Institute of America.

[2] 参见［古希腊］赫西俄德：《工作与时日》，张竹明等译，商务印书馆，1997年，第110—200行。

[3] Erwin Rohde, *Psyche: The Cult of Soul and Belief in Immortality among the Greeks*. Trans. W. B. Hollis. London: Routledge and Kegan Paul，1950. p. 117.

之声，赫尔曼·尤塞奈尔（Herman Usener）尤其反对这种假说。

1921年，学者法内尔提出一种折中性的理论，试图对英雄起源及崇拜引起的争议作一种调和。他认为，英雄的起源并不一致，而可以分为七类：凋谢的神灵、植物精灵、史诗英雄、祖先、齐名的人物、历史真实存在的英雄、诗人或学者创造出来的英雄等。一方面，法内尔认可欧文·罗德的英雄崇拜与祖先崇拜交织在一起不可分割的假说；另一方面，法内尔又指出，祖先崇拜仅仅是一种地方性的行为，而英雄崇拜则不仅仅在一个地方进行，在崇拜过程中同时伴有吃喝与饮酒行为。祖先崇拜产生于公元前8世纪，不是前荷马时代的宗教传统。英雄崇拜的地方不在英雄的家乡，所以英雄崇拜最初不是源于祖先崇拜，而是出自荷马史诗与其他诗人的史诗。[①]这种假说依然是一种文字式的研究结论，并没有足够的考古学证据，不过后来得到了一些考古学者的认可。类似的观点在科德斯特里姆那里同样存在，后者强调荷马史诗对英雄崇拜的埋葬方式的影响，当一些英雄的名字不太确切时，人们就采用在墓穴中对祖先崇拜的方式对其进行祭奠。[②]将英雄崇拜与荷马史诗的影响直接联系起来的假说，一方面基于荷马史诗中关于英雄埋葬的文字表述，一方面基于迈锡尼后期墓穴的考古资料，并不是根据考古发掘中英雄圣殿的实物而来，由此遭到了另外一些学者的反对。

另外一位学者普赖斯（T. H. Price）则指责科德斯特里姆滥用了考古资料，同时反对后者将英雄崇拜与祖先崇拜混合在一起的观点。她认为，希腊人的祖先崇拜源于对印欧人的崇敬，英雄崇拜表面上看似受到了荷马史诗的影响，实际上并非如此。促使英雄崇拜的动机是对神话故事与个人身份界定的渴望。可以肯定的是，英雄崇拜在荷马时代之前就已经存在了，"至于神话与英雄崇拜实际行为交叉的时间，依然需要进行深入的探讨"[③]。这种观点并不是什么新创见，早在1929年，学者哈克就已经指出，迈锡尼人崇尚祖先崇拜，到了希腊殖民时期，一些新的政治团体往往将英雄作为自己的祖先来祭奠，这些英雄在某种程度上就扮演了祖先的角色，殖民期间对英雄的崇拜等同于对民族英雄的崇拜。换句话说，英雄崇拜从祖先崇拜而来，它们从迈锡尼时代延续到了荷马时代，前

---

① 参见 L. R. Farnell, *Greek Hero Cults and Ideas of Immortality.* Oxford: Clarendon Press, 1921. pp. 340-343.

② 参见 J. N. Coldstream, *Hero Cults in the Age of Homer*, *The Journal of Hellenic studies,* Vol. 96 (1976), pp. 15-16.

③ T. H. Price, "Hero Cult in the 'Age of Homer' and Earlier," in *Arktouros*: *Hellenic Studies Presented to B. Knox*, G. Bowersock et al, eds. Berlin and New York: Walter de Gruyter, 1979. pp. 219-228. p. 228.

者后来成为希腊宗教传统的一个组成部分。①只不过哈克的证据大部分是在尼尔森的米诺—迈锡尼宗教假说基础上推演而成的,并没有第一手的考古学资料。纳吉(G. Nagy)则将自己的目标转向了大量的考古实物,同时将荷马史诗对英雄崇拜的影响转向了另外一个维度。他认为,希腊的英雄崇拜不是荷马史诗传播影响所导致的宗教现象,"而是在城市—国家的社会语境下,由祖先崇拜演变而成的"②。这种演变在诗歌中的反映,开始是对祖先的赞颂,然后转向对英雄的崇拜。只不过英雄崇拜具有一种地方性的色彩,而史诗中的英雄崇拜则是泛希腊化的。在公元前8世纪,当城邦与泛希腊主义出现之后,才产生了英雄史诗。也就是说,起初是祖先崇拜,城邦出现之后才产生了英雄崇拜。从某种程度来说,英雄崇拜与史诗是同时出现的,二者之间几乎没有什么直接联系。这种假说得到了斯诺德格拉斯、莫里斯(I.Morris)等学者的赞同。

尽管在起源上有所争论,上述两种假说均将英雄崇拜的时间限制在公元前8世纪,并没有跳出荷马时代的影响,在某种程度上来说,还是摆脱不了荷马的影响。近期的考古学者安东娜乔则对这些假说持一种怀疑态度,在对上述两种假说进行回顾时,她同时进行了思考,提出了自己的新见解。

安东娜乔指出,所谓的英雄崇拜是一个相当模糊的概念,很多学者在使用这个词语时往往将其普遍化了。实际上,"从考古发掘的神殿来看,希腊人的英雄崇拜包括两个方面的内容:史诗英雄崇拜与神话英雄崇拜,二者在史诗中都没有表述"③。只不过,她对英雄崇拜这种说法持一种怀疑主义的态度,并没有就二者之间的差异作详细界定。一方面,她认为,尽管文字中关于英雄崇拜的表述极为突出,但是考古发掘资料则表明,古代希腊鲜有英雄崇拜现象,其崇拜方式也比较特殊,还需要一些证据来证明其存在的普遍性;另一方面,斯巴达墨涅劳斯(Menelaos)令人瞩目的神殿事实表明,斯巴达在其历史早期用一种比较特殊的献祭仪式建立了英雄崇拜。"来自于黑铁时代与古代的考古学资料表明,英雄崇拜的证据出现在斯巴达,时间为公

---

① 参见 R. K. Hack, "Homer and the Cults of Heroes," *Transactions and Proceedings of the American Philological Association,* Vol. 60 (1929), pp. 57-74.

② G. Nagy, *The Best of the Achaeans: Concepts of Hero in Archaic Greek Poetry.* Baltimore and London: Johns Hopkins University Press. 1979. P. 115.

③ Carla M. Antonaccio, *Archaeology of Ancestors: Tomb Cult and Hero Cult in Early Greece.* Lanham; MD: Rowman & Littlefield Publishers, Inc, 1995. p. 145.

元前 8 世纪。早期英雄崇拜的数量、处所及奉献品，都不支持荷马影响理论。"[1]安东娜乔对英雄崇拜产生的时间判断并没有突破权威学者们的论断，只不过她对英雄崇拜发源地发起了挑战，将希腊置换成斯巴达。她对荷马史诗英雄崇拜持一种否定态度，但论证有些单薄，支撑的例子中有三个富有争议性：拉哥尼亚（Laconia）的海伦、墨涅劳斯显赫的圣殿及迈锡尼阿伽门农的圣殿。实际上，海伦究竟是英雄还是神明，一直都是一个富有争议的话题。大多数古典学者，如尼尔森、伯克特将海伦看做古代斯巴达的植物女神，此处的海伦崇拜是否为英雄崇拜，还要进一步探讨。而迈锡尼阿伽门农的圣殿中同时举行对赫拉女神的崇拜，所以，位于迈锡尼的圣殿究竟是英雄阿伽门农的祭奠场所还是女神赫拉的崇拜神殿，一直是考古学界争论的焦点问题之一。对待英雄崇拜的怀疑态度引发了论证本身的矛盾性，这位年轻的女学者自己也许并没有意识到这一问题所在，英雄崇拜的学术探讨背后其实是学者自身的立场取舍，也许任何一名研究者都要面临这一困境。

纳吉（G. Nagy）认为，英雄有可能纯粹是一个家族杜撰的祖先，英雄崇拜源于祖先崇拜，是祖先崇拜古老遗产的复苏。[2]只不过这种假说的证据来源于文字资料，缺少足够的考古学证据。安东娜乔要做的工作，是为这种假说提供一些实证性的考古资料，将其变得更为有力。"根据考古学知识，对英雄崇拜进行验证后，我们就会得出一种假设，英雄崇拜是在祖先崇拜的基础上进行的。英雄崇拜的场所，对墓穴的再利用，与祖先相关的一些仪式，所有这些都提供了一种考古学的证据。"[3]她满有信心地指出，希腊人关于英雄崇拜在墓穴上举行的表述其实是有问题的。因为考古学发掘表明：早期英雄的圣殿不是位于墓穴上，英雄崇拜与任何类型的墓穴都没有联系，不在任何墓穴上举行，墓穴崇拜的接受者往往是一些匿名的人物，不是英雄。至于祖先崇拜向英雄崇拜演变的形态，以及演变的原因，她并没有提供相关的论述与考古学证据。英雄崇拜与祖先崇拜之间的差异，在安东娜乔这里也没有得到充分的阐释，她仅仅罗列了一些场

---

[1] Carla M. Antonaccio, "Contesting the Past: Hero Cult, Tomb Cult, and Epic in Early Greece," *American Journal of Archaeology*, Vol. 98, No. 3 (Jul., 1994), pp. 389-410. Published by: Archaeological Institute of America. p. 389.

[2] 参见 G. Nagy, *The Best of the Achaeans: Concepts of Hero in Archaic Greek Poetry*. Baltimore and London: Johns Hopkins University Press. 1979. pp. 115-116.

[3] Carla M. Antonaccio, "Contesting the Past: Hero Cult, Tomb Cult, and Epic in Early Greece," *American Journal of Archaeology*, Vol. 98, No. 3 (Jul., 1994), pp. 389-410. Published by: Archaeological Institute of America. p. 401.

所与献祭物，很大程度上二者是相同的，这种暧昧的表述使得英雄崇拜与祖先崇拜之间关系的阐释令人感到有些沮丧。

法内尔认为，祖先崇拜是一种本土性与家族性的行为，一些家族往往在祖先的墓穴上对其进行祭奠。与此同时，一些名人和英雄被作为少数家族的祖先来崇拜，在很多地方都有这种行为，由此形成了祖先崇拜的最初形式。当一些祖先成为英雄后，这种崇拜的行为就变得普遍起来。有些时候，当英雄崇拜被众人接受之后，一些家族的非英雄性祖先也被视为英雄形象而加以崇拜，英雄由此被视为家族的祖先。而对于希腊人来说，这种祖先崇拜的时间最早在公元前 6 世纪。[①]安东娜乔并不同意这种观点。她指出，希腊人的祖先崇拜不是什么新鲜的事情，而是有着悠久的传统。"从黑铁时代开始，希腊就存在普遍的祖先崇拜，直到城邦与英雄崇拜出现之后，祖先崇拜都没有消亡"[②]，也就是说，祖先崇拜早在荷马时代之前就出现了，可以上溯到公元前 10 世纪，比英雄崇拜生成的时间要早得多。并且，梅尼德黑（Menidhi）这个地方的圆顶坟墓（tholos tomb）是希腊所有早期祖先崇拜的典型场所，不论是丰富的献祭物的堆积还是崇拜的延续性，都具有典型性。只不过，安东娜乔对祖先崇拜的阐释具有一种仪式主义的意味，明显受到了考古学家科瑞斯（G. Korres）思想的影响。

安东娜乔认为，英雄其实是指史诗英雄与神话英雄，在这个角度上，希腊人将英雄视为祖先的崇拜其实是一种对自己祖先的想象性崇拜行为。因此，那些早期的墓穴就是希腊人自己祖先的居所，墓穴的居住者也就是崇拜者的祖先。只不过这种将早期墓穴的居住者视为想象的祖先的观点并不能令人完全接受。在许多文化中，石冢与坟墓并非总是与祖先联系在一起。爱尔兰新石器时代的纽格兰奇（Newgrange）那些仓式巨石坟墓，被当地人视为一些超人的墓穴，并不是本地居民祖先的墓穴，与当时的居民也没有任何联系。赫西俄德神话中表述的人类五个种族中的白银种族，死后被埋在了泥土中，在赫西俄德时代依然受到人类的崇敬，对白银种族的崇拜同样是在墓穴中进行的，但他们不是任何一个家族的祖先，仅仅是一些超人罢了。克洛诺斯附

[①] 参见 L. R. Farnell, *Greek Hero Cults and Ideas of Immortality*. Oxford: Clarendon Press, 1921. pp. 343-344.

[②] Carla M. Antonaccio, "Contesting the Past: Hero Cult, Tomb Cult, and Epic in Early Greece," *America Journal of Archaeology,* Vol. 98, No. 3 (Jul, 1994), pp. 389-410. Published by: Archaeological Institute of America. p. 389.

近的阿米尼索斯（Amnisos）洞穴中祭奉的是前希腊时期负责分娩的女神艾瑞杜亚（Eileithyia）。而狄克提山（Mountain Dicte）墓穴中祭奠的则是宇宙之神宙斯，这位奥林匹斯主神正是从这座山洞里诞生的。[1]

三 英雄葬仪

一方面，希腊神话中的英雄是一些超人，拥有常人所不具备的特殊能力，另一方面，这些英雄们大多战死沙场，通常富有戏剧性色彩，对英雄的祭奠由此构成希腊英雄崇拜的核心内容。献祭的过程包括奉献牺牲、仪式性的痛哭、哀悼仪式、悲剧合唱、竞技等，而葬宴也是英雄葬仪中一项重要的内容。希腊英雄帕特罗克洛斯（Patroklos）与特洛伊英雄赫克托耳（Hector）死后，除了英雄本人享有丰厚的殉葬品外，参加葬礼的人还享有丰盛的葬宴。部分考古学者认为，神话与史诗中英雄葬仪在某种程度上影响了希腊人的埋葬方式，其中一个比较典型的例子是在塞浦路斯。

在塞浦路斯撒拉米斯（Salamis）这个地方发掘出了大约150座坟墓，时间在公元前8世纪。其中第79号墓穴的物品最为丰富：两个东方大锅，十个殉葬者，四队牺牲的动物，三把雕有象牙花边的木头椅子，一辆精致的战车，一张床，几张桌子，桌上有一些象牙雕刻的物品，还有一些炭架，上面放着一些要烧烤的东西。墓穴的结构表明这种埋葬方式与火葬联系在一起。学者科德斯特里姆认为该地墓穴受到了荷马史诗的直接影响：国王撒拉米斯听到了荷马史诗中关于英雄厚葬的描述，就极力在自己的葬仪上模仿这种宏大的英雄葬仪。于是墓穴中就出现了被屠宰的马匹、殉葬的人牲、食物与家具。一些墓穴中的摆放物品，类似于《伊利亚特》第23章中英雄帕特罗克洛斯英雄葬仪的描述，尤其是第79号墓穴。他由此推论，"英雄史诗的传播不仅促进了英雄的崇拜，而且在一些地方出现了宏大英雄葬仪的模仿"[2]。

安东娜乔指出，此种观点初看似乎有些道理，不论是墓穴的生成时间还是内部的物品，都与荷马史诗中英雄葬仪的描述十分吻合，但若将该墓穴放入当地的埋葬传统中，则有另外一种发现。撒拉米斯这个地方的墓葬极其丰富，有一些墓穴在荷马之前就已经存在了。从青铜时代到黑铁时代，撒拉米斯就有奴隶

---

[1] 关于这些神圣洞穴及其崇拜的相关意义，本书不详细表述，有兴趣的读者可以参见 Martin P.Nilsson, *The Minoan-Mycenaean Religion and Its Survival in Greek Religion*. Lund: Gleerup, 1950. 第53页以下部分。

[2] N. Coldstream, *Geometric Greece: 900-700 BC*. London; New York: Routledge, 2003. p. 349.

殉葬的风俗，墓主生前财富的多寡决定了其死后葬仪的丰厚与否，埋葬的方式几乎是一成不变的，从青铜时代一直延续到了荷马时代。从这个角度上说，该地的葬仪并非是受到了荷马史诗与神话表述的影响，相反，倒是"荷马（或者是史诗传统）受到了该地实际埋葬行为与风俗的影响，这种情况与阿提卡（Attica）的情况是一样的"①。但是她却不能够提供关于该地墓葬模式对史诗中英雄葬仪的影响过程与演变模式，因此遭到了其他学者的反对。

一般认为，相对于其他社会学科，考古学是一门严肃的学科，因为发掘出来的考古文物是一种客观存在的事实，但考古资料的阐释却是依靠学者来进行的，阐释者本身的既有知识决定了考古资料意义的阐释。从这个角度上说，神话考古同样带有一种臆想性与假设性，考古学的"客观性"在这里遭遇到了一种颠覆性的解读。到底是神话与史诗英雄的埋葬描述影响了当地的葬俗？还是当地的埋葬风俗影响了史诗与神话中英雄葬仪的表述？问题本身并不重要，重要的是，在跨学科的阐释语境下，如何将神话话语与其他学科的话语表述结合起来，从而寻找神话本身的意义，这是每一位神话研究者要思考的问题。

四 葬宴与身份认同

希腊人是一个喜好宴饮的民族，一些地位显赫的贵族们经常在自己家中举行宴席，邀请当时的名流来参加，此种风气是如此之盛，以至于柏拉图写出了《会饮篇》这样的哲学名篇。乍一看来，盛宴似乎是一种单纯的社会现象，但其背后却隐藏着个人与群体的身份认同功能。在希腊殖民时代，外来的人群与个人要取得雅典城的公民政治权，必须参加当时名流的一些盛大宴会，在宴席上认识那些政治官员，获得自己的政治身份。这样，"很多男性就通过这种仪式性的宴饮聚会表达了自己的身份，这种聚会有可能是从古代国家沿袭而来的一种风俗"②。这种宴饮的风气与一些相关的机构后来被希腊贵族所沿袭，只不过所谓的宴饮仅仅是一种名称罢了，实际上还包括了盛大的宴席。学者默里（O. Murray）指出，这种宴饮的风气有可能反映了宗教盛宴上的一些普遍规律，就像葬宴一样，只不过庆典性的一些酒席中涉及族群的每一个成员，参加者不仅仅是一些

---

① Carla M. Antonaccio, *Archaeology of Ancestors*: *Tomb Cult and Hero Cult in Early Greece*. Lanham; MD: Rowman & Littlefield Publishers, Inc, 1995. p. 225.

② Carla M. Antonaccio, *Archaeology of Ancestors*: *Tomb Cult and Hero Cult in Early Greece*. Lanham; MD: Rowman & Littlefield Publishers, Inc, 1995. p. 256.

男性，还包括整个家族的成员。①

实际上，宴席尤其是祭奠性的宴席，在某种程度上已经成为群体与个人彰显身份的一种场所，此种行为从而具有一种仪式性色彩，与城邦、政治紧密地联系在一起，以至于喜剧家阿里斯托芬在其剧作《鸟》中描述了这么一个戏剧性的场面：在宗教性献祭仪式中，科林斯（Corinth）的殖民地柯尔库拉（Corcyra）的公民们将牺牲的第一滴鲜血献给自己的祖先，而故意不将献祭动物的首份献给科林斯人的祖先，以此表明对科林斯殖民的不屈，由此遭到了后者的痛恨。雅典城有这么一条不成文的规定："不论是个人还是城市，如果没有相关的政治权力，都无权参加祭奠仪式，诸如声望极高的奥林匹斯竞技，或一些城市集体举行的神庙盛会。外来者的主要标志就是，如果没有城市官方的许可，不可接近祭坛，不得参加任何形式的祭奠性仪式，官方要从神明与当地族群那里征求许可才可以给其答复。"②在这个层面上而言，祭奠性仪式已经成为区分希腊人与异族人身份的一种方式，也是希腊内部社会建构个人与集体社会身份的宗教性工具。身份已经不是一种内在属性，而是社会与文化附加给个体和族群的一种外在形式，通过具有宗教性意味的祭奠性行为来确立，神话中的神明和英雄般的祖先则扮演了这种身份的鉴别者。

安东娜乔指出，希腊人这种习俗并不是毫无根据的，而是有着久远的传统。考古学为此提供了丰富的实物证据，只不过，这种行为的前身是黑铁时代的葬宴，与希腊人的祖先崇拜密切相关。在迈锡尼发现了黑铁时代很多低矮的圆形墓穴，在其坟墓的灰烬中发现了碳化的食物，一些动物的骨头，还有一些打碎的陶器。而在阿西涅（Asine）这个地方的一个墓穴中，发现了几何风格时期的一座墓穴，里面有近40个打碎的陶器瓶子，有些打破的残片呈现斧头形状。这些瓶子一般都是很少使用过的新瓶子，大部分瓶子的制造时间在公元前8世纪左右。除此之外，几乎所有的墓穴边都有低矮的台子，有的旁边还有一些动物的骨头。安东娜乔认为，这些东西显然是献给死者的祭品，而那些陶器则与葬宴有关。因为迈锡尼时期墓穴中的很多陶瓶显然都适合用来畅饮，而且当时还发现了烹饪。只不过，"到了黑铁时代，这种葬宴就同时被放到了圣殿中举行，其

---

① 参见 O. Murray, *Early Greece*. London；Cambridge；MA: Harvard University Press, 1993. p. 195.

② Marcel Detienne, "Culinary Practices and the Spirit of Sacrifice," in *The Cuisine of Sacrifice among the Greeks*, Marcel Detienne and Jean-Pierre Vernant, eds. Chicago: University of Chicago Press, 1989.1-20, p. 4.

中还有一些与英雄崇拜的形式相连"[1]。到了希腊的殖民时代，那些到海外殖民的人就在殖民地上建造了一些三角形的建筑物来对自己的祖先进行崇拜，同时举行祭奠仪式，在这种行为中将自己与被殖民的人们区分开来，以此来建构自己的殖民者身份。只不过当时的葬宴已经演变为祭奠性仪式，但其最初的功能并没有消失。

从阐释的角度上说，这种假设具有一定的可能性，但却不能解释为何那些打碎的陶瓶呈现斧头形状，同时也不能够解释那些台子的功能。更为奇怪的是，为何这些崇拜形式后来转移到了一些比较宽大的房子里？而在殖民主义时期再次被转移到了低矮的三角形建筑物中？二者是否是同一种崇拜？那些墓穴中被打碎或完整的陶器瓶子是否真的用来饮酒？这种说法还有待于考察。中国青海柳湾马厂类型墓 M564 中发现了 91 件随葬的陶器，按照安东娜乔的说法，这些陶器可以解释为为死者举行葬宴所使用的奠酒器皿，是死亡宴席上的物品。但是比较奇怪的是，这些陶器大部分是没有使用过的新陶器，不太可能是举行葬宴的人们使用后留在墓穴中的宴饮容器。至于这些物品是否具有一种死者与崇拜者身份认同的功能，也存在一些疑问。更为重要的是，这种考古实物与神话在多大程度上具有关联性，与神话中的葬宴是否是同一种语境下的表述物，还需要进行深入的探讨。将考古实物与神话表述一一对应起来的做法在某种程度上具有一种片面性，不可能全面理解神话与考古实物。

五　小结

总的来说,考古学者们对英雄崇拜与祖先崇拜的立足点在于寻找神话和现实之间的一一对应关系，试图在出土文物中找到神话的踪迹，从而将神话中的英雄崇拜与现实中的祖先崇拜连接起来，为希腊人的过去提供一种建构的途径。在作这种努力的过程中，很多学者往往带着一种个人成见，将个人情感投入到研究中，从而导致了英雄崇拜生成时间与源头上的争论。不论是哪一种假说，在某种程度上都是从考古学自身出发来探讨神话英雄与希腊人祖先崇拜之间的对应关系，远离了神话本身。这种探讨语境不是对神话中英雄的探讨，而是对英雄身份与希腊人英雄般历史的一种考古学争鸣。英雄崇拜与祖先崇拜之间的关系从而转换为希腊人对自己过去的一种态度和建构途径，神话本身的意义被学者们忽视。说得难听一些就是，神话中的英雄崇拜只不过是学者们探讨希腊人

---

[1] Carla M. Antonaccio, *Archaeology of Ancestors: Tomb Cult and Hero Cult in Early Greece*. Lanham; MD: Rowman & Littlefield Publishers, Inc, 1995. p. 256.

过去的一面幌子，在这个招牌下的探讨其实是考古学者们对出土实物的一种猜测，只不过他们将这种假想的源头上溯到了神话那里。由此而引发的另外一个问题是：既然神话是一种虚构的表述，而考古实物却是一种真实的存在，在虚构与真实之间，二者如何达成共谋？这是考古学者们忽略的一个问题。

希腊青铜时代与黑铁时代的墓穴并非是最早的，在此之前，还有旧石器时代与新石器时代的一些墓穴，历史时期的墓穴与史前时代的希腊墓穴在某种程度上具有一种关联性，而英雄崇拜也并不仅仅是一种现实中的埋葬现象，更不是神话与墓葬之间的简单对应。希腊殖民时期的祖先崇拜与英雄崇拜其实是将神话历史化的一种表现，借以建构殖民者的神圣身份，具有一种身份认同的功能。但是在史前时代，这种所谓的英雄崇拜与祖先崇拜却具有一种宗教意味，上文已经提及了默里的这种观点，只不过他并没有就此深入下去，仅仅作了一种认可。

按照默里的观点深入下去，接下来的另一些问题是：英雄崇拜的史前宗教语境是什么样子？史前宗教的信仰体系又是何种面貌？那些墓穴中出现的神秘符号，如迈锡尼与阿斯尼墓穴中陶瓶所排列的斧头形状具有一种什么样的意味？克里特墓穴中出现的宗教符号与神话英雄及神话形象具有何种关联？所有这些问题都有待于现代考古学者去探讨，而要作这种考察，单纯的考古学与神话学知识已经不能解决，必须具有一种跨学科的学术胸襟与知识视阈，这项任务就留给了女学者马丽加·金芭塔丝（Marija Gimbutas）。

第二节　马丽加·金芭塔丝与神话考古

一　从文本到图像

尽管现有的希腊神话大多保存在文学作品中，具有明显的文学特征，但最初的希腊神话却与宗教信仰和崇拜仪式密不可分，奥林匹斯神明也并非仅属于文学家。吉尔伯特·默里（Gilbert Murray）的力作《希腊史诗的崛起》（*The Rise of the Greek Epic*. London: Humphrey Milford, 1934）揭开了奥林匹斯众神的真正面目：他们并非是真正的原始神明，只不过是希腊神明的过渡形态。赫丽生的进一步研究表明，这些奥林匹斯山上的众神不仅不是希腊宗教原初的神明，而且在某种意义上缺乏宗教色彩，是诗人创造的艺术品。事实上，"古典时代的希腊人承认两种不同的仪式，一种是对奥林匹斯众神的庆典，这种仪式具有'敬奉'含义；另一种就是对那些与人类格格不入的鬼神的献祭，很多时候这种祭祀含有一种'驱邪'或者'厌恶'的意味"[①]。这两种仪式所崇拜的神明被称为奥林匹斯神明与冥界神灵，后者比前者更为古老，是希腊宗教的源头。默里与赫丽生在将希腊神话与神明形象上溯到史前时代时，他们的探索缺乏一种史前考古学的知识视野与深度，研究资料中除了大量的文本外，鲜有实物资料。要探索神话的本源与深层意蕴，就必须借助于考古学。

早在 19 世纪末，考古学者们就已经开始了对希腊神话的探索。在谢里曼（Heinrich Schilemann）发掘出特洛伊城遗址后，伊文思（Arthur Evans）在克诺索斯（Knossos）的发掘为希腊神话中的牛怪米诺陶（Minotaur）提供了一种考古学的阐释可能。继此二人之后，瑞典学者尼尔森（Martin P. Nilsson）在其论著《希腊神话的迈锡尼源头》(*The Mycenaean Origin of Greek Mythology.* Berkeley: University of California Press, 1972) 中，将希腊英雄神话产生的时间上溯到了迈锡尼时代。上述学者们的努力使得希腊神话研究打破了文本的限制，走向了广阔的考古学田野。但在神话学与考古学之间的学科互动上，缺乏一种学科整合的贯通效果。真正打破神话学与考古学、宗教学、民俗学之间的学科界限，将神话从文本纳入广阔的考古学田野中进行研究的，是美国女学者马丽加·金芭塔丝（Marija Gimbutas）。

150 年前，法国埃及学学者商博良 (Jean-Francois Champollion) 通过对罗赛塔方碑（Rosetta Stone）的解读，确立了埃及象征文字研究的术语表，使得整个埃及宗教的阐释得以进行。从公元前 3200 年到托勒密时代的一些雕满符号的艺术品从而得以分类，从公元前 7000 年至公元前 3500 年的埃及艺术也从此得以解释。马丽加·金芭塔丝的工作与商博良的做法有些类似。这位女学者曾经在欧洲大陆进行了数十年的考古发掘，凭借着丰富的考古发掘和研究经验，她对史前时代古欧洲那些分布在墓穴、神庙、壁画、浮雕、雕像、雕塑、彩绘上的一些图像、符号进行了归类，确立了它们在宗教崇拜中的基本阐释主题与单元，寻觅出在文字书写的文明背后失落的文化脉络，揭示出史前时代一个没有文字书写的、充满符号象征的神话世界。

二　女神文明：古欧洲精神遗产

希腊诗人赫西俄德、荷马等人建构的奥林匹斯体系是一个男神主宰的世界，

[①] Jane Ellen Harrison, *Prolegomena to the Study of Greek Religion.* Princeton; New Jersey: Princeton University Press, 1991. p. 7.

世界被分为天空、大海与冥界，分别由宙斯、波塞冬与哈得斯三位男神掌管，至高的天空神宙斯享有无上的统治权，女神们在这个世界中仅仅处于一种从属的、次要的地位。尽管赫拉有时候在一些事件上享有特殊的权力，宙斯却在关键时刻起着决定性作用。英国学者赫丽生对诗人们创造的父权奥林匹斯神明家族极为鄙视，因为它不是希腊最为原始的神明家族，更不是最早的宗教。她认为，希腊人的原始宗教是女神崇拜体系，一位原始的女神是唯一崇拜的对象，这个女神"以神母、处女神的形象出现，并且以成对的女神或三位一体的女神形象出现"①。该女神崇拜所映射的是希腊史前的社会类型——母权制社会。在这个原始母权制社会中，妇女是伟大的社会力量，更确切地说是作为社会的中心而存在，而不是作为一个女人而出现，妇女并不是男人的性伴侣，而是养育未来部落成员的母亲。女人们是社会的中心，起着支配作用，但不是支配社会的力量。②赫丽生的母权制社会范围只限制在古代希腊，其根据是希腊瓶画与纪念碑，时间上比较模糊，也没有确切的地域范围。

法国神话学家杜梅齐尔（George Dumézil）认为，印欧神话所反映的社会由三个阶层组成：僧侣、武士与平民。这三个阶层涉及三个不同的领域：神圣、体力与丰产。杜梅齐尔的研究并没有涉及考古学资料，他的"三功能"全部属于男性，不包括万神殿中那些女神的功能。

作为一名考古学者，金芭塔丝的视野比赫丽生、杜梅齐尔更为宽广，她要做的，是将赫丽生母权制社会的时间体系与地理区域确定下来，同时将杜梅齐尔父权制万神殿中地位低微的女神形象复原出来。她在欧洲与非洲的考古发掘和研究经验使得她确信，公元前7000年到公元前3000年，在新石器时代的欧洲与小亚细亚地区，从南部意大利一直到小亚细亚海岸，从克里特北部到第聂伯河畔，③普遍存在一种女神宗教。该宗教崇拜的重点是生命的轮回与循环，宗教的核心包括出生、养育、成长、死亡与再生，以及各种农作物的种植与动物的饲养。对于古欧洲人来说，存在一位无所不在单性繁殖的大女神（Great Goddess），

---

① [英] 简·艾伦·赫丽生：《希腊宗教研究导论》，谢世坚译，广西师范大学出版社，2006年，第294页。

② 参见[英] 简·艾伦·赫丽生：《希腊宗教研究导论》，谢世坚译，广西师范大学出版社，2006年，第235—294页；[英] 简·艾伦·赫丽生：《古希腊宗教的社会起源》，谢世坚译，广西师范大学出版社，2004年，第487—531页。

③ 金芭塔丝将涵盖此时间体系与地理范围的学术概念称为古欧洲（Old Europe）。古欧洲的概念有别于现代意义上的欧洲与印欧世界，后二者是充满暴力的父权社会，而前者则意味着一个和平宁静的女性社会，这是金芭塔丝一生考古发掘与研究强调的核心所在。

女神的世界暗含着整个世界，她所体现出来的功能乃是出生、死亡和再生的完整循环。其主要功能是给予生命、赋予丰产、抚育与保护生命，以及死亡与再生的循环，还有自然界动物与植物的丰产、繁殖与更新。大女神并非是荣格弟子诺伊曼（Eric Neumann）笔下的大母神（The Great Mother），可以分为好与坏两类。对于古欧洲人来说，女神无所不在，是一种精神的体现。她既是一，又是多；既是统一的，又是多样的。她既是生命的创造者，又是生命的毁灭者，她创造了生命，同时携带了死亡，又能够使万物进行再生与更新。

金芭塔丝认为，"史前的旧石器时代和新石器时代，对作为万物之母的女神的崇拜，反映了当时极有可能存在母系或母亲属制度。象征生命创造的母体符号在那时的宗教符号中触目可见，整个古欧洲到处都能够看到母亲和母女的造像，而父亲的形象却付之阙如，此类形象只是后来才开始盛行。女神就是大自然和大地本身，冬枯夏荣，生死轮回，与四时流转的节律休戚与共。她同时还作为一位永恒的再生者、保护者和养育者而体现了生命的生生不息、绵延不绝"[1]。对女神的崇拜与母性家族系统的崇拜、祖先崇拜联系在一起，家族首领的性别身份与超自然神明的性别身份联系在一起。在这个家族体系里，作为母亲的女性既是整个家族体系的源头，又是整个社会的核心，人们在一定的时候对她进行崇拜，陈述自己的要求，向她献上祷告与祭品。

金芭塔丝指出，"整个古欧洲社会被一个女性的神庙团体所组织起来，由女王的祭司来组织，女人是整个管理的主体。尽管在宗教崇拜上出现了大量的女性现象，在公元前5000年至公元前4000年的墓地上均有这类证据，这并不能说明，女性与男性的平衡是失调的，或者说哪一个性别优越于另外一个性别。实际上我们认为，两性处于一种比较平衡的和谐状态中。最初一些墓穴里的东西都是供两性使用的，它们是神圣的生殖象征，尽管这些东西被冠以个人的名义，在艺术、手工艺、贸易与其他领域都是如此"[2]。在这个女神崇拜为主的古欧洲社会中，女人是社会的核心，家族的居所与财产是由母亲和女儿维系的，一个男人结婚，必须离开自己母亲的家庭而进入别的女人组成的母系家族。当时的社会中尚未出现等级社会制度，但是社会中却存在不同性别的劳动分工，只不过男女之间的劳动分工并非那么严格。男性一般作为女性的伴侣出现，同时担

---

[1] Marija Gimbutas, *The Living Goddesses*. Berkeley: University of California Press, 1999. p. 112.
[2] Marija Gimbutas, *The Civilization of the Goddess: The World of Old Europe*. San Francisco; Calif.: Harper San Francisco, 1991. Introduction.

任了一些体力劳动强度比较大的工作，如伐木、狩猎、手工艺等。

这种女神文明在公元前6500年到公元前3500年辉煌一时，克里特地区持续到公元前1450年，该地区一直没有受到外来文明的渗透，在艺术上产生了许多伟大而充满和平意味的作品。这个时期，古欧洲人口高度集中，社会生活达到了高度的繁荣，拥有一些宽敞的神庙、手艺高超的制陶艺人、青铜与黄金制造专家，以及一些手艺娴熟的艺术家。这个时候出现了大量的圆圈崇拜，如黑曜石、贝壳、大理石、青铜，以及成千上万的盐类圆圈崇拜。它比任何男性社会的文明都要繁荣与辉煌。

19世纪的瑞士学者巴霍芬（Jakob Bachofen）认为，尽管人类曾经存在一个史前的母权社会，但母权制度被父权制度所取代是历史必然的发展规律，母权制度仅仅是父权制度出现前的一个铺垫阶段，没有什么值得留恋的。但是在金芭塔丝看来，古欧洲的女神宗教所代表的社会才是人类社会的黄金时代，这个时期的人类艺术才是一种真正的艺术，因为它体现了自然的发展规律，而不是人类社会的暴力与侵略行为。旧石器时代与新石器时代不存在现代社会所具有的暴力，那个时代没有对军队的表述，也没有关于用来抵抗别人的武器的表述。古欧洲旧石器时代的一些墓穴里的陶器，以及新石器时代的一些遗留物里，没有那些攻击性的武器。欧洲人久远的女神宗教是一种阴柔的、非暴力的、以大地为中心的文化，它所产生的艺术是一种充满和谐意味的艺术。在这个世界里，人与万物和谐相处，自然界的符号被雕刻在岩石、陶器与墓穴里，动物、植物、水流、山川、石头，所有这一切都是人们所描绘的艺术对象，一只鸟、一头鹿、一头熊、一棵树、一块石头，在艺术家的笔下都充满了生命的意蕴，它们和孕育生命的女神一样具有神圣性，是女神的符号体现。

只不过，这种充满了创造性与和谐性的女神文明在公元前第四千纪中期被骑马的印欧人粗暴地毁坏了，仅在米诺文化中有所遗留。从此后，好战的男性文明取代了女神文明，欧洲社会步入了充满武力与血腥的历史。尽管古欧洲的女神文明"一去不复返，但是其遗留物却保存在文化的基层中，并进一步哺育了欧洲文化的发展。古欧洲的创造物并没有失落，它们只不过被转换了，极大地丰富了欧洲人的精神"[1]。

---

[1] Marija Gimbutas, *The Goddesses and Gods of Old Europe, 6500-3500 BC: Myths and Cult Images*. Berkeley and Los Angeles: University of California Press, 1974. p. 238.

三　女神的符号：无所不在的象征体系

希腊神话中的神明，不管是男神还是女神，都与人类有着一样的外形，神明与人类之间的唯一差异是神明不死。作为人类，永远只能够在有限的生命里挣扎，即使是那些伟大的英雄们，也逃不出命运女神编织的死亡之网，而神明们则永远不会死亡。但是这些神明，尤其是女神，除了拥有不朽的生命之外，在外貌上并没有优越于人间女子的地方。面对人间美女的容貌，即使是宙斯也按捺不住内心的欲望，经常化身为各种形象来诱惑她们。金芭塔丝指出，希腊神话中神明的各种化身，在古欧洲的符号象征体系中早就有所体现，只不过，这种象征符号系统只属于"大女神"，而不是男神。

德国社会学者马克思·韦伯（Max Weber）将人类描述为"意义的制造者"。对人类社会来说，为环境赋予意义、秩序、分类与特征，构成了人类社会最为基本的东西，而这些都是借助于人类的象征体系来进行的。金芭塔丝指出，公元前6500年，古欧洲就已经出现了人类的象征体系。大量的形象出现在瓶画、庙宇、微雕、墙画、浮雕、陶器上，这些宗教符号交织在一起，为女神的形象提供了远古的表述空间。在女神的象征体系中，女神在生命的不同阶段具有不同的符号化身，因此，围绕着大女神形成了一个非常复杂的象征系统。

作为生命的给予者，生命的创造女神一般以生产的姿态来表现自己的身份——生产的女神、怀抱婴儿的母亲、怀孕妇女，动物的符号表现为熊、鹿、水鸟、候鸟、公羊、野母牛、野母马、卷曲的蛇等各种形象，还有水流、巢形与卵形符号等。这些符号源于旧石器时代，一直持续到新石器时代后期。"历史时期与史前时期的生命的创造者是山神、石头神、水神、动物神，拥有神秘的掌控自然的魔力，她是井水、泉水、康复之水的主人，可以治愈疾病。作为水鸟，她是人类的抚育者，可以增加物质的生产。同时所有家族与人类的保护者，从旧石器时代开始就被认为是部落与家族的保护神与祖先。在一些神庙与房子里，鸟女神被崇拜。在欧洲的东南部地区，鸟女神是神庙崇拜的主神。在一些巨石墓穴里，鸟女神同样是崇拜的对象。"[1]生命的创造者同时以其他动物的面目出现，有时候是鹿，有时候是熊，二者都是作为原始之母的面目出现并被崇拜的。鹿与熊这两种动物被视为创造女神的神圣符号，主要因其本身生理上的

---

[1] Marija Gimbutas, *The Language of the Goddess*. London: Thames and Hudson, 1989. p. 111.

特殊特征。鹿角具有巨大的再生能力，而熊则是因为具有每一年都会冬眠与复苏的生命循环模式，被视为死亡与再生的完美象征物。

在女神创造与维系生命的象征体系中，眼睛是一种比较特殊的符号。考古学者克劳福德（O. G. S. Crawford）认为，遍布近东、地中海、欧洲西部的那些具有巨大眼睛的女神雕像是狩猎时代人类的丰产女神。女神巨大的眼睛是其神圣性的标志，这些眼睛女神的符号源于近东，然后向地中海、欧洲西部传播。这些符号源于叙利亚，其实是古欧洲大女神神圣能源的象征。[1]金芭塔丝认为，实际上，旧石器时代就已经出现了眼睛的符号，一直延续到前陶器时期与新石器时代。这些眼睛符号一般与鸟女神、蛇纹、太阳纹等符号联系在一起，象征女神维系生命的神圣能源所在。女神巨大的眼睛符号标志着女神无所不在的洞察力。眼睛符号与女神创造与维系生命的其他功能性符号如嘴巴、乳房、阴户、子宫等符号联系在一起，成为女神抚育生命的象征性标志。除此之外，生育女神与抚育女神的形象还以各种符号来表现，V形、M形、Z形、螺旋形等，这些抽象的符号被神话化与宗教化，与女神创造、维系生命的功能联系在一起，具有一定的象征意味。

女神是生命的创造者，同时又是生命的毁灭者与死亡的携带者。在古欧洲的象征符号体系中，作为死亡化身的大女神，其符号一般表现为猫头鹰、秃鹫、杜鹃、鹰、鸽子、野猪、猎犬、毒蛇、枯骨、僵直的白色裸体人像，等等。在死亡女神的这些象征符号中，比较恐怖的是"戈尔工"（Gorgon）面具。公元前6000年至公元前5800年，希腊北部赛萨利塞斯克洛文化出土的一副陶制头颅，再现了死亡女神恐怖的一面：女神舌头外露，牙齿伸出，眼睛大睁，鼻孔洞开。金芭塔丝所发现的"戈尔工"死亡面具为希腊神话中恐怖的戈尔工三姐妹揭开了神秘的真面目："早期的戈尔工是握有生命与死亡的权力的女神，并非是后期印欧神话中被英雄珀尔修斯（Perseus）斩首的妖怪。"[2]在此之前种种关于戈尔工身份的猜测，在考古学的实物证据前不攻自破，而死亡女神的面目借助于古老的考古图像得以揭开。

死亡的时刻是再生的开始，自然界自发的更新换代是新石器时代宗教的一个主要关注点，这种关注造成了古欧洲有关再生的神圣意象的大量涌现。女神创造生命，决定其长短，到了一定的时间就将生命取走，女神在取走生命的同

---

[1] 参见O. G. S. Crawford, *The Eye Goddess*. London: Phoenix House Ltd, 1957.
[2] Marija Gimbutas, *The Language of the Goddess*. London: Thames and Hudson, 1989. p. 208.

时，赋予了生命以更新与再生的循环。死亡并不是对所有生命的处罚，而是为了整个宇宙的更新与循环，死亡的符号不是孤立存在的，它们与那些促进再生的符号是互相交叉的。秃鹫、猫头鹰、乌鸦女神是死亡的预兆者，在她们的腹部都有巨大的乳房与阴户，或者女神本身就是三角形（阴户）、沙漏、鸟足等符号。在再生女神的象征体系中，女神的形象可以表现为阴户、乳房、种子、三角形、双面斧、公牛头、生命柱、阳具等一些符号，同时还有一些神圣的动物形象如蛙、蟾蜍、刺猬、鱼、蜜蜂、蝴蝶等。这些再生的符号中，比较突出的是蛙或蟾蜍形象。金芭塔丝的研究表明，"在一个很大的时间跨度内，蛙或蟾蜍的形象，还有露出女阴的蛙形女性不仅出现在新石器时期的欧洲和安纳托利亚地区，而且出现在近东、中国和美洲"[1]。自然，这些水陆两栖的动物的象征来源于它们每年冬眠之后，次年春天在大地上定期出现，以及它们的外形与人类胎儿的极度相似的特征，所有这一切都进一步强化了它们与再生之间的联系。

四 神圣的裸体

在古欧洲的宗教与崇拜象征体系中，众多符号成为女神表现其形象的语言，其中比较多的一类形象是裸体。一些心理学者将这些裸体雕像称为"维纳斯"或男性的性具。心理学者弗兰克尔在《心灵考古》一书中将这些裸体女性雕像称为儿童的性欲表现对象，是儿童在自己头脑中创造的母亲内在形象的外部映射，由此证明在史前社会人类就已经具有了对母亲"力比多"的概念与表现形式。而考古学者南诺·马瑞纳托斯（Nannó Marinatos）认为，这些裸体女神的形象是以男性的视角描绘的，认为"这些裸体女神的形象一般与色情和性联系在一起"[2]，裸体女神的肖像在画面上具有一种强大性力的象征，表现了女性对男性的诱惑。但金芭塔丝并不认可这种观点，她认为，类似于弗兰克尔与马瑞纳托斯的观点都是将现代意义上关于裸体的概念投射到了古欧洲的象征体系中，从而认为古代的人体雕塑或绘画基本上也是现代人的目的，这是对古欧洲象征体系中裸体的误解。

---

[1] [美]马丽加·金芭塔丝：《活着的女神》，叶舒宪等译，广西师范大学出版社，2008年，第29页。

[2] Nannó Marinatos, *The Goddess and the Warrior*: *The Naked Goddess and Mistress of Animals in Early Greek Religion*. London and New York: Routledge, 2000. p. 35.

金芭塔丝进一步强调,"在宗教艺术中,人体象征着性以外的多种功能,特别是生殖、哺育和强化生命力。我认为在远古时期,笼罩着男性或女性身体的淫秽概念并不存在。对人体的艺术处理是在展示其功能,尤其是女性身体的哺育、繁殖能力以及男性身体激发生命的能力。女性力量,如怀孕的植物女神,贴切地体现了土地的繁殖力。不过,那些表现新石器时代女神形象的做工精妙而又复杂的艺术品具有万花筒般变幻莫测的意义:她是生命、死亡及再生每个阶段的化身。她是所有生命的创造者,人类、植物及动物源于她,又复归于她。可见,女神的角色远远地超越了色情范畴"[1]。这个时候的裸体形象就具有一种神圣的意味,表现了古欧洲人对女神神圣能力的渴慕与向往,那些不同形态的裸体形象具有不同的形式,从而表达了女神崇拜中不同的概念。

古欧洲出土了大量的陶器与雕塑,这些东西上经常雕有大量的裸体女性形象,而身体则极度夸张与变形。有的雕像突出女性的面孔、眼睛、大腿、腹部,有的强调女性的生殖器官,如乳房、外阴乃至臀部。金芭塔丝认为,尽管女性的性器官在现代社会具有一种性诱惑的色情意味,但在史前时代,这些裸体雕像上的性符号却具有宗教崇拜上的严肃性与神圣性色彩,它们凸显了女神的创造与赋予功能:阴户是创造生命的场所,乳房象征哺育与再生,臀部象征着女神伟大的丰产能力。而那些裸体器官的一些刻痕与符号,则具有另外一种象征意义:乳房上的一些"V"字形是维系生命的能源所在,臀部上的双线则表示女性怀孕时一人变为两人的状态,外阴上的三角形则突出了女神赋予生命的功能,而非色情的功能。

在金芭塔丝看来,裸体是古欧洲人表述自己崇拜的女神神圣性的特有符号,并非是现代意义上的性符号与色情象征。身体的象征符号建构了古欧洲人的宗教崇拜核心,裸体成为一个具有普遍神圣性的象征符号,将人类的精神世界与自然环境联系起来,通过对裸体符号的强调,人类的精神世界得到了净化,身体此时成为人类界定自我与精神世界的一种有力工具。

五 奥林匹斯众神溯源

一个世纪之前,赫丽生对希腊诗人们建构的奥林匹斯众神形象第一次提出了质疑与否定,从大量的证据与资料中,赫丽生描绘了母性的前希腊神话与父性

---

[1] [美]马丽加·金芭塔丝:《活着的女神》,叶舒宪等译,广西师范大学出版社,2008年,第5页。

的奥林匹斯宗教体系之间的差异。[①]20世纪女学者斯普雷纳克（Charlene Spretnak）在赫丽生之后，对前奥林匹斯神明形象再次进行重构。她认为伊奥利亚人、阿该亚人、多里安人入侵希腊本土后，这些人的父权制社会秩序和男性宗教崇拜体系与希腊本土女神宗教相结合，产生了奥林匹斯神明。在此之前，希腊人崇拜的神明是史前单性繁殖的女神，但是她们的形象在父权的奥林匹斯万神殿中已经面目全非。女神们有的成为男神的配偶，有的成为男神的女儿，还有的被色情化和武装化。要探索这些女神的真面目，就必须对其形象进行重构。[②]只不过，这位女学者对前奥林匹斯神明的重构仅仅局限在十一位女神形象上，其证据并没有涉及严格意义上的考古学证据，仅仅是一种话语的重构。

在金芭塔丝看来，要重构前奥林匹斯众神形象，单纯的神话文本考察与考古学资料研究并不能解决问题，必须采用跨学科的比较神话学与神话考古学方法。她的研究表明，古典时期希腊万神殿的"一些神明很显然是从新石器时代和米诺文化延续下来的。我们应该知道，数千年之间发生的印欧文化与古欧洲文化的融合造成了古典时期希腊宗教中的男神和女神。在此期间，古欧洲的生命女神逐渐发生变化，呈现出印欧文化的特点"[③]。很明显，奥林匹斯万神殿中的神明是两种不同文化的结合物，要追寻这些神明的原始面目，就要将其上溯到新石器时代的古欧洲，在女神文明与女神崇拜的文化语境中重构其形象。

在希腊神话中，雅典娜女神是一位比较重要的女神，在希腊诗人们的笔下，她是智慧的象征，她发明了艺术、技艺、建筑，同时还发明了雕塑、陶器、纺织技术。在赫西俄德的《神谱》中，这位女神穿着盔甲，舞着长矛，呐喊着从宙斯的头颅里跳出来，是一位不折不扣的女战神。尼尔森在《米诺—希腊宗教》一书中曾经将雅典娜形象上溯到前希腊时期，认为她是米诺斯或迈锡尼王子的守护女神。他的这一观点为学者们所普遍接受。库克（A. B. Cook）在其论著《宙斯》中也认为，雅典娜是一个前希腊时期的女神，尤其是居于雅典卫城岩石上的高山之母。斯普雷纳克认为，"雅典娜最初是克里特的女神，主管克里特人们的家园与城镇。雅典娜的丰产与再生功能经常与蛇或树的符号联系在一

[①] 参见［英］简·艾伦·赫丽生：《希腊宗教研究导论》，谢世坚译，广西师范大学出版社，2006年。

[②] 参见 Charlene Spretnak, *Lost Goddesses of Early Greece*. Boston: Beacon Press, 1984.

[③] ［美］马丽加·金芭塔丝：《活着的女神》，叶舒宪等译，广西师范大学出版社，2008年，第163页。

起"①。当迈锡尼人将雅典娜作为女神来崇拜时,她已经具有了军事化的特征,成为战争抵御者,后来变成雅典人战争的保护者。

金芭塔丝认为,从古欧洲出土的考古资料来看,雅典娜女神其实是由古欧洲的鸟女神与蛇女神演化而成的,二者负责人类与自然界生命的维系、死亡与再生。作为鸟女神,女神的化身一般是比较凶猛的鸟类,如秃鹫与猫头鹰,而作为蛇女神,女神的象征符号一般是一条卷曲的蛇,不过后者是生命的维系者与保护者。在古代希腊,献给雅典娜女神的祭物一般是鸟与蛇,只是到了历史时期,雅典娜女神一般以秃鹫与猫头鹰的面目出现在神话中。在青铜时代,秃鹫与猫头鹰象征的女神的凶猛特征被印欧人加以借用,他们结合了自己武士的形象,将雅典娜描述为是全副武装从宙斯的头颅里诞生的,从而表现雅典娜的勇猛。金芭塔丝指出,雅典娜从她父亲宙斯脑袋里诞生的神话故事其实透露了女神的史前身份:宙斯是一头公牛,雅典娜从公牛的脑袋里出生其实是对史前生命从牛形的头盖骨里诞生的一种记忆,牛形头盖骨是古欧洲的子宫符号象征。②这样一来,雅典娜的真实面目就被揭开了,希腊神话中女神预言的发布者猫头鹰形象,以及女神好战凶猛的特征从而得以解读。

希腊人一向以酒神精神与太阳神精神而自豪,认为前者更能代表希腊人的本性。关于酒神狄俄尼索斯的探讨足以写成一本书,从希罗多德到现在,一直不断有学者对狄俄尼索斯进行阐释,争议最多的自然是其身份与来源。尽管尼采与赫丽生曾经对狄俄尼索斯进行解读,但二者均不能够解释狄俄尼索斯仪式上所用类似于阳具的道具以及酒神被妇女们所钟爱的原因,而希罗多德那种酒神源于埃及的解释则带有一种神秘的色彩,欠缺说服力。尼尔森极力反对酒神"外来说",他在《希腊神话的迈锡尼起源》中认为,狄俄尼索斯的起源时间在迈锡尼时代,但是他依然不能为酒神仪式提供一些阐释的细节。

金芭塔丝在考古发掘中发现,早在公元前第六千纪至公元前第五千纪,欧洲东南部就已经出现了狄俄尼索斯仪式上所使用的类似于阳具的器物与半人半牛的雕像。这些考古器物表明,这个地方类似于酒神崇拜仪式的节日,起码在希腊文明出现之前就存在了五千年。在凯奥斯(Keos)岛屿上有一个建造于公元

---

① Charlene Spretnak, *Lost Goddesses of Early Greece*. Boston: Beacon Press, 1984. p. 97.
② 参见 Marija Gimbutas, *The Language of the Goddess*. London: Thames and Hudson, 1989. P. xviii, pp. 29,79,121,318; Marija Gimbutas, *The Civilization of the Goddess: The World of Old Europe*. San Francisco; Calif: Harpet San Francisco, 1991, Introduction. pp. 235,240,314; [美] 马丽加·金芭塔丝:《活着的女神》,叶舒宪等译,广西师范大学出版社,2008 年,第 166—167 页。

前15世纪的狄俄尼索斯神殿,被反复使用了一千年以上。在这个神殿里出土了一些陶制的妇女雕像,她们身着节日盛装,乳房裸露,脖子与腰部缠绕着蛇,跳着迷狂的舞蹈。[①]很显然,这些雕像是酒神的女祭司。酒神仪式并不是什么神秘的仪式,而是史前女神崇拜仪式的延续,酒神其实不是别的,而是古欧洲大女神的配偶与伴侣,是一位会生长与死亡的植物男神。这样看来,狄俄尼索斯不只属于希腊,而且属于古欧洲,酒神精神也不是希腊人独有的精神,而是属于所有的古欧洲人及其后裔的。

六 小结

从学术背景上看,金芭塔丝从事的研究领域是考古学,其学术研究核心为古欧洲与库尔干(Kurgan),神话仅仅是假说的一个组成部分。一些考古学研究者将金芭塔丝的研究方法冠以"认知考古学"之名,而金芭塔丝自己将其称为"神话考古学"(archeomythology),因为她相信,神话与民间故事可以为欧洲新石器时代那些出土文物的研究提供佐证。关于古欧洲的女神宗教,金芭塔丝回避了这样一些问题:女神在当时社会中到底扮演了一种怎样的角色?女神崇拜的社会驱动力是什么?在一种什么样的社会语境下,女神宗教操纵或控制了社会?尽管如此,金芭塔丝对神话的探索却具有一股巨大的冲击力,她重构了神话与宗教符号象征体系,对人类史前的那些符号进行了分类与主题归纳,还确立了这些图像在宗教崇拜中的基本阐释单元与主题,赋予这些图像一种神圣的宗教意义,使得它们成为人类最早的神话形象。

金芭塔丝对古欧洲神话考古的探索,为希腊神话研究提供了文化背景,使得希腊神话走出了孤立的文化语境,融入了世界宗教与神话的共同体系中。更为重要的是,她开启了希腊神话考古的研究范式,将希腊神话带回到了广阔的史前时代,将其纳入考古学田野中,从而摆脱了希腊神话研究局限于文字书写的时代及文本的困境。文学式神话研究的模式从此得以改观,神话研究,尤其是希腊神话研究,开始走向史前符号与图像的世界。

金芭塔丝对希腊神话学最为主要的贡献是,她对文明本身概念的界定与革新。以往的研究者,往往将文明界定为一种物质性的存在,譬如说,城邦的出

---

① 参见[美]马丽加·金芭塔丝:《活着的女神》,叶舒宪等译,广西师范大学出版社,2008年,第172—173页。

现、工具的制造、阶级的分化等，这些外在的东西加到了文明的概念中，作为衡量文明的标准。但是金芭塔丝的"女神文明"的一个前提是，文明的界定不要凭借很多外在的物质条件，最主要的一点是，看当时的文明对人类的精神的满足程度。文明的主要功能是对人类心灵的解放，人在当时的社会环境中有没有充分享受到一定的自由，或者有没有拥有一定的尊严，文明是对人的尊重，这是一种内在的精神。金芭塔丝所强调的"女神文明"其实强调生命的更新、事物的轮回，还有人和万物相互和谐的一种精神。从这个层面来看，金芭塔丝对文明的最大挑战就是，她驳回了原来物质性的文明的界定，而用一种内在的所谓审美标准和精神来衡量。

但是，反过来说，"女神文明"限定在公元前7000年—公元前3000年之间，地域也只限定在古欧洲，并不包括所谓的古中国与东亚地区。也就是说，金芭塔丝的"女神文明"，不论是从时间还是地域上看，都是有限制的。所谓的"女神文明"的真实性，只能从其强调的精神性这一点来说，至于物质性方面的证据，并不充分。而且，金芭塔丝所用的考古证据大部分是陶器，还有一些骨器，没有我们所说的玉器与其他东西，所以她在考古物证方面同样有局限性。笔者认为，如果从物质层面来看，所谓"女神文明"的真实性，还是要打折扣的，但是从内在的精神来说，整个的世界史前文化都存在这种"女神文明"，当然，这只是从非物质性层面考虑。

第十章 女性主义神话学

第一节 概论

20世纪后半叶,神话学领域迎来了一场颇富颠覆意味的革命,这就是女性主义神话学的崛起。女性主义神话学不像其他神话学派那样从单一视角或用单一方法阐释神话,如神话的起源、性质、界定、功能等,相反,"它从一种跨学科的角度,着眼于重申先前神话研究中那些被忽略的因素,或者发掘创造神话的文化中先前难以获取的知识层面"[1]。也就是说,女性主义神话学是从现代社会女性观念出发的批判视角,其意义远远超越了过去神话研究中那种将男人与女人之间的相互关系作比较的性别研究,它探讨的是以往神话研究中那些被忽略的层面:女性经验、女性范畴、女性形象,以及女性在文明发展过程中所扮演的角色等。

女性主义神话学的研究范式对现有的神话探讨造成了深远的影响,同时引起了整个知识界的震动与争论。面对这种现象,我们不禁要问:是何种原因使得它迅速崛起并成为神话学界最有影响力的一个学派?女性主义神话学的理论依据与知识背景是什么?其实,女性主义神话学的兴起并非偶然,其崛起固然与女权主义运动有不可分割的关系,更为重要的是,女性主义神话学的形成有着一定的学术背景与理论渊源,与现代神话学本身的发展密不可分。

直接催生女性主义神话学中的女神研究的是20世纪后半期考古学新石器时期与青铜时期的大发现。继20世纪初亚瑟·伊文思在克里特(Crete)岛取得重大成果之后,考古工作者在希腊大陆、土耳其、澳大利亚、西伯利亚等地取得了重大发现。如果将中国计算在内的话,则有红山文化遗址的发现。在上述这

---

[1] Stephen L. Harris and Gloria Platzner, *Classical Mythology: Images and Insight*. 4th ed. Boston; Mass.: Mc Graw-Hill, 2003. p. 51.

些地方，出土了大量的人工制品，包括制作精美的彩绘陶碗、陶罐，以及数量惊人的动物雕塑、女性小雕像、面具、岩画、壁画等。这些文物上有大量的动物形象与女性形象，尤其是怀孕的妇女形象。考古学界惊人的大发现很快引起了神话学者的关注，而其中雕有女性形象的出土器物则启发了女性主义神话学中的史前女神研究，马丽加·金芭塔丝关于"女神文明"（Goddess Civilization）与"大女神"（Great Goddess）的设想就直接受益于这些考古发现。

与此同时，神话学本身的发展推进了女性主义神话学的诞生。剑桥学者弗雷泽伟大的母神及其垂死的男性植物神伴侣的观点，是金芭塔丝直接的理论资源。她将古欧洲那些出土的男神塑像阐释为史前"大女神"的伴侣，这些男神的主要功能是保护森林与大自然，同时与女神结成神圣的婚姻，促进宇宙与人类的繁衍。[①]而神话—仪式学派将神话与仪式联系起来进行研究的模式，则给了金芭塔丝很多启发。金芭塔丝将女神符号与死亡、再生仪式相结合进行探讨的阐释模式，就受益于剑桥学者们，只不过她将文字书写的神话置换为图像与符号表述的史前神话意识形态罢了。

荣格及其追随者倡导的神话—原型理论中"大母神"（Great Mother）的概念，直接催生了女性主义神话学关于"大女神"（Great Goddess）的设想。荣格弟子埃里克·诺伊曼（Erich Neumann）在荣格的理论基础上，提出了"大母神"假说。该理论认为，"大母神"其实是一种心理学上的形象，她源于原始符号中的大圆（Great Round），后者是一种无意识与未分化的心理阶段。从大圆中后来分化出了"大父神"（Great Father）与"大母神"形象，最后"大母神"又演化为美善母神（Good Mother）与恐怖母神（Terrible Mother）两类形象，具有正面与负面特征。[②]这种假说的立足点是印欧后期的宗教意识形态，不是基于考古学与神话学资料。女性主义神话学者金芭塔丝结合史前考古资料与神话、传说，将埃里克·诺伊曼理论中的恐怖母神改造成了死亡女神，又将美善母神的正面特征拆分为赋予和更新生命的特征，在此基础上提出了史前"大女神"形象，强调创造女神的创造、毁灭与再生功能。

女性主义神话学的另外一个理论来源是比较神话学。法国学者杜梅齐尔认为，古代印欧神话中的神明与英雄形象，可以按照其地位高低分为三类：僧侣、武士与平民，神话中这三个阶层反映了印欧人社会中三个社会阶层，分别涉及

---

① 参见 Marija Gimbutas, *The Civilization of the Goddess*: *The World of Old Europe*. San Francisco; Calif.: Harper San Francisco, 1991. pp. 249-251.

② 参见 Erich Neumann, *The Great Mother*: *An Analysis of the Archetype*. New York: Pantheon, 1955.

三个领域：神圣、体力与丰产。①只不过杜梅齐尔的"三功能"全部属于男性。金芭塔丝将杜梅齐尔倡导的男性丰产职能改造为史前"大女神"三个功能中的创造生命功能，同时强调了"大女神"在史前文明与宗教中的崇高地位。

在讨论女性神话学的过程中，与此相关的问题是：神话探讨中女性研究者的醒目，女性学者本身对神话文本中男性话语的反感与谴责，以及研究者在探讨中对女性语言的使用等，这些都应该是本书探讨的重点。不过，本书在此只打算将讨论对象集中在女性主义神话学者提出的三个重要问题上：第一，神话表述中那些负面的女性形象，尤其是女神形象，其原型是什么？第二，史前宗教崇拜的主要神明是男神还是女神？第三，既然世界上大多数已知的文明形态都是父权制的，那么，生成神话的文明或史前文明究竟是"男神文明"还是"女神文明"？

所有这些问题都是以往神话研究中所忽略或没有注意到的，在探讨这些问题的过程中，女性主义神话学对当下的社会生活产生了深远的影响，由此而掀起了现代社会中文化的"性别认知"，引起了人们对文化中的"性别差异"、"性别范畴"在时间与空间内变化的关注。更为重要的是，女性主义神话学所探讨的史前文明属性问题，引起了世界各地人们对于自己文明起源的关注。毕竟，人类不仅仅拥有现在与未来，还曾经生活在过去，有过一段漫长的文明历史。

第二节　神话与女性经验

早在一个世纪之前，剑桥学者赫丽生就指出，奥林匹斯众神并非是希腊人真正的神明，而是希腊人想象的产物。她认为只有那些女神，尤其是以母亲形象出现的女神，才是希腊神话真正的主角。②20 世纪六七十年代女权运动的兴起，则促使人们重新审视神话学对待女性的态度。女权主义者认为，自从有了文字，文明的发展就充满了血腥与暴力。在这样一种情况下，性别也并不是一种生物学意义上的范畴，而是现代父性文化建构起来的，它满足了当代社会的意识形态诉求。帕特里夏·赖斯（Patricia Reis）尖锐地指出："性别并不是天生的，

---

① 这部分内容在本书"比较神话学"部分有所论述，此处省略。
② 参见 Jane Ellen Harrison, *Mythology*. New York and Burlingame: Harcourt, Brace & World, Inc. 1963. pp. 44-93；[英] 简·艾伦·赫丽生：《古希腊宗教的社会起源》，谢世坚译，广西师范大学出版社，2004 年，第 476—531 页；[英] 简·艾伦·赫丽生：《希腊宗教研究导论》，谢世坚译，广西师范大学出版社，2006 年，第 235—295 页。

它是一个由文化建构起来的概念。"①

当将这种观点应用到神话研究中时，人们就会发现，神话是由男性书写的，其中充满了性别差异。一般来说，神话是展现男性话语的文本，在某种程度上表现出对于女性存在的误解与蔑视，神话中的女性形象有时就被扭曲变形了。女性主义神话学的任务因而是重新审视神话，摆脱那种业已形成固定模式的神话倾向，从而深入体察神话表述中的女性生存经验，重构神话中的女性形象。

这方面的代表是美国学者玛丽·R. 莱夫科维茨（Mary R. Lefkowitz）。国外关于莱夫科维茨神话研究的介绍比较少见，国内学者叶舒宪先生曾经在其论著《千面女神》中介绍过这位女学者的观点②，但过于简单，本书欲加以补充。

玛丽·R. 莱夫科维茨认为，"因为古代社会关于女性的表述大部分是由男性来书写的"③，因此，属于男性话语的希腊文本就宣扬了这样一种观念：男人天生就应该积极主动，而女人则理所当然臣服于男人的统治。作为希腊人真正精神遗产的希腊神话，同样存在这种情况。很多时候，神话中的女性处于一种无力而软弱的状态，无力主宰自己的命运，她们的婚姻、死亡都由神明或男性来掌握。即便有些时候女性拥有掌握自己命运的权力，这些女性也一般都是负面形象，比如亚马逊人（Amazon，希腊写作 Ἀμαζων）、酒神的女祭司等。莱夫科维茨指出，造成这种现象的原因主要有两点："第一，最为重要的一条是，我们现在看到的希腊神话大部分是以压缩和过滤的形式出现的，最常见的形式是文学作品，但很多时候，这些希腊神话是以故事的形式出现在现代神话手册中的。不可避免的是，就在浓缩与转换的过程中，神话的本原意义丢失了。……第二，更为糟糕的是，我们对神话的误解源于现实社会生活中一些话题与信仰。当我们读到一些保存在古代文学作品中关于女性的神话时，我们就可以粗略地了解到这些作者们是如何理解妇女的，但是我们自己关于神话应该是什么样子的设想却导致我们不恰当地强调了一些神话因素，这却是古代的作者们所没有

---

① Patricia Reis, *Through the Goddess: A Woman's Way of Healing*. New York: Continuum, 1991. p. 26.

② 参见叶舒宪：《千面女神》，上海社会科学院出版社，2004 年，第 15 页。

③ Mary R. Lefkowitz, "Wives and Husbands," in *Greece & Rome*, Second Series, Vol. 30, No. 1 (Apr., 1983), pp. 31-47, p. 31. Published by: Cambridge University Press on behalf of The Classical Association.

想到的。"①基于此，她提出了这样一种观点：摆脱既往神话研究中那种从现代社会理念出发的神话研究模式，比如心理学的阐释路径，重新从古代希腊人自己的视角来看待神话中关于女性的表述，尽可能地"还原"这些神话中女性形象蕴含的本来意义。

当然，这种解读模式的前提是：究竟什么是神话？以往的种种理论对神话有不同的认知与界定，心理学者将神话视为人类心理的投射，神话因而成为精神的符码，其中隐藏着人类关于性的种种秘密；结构主义认为神话是人类精神的一种形式或结构性表现，不论是其形式还是内容都与一定社会的文化相关，神话也就成为人类社会文化的一种符号。二者背后的逻辑思维是：神话是虚构的，它很难反映人类社会与文化的真实情况，要解读神话的深层意义，必须借助于一定的符码与手段，发掘隐藏在神话深层结构中的意蕴。女性主义神话学者坚决反对这种对神话的界定，认为不应该功利地将神话视为一种可以运用现代神话学方法来破译的代码，神话不是人类虚构的产物，相反，"神话是现实的副本和原型，它揭示了现实生活的结构"②。莱夫科维茨当然同意这种对神话真实性的看法，不过她对神话的定义更为精确。她认为，"神话本质上是人类生活中关于超自然事物的故事"③。在作这种界定时，莱夫科维茨强调了这样一种观点，即尽管神话蕴含了生活的现实性因素，但神话表述的内容却是一些超自然存在物的故事，在一定程度上富有虚构性，同时又具有神圣性，它能够解决人类生活中遭遇到的许多严肃而重大的问题。这一点也是神话学家伊利亚德（Mircea Eliade）所强调的："这就是为何神话被视为人类行为楷模的原因，因为神话透露了真实的故事，将自身与对现实的观照联系了起来。"④

既然神话与现实生活息息相关，那么神话中表述的形象，尤其是女性形象，与现实中的女性就有了某种联系，她们在神话中的生活经验与现实生活中的女性经验同时有了一种关联。二者是对应的还是对立的？抑或是互补的？这就是莱夫科维茨探讨问题的核心。在探讨问题的同时，她强调了两点：第一，希腊人是讲述故事的高手，他们所表述的就是自己想要说明的，根本就没有言外之意。那些微言大义式的神话解读模式其实是一种误读，在某种程度上偏离了希

---

① Mary R. Lefkowitz, *Women in Greek Myth*. London: Duckworth, 1986. p. 10.

② Bettina L. Knapp, *Women, Myth, and the Feminine Principle*. Albany; N. Y.: State University of New York Press, 1998. p. 239.

③ Mary R. Lefkowitz, *Greek Gods, Human Lives: What Can We Learn from Myths*. New Haven & London: Yale University Press, 2003. p. ix.

④ Mircea Eliade, *Myths, Dreams, and Mysteries*. New York: Harper Torchbooks, 1967. p. 15.

腊神话讲述者的意图。这其实是在否定心理分析与结构主义的阐释模式,因为二者总是忽略神话的字面意义而探寻其深层意蕴。第二,要注意区分一则故事的字面意义与神话意义。有些时候,相同的神话故事在不同的语境中会有不同的意思,要注意二者的差异。这种观点与结构主义的看法是一致的,就是将神话放入其语境中理解,不要将神话的意义与其讲述环境分割开来。[1]

莱夫科维茨分析的例子很多,其中比较典型的是关于亚马逊人的分析。关于亚马逊人的神话很多,从希罗多德到荷马以后的诗人,都有表述。在神话表述中,亚马逊人没有右乳,只有左乳,她们在很小的时候就被训练,骑在马背上打仗,一些少女在结婚前要杀死三个男青年等。早在19世纪,瑞士学者巴霍芬(Johann Jacob Bachofen)在其论著《母权制》中就对亚马逊人作了探讨。巴霍芬认为,神话与传说至少保存了历史事实的一些内核,希腊神话中的亚马逊人故事因而是真实的,是亚马逊女权社会的写照,这些表述是一种已有事实的遗留。继巴霍芬之后,海伦·丹尼尔(Helen Diner)在《母亲与亚马逊人》(*Mothers and Amazon: The First Feminine History of Culture.* NewYork: Anchor/Doubleday, 1965),菲莉斯·切斯勒(Phyllis Chesler)在《女性与癫狂》(*Women and Madness.* NewYork: Palgrave Macmillan, 1973)中都探讨了亚马逊人。二者的立场与巴霍芬基本一致,认为亚马逊人是历史上曾经真实存在的一个部族。

作为一名女性主义神话学者,莱夫科维茨并不认可上述学者的观点,她认为这些人其实是激进主义者,并没有真正理解希腊神话的本意。她指出,"亚马逊人"这个名字其实是希腊人创造的一个词语,语义分析提供了一种有力的证据。希腊人喜欢用自己的语言来理解那些外来的词语,因此在神话中就出现了很多外来的概念,亚马逊人就是其中之一。"亚马逊"(amazon)这个词语由两个部分构成:a+mazos,mazos(希腊语是 μστός)意思是一个乳房,于是神话中就将亚马逊人表述为只有一个乳房了。索拉玛塔厄(Sauromatae)这个部落的名字源于索拉斯(Sauros,希腊语是 σαύρη),意思是蜥蜴,于是希腊神话中就出现了亚马逊的母亲们不用乳汁而用蜥蜴喂养婴儿的说法。当然,这仅仅是亚马逊人名字的来源,问题是:亚马逊人已经在希腊神话中形成了固定的形象,要重构其女性形象与经验,并非易事。莱夫科维茨指出,希腊人非常善于表述自己,不论是在文学中还是艺术中都是如此,他们如果想要表明什么的话,就会直接说出来,不会拐弯抹角。亚马逊人之所以被希腊人创造出来,是因为希腊人想借

---

[1] Mary R. Lefkowitz, *Women in Greek Myth*. London: Duckworth, 1986. p. 13.

助于这个故事表明自己的社会观念:"任何人如果想脱离正常家庭生活或对其怀有不满情绪的话,他对整个社会都是有害的。"①也就是说,亚马逊人的神话故事其实含有一种说教功能,警告人们不可以像这些女性一样过一种不正常的生活,否则最后没有好下场。从这个角度上看,亚马逊人的形象就具有了一种正面说教功能,而不是传统认知中所理解的那样,神话中女性的生活经验因而成为一种富有教化意味的生存状态,具有正面意义。

除了亚马逊人以外,希腊神话中还有大量的女性形象,尤其是已婚妇女形象。但是这些妇女形象的地位一般都不高,大多处于被动、消极而软弱的地位,女性的社会地位远远没有男性的社会地位高。埃斯库罗斯(Ἀισχύλος)的三部曲《俄瑞斯忒亚》中,雅典娜(Ἀθήνη)将胜利判给了代表男性观点的阿波罗(Ἀπόλλων),其依据是母亲不是孩子的起源。在这里,父权制原则的胜利结束了的复仇女神们的统治,肯定了父权制对于母权制的优越地位。莱夫科维茨认为,必须重新认识神话中的女性经验与形象,用一种全新的角度来理解女性们的经验,破除已有的认知模式。她指出,希腊神话中充满了大量的"坏"妻子形象,也有很多"好"妻子形象。所谓的"好"妻子,有如下几种条件:貌美如花,性情如神,聪明睿智,忠贞贤淑等等,这种女人像女神一样完美;所谓的"坏"妻子则相反。所谓的"好"与"坏",其实是用男性的眼光来判断女人,是从一个女人对一个男人或对自己孩子的贡献来说的,是既定社会加在女性身上的价值判断与标准。而女人自己心中在想些什么,神话则根本就没表述。如果换一种眼光来解读神话中的女性形象,那么就会有另外一种效果。比如,希腊神话中有一个著名的神话故事,阿伽门农(Ἀγαμέμνων)在特洛伊战争中将自己的女儿伊菲革涅亚(Ἰφιγένεια)献给阿尔忒弥斯(Ἄρτεμις)女神,以此换来了希腊的胜利。一般的解读模式将伊菲革涅亚视为战争的殉难者,一个软弱无力的悲剧性少女形象。莱夫科维茨认为,软弱、消极这些特征,其实是从男性的角度看待这个少女形象的,从另外一个视角来看,伊菲革涅亚在神话中并不是消极、被动的形象,而是一位勇敢、主动的少女,因为她用一个人的牺牲换取了希腊人在整个战争中的胜利。这么一来,伊菲革涅亚的故事就具有另外一种意义:"女性同男性一样勇敢,能够获得同样的社会价值。"②这种解读

---

① Mary R. Lefkowitz, *Women in Greek Myth*. London: Duckworth, 1986. p. 27.
② Mary R. Lefkowitz, *Women in Greek Myth*. London: Duckworth, 1986. p. 95.

颇有一种反弹琵琶的意味,因为它果断地寻求男性对女性的成见,尤其是一些男性书写的作品中对女性的偏见。此种分析模式同时表明,在一些特殊时刻,女性的社会价值比男性要高,至少与男性是平起平坐的。"对于希腊人而言,使得女人们看上去富有吸引力与危险的并非是她们的美貌,而是她们的才智。"①

莱夫科维茨关心的是希腊神话中的女性日常经验,女性生活中一些重大事件,比如结婚、生子、死亡等,并没有纳入其考察范围。学者肯·道登（Ken Dowden）②、妮科尔·劳伦斯（Nicole Loraux）③等人,分别对上述这些女性经验进行了探讨。在学者们的关注下,女性生活与体验成为与男性经验迥异的表述对象,不管是作为一种实质性的本体论或心理差异的结果,还是作为历史印痕和社会结构的结果,它都是男性运用男性话语来推进对女性主宰的工具。在这个层面上说,神话中的女性形象与生活经验并不是天生的,而是男性文化话语制造出来的。

第三节 重构英雄范畴：神话中女性形象再发掘

上述学者对女性体验的探讨表明,希腊神话中的女性经验与希腊社会生活中妇女们的真实体验之间有着极大差异,主要由男性们掌握了神话的表述和书写权力所致,女性形象本身并没有什么问题。另外一些学者则认为,希腊神话中女性形象并不是学者们所说的那么完备,其中缺少了一个非常重要的类型——女英雄,必须对这些女性形象进行再发掘,改变人们对待英雄的态度,重新建构英雄范畴。这方面的代表是德博拉·莱昂斯（Deborah Lyons）、珍妮弗·拉森（Jennifer Larson）④,前者尤其突出。

20世纪神话学界对英雄的探讨已经形成了一个热潮,考古学、心理学阐

---

① Mary R. Lefkowitz, *Women in Greek Myth*. London: Duckworth, 1986. p. 136.

② Ken Dowden, *Death and the Maiden: Girls' Initiation Rites in Greek Mythology*. London: Routledge, 1989.

③ Nicole Loraux, *Tragic Ways of Killing a Woman*. Tr. Anthony Forster. Cambridge; Mass.: Harvard University Press, 1987.

④ Jennifer Larson, *Greek Heroine Cults*. Madison: University of Wisconsin Press, 1995.

释、结构主义，各种方法都有，①这些研究视角在探讨英雄神话时，有一个潜在的前提：所谓的英雄仅仅是一些男性，并不包括女性。尽管沃尔特·伯克特在其论著《希腊宗教》中明确指出，"从语源学角度来说，'英雄'一词尚没有明确的源头"②，他却没有对英雄的范畴进行质疑，坚信英雄理所当然就是男性，不包括女性。芬利（M. I. Finley）甚至宣称，"英雄时代并不存在女性英雄"③，没有与英雄匹配的女性形象，希腊古风时代的英雄主义也自然与女性无缘，它是男性的专有名词。

面对这种研究现状，德博拉·莱昂斯指出，芬利的结论是从《荷马史诗》中得出的，并不是针对整个希腊古代神话而言。实际上，"女英雄形象不仅存在于《荷马史诗》中，而且在希腊其他古代神话文本中同样存在"④，只不过研究者们不愿意承认罢了。

德博拉·莱昂斯认为，女英雄的含义是："首先，女英雄这个词语指的是那些被英雄化的女性人物，或者是那些接受了英雄称号的女性；其次，这个词语指的是史诗、神话与崇拜中的一些女性形象。"⑤在将这个概念扩展到希腊神话与祭仪中时，德博拉·莱昂斯其实是想挑战传统概念中对英雄形象的界定，这些形象将女性排除在外。当然，她对女英雄的探讨不是像学者法内尔（Lewis Richard Farnell）那样去探求女英雄的属性，而是沿着学者安杰洛·布里奇（Angelo Brelich）的探讨模式，关注女英雄在神话与祭仪中的角色、地位与功能，将其置于神话形象之中，考察她与各个神话形象如神明、人类、英雄之间的关系，在关系之网中作一种结构主义式的探究。

沃尔特·伯克特认为，辨别一个神话形象是英雄，主要有如下几个标准：1. 具有英雄或神明的血统，其父母必有一位是神明或英雄；2. 与神话中的某个神明具有一种亲密的关系：要么是神明的情人，要么是神明的祭司或对手；3. 与某个神明的祭奠有着关联，比如在避难所或祭奠中占有一席之地位；4. 拥有自己的庙宇或墓穴，同时还有献祭物，或一些仪式性的庆典活

---

① 这方面的探讨在本书相关部分均有所论述，此处不累述。
② Walter Burkert, *Greek Religion*. Cambridg; Mass.: Harvard University Press, 1985. p. 203.
③ M. I. Finley, *The World of Odysseus*. New York: Viking Press, 1978. p. 33.
④ Deborah Lyons, *Gender and Immortality: Heroines in Ancient Greek Myth and Cult*. Princeton; N. J.: Princeton University Press, 1997. p. 7.
⑤ Deborah Lyons, *Gender and Immortality: Heroines in Ancient Greek Myth and Cult*. Princeton; N. J.: Princeton University Press, 1997. p. 5.

动。①莱昂斯指出，如果按照这种界定英雄的标准来辨别女英雄，那么希腊神话中有很多这样的形象，海伦（Ἑλένη）、伊菲革涅亚（Ἰφιγένεια）、赛墨勒（Σεμέλη）、阿里阿德涅（Ἀριάδνη）、伊诺（Ἰνω）等，都可以划入英雄之列。这些女性形象存在于神话文本、宗教崇拜或瓶画上，有时候比男性英雄的形象还要醒目，以往的研究者之所以没有留意，主要是基于男性主义的视角，将这些神话形象视为男性英雄的陪衬所致。

人类在世界上处于独一无二的地位。两千多年前，苏格拉底就将哲学的中心主题界定为人类有目的之活动，并告诫其听众要思考人类的存在境况；柏拉图在晚年也曾经将人定义为"没有羽毛的、有双脚的创造物"。希腊德尔斐（Δελφοί）的阿波罗神殿中有一句古老的神谕："认识你自己。"所有这些指向的是这样一个问题：人究竟是什么？希腊诗人品达（Πίνδαρος）将宇宙中的生命形态划分为三种：诸神、英雄和人。尽管品达并没有就此对这三类生命形态之间的关系发表看法，他却对人类持一种悲观看法，认为人类最好的命运就是不要出生，或者一出生就尽快地死去（《残篇》，第157行）。赫西俄德（Ἡσίοδος）在《工作与时日》（ΕΡΓΑ ΚΑΙ ΗΜΕΡΑΙ，第5—7行）中不无伤感地说：

ῥέα μὲν γὰρ βριάει, ῥέα δὲ βριάοντα χαλέπτει,
ῥεῖα δ' ἀρίζηλον μινύθει καὶ ἄδηλον ἀέξει,
ῥεῖα δέ τ' ἰθύνει σκολιὸν καὶ ἀγήνορα κάρφει
Ζεὺς ὑψιβρεμέτης, ὃς ὑπέρτατα δώματα ναίει.

"所有死的凡人能不能出名，能不能得到荣誉，全依伟大神祇宙斯的意愿。因为他既能轻易地使人成为强有力者，也能轻易地压抑强有力者。"②荷马（Ὅμηρος）在《伊利亚特》（Ἰλιάς）中不止一次地将人类比作"被风吹落到地上的树叶"，"一旦生命终止便会枯萎凋零"。公元前7世纪的诗人西摩尼德斯（Σιμωνίδης）则将人比作"只有一天生命的生物"，像牲畜一样活着，"不知道神灵为我们每一个人所注定的命运是什么"。希罗多德（Herodotus）在《历史》中记载了这么一个故事：一位母亲祈求阿波罗以其神的力量赋予她的两个孩子最大的礼物，以此作为她多年虔诚的回报。阿波罗应许了这位母亲的请求，她的两个孩子就立即毫无痛苦地死去了。③

---

① Walter Burkert, *Greek Religion*. Cambridge; Mass.: Harvard University Press, 1985. pp. 203-208.
② [古希腊] 赫西俄德：《工作与时日》，张竹明等译，商务印书馆，1997年，第5—7行。
③ 参见 [古希腊] 希罗多德：《历史》，王以铸译，商务印书馆，1985年，1卷31节1行以下。

看上去就是爱奥尼亚的诗人与历史学家们被人类的贫穷、病痛和衰老吓坏了，认为唯一可能的安慰就是战争与荣誉，或者是由财富所带来的种种享乐。但是，常人很难享受到这些东西，只有那些非凡的英雄们才有特权拥有。对于人来说，最重要也最痛苦的界限是死亡：这是人类有限的份额。跨越这个界限不是不可能，但是，等待他们的是不幸的后果。英雄吕枯耳戈斯（Λυκοῦργος）就是一个例子。《伊利亚特》（6.130—143 行）这样描述这位英雄的行为与后果：

οὐδὲ γὰρ οὐδὲ Δρύαντος υἱὸς κρατερὸς Λυκόοργος　　　　130

δὴν ἦν, ὅς ῥα θεοῖσιν ἐπουρανίοισιν ἔριζεν·

ὅς ποτε μαινομένοιο Διωνύσοιο τιθήνας

σεῦε κατ᾽ ἠγάθεον Νυσήϊον· αἱ δ᾽ ἅμα πᾶσαι

θύσθλα χαμαὶ κατέχευαν ὑπ᾽ ἀνδροφόνοιο Λυκούργου

θεινόμεναι βουπλῆγι· Διώνυσος δὲ φοβηθεὶς　　　　135

δύσεθ᾽ ἁλὸς κατὰ κῦμα, Θέτις δ᾽ ὑπεδέξατο κόλπῳ

δειδιότα· κρατερὸς γὰρ ἔχε τρόμος ἀνδρὸς ὁμοκλῇ.

τῷ μὲν ἔπειτ᾽ ὀδύσαντο θεοὶ ῥεῖα ζώοντες,

καί μιν τυφλὸν ἔθηκε Κρόνου πάϊς· οὐδ᾽ ἄρ᾽ ἔτι δὴν

ἦν, ἐπεὶ ἀθανάτοισιν ἀπήχθετο πᾶσι θεοῖσιν·　　　　140

οὐδ᾽ ἂν ἐγὼ μακάρεσσι θεοῖς ἐθέλοιμι μάχεσθαι.

εἰ δέ τίς ἐσσι βροτῶν οἳ ἀρούρης καρπὸν ἔδουσιν,

ἆσσον ἴθ᾽ ὥς κεν θᾶσσον ὀλέθρου πείραθ᾽ ἵκηαι.

即便是吕枯耳戈斯，德律阿斯强而有力的儿子，
也不能长寿，因他试图与天神交手。
那时他曾经将癫狂之神狄俄尼索斯的众位祭司
赶下神圣的倪萨山，她们将手中的树杖丢在地上，
遭受赶牛的吕枯耳戈斯狠命抽打。
狄俄尼索斯丧胆逃命，一头扎到海浪之中，
忒提斯接待了酒神，将他放在膝上，免得他魂飞魄散，
因为酒神此时两腿打颤，遭受凡人的责骂。
此后，无忧无虑的众神震怒于吕枯耳戈斯的暴行，
克洛诺斯的儿子打瞎了他的双眼，
将其阳寿折短，众神都憎恨此君。
因此，我不愿与神圣的神明对抗，
不过，倘若你是一介凡夫俗子，吃食地上的出产，
不妨走上前来，以便我尽快将你送上败亡境况。

对希腊神话世界的人来说，他们根本不可能通过祈祷与众神建立一种像基督教中上帝与信徒之间那种亲密无间的关系，也永远无法掌控自己的命运，即使是身世显赫的男性英雄，亦不能摆脱"神明编织的命线"。他们与其他人类一样，不得不接受人类的悲惨处境——"落在时间的陷阱中，落在必死的命运中"[①]。

但是，希腊神话中的女英雄却可以摆脱死亡的绳索，从而成为不死的女神。德博拉·莱昂斯认为，男性英雄无法跨越的死亡界限，女英雄可以轻松超越，她们经历了从女英雄到女神的蜕变过程。赛墨勒、阿里阿德涅、伊诺等人最后都成了不死的女神，在人间拥有自己的神庙或墓穴。这些女英雄一般都拥有美丽的容颜，超人的智慧和胆量，获得了男性神明的喜爱，甚至遭到了女神的妒忌。在情感上，女性英雄一般更容易与男性神明发生情欲上的关系，很多时候男神垂涎于女英雄的美貌。《伊利亚特》（14.313—328行）中的宙斯曾经这样表述自己与女性英雄的情欲关系：

Ἥρη κεῖσε μὲν ἔστι καὶ ὕστερον ὁρμηθῆναι,

[①] K. W. 格兰斯等：《荷马与史诗》，唐均译，见 [美] F. L. 芬利主编：《希腊的遗产》，张强等译，上海人民出版社，2004年，第81页。

νῶϊ δ᾽ ἄγ᾽ ἐν φιλότητι τραπείομεν εὐνηθέντε.

οὐ γάρ πώ ποτέ μ᾽ ὧδε θεᾶς ἔρος οὐδὲ γυναικὸς 315

θυμὸν ἐνὶ στήθεσσι περιπροχυθεὶς ἐδάμασσεν,

οὐδ᾽ ὁπότ᾽ ἠρασάμην Ἰξιονίης ἀλόχοιο,

ἣ τέκε Πειρίθοον θεόφιν μήστωρ᾽ ἀτάλαντον·

οὐδ᾽ ὅτε περ Δανάης καλλισφύρου Ἀκρισιώνης,

ἣ τέκε Περσῆα πάντων ἀριδείκετον ἀνδρῶν· 320

οὐδ᾽ ὅτε Φοίνικος κούρης τηλεκλειτοῖο,

ἣ τέκε μοι Μίνων τε καὶ ἀντίθεον Ῥαδάμανθυν·

οὐδ᾽ ὅτε περ Σεμέλης οὐδ᾽ Ἀλκμήνης ἐνὶ Θήβῃ,

ἥ ῥ᾽ Ἡρακλῆα κρατερόφρονα γείνατο παῖδα·

ἣ δὲ Διώνυσον Σεμέλη τέκε χάρμα βροτοῖσιν· 325

οὐδ᾽ ὅτε Δήμητρος καλλιπλοκάμοιο ἀνάσσης,

οὐδ᾽ ὁπότε Λητοῦς ἐρικυδέος, οὐδὲ σεῦ αὐτῆς,

ὡς σέο νῦν ἔραμαι καί με γλυκὺς ἵμερος αἱρεῖ.

赫拉，你暂缓到那里去，
现在，让我们尽情欢爱，享受床笫之欢。
对于一个女神或女人的欲望，
从未像现在溢满我心，令我无法控制。
即使在我与伊克西翁之妻欢悦时，
她为我生子裴里苏斯，其智谋可与神明媲美。

或当我与阿克里西俄斯的秀美脚踝的女儿达那厄欢爱时,
她生下了珀尔修斯,人间最为卓越的英雄;
或当我与福尼克斯的闺女欢爱时,
她产下了米诺斯和似神的剌达曼提斯二兄弟;
或当我与赛墨勒,或忒拜的阿尔克墨涅同床时,
后者生下了大胆的赫拉克勒斯;
赛墨勒生下了狄俄尼索斯,给凡人带去了欢乐;
或当我欢爱的墨忒耳,秀发的神母,
或当我求欢于地位显赫的勒托时,都赶不上
对你的情欲渴望,它已将我俘虏。

  女英雄除了与男神具有一种情感与身体上的密切关联外,她们与女神同样存在一种密切的关系,这种关系是类同关系,而不是男英雄与男神之间的对立关系。女英雄与女神不存在性别的差异,二者之间的差异是死亡与不朽。有时候,女性英雄还会在身体上变形,变成别的形象,比如动物或植物。女英雄在变成女神之后,一般都会有一个全新的名字,与原来的名字有很大的差异。男性英雄与女性英雄在很多地方都有差异,前者的局限性更多一些,在诞生与变形方面的限制比较多。不论是在神话还是在崇拜中,神明、人类、英雄与女英雄都是相互关联的,这也恰恰说明,女英雄在人类与神明之间、男英雄与女性之间扮演了一种重要的角色。女英雄具有一种独特的权力,可以超越死亡。在取得神明怜悯的过程中,这些女英雄扮演了那些古老神明与人类沟通的中介角色。这么一来,她们的形象就具有了一种特殊功能:"女英雄在祭奠中扮演了一种人、神感通使者的角色,她们为神明服务,同时又因为自己的服侍而接受人类的崇拜。"[1]

  德博拉·莱昂斯要做的,不仅仅是改变人们看待英雄的方式,同时要重构英雄的类型,她其实是在向人们证明,在希腊神话与宗教意识形态中,从来就不缺乏女性英雄的形象。这些女性的地位比男性英雄的地位更为显赫,在沟通人与神、男性与女性上扮演了一种极为重要的角色,她们其实是使者,感通人神的同时超越了性别与死亡的界限,自由来往于不同的生命类型与性别之间。这其实是对英雄形象的解构,在某种程度上具有一种重构的意味,只不过,莱昂斯的考察对象仅限于希腊神话文本与历史时期的崇拜,并没有将史前时期的神

---

[1] Deborah Lyons, *Gender and Immortality: Heroines in Ancient Greek Myth and Cult*. Princeton; N. J.: Princeton University Press, 1997. p. 171.

话与宗教纳入考察范围，她对女英雄形象的重构也仅仅依靠古代神话文本，并没有对神话文本本身进行质疑。不过，另外一些学者沿着这条道路走了下去，开始对希腊神话作另外一种意义的探索。

第四节　女神形象再阐释

除了女性生活经验及形象范畴的重构之外，20 世纪女性主义神话学研究的另一个热点就是女神形象的探讨。由此连带出来的一个问题是：为什么要研究女神？这个问题看上去似乎有些无聊，但却是一个颇具现实性的问题。现代工业文明的发展，尤其是资本主义的发展，使得人类成为自我异化的物种。富有破坏性的工业文明到了 20 世纪则演变为后工业文明，出现了种种危机：人类之间的自我残杀，人类对自然资源杀鸡取卵式的掠夺，对环境的破坏，男性对女性的暴力，所有这些自杀式的行为都引起了女性主义神话学者的注意。人类要走向哪里？未来的发展是否还是这种自我谋杀式的方式？在没有文字书写的史前神话时代，我们的祖先是怎样过来的？这个时候，神话就成为人类自我认识与自我拯救的一种工具，它为人类未来的发展提供了一种长时段的参照。女神所代表的史前文明强调的是人与人之间的平等，两性之间的和谐，人与环境的合一，所有这些都是现代富有暴力性的社会所向往的。在某种程度上，人类需要一位和平女神来带领自己走向未来，走向一个没有暴力、没有危机、充满和谐的社会。

女神研究的核心是女神的角色与功能、女神形象的发展，以及女神神话的重新书写。女性主义神话学者认为，现有的神话一般是历史阶段的遗留物，是男性话语的产物，带上了父权文化的特征。神话中的女性形象，尤其是女神形象都是从男性角度出发来表述的，女神形象因而被扭曲了。对于希腊神话而言，它显然受到了具有明显父权制文明色彩的埃及神话与美索不达米亚神话的影响，不可避免地具有一种父权文明的痕迹。要探讨神话中的女神形象，就必须还原女神的本来面目，并重构史前女神神话。

美国学者查伦·斯普雷纳克（Charlene Spretnak）是担当这一任务的代表。国内学者叶舒宪先生曾经介绍过这位女学者[①]，他强调了斯普雷纳克对重构女神神

[①] 参见叶舒宪：《重构前奥林匹亚神话》，见《耶鲁笔记》，鹭江出版社，2002 年，第 152 页；叶舒宪：《早期希腊失落的女神》，载《神州学人》1998 年第 11 期，第 28—29 页。

话的知识考古学价值与意义，本书在叶先生的基础上将这种观点加以详尽阐发并作补充。

查伦·斯普雷纳克是美国女性主义运动的积极参与者，极力提倡妇女灵性力量（spiritual power）的重要性及其与政治权力之间的内在关联。她并非是对现有社会中的两性不平等现象作考证，而是对其进行了解、批判，在此基础上，批评创造了我们生活的压迫性结构与机制不平等现实的社会意识形态，号召人们探索一种新的生活方式，建立一种全新的了解、思考、认知、体验与存在的生活模式。

早在一个世纪前，弗洛伊德就指出，基督教传统会使人变得更加愚笨，因为它控制了人类要做的一切事情，并否认甚至禁止了人们在成长过程中的一些需求与智慧。荣格比较赞同这种观点，但是他一再坚持，只有宗教才可以替代宗教本身，并鼓励听众自己去寻求心理的意义与合一。斯普雷纳克对上述两位学者的观点比较赞同，对犹太—基督教的教义颇有异议，认为它完全是一种父权制式的宗教，不论从起源、内容、形式，还是教旨上都是一种家长式的管理，是对人灵魂的一种钳制，令本来就很窒息的人们的心灵感到更加困顿。她认为，"耶和华并非所有人类全能的神明，他仅仅是世界各地神话与宗教传统中的一个形象而已。心灵的表述需要人与自然的合一、成长、融合，而不是对自然的统治与管理"[1]。在斯普雷纳克看来，女神则是一位比耶和华更具有吸引力的神明，她具有与犹太—基督教的上帝三位一体类似的角色——少女、母亲与智慧的老妇人，这些形象对应的是自然界诞生、成熟与死亡的这种规律，以及月亮的盈亏。女神的这种创造性与更新性的特征与自然界的关系是非常接近的，远远比男性神明具有优越性。"她在自己的子宫中创造了女人与男人，这是男神所无法做到的；所有的生命都是女神的一个部分，是她的创造物。"[2]

剑桥学者赫丽生认为，奥林匹斯神话所反映的是一个父权制的社会结构。"无疑，它们代表着一种我们非常熟悉的社会形态，即父权制家庭。宙斯是这个家庭的父亲和家长：虽然他和赫拉之间经常发生冲突，但他至高无上的地位是不容置疑的。赫拉生性妒忌，宙斯经常为此而恼火，虽然最终他依然居于支配地

---

[1] Charlene Spretnak, *Lost Goddesses of Early Greece: A Collection of Pre-Hellenic Myths*. Boston: Beacon Press, 1984. p. 38.

[2] Charlene Spretnak, *The Politics of Women's Spirituality: Essays on the Rise of Spiritual Power within the Feminist Movement*. Garden City; N. Y.: Anchor Press/Double-day, 1982. p. xvii.

位。这是一幅极具现代感的图画：上至父母，下至那些已经长大成人但并不能和睦相处的儿女们，都整日过着悠闲自得、无所事事的生活，而且他们之间经常争吵。展现在我们面前的这个家庭，是氏族集体主义最后残余的渺茫希望。"[1] 与此同时，赫丽生指出，前奥林匹斯神话是一个关于母权制社会结构的神话，女性是神话表述的中心，一位女神创造了宇宙与所有的生命。只不过因为那个时代的学术有限，赫丽生并没有指出造成前奥林匹斯神话与奥林匹斯神话差异的原因，更没有对希腊史前宗教作深入探讨。斯普雷纳克接过了赫丽生未完成的学术任务，将其纳入自己探讨的对象之中。

斯普雷纳克认为，现有的希腊神话保存在赫西俄德与荷马的作品中，是文字书写的产物，但在此之前，希腊曾经存在一个神话丰富的口传时代，人类所崇拜的是各类女神，女神们与神圣、秩序、智慧、保护、生命的给予密切相关。这些女神富有能力并充满怜悯之情，与希腊人的日常生活息息相关，是人们亲密的朋友。对这些女神的崇拜有可能源于人类祖先对女性身体的观察，他们认为女神的身体是生命的来源，女神的子宫可以创造人类，乳房则能够抚育婴儿。女性的身体是一个微型的宇宙，女人的月经与月亮的圆缺规律联系在一起，女性的身体生理变化反映的是宇宙的循环与更替，诞生、再生与抚育。女神是生命之源，是死亡与再生的控制者，是艺术的给予者，是神圣智慧的源泉，是法律的制造者，是所有的力量，积极的和消极的，创造的和毁灭的，粗暴的和温柔的。

这种女神崇拜在希腊延续了很长一段时间，一直到公元前2500年。在公元前2500年到公元前1000年，希腊曾经遭受了三次外来者的侵略：首先是伊奥利亚人（Ionians），然后是阿该亚（Achaeans）人，最后是多里安人（Dorians），这些侵略者在侵入希腊本土的同时带来了父性的社会秩序，使得希腊文明与宗教向着另外一个方向发展。外来者崇拜的奥林匹斯男神，与希腊人早期崇拜的女神有很大差异，他们高高在上，与人类保持一种极其疏远的关系。相较于那些具有生命保护力的女神而言，奥林匹斯众神是一群审判人类的神明，比先前的那些神明要好战且彼此之间纷争不断。前希腊那些温馨和平的女神被整合进一个新的宗教体系中，其形象被改造得面目全非："伟大的赫拉被表述为一个讨厌的、嫉妒的妻子，雅典娜成为一个冷酷无情的男性化女儿，阿芙洛狄特则被改造成一个轻佻而充满色情的女神，阿耳忒弥斯被变成了阿波罗的姐姐，潘多拉

---

[1] [英] 简·艾伦·赫丽生：《古希腊宗教的社会起源》，谢世坚译，广西师范大学出版社，2004年，第486页。

图1　双耳细颈椭圆土罐
厄俄斯走近刻法罗斯
柏林国家博物馆
编号：F. 2352.

图2　双耳喷口杯
厄俄斯走近刻法罗斯
美国巴尔的摩艺术博物馆
编号：1951.486.

成了一个祸害，是男人们烦扰的根源。这些原型后来成为邪恶的巫婆、残暴的后母、绝情的公主等，存在于我们的童话故事中。在所有女神中，只有德墨忒耳女神得以幸免。"[1]这些女神形象一直保存在希腊文学作品与艺术品中，多少年来一直沉默着，而关于女神的神话更是鲜有，与那些男神的神话混杂在一起，不分彼此。

面对这种现状，斯普雷纳克决定还原女神形象，重构前奥林匹斯神话，为希腊人写出一部关于女神的神话。其重构神话的依据源于三个方面：第一，考古学资料。早期的雕塑、神像、戒指上的图像、大理石雕塑，还有各种陶器上的女神形象，这些考古学资料成为斯普雷纳克重构前奥林匹斯神话的第一手证据。第二，古代的一些文本。荷马、赫西俄德、帕乌撒尼亚斯（Pausanius）、斯特雷波（Strabo）、希罗多德等人论著中关于前希腊女神崇拜的表述，都成为其重写女神神话的资料。第三，口头传统。斯普雷纳克指出，"前希腊神话对生命的表述不同于奥林匹斯神话中的表述。即使我们拥有百科全书式的关于早期神话的档案，我们也绝对不可能通过现存的这些主题：欺骗、背叛、疏远、暴行等，来建构前希腊神话的故事。如果这些奥林匹斯神话主题与前希腊人们的生活是一致的话，那么这些东西就应

---

[1] Charlene Spretnak, *Lost Goddesses of Early Greece: A Collection of Pre-Hellenic Myths*. Boston: Beacon Press, 1984. p. 18.

图 3　贮酒罐
厄俄斯走近提托诺斯
巴尔的摩市沃尔特斯艺术博物馆
编号：48.2034.

该保存在许多艺术品与手稿的残篇中，但实际上并非如此。与此相反的是，前希腊神话讲述的是人类与动物、自然之间的和谐统一。在表述的过程中，神话表达了对身体与灵性的尊重与庆贺"[1]。

赫西俄德在《工作与时日》第 255 行中指出，宽广的希腊大地上有 3 万个神灵，神话学者哈罗德·纽曼（Harold Newman）和乔恩·O. 纽曼（Jon O. Newman）父子最新的研究成果表明，希腊神话中出现的男神与女神总共有 3673 个，女神的数量与男神的数量几乎是相等的。[2]斯普雷纳克当然不可能将所有女神形象全部囊括，她仅仅选择了希腊神话中比较重要的 11 位女神形象进行重构，将这些女神的神话进行了重写，从而将其本原面目展现在现代读者的面前。

我们不妨以赫拉女神的例子来看一看这种重构。赫丽生指出，"赫拉是希腊土

---

[1] Charlene Spretnak, *Lost Goddesses of Early Greece: A Collection of Pre-Hellenic Myths*. Boston: Beacon Press, 1984. p. 25.

[2] 参见 Harold Newman and Jon O. Newman, *A Genealogical Chart of Greek Mythology*. Chapel Hill: The University of North Carolina Press, 2003.

生土长的女神，她代表的是母权制。她独自统治着阿尔哥斯和萨摩斯这两个地方；她在奥林匹斯的神庙与宙斯的神庙有着明显的差异，而且比宙斯神庙要早得多。赫拉的第一个丈夫或配偶是赫拉克勒斯。北方的侵略者从多多那（Dodona）到了赛萨利（Thessaly）。在多多那这个地方，就像许多从赛萨利进入奥林匹斯的首领那样，宙斯抛弃了自己的如影随形的结发之妻狄俄涅（Dione），然后迎娶了赫拉，她是这片土地的女儿。在奥林匹斯，赫拉看上去是一位妒忌与饶舌的妻子。实际上，她代表的是本地一个刚烈的公主，尽管受到了外来者的压制，但从来就没有屈服过。"[1]在此基础上，斯普雷纳克指出，"赫拉本质上是妇女的女神与丰产女神。她将古代的三个季节与女性一生中三个阶段（少女、孕妇、老妇）联系在一起。另外，她还将季节与月亮的三个阶段联系在一起"[2]。赫拉在希腊很多地方都受到崇拜，她同时与神圣的婚姻有关，掌管月亮母牛与太阳公牛之间的结合，这样的仪式一般都庆贺再生与丰产，尤其是土地的丰产。这么一来，赫拉的神话就与治疗、少女、婚姻与月亮之间具有了某种联系，关于赫拉的神话也就成为人类与自然感通合一的新神话，宙斯与其他男神在这个神话中被彻底排除出去，只有对女神赫拉的崇拜与赞颂。"我是带有魔力的新月。……我是拥有完全能力的满月，人类与我的节律一致……我是渐亏的月亮，保守和平，我了解所有的过去，我聪明绝顶无与伦比。"[3]赫拉的这种形象与奥林匹斯神话中那个歹毒善妒的赫拉显然有着天壤之别，她成为一位全能的季节女神，掌管着宇宙与人类的生死。

斯普雷纳克重构的女神形象只有十一位，并没有将所有的女神故事纳入重构的对象之中。关于前奥林匹斯神话与宗教中女神的地位、功能，及其形象的表现性符号，这些在斯普雷纳克的重构范畴中均被省略。这方面的工作不是单靠文本所能解决的，还需要考古学资料。因为既然现有的神话都是男性话语的产物，其中蕴含了男性对女性的偏见，那么唯一能够重现神话中女性形象的途径就是史前考古学资料。

前文介绍过的学者玛丽·R. 莱夫科维茨，则对希腊瓶画上的女神形象进行了重读，探寻图像本身对女神形象的建构。

希腊神话中有厄俄斯（Eos）引诱人间美少年提托诺斯（Tithonus）为自己情侣的故事：厄俄斯对提托诺斯爱得发狂，她请求宙斯赐给自己情人一副不死之

---

[1] Jane Ellen Harrison, *Themis*: *A Study of the Social Origins of Greek Religion*. Cambridge: Cambridge University Press, 1912. p. 491.

[2] Charlene Spretnak, *Lost Goddesses of Early Greece*: *A Collection of Pre-Hellenic Myths*. Boston: Beacon Press, 1984. p. 87.

[3] Charlene Spretnak, *Lost Goddesses of Early Greece*: *A Collection of Pre-Hellenic Myths*. Boston: Beacon Press, 1984. p. 94.

图 4 基里克斯陶杯
厄俄斯抓获提托诺斯
波士顿极品艺术博物馆
编号：95.28.

图 5 基里克斯陶杯
宙斯抓捕伽倪墨得斯
法拉利考古精品博物馆
编号：9351.

躯。这个主意却给提托诺斯带来了凄惨的下场，因为厄俄斯忘记了请求宙斯让他永驻青春，结果提托诺斯尽管拥有不死之身，却日渐衰老萎缩，只剩下一副空壳和嘶哑的声音，厄俄斯最后将他关进一只盛放蟋蟀的笼子里。这个神话故事成为希腊诗人与艺术家喜爱的素材，在公元前 5 世纪尤其盛行。雅典、意大利与西西里岛出土的红陶瓶画上大量出现了厄俄斯抓捕人间男子的情景，这类图像的主要特征是女神厄俄斯位于画面的右上方，人间少年则位于左下方，二者呈现一种追逐与被追逐的关系（图1、2、3）。

一般的男性学者将瓶画上厄俄斯拐走人间少年的神话场景解释为女性性欲的表现。神话学者安德鲁·斯图尔特（Andrew Stewart）将这种红陶瓶画上描述的神话场景解释为雅典人界定与证明男性性力优越的一种手段："神话场景描述的追逐或引诱场景或多或少地表达了雅典男性对英雄世界的向往，以及他们渴望成为英雄的愿望。"[1]至于厄俄斯本人在神话场景中扮演的角色，安德鲁·斯图尔特则认为，该神话场景有可能具有一种警醒的作用："这些神话场景有可能暗示了女性性能力优越的罪恶，以及对欲望的屈服，这种欲望最后可能引起一种可怕的后果：女性控制了阳具。"[2]罗宾·奥斯本（Robin Osborne）比较赞同这种观点，认为女性在性行为方面的主动追击颠覆了性行为的正常秩序，瓶画上描述的神话场景在雅典现实社会不可能发生，因为那时社会对女性的束缚极其严格，至少名门望族中的女性是如此，"瓶画作者将女性追逐男性的形象严格限定在带翅膀的厄俄斯女神的身上，其实

---

[1] Andrew Stewart, "Rape?" in *Pandora: Women in Classical Greece*, E. D. Reeder, ed. Princeton: Trustees of the Walters Art Gallery in Association with Princeton University Press, 1995. pp. 74-90. p. 86.

[2] Andrew Stewart, "Rape?" in *Pandora: Women in Classical Grece*, E. D. Reeder, ed. Princeton: Trustees of the Walters Art Gallery in Association with Princeton University Press, 1995. p. 86.

图6　鸟型角状杯
厄俄斯抓住了一个男孩
法国贺米塔兹博物馆
编号：B682

图7　细颈有柄长瓶
厄俄斯抓捕刻法罗斯
马德里考古艺术博物馆
编号：11158

是想表明，女性确实羡慕男性，这种女性的欲望在现实社会中又不可能实现"[1]。

莱夫科维茨指出，上述学者们对神话场景的解读其实是从现代理念出发对古代神话的误读，"我们对当代女性的看待方式使得我们很难处理古代神话中那些神明引诱凡人的故事，即便我们将这些神话故事的强奸与一般的强奸区别开来"[2]。要想复原瓶画上厄俄斯神话及其形象的本原意义，就必须回到产生神话的语境之中，将其与其他神话结合起来，然后再根据图像本身的情节与语言来阐释。

莱夫科维茨认为，女神其实是希腊人神明范畴中的一种，她们像男神一样拥有强大的能力，男神可以引诱人间美女，女神当然也能引诱人间美少年。对于凡人来说，尽管被神明诱惑是一件光荣的事情，但未必拥有美好的结局，很多时候会导致死亡。所以，希腊瓶画厄俄斯引诱人间少年的神话场景一般是女神处于积极主动的状态之中，而少年则是被动的。这种姿态仅仅表明神明力量的强大与主动，与色情和女性的性能力根本没有关系，画面上的女神一般都衣衫庄重，并没有袒胸露背。相反，被女神追逐的人间少年则神色惊恐，频频挣扎，不愿意服从女神的追求，希望拥有独立的世俗生活。

当然，这些关于厄俄斯诱拐人间少年的神话场景的负载对象是陶瓶，"许多描绘厄俄斯女神的场景本应该是在一些庆典性场合，比如婚宴或集会。花瓶是

---

[1] Robin Osborne, Osborne, R. 1996. "Desiring Women on Athenian Pottery," in *Sexuality in Ancient Art*: *Near East*, *Egypt*, *Greece*, *and Italy*. N. B. Kampen, ed. Cambridge: Cambridge University Press, 1996．pp. 65-80. pp. 67-68.

[2] Mary R. Lefkowitz, "'Predatory' Goddesses," *Hesperia*, Vol. 71, No. 4 (Oct. - Dec., 2002), pp. 325-344. Published by: American School of Classical Studies at Athens. p. 328.

作为结婚礼物而出现的，即使是那些引诱的场景也依然具有一种浪漫爱情的意味；被男神或女神引诱是一件值得荣耀的事情，尽管这可能会葬送了凡人的性命。但是神明引诱的神话场景最终展示了对神明强大力量的认可，以及凡人力量渺小的无奈"[1]。从这个角度上看，厄俄斯女神就不是女性性欲望的表现性符号，而是女神强大力量的表述，女神抓获人间少年的神话场景表述的也并不是女人性能力的强大，而是强调了人类的卑微与渺小，根本不可能与神明抗衡。

只不过，莱夫科维茨这种对瓶画神话场景意义的解读在某种程度上缺乏说服力，她对图像本身情节与因素之间组合的表述显得有些空洞，这种阐释也不能够解释为何厄俄斯女神抓获人间少年的瓶画在公元前5世纪的雅典极其流行。在阐释神话形象的过程中，各个瓶画之间的内在关系与相似情节均被忽略了，符号之间的差异同时也没有得到详尽的阐释，女性主义神话学对图像的重构依然需要进一步的努力。

第五节　史前女神与女神文明

女性主义神话学对希腊神话的重构沿着两种路径进行：一种是利用现有的文献资料对神话进行全新的解读，从而突破现有的父权制文化对女性的束缚。玛丽·莱夫科维茨、德博拉·莱昂斯、查伦·斯普雷纳克等人的尝试属于这一类；另一种是利用考古学资料对缺乏文字书写的史前女性形象进行再发掘与再阐释，探索人类文明的古老源头，在此基础上质疑现有话语体系中文明的概念与界定，并建构文明的新理念。从产生的影响来说，原籍立陶宛的美国学者马丽加·金芭塔丝堪称这方面的代表。

关于金芭塔丝"女神文明"的假说，国外尚存在很多争论。[2]学者们争论的

---

[1] Mary R. Lefkowitz, "'Predatory' Goddesses," *Hesperia*, Vol. 71, No. 4 (Oct.-Dec., 2002), pp. 325-344. Published by: American School of Classical Studies at Athens. p. 342.

[2] 参见 J. B. Townsend, "The Goddess: Fact, Fallacy and Revitalisation Movement," in *Goddesses in Religions and Modern Debate* (Atlanta 1990), L. W. Hurtado, ed. pp. 174-203; L. E. Talalay, "A Feminist Boomerang: The Great Goddess of Greek Prehistory," *Gender and History* 6 (1994) pp. 165-183; Conkey and Tringham (supra n. 8); G. Haaland and R. Haaland, "Who Speaks the Goddess's Language Imagination and Method in Archaeological Research," *Norwegian Archaeological Review* 28 (1995) 105-121; L. M. Meskell, "Goddesses, Gimbutas and 'New Age' Archaeology," *Antiquity* 69 (1995) 74-86; *The Concept of the Goddess*, edited by Sandra Billington and Miranda Green. London: Routledge, 1996.

焦点是"女神文明"的合法性问题,即古代欧洲在新石器时代是否存在"女神文明",其立足点是考古学,而非神话学。也就是说,欧洲考古学者们关心的是金芭塔丝"女神文明"在考古学上的"真实性"问题,至于"女神文明"与神话学之间的关系,不是他们探讨的重点。国内神话学者叶舒宪教授,率先将金芭塔丝的《活着的女神》(*The Living Goddesses*)一书译成中文,他在此之前曾将该书的部分中文译文发表在相关刊物上[①]。此后,叶先生在很多论文中多次介

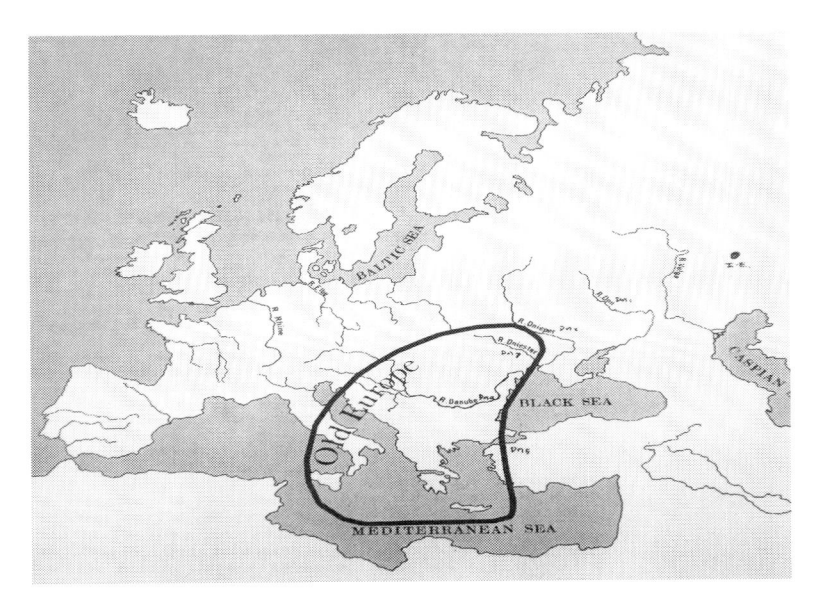

图 8　金芭塔丝古欧洲范围图

绍并引用金芭塔丝的"女神文明"观点[②],他在这些文章中探讨的重点是金芭塔丝"女神文明"观点对西方父权制文明观点的冲突及"大女神"的符号象征,没

---

①［美］玛丽娅·金芭塔丝:《女神文明——前父权制欧洲的宗教》,叶舒宪译,载《湘潭大学学报》2007年第2期,第63—70页。

②参见叶舒宪:《千面女神》,上海社会科学院出版社,2004年,第9—14页;叶舒宪:《追寻远去的女神文明》,见叶舒宪:《耶鲁笔记》,鹭江出版社,2002年,第139—140页;叶舒宪:《老子与神话》,陕西人民出版社,2005年,第240—241页;叶舒宪:《文学与人类学》,社会科学文献出版社,2003年,第221—222页;叶舒宪:《月兔还是月蟾》,载《寻根》2001年第3期,第12—18页;叶舒宪:《女神文明的复兴》,载《社会观察》2004年第10期,第39—42页;叶舒宪:《发现女性上帝》,载《民间文化》2001年第1期,第24—30页;叶舒宪:《〈礼记·月令〉的比较神话学解读》,载《陕西师范大学学报》(哲学社会科学版)2006年第2期;叶舒宪:《第四重证据法》,载《文学评论》2006年第5期,第172—179页;叶舒宪:《蛙人:再生母神的象征》,载《民族艺术》2008年第2期,第82—89页;叶舒宪:《牛头西王母形象说解》,载《民族艺术》2008年第3期,第87—93页。

有探讨"女神文明"的空间与时间范畴及"大女神"的种类与功能，本书将被忽略的上述问题加以探讨，同时突出"女神文明"的表现形态。

奥林匹斯神话的前身是米诺神话，与米诺—迈锡尼文明有着密切关系，但是"米诺—迈锡尼文明却是一个只有图像记载而没有文本的"①文明，对它的再发掘是一项艰苦而难度颇大的工作。20世纪初，英国学者亚瑟·伊文思在克里特的克诺索斯（Knossos）发掘出了豪华的宫殿、彩绘的廊柱，以及辉煌的壁画。这些出土的艺术品上装饰着大量的女性形象，以及各种动物与植物的形象。"米诺斯王宫的规模不小于白金汉宫，里面的设施有污水池，有豪华的浴室，有通风系统，有地下水管道，还有垃圾滑道。"②不论是艺术水平还是技术的发展，米诺文明都达到了较高水平，在希腊文明中占据了重要的地位。伊文思曾经不无激动地预言："如果像先前的做法那样，将米诺与迈锡尼世界排斥在外，那么我相信，对希腊文明的科学研究将越来越不可能取得任何进展。"③伊文思本人将米诺文明界定为外来文明，其源头是闪米特文明。这种文明宗教中崇拜的是女神，其神话表述的主角也是伟大的自然女神。④这种说法遭到了马丁·尼尔森的反对。他认为米诺文明与迈锡尼文明一样，是希腊土著创造的文明，与东方文明没有任何关系。米诺人崇拜的神明有可能是多神（男神与女神），女神仅仅是神话中的一个组成部分。⑤

马丽加·金芭塔丝的观点颇有一种调和的意味，她认为，米诺文明中崇拜的神明有男神，也有女神，但是占据核心地位的是女神，男神只不过是女神的配偶和儿子。当然，米诺女神是古欧洲女神的延续，其生成背景是古欧洲文明。金芭塔丝认为，"在公元前7000年—公元前5000年间，欧洲东南部产生了一种独特的文化模式，它与安纳托利亚、美索不达米亚，以及叙利亚—巴勒斯坦地区的文化发展模式有些类似。这种文化发展模式的范围从地中海中部扩展到了爱

---

① Martin P. Nilsson, *A History of Greek Religion*. New York: W. W. Norton & Company, Inc. 1964. p. 10.

② [德] C. W. 西拉姆：《神祇·坟墓·学者：欧洲考古人的故事》，刘迺元译，三联书店，2001年，第72页。

③ Arthur J. Evans, "The Minoan and Mycenaean Element in Hellenic Life," in *The Journal of Hellenic Studies*, Vol. 32 (1912). pp. 277-297. Published by: The Society for the Promotion of Hellenic Studies, p. 277.

④ 参见 Arthur Evans, "Mycenaean Tree and Pillar Cult and Its Mediterranean Relations," in *The Journal of Hellenic Studies*, Vol. 21 (1901), pp. 99-204. Published by: The Society for the Promotion of Hellenic Studies.

⑤ 参见 Martin P. Nilsson, *A History of Greek Religion*. New York: W. W. Norton & Company, Inc. 1964. p. 19.

琴海地区，然后到了亚得里亚海诸岛屿，包括克里特岛，最后到达喀尔巴阡山地区与乌克兰西部。在公元前6500年—公元前3000年间，这个地区的居民创造了一种比欧洲西部与北部民族更为复杂的社会机制与物质文化，这个地区聚集了大量的人口，因此必然产生了手工艺的专业化、宗教的创造，以及一些管理机构。他们的经济依赖于粮食生产，此种生产模式引入地中海沿岸与欧洲东南部的时间要比欧洲西部早了近2000年，比欧洲北部早了3000年"[1]。

公元前5000年—公元前4000年间，古欧洲出现了人口的高度集中，拥有一些宽敞的神庙、神圣的文本、四到五个房间的庙宇、手艺高超的制陶艺人、青铜与黄金制造专家，以及一些手艺娴熟的艺术家。不幸的是，这种文明形态在公元前4000年左右被来自东方的印欧人粗暴地破坏了，克里特岛和爱琴地区因为位于海上，那些骑马的民族无法到达而幸运地躲过了这场浩劫，古欧洲文明得以在这个地区继续发展，一直到公元前2000年中叶。"在公元前2000年米诺的壁画、雕像、印章所表现的女神与崇拜者身上，一眼就能够看出来公元前5000年—公元前4000年间欧洲巴尔干半岛的传统装束。高雅的米诺女性衣着有可能反映了始于新石器的红铜时代欧洲顶峰时期的传统。"[2]在作这种界定时，金芭塔丝其实在定位前希腊文明，她将其与古欧洲文明联系起来，而不是像伊文思那样，将米诺文明从欧洲分割开来，只不过她承认了前希腊文明与埃及文明、西亚文明之间的相似性，它们有一个共同的源头——古欧洲文明。

金芭塔丝指出，古欧洲的人口达到了很大的规模，拥有一定的艺术表达能力，创造了比较复杂的符号与象征系统，其主要对象是围绕女神崇拜而进行的一系列活动。那个时期的宗教与神话中崇拜的核心是一位无所不能的"大女神"，与现代父权制文明的女性形象有所不同的是，古欧洲的"大女神"与爱欲及性没有关系，而是与生命的创造与再生有关，她在自己富有魔力的身体内创造了生命。这个世界上的所有生命都是"大女神"创造的，她既是宇宙的创造者，又是人类的创造者。尽管这位"大女神"有不同的符号性表现，但是"她却有三个核心功能：给予生命、掌管死亡、再生与更新。自然界同样有类似的功能。……女神无所不在，是一种超然的存在物，因而是一种精神的体现"[3]。很多时候，女神的身体具有一种微观宇宙的效果，其身体对应于自然界月相的三种变

---

[1] Marija Gimbutas, *The Gods and Goddesses of Old Europe, 7000-3500 B. C.: Myths, Legends and Cult Images.* Berkeley and Los Angeles: University of California Press, 1974. P. 117.

[2] Marija Gimbutas, *The Gods and Goddesses of Old Europe, 7000-3500 B. C.: Myths, Legends and Cult Images.* Berkeley and Los Angeles: University of California Press, 1974.

[3] Marija Gimbutas, *The Language of the Goddess.* London: Thames and Hudson, 1989. p. 316.

化：上弦月、满月、下弦月。"大女神"的子宫对应着人类的坟墓，是死亡与再生的场所。与"大女神"对应的女性形象是：少女、母亲、干瘪的老太婆。可以很明显地看出，金芭塔丝的女神的三个功能其实受益于神话学者杜梅齐尔的"三分法"理念，将古代印欧社会属于男性的丰产功能赋予了古欧洲的"大女神"，同时增加了创造与再生职能。至于大女神与月相之间对应的原因，金芭塔丝并没有多作介绍，她仅仅是从现象学的角度作了描述。

金芭塔丝按照古欧洲的"大女神"的这三种功能，将其分为三类：创造女神、抚育女神、死亡与再生女神。创造女神的职能是给予生命，属于她的颜色是黑色与红色，黑色代表土地的丰产，而红色则是血液的生命体现。大多数的创造女神以怀孕的妇女、怀抱婴儿的妇女形象出现，当然还有各种动物与符号。到了历史时期，这位女神一般以三位一体的形象出现，通常是命运女神，奥林匹斯神话中出现的命运三女神其实是古欧洲创造女神的延续与变形，只不过父权制的奥林匹斯文明将其丑化与扭曲了。抚育女神的职能是维系生命，一般以鸟女神与蛇女神的形象出现。死亡与再生女神的职能是掌管人类与自然界生命的循环，是死亡与再生的主宰者，通常以僵直的白色裸体女性形象出现在墓穴中，以及以毒蛇与猛禽形象出现。此外，死亡女神的象征性符号还包括雕有鸟啄或毒蛇的面具，巴尔干半岛民间至今还在一些仪式中使用这种面具，其用途是感通人神，跨越生死。这种古欧洲的遗产不仅仅被米诺人与希腊人所继承，就是今天希腊人在祭奠酒神狄俄尼索斯的仪式上也依然在使用这种面具，只不过举行仪式的人也许不知道罢了。属于死亡女神的颜色自然是白色，那是枯骨的颜色。再生女神的符号主要体现为一些具有象征性的动物形象：蛙、蟾蜍、鱼、刺猬、蝴蝶、公牛等。米诺壁画上那些腾跃的公牛其实是女神的化身，并非是现实生活中的公牛。如果用一种图表来总结金芭塔丝的女神种类、功能与象征符号，则有表1。

奥林匹斯神话中的宙斯是宇宙的主管者，其他男神与女神都要听从宙斯的旨意行事，女神更是如此。金芭塔丝指出，在古欧洲与前希腊社会的神话中，男神的地位并非如此，他们的处境恰恰与奥林匹斯神话中显赫的男神地位是相反的。一般来说，古欧洲宗教与神话中的男神形象极其稀少，仅仅占据了神话形象的2%—3%，这些男神一般作为"大女神"的配偶、儿子或兄长的形象出现，其功能一般是保护森林与自然，并没有创造生命的职责。金芭塔丝将这些男性神明称为"年神"（Year God），意思是随着自然界季节变化而出现的男性神明。"年神"这个术语其实是金芭塔丝从剑桥学者赫丽生那里借用过来的，但与赫丽生关

表1 金芭塔丝"大女神"功能与类型表

女神\种类	创造女神	抚育女神	死亡与再生女神
功能	创造人类与自然界生命	维系生命，抚养生命。	携带死亡，负责生命的循环与更新。
象征符号	怀孕妇女、怀抱婴儿的母亲，熊、母鹿、麋鹿、公羊、野母牛、野母马、卷曲的蛇、水流、巢形、卵形	鸟女神、蛇女神、眼睛、蛇纹、太阳纹、嘴巴、阴户、子宫、V形、M形、Z形、螺旋形	死亡符号：猫头鹰、秃鹫、杜鹃、鹰、鸽子、野猪、僵直的白色裸体女人、猎犬、毒蛇、枯骨 再生符号：蛙、蟾蜍、刺猬、鱼、蜜蜂、蝴蝶、阴户、乳房、种子、三角形、双面斧、公牛头、生命柱、阳具
颜色	黑色、红色		白色
月相	上弦月	满月	下弦月
女性形象	少女	母亲	干瘪的老妇人

于"年神"的含义并不一致。赫丽生眼中的"年神"是一个包含了"植物，而且能表达整个宇宙的衰落、死亡与再生这一过程的词语"[①]，并非是弗雷泽眼中的植物神。金芭塔丝将弗雷泽的"植物神"概念与赫丽生"年神"的概念结合在一起，用来指古欧洲负责保护植物与森林的男性神明。她进而指出，奥林匹斯神话中很多男性神明的前身都是古欧洲的植物，比如赫尔墨斯（Ερμῆς）、克罗诺斯（Κρόνος）、潘恩（Πάν）、马人赛特（Κεντέω）等，这些男神并非是希腊人任意创造出来的形象，而是有着极为古老的神话渊源，只不过这种神话的传统被后来的印欧人打断了。不过，"古欧洲的神话世界并没有像西伯利亚大草原一带游牧民族那样，将男性与女神两极化。这个神话世界中的两性处于一种互补的状态之中……他们谁也不向对方俯首称臣……神话再造的核心显然是婴儿诞生的庆贺"[②]。

金芭塔丝指出，这种以女神崇拜为中心的古欧洲宗教与神话世界，可以称为女神宗教与女神世界，而她所反映的社会乃是一个以女性为中心的史前社会形态。女王与女祭司是社会的中坚力量，在这个社会中，女性是社会的核心，她们是宗教、艺术的表现对象，同时又是家族与部落崇拜的对象，享有极高的社

---

① [英] 简·艾伦·赫丽生：《古希腊宗教的社会起源》，谢世坚译，广西师范大学出版社，2004年，第6页。
② Marija Gimbutas, *The Gods and Goddesses of Old Europe, 7000-3500 B. C.: Myths, Legends and Cult Images.* Berkeley and Los Angeles: University of California Press, 1974. pp. 237-238.

会地位。当然，这种社会不同于巴霍芬、赫丽生等人所设想的母权制社会。考古学资料表明，古欧洲社会是一个以女神崇拜为核心，以女性为社会中心的社会，男性在社会中受到了充分的尊重，与女性有着不同的社会分工，并非处于一种被压迫、被控制的状态。在这个社会形态中，两性的关系是极其和谐的。更为重要的是，古欧洲文明是一种和平温馨的社会形态，没有部落之间的相互攻击，部落居住地一般是比较开阔的地方，拥有很好的水源、肥沃的土地，可以去狩猎。各个部落也没有修建防御性建筑，更没有攻击别人的矛、戟、短剑一类的武器。基于此，金芭塔丝将这种古欧洲文明形态称为"女神文明"。

当然，在作这种命名时，金芭塔丝其实在挑战关于文明的界定。她指出，"考古学者与历史学者一般都假定，所谓文明其实就意味着一种富有等级的政治与宗教机制、战争，以及一种复杂的阶级划分。这种模式其实是父性的社会，比如印欧社会……我拒绝这种文明仅仅是意味着父性战争的社会假说。任何文明的生成基础都必须依赖于其艺术创造的程度、美学成就和非物质性的价值，以及所有生命都富有意义、拥有自由与享受自由的权力，所有这些如同介于两性之间权力的平衡一样重要"[1]。金芭塔丝要做的，是对文明的理念作重构，将古欧洲这种文明形态称为"女神文明"就意味着，她其实想反对现有的父权式的文明概念与定义，现有的父权制定义无法界定古欧洲的文明形态，必须找到一种能够回到过去的恰当思维方式。充满了暴力的男性话语已经无法适应这种要求，必须重构关于文明的思维模式与意识形态，进行彻底的反思与重构。

这么一来，关于希腊神话的源头探讨，就不再是以往学者们所强调的"东方源头"或"西方源头"的问题，也不再是希腊神话与东方神话谁影响了谁的问题，而是整个欧洲文明到底是父权文明还是"女神文明"的问题，神话的探源转向了文明的探源，探讨的焦点从地理区域转向了文明的属性：好战的还是和平的。与此同时，金芭塔丝关于女神文明的探讨使得人们不得不面对过去，重新思考关于文明的思维模式与意识形态。金芭塔丝的"女神文明"告诉人们，现有的父权制文明看似合理，但与古欧洲的"女神文明"相比而言，它只不过是一个"小传统"而已，而在此之前，古欧洲曾经有过近五千年的"女神文明"这样一个"大传统"。现代社会的任何东西，包括宗教与神话，都只不过是古欧洲的遗产而已。

---

[1] Marija Gimbutas, *The Civilization of The Goddess*: *The World of Old Europe*. San Francisco; Calif.: Harper San Francisco, 1991. p. viii.

第六节 小结

女性主义神话学的崛起是现代神话学自身发展的必然结果,同时又是现代社会科学在20世纪末融合交叉研究趋势的体现。该理论对神话的探讨模式是跨学科的,其探讨沿着两种路径进行:其一文本与考古,其研究对象为女性;其二神话中的女性经验、女性文化身份、女英雄范畴、女神的地位等。不论是哪种研究范式,都是对以往探讨模式的挑战,因为女性主义神话学者揭示了以往神话研究中所忽视的许多层面,在理念、视角、研究方式上都打破了先前的种种范式,带来了神话思想与理念的革新。从20世纪70年代的重建女性社会身份与文化身份,到20世纪90年代对文明的重构,女性主义神话学走过了一条从文化性别到文明探源的道路。这种研究趋向使得它从对神话文本的重构走向了对现存文明的解构,从文本解读走向了考古学探寻,在某种意义上呈现"科学化"转向,从而走向了具有实证性的考古学。

从神话研究本身来看,女性主义神话学并没有对神话的性质、功能、定义过多地作阐释,似乎与神话无关。实际上,女性主义神话学探讨的恰恰是神话问题,它探索的是神话中的形象,尤其是被以前种种神话理论所忽视的女性形象,这是对以往神话研究对象的补充。从神话的探源来看,女性主义神话学将神话的源头上溯到了前文字书写的新石器时代,突破了先前对神话生成时间的限定,重构了史前符号体系,所有这些都是对神话学研究的一种革新。女性主义神话学的探讨模式告诉人们,所谓的神话,已经不再拘囿于文字书写的神话概念,而是一种符号化的世界,是史前人们表述自己情感与崇拜的宗教手段;神话的源头也不是充满男性对女性暴力的文明形态,而是一种两性和谐相处的女神文明社会;神话表述的不是两性之间的争斗,而是人与人之间、人与自然之间合一感通的赞歌。

另一方面,女性主义神话学回避了这样一些问题:到底什么是神话?神话的功能与意义是什么?神话在其生成社会中扮演了何种角色?神话与意识形态之间具有何种关系?这其实不是女性主义神话学自身面临的问题,而是神话学本身发展过程中不可回避的问题。也许,21世纪的女性主义神话学者会给我们带来一种全新的诠释。

结　语

第一节　神话研究的核心问题

神话学的发展已经有近两百年的历史，20世纪的神话学界产生了各种理论与方法，对神话的探讨涉及了各个层面。总的来说，希腊神话研究的核心话题共有三类：第一，神话的起源；第二，神话的意义；第三，神话的功能。对上述三类话题的探讨并不是截然分开的，而是交叉在一起的。为方便讨论，本书将神话意义与功能话题的探讨放在一起，神话起源研究部分单独列出。

一　神话探源

笔者认为，20世纪希腊神话探源可分为两类：第一，神话的文化探源，这类神话起源的探讨模式一般是共时性的，不包括年代学和类型学的研究；第二，神话的文明探源，此类研究具有历时性特点，突出希腊神话的地缘性与物质性特征，对神话起源的时间与地域范围有严格限定。

先说一说希腊神话的文化起源研究，这方面的探讨主要有以下几种。

第一，神话源于仪式。19世纪对神话起源的阐释模式出现了危机，麦克斯·缪勒神话源于"语言的疾病"的假说遭到了人类学者的猛烈批判，在批评缪勒观点的同时，剑桥人类学者将神话起源问题接了过来。剑桥一些学者，诸如弗雷泽、赫丽生等人，坚决反对麦克斯·缪勒神话源于语言"恶化"的观点，他们认为神话的源头不是语言，而是仪式。这些学者宣称，神话本身并没有独立性，神话什么也不是，它仅仅是对神圣宗教仪式的一种解释。没有神话的仪式，更没有脱离了仪式的神话，二者构成了宗教的两个方面。这种观点其实是将仪式凌驾于神话之上，剥夺了神话的独立性，使得神话成为宗教与仪式的附庸。

第二，神话源于暴力。剑桥学派的神话起源思想具有一种线性进化色彩，并没有探讨神话本身的特性，忽略了神话内部各要素之间的差异，从而遭到了许多古典学者的谴责。20 世纪 60 年代之后，两次世界大战引起的种种灾难，现代工业文明造成的不良后果，所有这些都促使人们对人类走过的道路加以反省，人类学者将这种问题意识带到了神话研究之中，勒内·基拉尔与沃尔特·伯克特是其中的代表。他们一方面认为神话与仪式相关，另一方面又指出，神话的源头并非是仪式，而是暴力。不过，在暴力的范畴上，基拉尔与伯克特有所分歧。

基拉尔认为所有神话与仪式的源头是暴力，二者都源于人类历史时期集体对某些无辜替罪羊的迫害。尽管神话与仪式以不同的方式来记忆这场真实的集体谋杀，但它们在本质上都是迫害性文本。基拉尔的"暴力"假说其实是对剑桥神话起源论的解构，因为它否认神话是宗教性文本，从而将神话的神圣性加以"祛魅"。尽管基拉尔坚守这场谋杀的真实性，但严格说来，在人类文化中却找不到这场社会危机直接记录的证据。该假说的理论依据是人类心理学上的摹仿现象，具有一种超验的哲学意味，而其阐释过程"是以历史和文化感为基础的，最终致力于建立自我意识——黑格尔式欲望辩证法"[①]。也就是说，这种神话起源理论目的不是寻找神话源头，而是确立文化现象中的替罪羊牺牲机制。

伯克特的观点与基拉尔的观点有所差异。尽管他依然认为神话源于暴力，但其暴力所指更为宽泛。基拉尔眼中的暴力是指人类历史时期社会内部成员之间的迫害性行为，它是集体杀戮个体的仪式性行为；伯克特的暴力概念则不仅包含了人类的自我杀戮，还包括人类对动物的杀戮。此时，神话就不仅源于社会内部的迫害，还源于人类对动物的屠杀。当然，这种假说的前提是，狩猎文明是人类社会的最初形态，农耕文明是后起的。金芭塔丝及其他学者在欧洲的考古发掘表明，在公元前 7000 年—公元前 3000 年间，欧洲大陆是以农耕文明为主的社会形态，宗教与神话表述的核心是生命的轮回与更新，以及人与自然的和谐，而不是人类对动物的杀戮。另外，中国新石器时代的中原是以农耕文明为主的社会类型，不具备伯克特所说的生成神话的自然条件，但中原地带的神话却很丰富。

以上是人类学对希腊神话起源的探索，这部分学者探讨的核心是神话的文化源头，而不是文明之源。对于历史学派来说，希腊神话文化起源的假说在某种程度上具有臆想性，真正具有实证性效力的还是考古学资料。继谢里曼之后的考古学者在希腊半岛所取得的发现，促使人们沿着另外一条路径开始了对希腊

---

① [法] 勒内·基拉尔：《双重束缚——文学、摹仿及人类学文集》，刘舒等译，华夏出版社，2006 年，第 280 页。

神话文明源头的探索。这类探讨有五种观点：第一，希腊神话源于迈锡尼文明；第二，希腊神话源于埃及文明；第三，希腊神话源于西亚与埃及文明；第四，希腊神话源于美索不达米亚文明；第五，希腊神话源于"女神文明"。

在马丁·尼尔森看来，希腊神话中一些英雄的名字与迈锡尼时代的城市名字具有一种对应关系，英雄神话的源头因而就上溯到了迈锡尼时代。只不过尼尔森列举的迈锡尼城市与英雄名字之间的对应关系仅仅是少数，还有很多城市名字并没有迈锡尼源头，比如阿耳戈斯、斯巴达、伊萨卡等。谢里曼曾经竭力探寻英雄奥德修斯设在伊萨卡的王宫，结果是徒劳一场。另外，尼尔森探讨的内容仅仅限于英雄名字的迈锡尼源头，不包括神明与普通人的名字。关于神明的名字，还有其他英雄的名字的起源依然是一个有待于继续探讨的话题。

尼尔森对希腊神话源头的探索在某种程度上带有一种欧洲中心主义色彩，因为他只承认希腊神话是希腊本土文明的产物，而不愿承认外来文明对希腊神话的影响。20世纪后半叶，后殖民主义理论开始全面清算这种由来已久的种族主义偏见。美籍学者马丁·伯纳尔认为，在前希腊时代，希腊是埃及的殖民地，希腊神话并不是希腊本土文明的产物，而是埃及文明的产物。这种对欧洲文明起源的颠覆性论断在西方学界引起了轩然大波，由此引起了希腊神话文明之源的另外一种说法。

早在20世纪初，英国学者亚瑟·伊文思在克里特岛发掘后就指出，米诺文明并不是希腊文明，而是另外一种文明形态——闪米特文明的延续，希腊神话自然源于闪米特文明。但这种说法并没有得到多少神话学者的回应，直到马丁·伯纳尔冲击性的观点出现之后，西方学界才开始慎重考虑希腊神话的西亚源头，以此来反击马丁·伯纳尔的观点。瑞士学者沃尔特·伯克特指出，马丁·伯纳尔的希腊神话源于埃及的观点未免偏颇，其论证模式也仅仅拘泥于希腊神话中名字与埃及名字之间的线性对应上。伯克特对希腊神话、埃及神话与西亚神话中的叙述情节、要素作了深入比较后指出，希腊神话中有大量的"东方"因素——埃及与西亚，希腊神话因而源于埃及文明与西亚文明，也就是"东方"文明。

伯克特的观点在某种程度上具有一种调和的意味，因为他既承认了伯纳尔希腊神话源于埃及文明的观点，同时又强调希腊神话的西亚文明源头。这其实是对另外一种观点，即希腊神话源于美索不达米亚文明这种说法的让步，后一种观点的坚守者是查理斯·彭伽拉斯。这位古典学者像伯纳尔一样，对希腊神话源于美索不达米亚文明的探索是一种线性的比较，其阐释模式在某种程度上具有一种疲弱性，但为希腊神话的"东方"起源提供了另外一种探索路径——神话思想与理念的比较。

20世纪末，人类社会内部两性之间的不平等与压迫现象，以及女权运动的兴起，都影响到了神话研究，于是就出现了金芭塔丝倡导的"女神文明"学说。金芭塔丝认为，希腊神话并非源于文字书写的历史时期，其源头也并非埃及文明与西亚文明等"东方"文明，而是源于新石器时代古欧洲的"女神文明"。金芭塔丝眼中的"女神文明"是一种温馨和平的精神文明，而不是以往学者们所强调的充满暴力的物质形态。"女神文明"背景下的希腊神话与欧洲神话之间具有一种精神上的关联——生命的循环与轮回。

金芭塔丝神话源于"女神文明"的观点一方面否定了任何一种关于希腊神话源于父权制文明的假说，另一方面又对后工业文明作了反思。她其实在警示现代人，后工业文明杀鸡取卵式的发展模式必须加以改变，人类如果想要在这个星球上继续生存，必须抛弃对环境掠夺式的发展方式，回到祖先们那种人与万物和谐的状态中。只不过，金芭塔丝对神话的探源类似于弗雷泽《金枝》一书的阐释方式，在解读神话符号的同时，忽略了神话符号本身所处的具体语境，过度强调了神话符号之间的类同性，忽视了差异性，由此引起了很多学者的质疑与争议。

那么，现在面临的一个问题是：为何要研究神话的起源？

这个问题其实是从19世纪神话学沿袭下来的。达尔文进化论将人类的源头上溯到了猿猴那里，19世纪的神话学界同样面临着为神话寻找源头的问题。但麦克斯·缪勒等人关于神话源于"语言的疾病"的观点在某种程度上仅仅是一种语言学的猜测性行为，不是从神话材料中得出的结论，而是根据一些文化中隐含的原则推导与演绎出来的，它不具有科学研究的实证性特征。换句话说，这其实是一种思辨的、抽象的哲学式研究模式，而不是现代科学研究那种从材料中寻找结论的做法，研究者本人也充当了历史哲学家与历史学家的角色，而不是经验主义的科学家。

20世纪初人类学的兴起解决了这种哲学式的神话研究模式，学者们抛弃了从概念与理念出发来寻找神话源头的做法，深入到文化及其现象背后，要为神话找到一个具有普遍性的文化之源，神话—仪式学派的探索就是基于此种原则上的探索。从剑桥学派的精神领袖赫丽生，再到后来的基拉尔与伯克特，这些学者基本上都是在普遍的文化现象上探寻神话的起源，将神话纳入文化之中，并在历时性层面作深入探索。当然,这种文化探源的知识背景是人类学这门学科的兴起与繁荣,研究神话不只是为了研究神话,而是人类学学者寻找文化普遍性规律的个案,神话从而沦落为论证文化规律具有普遍性的工具。

这种功利性的目的在心理学派那里尤为明显,弗洛伊德与荣格对神话的阐释不过是将神话拿来作为证明自己的心理学理论具有适用性的例子,其前提是他们的心理学理论是早就存在的。这一点本书在后面关于问题的反思中会深入阐释。

与此同时,19世纪初欧洲学者在迈锡尼与克里特的考古学发现,以及20世纪的考古学在埃及与西亚地区的发现,促使神话学者们开始进一步思考希腊文明的起源问题。当然,这种探索是基于考古学田野与实物的一种实证性研究,而不是先前的那种冥想。伊文思与尼尔森等人开始从考古学探索希腊文明的源头,而神话成为这种探索的有力工具。当然,这种将神话与历史、考古实物对照起来的基础乃是神话中具有一定的历史性内核,其中蕴含了真实性的历史事件。不过尼尔森对希腊神话的探源在某种程度上并不是完全根据考古学证据得出的,而是参照了语言学与宗教学,主要从神话中英雄的名字入手来寻找希腊神话的迈锡尼源头。

另一方面,20世纪的欧洲文明面临着种种危机:能源的枯竭、环境的恶化、社会秩序的混乱、精神的异化等。所有这些问题出现之后,欧洲人就要为自己的未来寻找出路,比较理智的途径是回到过去,从先祖那里得到启发。这个时候,欧洲考古发现为欧洲社会提供了一种回到过去的途径。20世纪的欧洲学者们在东欧与南欧的考古发掘,使得部分学者相信史前时期的人们拥有对女神及女性的崇拜,宗教中存在以女性为核心的崇拜仪式。该时期是一种和平的、以农耕为主的社会类型,比充满暴力事件的现代社会更为吸引人心,也没有种种危机,尤其是精神危机。于是,考古学出身的学者金芭塔丝就提出了"女神文明"的假说,认为史前时期普遍存在一种以女性为中心的和平文明。当这种观点提出之后,面临种种危机的欧洲社会对其极为关注,因为欧洲人需要具有实证性的考古学假说来解决现代社会不能解决的种种问题,尤其是精神危机。当然,神话也就自然源于"女神文明"时代,神话的主角也就从男神返回到了史前的"大女神"。由此而来的问题是,关于文明及神话也面临着重新界定的需要。金芭塔丝对第一个问题作了探索,而第二个问题,她没有给出答案。

总之,不管是文化的探源还是文明的探源,其实都不是对神话本身的探索,而是有着特定的文化与社会需要,同时与人类学、考古学密切相关。神话问题的探讨是为了满足既定时期的社会与文化需要，探索神话的起源另有意图。

二　神话的意义与功能

神话学者罗伯特·西格尔（Robert A. Segal）指出："19世纪的理论倾向于将神话视为自然科学的'原始'副本，而自然科学就是整个的现代科学。神话与科学同样被视为对整个世界所有事件的解释，科学对神话的补偿不但多余且不可能。因为二者都是对自然事件的直接阐释。神话的解释是感性化的：雨水之所以降到大地上是因为神明的派遣。而科学对自然事件的解释则是抽象化的：雨水降到大地是一种超验过程。……相反，20世纪的理论倾向于认为神话绝不是自然科学的副本。神话不是对自然界的解释，甚至与自然无关。"[1]既然这样，那么，到底什么是神话？神话的意义和功能又是什么？这是柏拉图式的问题，很难回答。20世纪学者们从各个层面出发，给出了各自的阐释。

在赫丽生看来，"神话在宗教上的原初蕴涵与它在早期文学中的本原意义是一样的，它指的是对相关仪式的一种表述，是对已做事物的一种追述"[2]。自然，神话的功能也就是讲述宗教仪式中的行为，除此之外，别无用途。在作这种界定时，赫丽生将那些与仪式无关的神话统统排斥在外，但是，人类学者的田野调查告诉我们，很多土著部落存在没有仪式的神话，就像存在没有神话的仪式一样。E. E. 埃文斯-普理查德（E. E. Evans-Pritchard）对苏丹南部赞德人与努埃尔人的田野考察表明，"努埃尔人虽说有很多神话，但和仪式都没有什么关系。他们有些神话只是说明诸民族在神话中的关系、仪式的象征性以及民族成员应遵守的戒规。至于赞德人，他们只有很少一点神话，而且和仪式毫不相关"[3]。希腊神话中有很多神话与仪式无关，柯克在其论著中早就指出了这一点，[4]俄狄浦斯的神话无论如何也不能够被缩减为一个仪式，这是众所周知的事实。

剑桥学派对神话意义的界定是一种简化论模式，心理学同样如此。弗洛伊德将神话视为个人无意识中恐怖与欲望的投射，而荣格则不赞同这种观点，他将神话看成人类"集体无意识"的表达，由此产生了神话原型思想与象征模式。尽

---

[1] Robert A. Segal, "Foreward," in Daniel Dubuisson, *Twentieth Century Mythologies: Dumezil, Levi-Strauss*, Eliade. 2d. London; Oakville: Equinox Publishing Ltd. 2006. pp. x-xi.

[2] Jane Ellen Harrison, *Themis Study of the Social Origins of Greek Religion*. London: Merlin Press, 1963. p. 328.

[3] [日] 大林太良《神话学入门》，林相泰等译，中国民间文艺出版社，1988年，第109页。

[4] 参见 G. S. Kirk, *The Nature of Greek Myths*. New York: The Overlook Press, 1975. pp. 223-253.

管弗洛伊德与荣格在神话意义的理解上有分歧，但他们一致认为神话具有一种心理治疗的功能，讲述神话的过程就是释放心理压力的过程。这种探讨模式在后期心理学者理查德·考德韦尔那里发生了一些变化。考德韦尔将神话视为一种具有虚构性的传统故事，只不过采用了一些象征的手段来表达而已。他眼中的神话和梦幻具有虚幻性，二者都是用有意识的手段来表达无意识的希望与恐惧。从这个层面上看，神话依然具有一种心理治疗功效，奇怪的是考德韦尔却将其界定为审美功能。

心理学者们阐释神话的基础是借助于象征达到对神话意义的理解，他们认为神话的意义不在其字面意义，而在其心理学或生物学的象征性蕴涵，而象征则具有普遍性，神话符号与心理学符号具有相同的象征意义。人类学者加那那斯·奥贝赛克（Gananath Obeysekere）在斯里兰卡的田野考察表明，象征在文化上并没有公共性，相反，不论是对个体还是集体而言，象征都具有个人的意义。[1]另外，希腊人是讲述神话的高手，有着高度发达的叙述技巧，什么时候使用象征，什么时候使用陈述，他们很清楚，因此没有必要用象征来讲述所有的神话故事。柏拉图早就指出，古代希腊神话分为"公共神话"与"私人神话"，有些"私人神话"是祖母们讲给自己懵懵懂懂的孙辈听的，这个时候使用象征来讲述神话未免有些夸张。

心理分析方法强调神话深层结构中隐藏的心理学意义，类似于结构主义对神话的界定。列维－斯特劳斯认为，神话是人类精神及其结构的体现，神话的意义不在神话的表层结构，而在其深层结构上。要读懂一则神话的意义，阅读者必须理解其深层结构。神话表达了人类既定社会与文化中二元对立的矛盾与冲突，因此，神话的功能是协调文化，具有一种沟通的作用。尽管列维－斯特劳斯用普遍的文化结构取代了心理学者们倡导的象征的普遍性，但他对神话心理属性的认识与心理学者并无本质差异。

结构主义声称此种研究模式是一种"客观"、"科学"的方法，能够还原神话的本原意义。笔者认为，它恰恰是一种主观、非科学的阐释方式。因为，首先，尽管"结构"存在于神话之中，但却要依靠阐释者去发现这种"结构"，具有不同知识背景与思想倾向的阐释者眼中的"结构"自然是迥异的；其次，即便发现了"结构"，"结构"本身并不会表述自己，只能依靠神话解读者来代言，

---

[1] 参见 Gananath Obeysekere, *Medusa's Hair: An Essay on Personal Symbols and Religious Experience*. Chicago and London: The University of Chicago Press, 1984.

这么一来，所有对"结构"的阐释便具有了一种主观性。前文已经说过，同样是奥德修斯战胜独眼巨人神话的结构主义阐释，柯克读出了自然与文化之间的冲突，而沃尔特·伯克特却看到了历史时期人类制造木矛并在火上加固的文化事件。这个时候，结构主义强调的"客观"便要打上一个引号，"科学"更不用说，因为科学研究建立在客观原则之上。

人类学早期对神话的阐释模式在20世纪六七十年代被加以革新，神话的意义与功能由此而改变。法国人类学者勒内·基拉尔认为，尽管神话、仪式与宗教无关，但在对暴力的表述上，二者本质上都是迫害性文本。仪式通过想象重复原来的集体暴力行为，神话则通过语言的扭曲与变形来记忆当初的集体迫害。神话、仪式与宗教没有任何关系，相反，二者与暴力有关。神话的功能是掩饰当初的集体谋杀，仪式的功能则是再现集体迫害。人类学另外一位学者沃尔特·伯克特认为，基拉尔的探讨粗暴地割裂了神话、仪式与宗教之间的关系，他并不认可这种做法。在伯克特看来，神话与仪式依然是构成古代宗教的两个要素，二者处于一种互动关系中。神话是一种传统的故事，又是具有示范性的叙述，它与作为示范性行为的仪式互为补充、证明。在建构个体的生命秩序上，二者发挥了重要作用。仪式的功能是改编生命的秩序，而神话的功能是阐释生命的秩序，尤其是被改编了的生命秩序。每当社会出现危机时，人们就会动用神话与仪式来解除社会危机。

人类学将神话视为一种文化性文本加以探讨，它对神话意义与功能的解读是一种非历史的解读模式，历史学派则与之相反。历史学派认为，神话就是真实的历史，神话中隐藏着历史的真实性事件。因此，他们的探讨就缩减到对神话类型与年代的具体考证上，神话直接意义的探寻被抛弃，最终造成了神话与历史的同化，这种观点遭到了新历史主义学者克劳德·卡莱默的批判。他认为，现代意义上的"神话"一词并不存在，神话也不与任何一种普遍的文化现实相对应。神话在本质上是现代人类发明出来的一个概念，当我们使用神话的复数形式时，指的是一种富有流动性的叙述。神话与历史之间也并非是一种线性的演化关系，而是一种互动的关系：神话话语的功能是将历史因素加以虚构化，而历史话语的功能则是将神话因素时间化。

从上述列举中可以看出，20世纪学者们对神话意义与功能的探讨，极大地扩展了神话的范围与内容。但在解读神话的过程中，各个理论流派都从既定学科出发，将神话纳入其研究体系中：历史的、文学的，或者心理的，从而将神话从其最初的功能语境中剥离开来，神话的意义要么被扩大，要么被缩减，或者被合并。诗歌的善辩、历史的简约、哲学的寓言，尽管所有这些因素都包含在神话之中，但是将这些东西拼加起来，未必是神话，而是一个现代学科制造的知识性怪物。

早在1857年，哲学家谢林在其论著《神话哲学》一书中就已经指出，神话是人类的一种体验，具有自足性，研究者必须站在神话自身的视角来理解神话。20世纪80年代，法国学者狄廷在《神话的创造》一书中认为，从来就不存在本体论的神话，神话什么都不是，它是一个历史性的概念，处于不断建构并不断解构之中。从根本上说，神话不仅是现代人发明的一个概念，而且是自古希腊开始就存在的一个术语。换言之，自从有了神话这个符号或概念，就有了非神话意义上的神话研究。无论我们认为神话是什么或不是什么，也不管我们将神话纳入一种什么样的价值体系内，其实都带有一种假设性的思维前提，此时，神话的意义就被扭曲了。任何一种试图将神话纳入既定学科范畴的做法都是一种冒险性行为，它只能导致神话意义的缩减与丢失，是徒劳一场。

第二节　神话研究的转向

20世纪希腊神话研究最为突出的现象是人类学的介入，该学科打破了19世纪神话探讨属于古典学者专有空间的惯例，极大地拓展了神话学研究的视野。英国剑桥学派将神话与仪式并置起来研究的模式，突破了19世纪末德国学者麦克斯·缪勒倡导的语言学阐释模式，由此解放了神话的文学属性，使得神话与仪式成为构建宗教的两个因素，神话探讨的模式开始走向社会与文化层面。这个时候，神话已经不再是生长在语言之树上一颗病态的果子，而是表达宗教情感的神圣文本。当然，神话依然带有语言属性，但已经不是语言恶化的结果，而是理性思维的产物。神话探讨的话题也从文学领域转移到了社会领域与文化领域，神话与宗教、社会制度、文化问题成为神话探讨的核心话题。

剑桥学者们对神话与仪式的探讨模式在20世纪六七十年代被加以革新，神话与仪式之间的探讨被置换为神话、仪式与暴力之间三重关系的阐释，只不过学者们眼中的暴力的含义有所不同而已。勒内·基拉尔强调的暴力是人类社会内部的集体迫害，而沃尔特·伯克特则将这种暴力视为人类社会内部的谋杀和人类对动物的杀戮。伴随着阐释模式的改变，神话的性质同样发生了变化。在勒内·基拉尔笔下，神话是承载人类历史时期集体对个体施行迫害的暴力文本，其功能是掩盖这场谋杀。而沃尔特·伯克特眼中的神话，则是一种具有示范性的叙述行为序列，它阐释了生命的秩序。这种将神话与暴力联系起来探讨的解读模式，其核心理念是人类社会的秩序与等级差异，神话的探讨范围已经不再局限于神圣的宗教领域，而是人类社会文化中的暴力与杀戮。

法国结构人类学派并不关心神话与仪式之间的关系，他们关注的是神话的文化协调功能。从列维－斯特劳斯到米歇尔·狄廷、让—皮埃尔·韦尔南，这些学者一致认为，神话其实是承载早期人类文化的符码，在神话中隐藏着远古时代人类文化的种种信息，要破译这些文化蕴涵，就必须深入到神话的深层结构中。这样，神话探讨的核心就转向了神话的结构与功能，探讨的话题涉及了人类社会的家族制度、婚姻、祭祀、农业、仪式等。在这个层面上，神话就与社会意识形态有了一种密切的关系，神话从而具有一种调节各种文化冲突的职能。

到了20世纪七八十年代，女权主义运动使得神话研究者意识到，神话中的性别不是一个生物学意义上的范畴，而是由文化建构起来的一个概念，它是男性主义话语的产物。这种认识带来了女性主义神话学研究中的核心问题：女性体验及女性范畴的重构。基拉尔与伯克特强调的暴力与谋杀话题，被女性主义神话学转换为男性对女性迫害的探讨。此时，神话成为女性主义反抗社会文化中性别压迫的利器。

凡此种种，其实都在昭示着20世纪希腊神话研究的一个重要转折："文化转向"。上述各种探讨模式下的神话已经成为一种文化编码，与其他文化符号共同构成了人类的文化系统。可以看出，神话探讨的问题是从人类学领域各个时代探讨的话题中衍生出来的，神话探讨与人类学探讨已经不分彼此。当然，这种转向主要是文化人类学介入神话研究引起的。因为人类学将人界定为文化动物，相关的问题自然以文化为核心。[①]

对20世纪希腊神话研究产生重要影响的另外一个学科是考古学。谢里曼、伊文思等人在克里特的考古发掘，以及其他学者在埃及、叙利亚、乌加特的考古发现，加上闪米特语言、埃及象形文字与线形文字B的破译，所有这些都使得学者们意识到，希腊神话表述的内容具有一种历史的真实性，希腊神话与埃及、西亚等近东文明之间存在某种联系。因此，神话研究中就出现了寻找希腊神话的文明源头的倾向。

---

① 参见叶舒宪：《人类学与文化寻根》，2002年12月24日中央电视台"百家讲坛"演讲。

20世纪初，学者尼尔森利用希腊考古学资料与神话故事，将希腊英雄神话的源头上溯到了迈锡尼时代。尽管尼尔森的阐释模式是将神话中英雄的名字与迈锡尼文化"一些遗址"的名字直接对应起来，不免具有一种线性比照的局限，但他因此开启了寻找希腊文明源头的实证性范例。不过尼尔森到底是一位欧洲中心主义者，他不愿意承认希腊神话中的"东方"成分，更不愿意将希腊神话源头置于"东方文明"中。到了20世纪末，新历史主义与后殖民主义的兴起，打破了欧洲种族主义的美梦，开始全面清算欧洲文明"我族中心主义"。马丁·伯纳尔、沃尔特·伯克特等人的尝试，将希腊神话的文明源头追溯到了希腊以外的"东方"世界——埃及与西亚。尽管这些学者们关于希腊文明的源头尚存在争议，但是有一点是他们所共同遵循的：对考古学资料的应用。这些学者们在探讨神话问题与神话源头时，都将自己的目光投向了考古发现。考古学资料为学者们打开了一条通向神话探源的大道，沿着这条道路，他们试图找到古老神话的历史之根。

以英伍德、托马斯·卡彭特、南诺·马瑞纳托斯等人为代表的图像阐释学派，则直接利用出土的瓶画，重构希腊神话的意义。只不过学者们对瓶画上神话场景与意义的解读还存在一些争议。毕竟，瓶画本身不能够表述自己，阐释者充当了图像的代言人，不同学术背景的学者对图像的理解存在迥然差异。

20世纪八九十年代掀起的神话考古是考古学与神话学联手的绝妙体现。金芭塔丝的神话考古实践表明，神话是古欧洲人精神世界的家园，而希腊神话的源头则是新石器时代的"女神文明"。神话不再是文字书写的产物，而是史前人类用符号建构的表意系统。

至此，希腊神话研究完成了第二种研究范式的转换："图像转向"。所谓"图像转向"其实是一种比较宽泛的称呼，主要是指学者们在探讨希腊神话过程中不觉间利用了一些考古实物上的图像、符号，以及民间保存的一些图像性资料来阐释神话的模式，其中最为普遍的是利用考古学资料对神话的重构。"神话考古"其实是具有考古学知识背景的一些学者所作的尝试，但它却带来了希腊神话学界的"图像转向"。

总之，人类学对希腊神话研究的介入，直接催生了探寻神话"文化之根"的趋势，导致了"文化转向"；而考古学对神话的"考古"，则带来了希腊神话文明探源的种种争鸣，由此出现了"图像转向"。不管是"文化转向"还是"图像转向"，二者都是跨学科探索带来的成果。

这种"转向"背后其实还有另外一层背景，那就是西方社会自身的诉求，神话学界的变化其实折射了整个20世纪西方世界的社会转折与变迁。20世纪初的欧洲人开始关注"东方世界"，极力寻找"东方文化"与欧洲文化的差异与类似之处，试图从文化内部对其进行驯化，而神话则是文化的一面古老镜子。人类学的诞生因此满足了这种社会需求，整个"文化转向"其实都是受到了这种影响。到了20世纪后半叶，文化成为西方人反思自身文明的利器后，神话在文化层面扮演的文化协调功能才被一些学者强调，基拉尔与伯克特等人倡导的神话与暴力之间的关系的假说因而被社会所接受。

至于所谓的"图像转向"，除考古学自身的影响之外，神话学更多地受到了西方知识体系中后现代主义的影响。后现代主义强调话语与权力之间的关系，认为话语的权力无所不在，罗兰·巴特甚至将神话视为一种意识形态，而德里达则将语言看做一座牢笼，具有强制性。当然，福柯更不客气，认为话语的权力大于任何权力，比意识形态更甚。在这种语境下，从文本角度对神话作探讨就具有一定的局限性，受到语言与话语的限制。要想探寻神话的本原意义，就必须借助于神话图像与符号，在话语之外寻找其真面目。于是从图像学视角对神话作解读的学者们就大批涌现，他们试图在出土的考古学实物上寻找神话的意义，因而突破文字与书写的限制，尽可能地接近神话。但存在的一个问题是，考古实物上的那些神话场景因为没有文字记载，具有歧义性，同一个神话场景与神话符号，有可能具有不同的含义，而这些意义拥有者都已经远去，只有现代的阐释者来还原这些意义。这样就很容易将现代的分类标准强加到神话图像的阐释之中，在某种程度上同样是一种哲学式的神话研究。尽管考古学与考古实物具有实证性，但对这些实物的阐释却具有猜测性，这是神话的"图像转向"面临的最大挑战。

第三节　问题与期待

尽管罗伯特·西格尔不承认20世纪的神话理论与自然科学有关，但有一个事实不得不引起我们的注意：20世纪希腊神话研究最大的特点就是出现了各种各样的理论：仪式主义、历史主义、结构主义、后结构主义、女性主义、图像主义、新历史主义、后殖民主义等。各种理论流派的探讨在不同程度上推进了希腊神话研究，不论是神话的起源、意义还是功能，都是如此。这是好事，说明神话学在20世纪获得了前所未有的繁荣，它已经成为一门"显学"，引起了各个学科的竞相关注。

但这恰恰也是20世纪希腊神话研究面临的最大问题——科学式的阐释模式。这里的"科学式"有两种含义：其一，科学精细分工式的切割探讨，从既定学科出发，利用本学科的理论来阐释神话；其二，运用现代科学实证式研究模式来解读神话，从大量神话个案中寻找其普遍规律，界定神话的功能与意义。此处所说的主要是第一种含义，对第二种不作深入探讨。

先说第一种含义。从研究范式上看，20世纪的希腊神话研究出现了各种不同理论与方法，每一种都对神话作了阐释。但当学者们将神话纳入自己的研究领域时，其实就将神话剥离了原来的生成环境，神话阐释也就成为一种带有功利性的行为。神话研究不是研究神话本身，而是将神话作为论证本学科合法性存在的工具。弗洛伊德眼中的神话只不过是确立其心理学说的证据，俄狄浦斯神话是他拿来验证性欲望心理学理论是否具有普遍性的例子；列维－斯特劳斯对俄狄浦斯神话的解读，其实是想在神话中找到二元对立的思想结构，以此证明神话中同样存在人类思想中的对立意识，神话同样具有协调文化冲突的功能；基拉尔将俄狄浦斯神话解读为一则暴力文本，其用意是在文化中寻找替罪羊机制的普遍性，神话恰好能够满足这种普遍的文化规律。

当然，神话本身不能够论证这些学者提出的假说的合法性，它只是验证这些假说具有适用性，理论本身的验证有自身的先决条件，这与神话无关。这种科学式神话研究的前提是，学者们提出的理论本身是正确的，神话是验证其是否具有普遍性的例证。如果适用，就说明该理论具有普遍性，反之则表明该假说具有局限性，甚至不能成立。至于神话本身，并不是学者们关心的问题，他们有选择地阐释某一类神话，而不是将所有神话纳入自己的研究视野之中。换言之，被学者们拿来解读的神话其实都是经过筛选的，能够满足他们倡导的理论，而那些不符合要求，不能够证明其理论具有普遍性的神话被遗漏乃至于被抛弃了。这种做法其实类似于灰姑娘的故事，王子拿着一只早就存在的水晶鞋，寻找能够穿上这双鞋的女主人。那些穿不上鞋子的人尽管很多，但并不是候选人。所有被选定的神话最后都成为理论阐释者的"灰姑娘"，水晶鞋只有一只，灰姑娘也只有一个，而神话却很多。

就在不同学科领域的学者将神话塞进其研究范畴的过程中，神话被有目的地加以选择，阐释的重点也因而有所不同。与此同时，现代科学研究对学科的精细分工使得每一位神话研究者都固守本学科的成规，在某种程度上无意识地抵制其他学科的新发现，神话的意义因而被切割。这种研究类似于盲人摸象，尽管有的阐释者摸到了大象的耳朵，有的摸到了尾巴，但没有一个人能够摸到一头完整的大象，即使将所有大象的器官组合起来，依然无法组成一头鲜活的大象。就在神话学者们分门别类地阐释神话时，神话被肢解了，其意义也带有了一定的局限性。譬如，心理学者眼中的神话仅仅是史前人类性饥渴与恐惧的无意识投射；仪式学派除了在文化中看到神话与仪式的关联外，什么也看不到；历史主义者视线中的神话则几乎就是历史事件的翻版，至于神话的虚构性，他们则避而不谈。

在柏拉图时代，哲学家们拒绝将神话纳入理性范畴，就在柏拉图将诗人们赶出"理想国"时，他拒绝将荷马神话纳入道德阐释之中，因为神话是非理性的产物，与逻各斯是对立的。斯多葛派的哲学家们则将神话视为寓言故事，神话思维从此与哲学思维分道扬镳。这个时期，主要是神话与哲学、伦理学之间的对立，神话本身成为非理性的代名词，同时与虚构成为近邻。

到了19世纪，尤其是现代意义上的科学出现之后，学者们开始将神话与科学联系起来，寻找二者之间的类似与不同之处。在泰勒那里，神话属于原始宗教的一个范畴，而原始宗教则是科学的对立面，二者水火不容。另外，神话仅仅属于原始人，现代人没有神话，他们只有科学。至于麦克斯·缪勒，则与泰勒相反，将神话视为对自然现象的一种语言式解释，这个时候，神话与科学其实具有同样的功能——解释物理现象，只不过二者阐释的方式有所差异而已：神话运用隐喻与象征，而科学则通过理性与抽象的手段解释世界。神话是感性的、具体的、间接的，而科学则是理性的、抽象的、直接的。列维-布留尔则干脆将神话思维与科学思维对立起来，认为二者是背道而驰的。当然，其中也不乏调和者，将神话与科学并置起来，认为尽管神话是非科学的，但是却可以采用科学的方法对其加以阐释，著名神话学家卡尔·奥特弗里德·缪勒的论著《科学神话学导论》的书名在无意间表露了这种意识。

20世纪现代科学式的神话研究其实是想弄明白这样一个问题：神话是科学吗？这个问题其实是对19世纪研究模式的一种继承。神话学者列维-斯特劳斯将这种神话与科学之间的关系进一步深化，他眼中的神话是原始思维的一个部分，而原始思维并不是前科学或反科学的，而是完全科学的。换句话说，神话就是原始人的"科学"，神话思维就是原始人的"科学"思维。神话是现代科学的原始对等物，神话其实是原始人解释科学现象的手段。在原始人那里，它发挥的功效一点也不比现代科学逊色，它对世界的解释比现代科学更为直观，神话因而不是低级的原始科学，而是与现代科学一样，有着严密的逻辑原则。正因为神话具有了"科学"的特征，它才具有表层结构与深层结构，神话研究者才可以依照现代科学系统论对其进行解读。

神话是科学吗？这样的问题不免令人觉得有些荒诞。科学是近代启蒙主义的产物，其背后运转的是理性思维。在科学出现之前，神话已经伴随着人类社会存在了几千年，它远比科学要早得多。可是，拥有现代科学技术与理论的神话研究者却分别从自己所属的科学领域对神话作了细化，然后将二者并置起来，试图在神话身上套上一件"科学"的外衣，因而，所有对神话"科学"的研究都是对神话的一种重构，类似于现代医生运用现代医学技术对生物体的研究。现代科学式的神话研究范式试图将神话一一肢解，然后再将其拼凑到一起，可是就在学者们解剖的过程中，神话死了。

从某种意义上说，神话就是神话，在神话诞生的那一刻，它就注定要成为一个历史性的概念，具有不断历时变化的特征。科学同样如此。在现代科学没有诞生的时代，神话曾一度发挥着同科学一样的社会功能，到了现代社会，神话的这种功能才被科学代替，成为学者眼中文化的"遗留物"。之所以将神话与科学并置起来进行研究，其实是学者们自身科学式的思维模式与知识视野所导致的，他们要用一种理性的、实证的方法来解读神话，而前提是将神话视为科学的对等物。这其实犯了一个显而易见的错误：将现代人关于神话的看法塞到古人对神话的理解之中，首先在分类标准上对神话作了一种现代的界定，自然对神话的解读带有一定的片面性。

那么，我们还能够还原神话的本原意义吗？从某种程度上说，神话在它诞生的那一刻已经成为历史，神话本身并不存在。即使我们拥有那些在过去时代里人们创造的神话，但这些神话属于当下，并不属于当初创造和讲述它们的人们。所有的解释都不过是利用现有的知识对神话的一种猜测，在这个层面上说，所谓的"还原"与"复原"只能是尽可能地接近神话的"原貌"而已。

这样看来不免令人有些沮丧与绝望。不过，神话学本身是一门不断自我反思与更新的学科，过去一个世纪的发展就是明证。人类学与考古学的介入，女性主义神话学跨学科研究范式的崛起，所有这些理论与方法都为神话研究注入了活力，学科分割式的研究模式已经有所改善。未来的希腊神话研究，"破学科"已经成为一种必然的要求。所谓"破学科"，包括两种含义：第一，破除神话学与社会科学其他学科之间的界限；第二，打破神话与自然科学各个学科之间的壁垒。此种期待是对 21 世纪神话研究者的挑战，也是对上个世纪科学式神话研究范式的更新。

参考文献

一　中文专著

1. 蔡茂松. 比较神话学. 乌鲁木齐：新疆大学出版社，1993
2. 陈连山. 结构神话学——列维－斯特劳斯与神话学问题. 北京：外文出版社，1999
3. 程孟辉主编. 现代西方美学. 北京：人民美术出版社，2001
4. 何景熙等主编. 西方社会学说史纲. 成都：四川大学出版社，1995
5. 彭兆荣. 文学与仪式：文学人类学的一个文化视野——酒神及其祭祀仪式的发生学原理. 北京：北京大学出版社，2004
6. 彭兆荣. 人类学仪式的理论与实践. 北京：民族出版社，2007
7. 乔默主编. 中国二十世纪文学研究论著提要. 北京：北京大学出版社，1994
8. 沈颂金. 考古学与二十世纪中国学术. 北京：学苑出版社，2003
9. 王以欣. 神话与历史——古希腊英雄故事的历史和文化内涵. 北京：商务印书馆，2006
10. 萧兵. 神话学引论. 台北：文津出版社有限公司，2001
11. 谢六逸. 神话学ABC. 上海：上海书店，1990
12. 叶舒宪. 探索非理性的世界. 成都：四川人民出版社，1988
13. 叶舒宪. 耶鲁笔记. 厦门：鹭江出版社，2002
14. 叶舒宪. 文学与人类学——知识全球化时代的文学研究. 北京：社会科学文献出版社，2003
15. 叶舒宪. 高唐神女与维纳斯. 西安：陕西人民出版社，2005
16. 叶舒宪. 千面女神. 上海：上海社会科学院出版社，2004
17. 叶舒宪. 神话意象. 北京：北京大学出版社，2007
18. 叶舒宪. 熊图腾：中华祖先神话探源. 上海：上海文艺出版总社，2007
19. 叶舒宪. 河西走廊：西部神话与华夏源流. 昆明：云南教育出版社，2008
20. 俞建章，叶舒宪. 符号：语言与艺术. 上海：上海人民出版社，1988

21. 赵毅衡. 新批评———一种独特的形式文化. 北京：中国社会科学出版社，1986

22. 郑凡. 震撼心灵的古旋律. 成都：四川人民出版社，1987

23. 郑杭生主编. 现代西方哲学主要流派. 北京：中国人民大学出版社，1988

二　中文译作

1. [澳大利亚] 加里·特朗普. 宗教起源探索. 孙善玲等译. 成都：四川人民出版社，1995

2. [德] 布尔特曼等. 生存神学与末世论. 李哲汇等译. 上海：上海三联书店，1995

3. [英] 麦克斯·缪勒. 宗教学导论. 陈观胜等译. 上海：上海人民出版社，1989

4. [英] 麦克斯·缪勒. 比较神话学. 金泽译. 上海：上海文艺出版社，1989

5. [英] 麦克斯·缪勒. 宗教的起源与发展. 金泽译. 上海：上海文艺出版社，1989

6. [俄] 弗拉基米尔·雅可夫列维奇·普罗普. 故事形态学. 贾放译. 北京：中华书局，2006

7. [法] 迪迪耶·埃里邦. 神话与史诗. 孟华译. 北京：北京大学出版社，2005

8. [法] 凡尔农. 人·神·宇宙. 马向民译. 台北：城邦文化事业股份有限公司，2003

9. [法] 菲斯泰尔·德·古朗士. 古代城市：希腊罗马宗教、法律及制度研究. 吴晓群译. 上海：上海世纪出版集团，2006

10. [法] 费尔南·布罗代尔. 地中海考古：史前史和古代史. 蒋明炜等译. 北京：社会科学文献出版社，2005

11. [法] 居代·德拉孔波等编. 赫西俄德：神话之艺. 吴雅凌译. 北京：华夏出版社，2004

12. [法] 勒内·基拉尔. 浪漫的谎言与小说的真实. 罗芃译. 北京：三联书店，1998

13. [法] 勒内·基拉尔. 双重束缚——文学、摹仿及人类学文集. 刘舒等译. 北京：华夏出版社，2006

14. [法] 勒内·吉拉尔. 替罪羊. 冯寿农译. 北京：东方出版社，2002

257

15. [法] 列维－斯特劳斯. 结构人类学. 陆晓禾等译. 北京：文化艺术出版社，1989

16. [法] 列维－斯特劳斯. 神话学：裸人. 周昌忠译. 北京：中国人民大学出版社，2007

17. [法] 吕克·布里松. 古希腊罗马时期不确定的性别——假两性畸形人与两性畸形人. 侯雪梅译. 桂林：广西师范大学出版社，2005

18. [法] 皮埃尔·维达尔－纳杰. 荷马的世界. 王莹译. 北京：中国人民大学出版社，2007

19. [法] 乔治·杜梅齐尔. 从神话到小说：哈丁古斯的萨迦. 施康强译. 北京：三联书店，1999

20. [法] 让－皮埃尔·韦尔南. 众神飞扬. 曹胜超译. 北京：中信出版社，2003

21. [法] 让－皮埃尔·韦尔南. 神话与政治之间. 余中先译. 北京：三联书店，2005

22. [法] 让－皮埃尔·韦尔南. 希腊人的神话和思想——历史心理分析研究. 黄艳红译. 北京：中国人民大学出版社，2007

23. [古希腊] 柏拉图. 理想国. 郭斌和等译. 北京：商务印书馆，2002

24. [古希腊] 赫西俄德. 工作与时日·神谱. 张竹明等译. 北京：商务印书馆，1997

25. [古希腊] 希罗多德. 历史. 王以铸译. 北京：商务出版社，1985

26. [古希腊] 亚里士多德. 亚里士多德全集. 苗力田主编. 北京：中国人民大学出版社，1994

27. 陈恒主编. 历史与当下. 上海：上海三联书店，2005

28. 刘小枫主编. 二十世纪西方宗教哲学文选（上、下卷）. 杨德友等译. 上海：上海三联书店，1991

29. [罗马尼亚] 米恰尔·伊利亚德. 神圣与世俗. 王建光译. 北京：华夏出版社，2002

30. [罗马尼亚] 米恰尔·伊利亚德. 宗教思想史. 晏可佳等译. 上海：上海社会科学院出版社，2004.

31. [罗马尼亚] 耶律亚德. 宇宙与历史. 杨儒宾译. 台北：联经出版事业股份有限公司，2000

32. [美] 伯纳德特. 弓弦与竖琴. 程志敏译. 北京：华夏出版社，2003

33. [美] 伯纳德特. 神圣的罪业. 张新樟译. 北京：华夏出版社，2005

34. [美] 戴维·利明等. 神话学. 李培茱等译. 上海：上海人民出版社，1990

35. [美] 邓迪斯编. 西方神话学论文选. 朝戈金等译. 桂林：广西师范大学出版社，2004

36. [美] 马丽加·金芭塔丝. 活着的女神. 叶舒宪等译. 桂林：广西师范大学出版社，2008

37. [美] 理安·艾斯勒. 圣杯与剑——我们的历史，我们的未来. 程志民译. 北京：社会科学文献出版社，1993

38. [美] 迈克尔·莱恩. 文学作品的多重解读. 赵炎秋译. 北京：北京大学出版社，2006

39. [美] 萝娜·伯格主编. 走向古典诗学之路——相遇与反思：与伯纳德特聚谈. 肖涧译. 北京：华夏出版社，2007

40. [美] 唐纳德·R. 凯利. 多面的历史. 陈恒等译. 北京：三联书店，2003

41. [日] 大林太良. 神话学入门. 林相泰译. 北京：中国民间文艺出版社，1989

42. [日] 上山安敏. 神话与理性. 孙传钊译. 上海：上海人民出版社，1992

43. [苏联] 叶·莫·梅列金斯基. 神话的诗学. 魏庆征译. 北京：商务印书馆，1990

44. [英] E. E. 埃文斯-普理查德. 原始宗教理论. 孙尚扬译. 北京：商务印书馆，2001

45. [英] F. I. 芬利主编. 希腊的遗产. 张强等译. 上海：世纪出版集团、上海人民出版社，2004

46. [英] 埃德蒙·利奇. 文化与交流. 郭凡等译. 上海：上海人民出版社，2000

47. [英] 基托. 希腊人. 徐卫翔等译. 上海：上海人民出版社，1998

48. [英] 简·艾伦·赫丽生. 古希腊宗教的社会起源. 谢世坚译. 桂林：广西师范大学出版社，2004

49. [英] 简·艾伦·赫丽生. 希腊宗教研究导论. 谢世坚译. 桂林：广西师范大学出版社，2006

50. [英] 马林诺夫斯基. 巫术 科学 宗教与神话. 李安宅译. 北京：中国民间文艺出版社，1986

51. 史宗主编. 20世纪西方宗教人类学文选. 金泽等译. 上海：上海三联书店，1995

52. [英] 特伦斯·霍克斯. 结构主义和符号学. 瞿铁鹏译. 上海：上海译文出版社，1987

53. 叶舒宪译编. 结构主义神话学. 西安：陕西师范大学出版社，1988

54. 叶舒宪译编. 神话—原型批评. 西安：陕西师范大学出版社，1987

三　中文论文

1. [英] 安德鲁·兰. 神话与神话学. 佘仁澍译. 云南民族大学学报（哲学社会科学版），1998（3）

2. 陈建宪. 论神话学的基本概念与方法. 湖北民族学院学报（哲学社会科学版），1997（2）

3. 冯寿农. 20世纪法国文学批评. 厦门大学学报（哲学社会科学版），2000（4）

4. 冯寿农. 勒内·吉拉尔对俄狄浦斯神话的新解. 国外文学，2004（2）

5. 冯寿农. 模仿欲望诠释　探源求真解读. 外国文学研究，2004（4）

6. 冯寿农. 勒内·吉拉尔神话观评析——兼论《西游记》的替罪羊机制. 厦门大学学报（哲学社会科学版），2004（6）

7. 蒋原伦. 西方神话与叙事艺术. 外国文学评论，2004（2）

8. [芬兰] 劳里·杭柯. 神话界定问题. 朝戈金译. 民族文学研究，1988（6）

9. [美] 马丽娅·金芭塔丝. 女神文明——前父权制欧洲的宗教. 叶舒宪译. 湘潭大学学报（哲学社会科学版），2007（2）

10. 孟慧英. 神话—仪式学派的发生与发展. 中央民族大学学报（哲学社会科学版），2006（5）

11. 潜明兹. 神话与原始宗教关系之演变. 云南社会科学，1983（1）

12. [日] 松村一男. 现代神话学与列维-斯特劳斯. 毛丹青译. 世界哲学，1987（1）

13. 万建中. 神话文本的阅读与神话的当代呈现. 长江大学学报（社会科学版），2006（3）

14. 王以欣. 希腊神话与历史——近现代各派学术观点述评. 史学理论研究，1998（4）

15. 阎云翔. 泰勒、兰、弗雷泽神话学理论述评. 云南社会科学，1984（6）

16. 杨堃等. 神话及神话学的几个理论与方法问题. 民间文化论坛，1995（1）

17. 叶舒宪. 神话思维再探. 文艺理论研究，1992（1）

18. 叶舒宪. 神话学的兴起及其东渐. 人文杂志，1996（3）

19. 叶舒宪. 神话与民间文学的理论建构. 海南师范学院学报（人文社会科学版），1998（1）
20. 叶舒宪. 早期希腊失落的女神. 神州学人，1998（11）
21. 叶舒宪. 斯芬克斯谜语解读. 淮阴师范学院学报（哲学社会科学版），1999（5）
22. 叶舒宪. 从《金枝》到《黑色雅典娜》——二十世纪西方文化寻根. 寻根，2000（6）
23. 叶舒宪. 发现女性上帝——20世纪女性主义神话学. 民间文化，2001（1）
24. 叶舒宪. 神话的意蕴与神话学的方法. 淮阴师范学院学报（哲学社会科学版），2002（2）
25. 叶舒宪. 西方文化寻根的"黑色"风暴——从《黑色雅典娜》到《黑色上帝》. 文艺理论与批评，2002（3）
26. 叶舒宪. 西方文化寻根中的"女神复兴"——从"盖娅假说"到"女神文明". 文艺理论与批评，2002（4）
27. 叶舒宪. 20世纪西方思想的"东方转向"问题. 文艺理论与批评，2003（2）
28. 叶舒宪. 再论20世纪西方思想的"东方转向". 文艺理论与批评，2003（3）
29. 叶舒宪. 神话与意识形态. 吉林师范大学学报（人文社会科学版），2004（5）
30. 叶舒宪. "女神文明"的复兴. 社会观察，2004（10）
31. 叶舒宪. 略论当代"女神文明"的复兴. 江苏行政学院学报，2005（1）
32. 叶舒宪. 中国神话学百年回眸. 学术交流，2005（1）
33. 叶舒宪. 傩、萨满、瑜伽——神话复兴视野上的通观. 吉林师范大学学报（人文社会科学版），2005（4）
34. 叶舒宪. 神话如何重述. 长江大学学报（社会科学版），2006（1）
35. 叶舒宪. 后现代的神话观——兼评《神话简史》. 中国比较文学，2007（1）
36. 张卫东. 当代中国的理论神话. 文艺评论，2001（3）
37. 郑凡. 神话学研究方法的几个问题. 云南社会科学，1985（4）
38. 郑凡. 神话与神话学——《新大英百科全书》条目摘译（续）. 华夏地理，1984（6）

四　英文专著

1. Abraham, Karl. *Dreams and Myth: A Study of Race Psychology*. Trans. W.

A. White. New York: Journal of Nervous and Mental Disease Publishing, 1913.

2. Ackerman, Robert. *The Myth and Ritual School*: *J. G. Frazer and the Cambridge Ritualists.* New York: Routledge, 2002.

3. Antonaccio, Carla M. *Archaeology of Ancestors*: *Tomb Cult and Hero Cult in Early Greece.* Lanham ; Md.: Rowman & Littlefield, 1995.

4. Bandera, Cesáreo. *The Sacred Game*: *The Role of the Sacred in the Genesis of Modern Literary Fiction.* University Park: Pennsylvania State University Press, 1994.

5. Beard, Mary. *The Invention of Jane Harrison.* Cambridge; Mass.: Harvard University Press, 2000.

6. Berlinerblau Jacques. *Heresy in the University*: *The Black Athena Controversy and the Responsibilities of American Intellectuals.* New Brunswick: Rutgers University Press, 1999.

7. Bernal, Martin. *Black Athena*: *The Afroasiatic Roots of Classical Civilization.* London: Free Association Books, 1987.

8. Bernal, Martin. *Black Athena*: *The Afroasiatic Roots of Classical Civilization.* New Brunswick; N. J.: Rutgers University Press, 1991.

9. Bernal, Martin. *Black Athena Writes Back*: *Martin Bernal Responds to His Critics.* Durham: Duke University Press, 2001.

10. Beysekere, Gananath O. *Medusa's Hair* : *An Essay on Personal Symbols and Religious Experience.* Chicago and London: The University of Chicago Press, 1984.

11. Bremmer, Jane. *Greek Religion.* New York: Oxford University Press, 1999.

12. Bremmer, Jane. *Interpretations of Greek Mythology*. London: Croom Helm, 1986.

13. Bremmer, Jane. *The Early Greek Concept of the Soul.* Princeton; N. J.: Princeton University Press, 1993.

14. Bremmer, Jane. *The Rise and Fall of the Afterlife*: *The 1995 Read-Tuckwell Lectures at the University of Bristol.* New York: Routledge, 2002.

15. Burkert, Walter. *Lore and Science in Ancient Pythagoreanism.* Cambridge; Mass.: Harvard University Press, 1972.

16. Burkert, Walter. *Structure and History in Greek Mythology and Ritual.* Berkeley: University of California Press , 1979.

17. Burkert, Walter. *Homo Necans*: *The Anthropology of Ancient Greek Sacrificial Ritual and Myth.* Berkeley: University of California Press, 1983.
18. Burkert, Walter. *Greek Religion.* Cambridge; Mass.: Harvard University Press, 1985.
19. Burkert, Walter. *Ancient Mystery Cults.* Cambridge; Mass.: Harvard University Press, 1987.
20. Burkert, Walter. *Oedipus, Oracles, and Meaning*: *From Sophocles to Umberto Eco.* Toronto: Toronto University Press, 1991.
21. Burkert, Walter. *The Orientalizing Revolution*: *Near Eastern Influence on Greek Culture in the Early Archaic Age.* Cambridge; Mass.: Harvard University Press, 1992.
22. Burkert, Walter. *Creation of the Sacred*: *Tracks of Biology in Early Religions.* Cambridge; Mass.: Harvard University Press, 1996.
23. Burkert, Walter. *Savage Energies*: *Lessons of Myth and Ritual in Ancient Greece.* Translation by Peter Bing. Chicago & London: The University of Chicago Press. 2001.
24. Burkert, Walter. *Babylon, Memphis, Persepolis*: *Eastern Contexts of Greek Culture.* Cambridge; Mass.: Harvard University Press, 2004.
25. Burton Feldman and Robert D. Richardson. *The Rise of Modern Mythology 1680-1860.* Bloomington; London: Indiana University Press, 1972.
26. Buxton, Richard. *Imaginary Greece*: *The Contexts of Mythology*. Cambridge; New York: Cambridge University Press, 1994.
27. Calame, Claude. *The Craft of Poetic Speech in Ancient Greece.* Ithaca: Cornell University Press, 1995.
28. Calame, Claude. *The Poetics of Eros in Ancient Greece.* Princeton; N. J.: Princeton University Press, 1999.
29. Calame, Claude. *Masks of Authority*: *Fiction and Pragmatics in Ancient Greek Poetics.* Princeton; N. J.: Princeton University Press, 1999.
30. Calame, Claude. *Choruses of Young Women in Ancient Greece*: *Their Morphology, Religious Role, and Social Functions.* Lanham: Rowman & Littlefield, 2001.
31. Calame, Claude. *Myth and History in Ancient Greece*: *The Symbolic Creation*

of a Colony. Princeton: Princeton University Press, 2003.

32. Calame, Claude. *Poetic and Performative Memory in Ancient Greece*: *Heroic Reference and Ritual Gestures in Time and Space.* Cambridge; Mass.: Harvard University Press, 2006.

33. Caldwell, Richard S. *The Origin of the Gods*: *A Psychoanalytic Study of Greek Theogonic Myth.* New York: Oxford University Press, 1989.

34. Campbell, Joseph. *The Hero with a Thousand Faces.* Princeton; N. J.: Princeton University Press, 1968.

35. Carpenter, Rhys. *Folk Tale, Fiction and Saga in the Homeric Epics.* Berkeley; Los Angeles: University of California Press, 1946.

36. Carpenter, Thomas H. *Art and Myth in Ancient Greece*: *A Handbook.* London: Thames and Hudson, 1991.

37. Chris, Fleming. *René Girard*: *Violence and Mimesis.* Cambridge: Polity, 2004.

38. Clauss, James J. and Johnston, Sarah Iles, ed. *Medea*: *Essays on Medea in Myth, Literature, Philosophy and Art.* Princeton; New Jersey: Princeton University Press, 1997.

39. Coldstream, N. *Geometric Greece*: *900-700 BC.* New York: Routledge, 2003.

40. Could, John. *Myth, Ritual, Memory, and Exchange*: *Essays in Greek Literature and Culture.* Oxford: Oxford University Press, 2001.

41. Crawford. G. S. *The Eye Goddess.* London: Phoenix House Ltd, 1957.

42. Csapo, Eric. *Theories of Mythology.* Malden: Blackwell Pub., 2005.

43. Detienne, Marcel. *The Creation of Mythology.* Chicago: University of Chicago Press, 1986.

44. Detienne, Marcel and Jean-Pierre Vernant, eds. *The Cuisine of Sacrifice among the Greeks.* Chicago: University of Chicago Press, 1989.

45. Detienne, Marcel. *Dionysus at Large.* Cambridge; Mass.: Harvard University Press, 1989.

46. Detienne, Marcel. *The Gardens of Adonis*: *Spices in Greek Mythology.* Princeton: Princeton University Press, 1994.

47. Detienne, Marcel. *The Masters of Truth in Archaic Greece.* New York: Zone Books, 1996.

48. Detienne, Marcel and Guilia, Sissa. *The Daily Life of the Greek Gods.* Stanford; Calif.: Stanford University Press, 2000.
49. Detienne, Marcel. *The Writing of Orpheus*: *Greek Myth in Cultural Contact.* Baltimore: Johns Hopkins University Press, 2003.
50. Dowden, Ken. *Death and the Maiden*: *Girls' Initiation Rites in Greek Mythology.* London: Routledge, 1989.
51. Dowden, Ken. *The Uses of Greek Mythology.* London; New York: Routledge, 1992.
52. Dowden, Ken. *European Paganism*: *The Realities of Cult from Antiquity to the Middle Ages.* London; New York: Routledge, 2000.
53. Dubuisson, Daniel. *Twentieth Century Mythologies*: *Dumézil, Lévi-strauss, Eliade.* Translated by Martha Cunningham. London and Oakville: Equinox Publishing Ltd, 2006.
54. Dumouchel, Paul, ed. *Violence and Truth.* London: Athlone Press, 1988.
55. Dundes, Alan, ed. *Sacred Narrative*: *Reading in the Theory of Myth.* Berkeley: University California Press, 1984.
56. Edmunds, Lowell. *Approaches to Greek Myth.* Baltimore: Johns Hopkins University Press, 1990.
57. Eliade, Mircea. *Myths, Dreams, and Mysteries.* New York: Harper Torchbooks, 1967.
58. Eliade, Mircea. *Myths and Symbols*: *Studies in Honor of Mircea Eliade.* Chicago: University of Chicago Press, 1969.
59. Evans, Arthur, Sir. *The Palace of Minos*: *A Comparative Account of the Successive Stages of the Early Cretan Civilization as Illustrated by the Discoveries at Knossos.* London: Macmillan, 1921-1936.
60. Farnell, L. R. *Greek Hero Cults and Ideas of Immortality.* Oxford: Clarendon Press, 1921.
61. Finley, M. I. *The World of Odysseus.* New York: Viking Press, 1978.
62. Fontenrose, Joseph Eddy. *The Cult and Myth of Pyrros at Delphi.* Berkeley: University of California Press, 1960.
63. Fontenrose, Joseph Eddy. *Python*: *A Study of Delphic Myth and Its Origins.*

New York: Biblio & Tannen, 1974.

64. Fontenrose, Joseph Eddy. *The Delphic Oracle, Its Responses and Operations, with a Catalogue of Responses.* Berkeley: University of California Press, 1978.

65. Frazer, James George, Sir. *Folk-lore in the Old Testament*: *Studies in Comparative Religion, Legend and Law.* New York: the Macmillan Company, 1923.

66. Frazer, James George, Sir. *The Gorgon's Head and Other Literary Pieces.* London: Macmillan & Co. Ltd, 1927.

67. Frazer, James George, Sir. *The Golden Bough*: *A Study in Magic and Religion.* New York: The Macmillan Company, 1940.

68. Gantz, Timothy. *Early Greek Myth*: *A Guide to Literary and Artistic Sources.* Baltimore: Johns Hopkins University Press, 1993.

69. Gimbutas, Marija Alseikaite. *The Goddesses and Gods of Old Europe, 6500-3500 BC: Myths and Cult Images.* Berkeley: University of California Press, 1982.

70. Gimbutas, Marija Alseikaite. *The Language of the Goddess.* London: Thames and Hudson, 1989.

71. Gimbutas, Marija Alseikaite. *The Civilization of the Goddess*: *The World of Old Europe.* San Francisco: Harper San Francisco, 1991.

72. Gimbutas, Marija Alseikaite. *The Living Goddesses.* Berkeley: University of California Press, 1999.

73. Girard, René. *Violence and the Sacred.* Baltimore and London: Johns Hopkins University Press, 1979.

74. Girard, René. *Things Hidden Since the Foundation of the World.* Stanford: Stanford University Press, 1987.

75. René Girard. *Violence and Truth*: *On the Work of René Girard.* London: Athlone Press, 1988.

76. Girard, René. *The Girard Reader.* New York: Crossroad, 1996.

77. Golsan, Richard Joseph. *René Girard and Myth*: *An Introduction.* New York: Garland Pub., 1993.

78. Graf, Fritz. *Greek Mythology*: *An Introduction.* Baltimore and London: Johns Hopkins University Press, 1993.

79. Harris, Stephen L. *Classical Mythology*: *Images and Insights, Mountain View*. Calif: Mayfield, 1998.
80. Harrison, Jane Ellen. *Themis*: *A Study in the Social Origins of Greek Religion*. Cambridge: Cambridge University Press, 1912.
81. Harrison, Jane Ellen. *Ancient Art and Ritual*. New York: H. Holt, 1913.
82. Harrison, Jane Ellen. *The Religion of Ancient Greece*. London: Constable, 1913.
83. Harrison, Jane Ellen. *Mythology*. New York: Harcourt, Brace & World, Inc 1963.
84. Harrison, Jane Ellen. *Prolegomena to the Study of Greek Religion*. Princeton: Princeton University Press, 1991.
85. Hobsbawm, Eric. *The Invention of Tradition*. E. Hobsbawm and T. Ranger, ed. New York: Cambridge University Press, 1985.
86. Humphreys, S. C. *The Strangeness of Gods*: *Historical Perspectives on the Interpretation of Athenian Religion*. Oxford: Oxford University Press, 2004.
87. Jung, C. G and K. Kerényi. *Essays on Science of Mythology*: *The Myth of the Divine Child and the Mysteries of Elusis*. Trans. R. F. C. New York: Routledge, 2002.
88. Kerényi, Karl. *The Heroes of the Greeks*. London: Thames and Hudson, 1959.
89. Kirk, G. S. *The Homeric Poems as History*. Cambridge: Cambridge University Press, 1964.
90. Kirk, G. S. *Homer and the Epica*: *Shortened Version of the Songs of Homer*. Cambridge: Cambridge University Press, 1965.
91. Kirk, G. S. *Homer and the Oral Tradition*. Cambridge: Cambridge University Press, 1965.
92. Kirk, G. S. *Myth*: *Its Meaning and Functions in Ancient and Other Cultures*. Berkeley: University of California Press, 1970.
93. Kirk, G. S. *The Nature of Greek Myths*. Woodstock: Overlook Press, 1975.
94. Kirk, G. S. *The Presocratic Philosophers*: *A Critical History with a Selection of Texts*. Cambridge; New York: Cambridge University Press, 1983.
95. Kirwan, Michael. *Discovering Girard*. London: Darton Longman & Todd, 2004.
96. Knapp, Bettina Liebowitz. *Women, Myth, and the Feminine Principle*.

Albany; N. Y.: State University of New York Press, 1998.

97. Lang, Andrew. *Modern Mythology.* London: Longmans, Green, and Co., 1897.

98. Lang, Andrew. *Myth, Ritual and Religion.* London: Longmans, Green, and Co., 1913.

99. Larson, Jennifer. *Greek Heroine Cults.* Madison: University of Wisconsin Press, 1995.

100. Laurie L. Patton and Wendy, Doniger, Charlottesville, ed. *Myth and Method.* London: University Press of Virginia, 1996.

101. Lawson, John Cuthbert. *Modern Greek Folklore and Ancient Greek Religion: A Study in Survivals.* Cambridge: Cambridge University Press, 1910.

102. Leeming, David Adams. *Mythology: The Voyage of the Hero.* New York: Harper & Row, 1981.

103. Lefkowitz, Mary R. *Women in Greek Myth.* London: Duckworth, 1986.

104. Lefkowitz, Mary R. and Guy M. Rogers, eds. *Black Athena Revisited.* Chapel Hill: University of North Carolina Press, 1996.

105. Lefkowitz, Mary R. *Not Out of Africa: How Afrocentrism Became an Excuse to Teach Myth as History.* New York: Basic Book, 1996.

106. Lincoln, Bruce. *Theorizing Myth: Narrative, Ideology, and Scholarship.* Chicago: University of Chicago Press, 1999.

107. Loraux, Nicole. *Tragic Ways of Killing a Woman.* Tr. Anthony Forster. Cambridge; Mass: Harvard University Press, 1987.

108. Loraux, Nicole. *Born of the Earth: Myth and Politics in Athens.* Theca: Cornell University Press, 2000.

109. Louden, Bruce. *The Odyssey: Structure, Narration, and Meaning.* Baltimore: Johns Hopkins University Press, 1999.

110. Lyons Deborah. *Gender and Immortality: Heroines in Ancient Greek Myth and Cult.* Princeton; N. J.: Princeton University Press, 1997.

111. Mac Gillivray, J. A. *Minotaur: Sir Arthur Evans and the Archaeology of the Minoan Myth.* New York: Hill and Wang, 2000.

112. Mackenzie, Donald Alexander. *Myths of Crete and Pre-Hellenic Europe.*

London: Gresham Publishing Company, 1917.

113. Marinatos, Nanno. *The Goddess and the Warrior*: *The Naked Goddess and Mistress of Animals in Early Greek Religion.* London; New York: Routledge, 2000.

114. Meletinsky, Eleazar. M. *The Poetics of Myth*. New York: Routledge, 2000.

115. Moddelmog, Debra. *Readers and Mythic Signs*: *The Oedipus Myth in Twentieth-Century Fiction.* Carbondale: Southern Illinois University Press, 1993.

116. Moore, George. *Aphrodite in Aulis.* London: W. Heinemann Ltd., 1931.

117. Morris, Sarah P. *Daidalos and the Origins of Greek Art.* Princeton; N. J.: Princeton University Press, 1992.

118. Morse, Ruth. *The Medieval Medea.* New York: D. S. Brewer, 1996.

119. Mullahy, Patrick. *Oedipus*: *Myth and Complex*: *A Review of Psychoanalytic Theory*. New York: Hermitage, 1948.

120. Murray, Gilbert. *Five Stages of Greek Religion.* Garden City; N. Y.: Doubleday, 1951.

121. Murray, Gilbert. *The Rise of the Greek Epic*: *Being a Course of Lectures Delivered at Harvard University.* London: Humphrey Milford, 1934.

122. Murray, Gilbert. *Early Greece.* Cambridge; Mass.: Harvard University Press, 1993.

123. Nagy, Gregory. *The Best of the Achaeans*: *Concepts of Hero in Archaic Greek Poetry.* Baltimore: Johns Hopkins University Press, 1979.

124. Nagy, Gregory. *Greek Mythology and Poetics*. Ithaca: Cornell University Press, 1990.

125. Neumann, Erich. *The Great Mother*: *An Analysis of the Archetype.* New York: Pantheon, 1955.

126. Nilsson, Martin P. *Homer and Mycenae.* London: Methuen and Co, Ltd, 1933.

127. Nilsson, Martin P. *History of Greek Religion*. Oxford: Clarendon Press, 1925.

128. Nilsson, Martin P. *The Mycenaean Origin of Greek Mythology.* Berkeley: University of California Press, 1932.

129. Otto, Walter Friedrich. *Dionysus, Myth and Cult.* Dallas; Tex.: Spring

Publications, 1965.

130. Otto, Walter Friedrich. *The Homeric Gods*: *The Spiritual Significance of Greek Religion* . Boston: Beacon Press, 1964.

131. Padilla, Mark William. *The Myths of Herakles in Ancient Greece*: *Survey and Profile.* Lanham; Md.: University Press of America, 1998.

132. Paisley, Livingston. *Models of Desire*: *René Girard and the Psychology of Mimesis.* Baltimore: Johns Hopkins University Press, 1992.

133. Peacock, J. Sandra. *Jane Ellen Harrison*: *The Mask and the Self* . New Haven: Yale University Press, 1988.

134. Penglase, Charles. *Greek Myths and Mesopotamia*: *Parallels and Influence in the Homeric Hymns and Hesiod.* London; New York: Routledge, 1994.

135. Peradotto, John. *Classical Mythology*: *An Annotated Bibliographical Survey.* Urbana; Ill.: American Philological Association, 1973.

136. Pratt, Annis. *Dancing with Goddesses*: *Archetypes, Poetry, and Empowerment.* Bloomington: Indiana University Press, 1994.

137. Puhvel, Jaan. *Comparative Mythology.* Baltimore: Johns Hopkins University Press, 1987.

138. Rank, Otto. *In Quest of the Hero.* Princeton: Princeton University Press, 1990.

139. Rank, Otto. *The Myth of the Birth of the Hero*: *A Psychological Exploration of Myth.* Baltimore: Johns Hopkins University Press, 2004.

140. Rice, Michael. *The Power of the Bull.* New York: Routledge, 1998.

141. Right, William. *The Myth of Myth.* Cambridge; New York: Cambridge University Press, 1994.

142. Robinson, Annabel. *The Life and Work of Jane Ellen Harrison.* Oxford; New York: Oxford University Press, 2002.

143. Rohde, Erwin. *Psyche*: *The Cult of Souls and Belief in Immortality among the Greeks.* Tr. B. Hillis . London : Trench, Turbner & Co., Ltd., 1925.

144. Roheim, Géza. *Psychoanalysis and Anthropology.* New York: Routledge, 1994.

145. Room, Adrian . *Room's Classical Dictionary*: *The Origins of the Names of Characters in Classical Mythology.* London: Routledge & Kegan Paul, 1983.

146. Room, Adrian. *Who's Who in Classical Mythology.* Lincolnwood; Ill.: NTC Pub. Group, 1997.

147. Rose, H. J. *A Handbook of Greek Mythology.* London: Methuen, 1958

148. Rose, H. J. *Ancient Greek Religion.* New York: Hutchinson's University Library, 1946.

149. Rosenberg, Donna. *Mythology and You*: *Classical Mythology and Its Relevance to Today's World.* Lincolnwood; Ill.: National Textbook Co., 1992.

150. Rudnytsky, Peter L. *Freud and Oedipus.* New York: Columbia University Press, 1987.

151. Santa, Barbara. *Women of Classical Mythology*: *A Biographical Dictionary.* Calif: ABC-Clio, 1991.

152. Ruth, K. K. *Myth.* London: Methuen & Co., Ltd., 1976.

153. Schefold, Karl. *Gods and Heroes in Late Archaic Greek Art.* Cambridge: Cambridge University Press, 1992.

154. Sebeok, T. A., ed. *Myth*: *A Symposium.* Bloomington and London: Indiana University Press, 1958.

155. Segal, Robert A. *Theories of Myth.* 6Vols. New York: Garland Pub., 1996.

156. Segal, Robert A. *Theorizing about Myth.* Amherst: University of Massachusetts Press, 1999.

157. Segal, Robert A. *The Myth and Ritual Theory*: *An Anthology.* Malden; Mass.: Blackwell Publishers, 1998.

158. Segal, Robert A. *Myth*: *A Very Short Introduction.* Oxford: Oxford University Press, 2004.

159. Shapiro, H. *Myth into Art*: *Poet and Painter in Classical Greece.* London and New York: Routledge, 1994.

160. Shils, Edward and Carmen Blacker, eds. *Cambridge Women.* Cambridge: Cambridge University Press, 1996.

161. Slater, Philip E. *The Glory of Hera*: *Greek Mythology and the Greek Family.* Boston: Beacon Press, 1971.

162. Snodgrass, A. M. *The Dark Age of Greece*: *An Archaeological Survey of the Eleventh to the Eighth Centuries B. C.* Edinburgh: Edinburgh University Press, 1971.

163. Soles, Mary Ellen Carr. *Aphrodite at Corinth*: *A Study of the Sculptural Types*. Ann Arbor; Mich.: UMI, 1977.

164. Sourvinou-Inwood, Christiane. *Theseus as Son and Stepson.* London: University of London, 1979.

165. Sourvinou-Inwood, Christiane. *"Reading" Greek Culture*: *Texts and Images, Rituals and Myths.* New York: Oxford University Press, 1991.

166. Sourvinou-Inwood, Christiane. *"Reading" Greek Death*: *To the End of the Classical Period.* New York: Oxford University Press, 1995.

167. Sourvinou-Inwood, Christiane. *Tragedy and Athenian Religion.* Lanham; Md.: Lexington Books, 2003.

168. Spretnak, Charlene. *Lost Goddesses of Early Greece.* Boston: Beacon Press, 1984.

169. Stephen, L. Harris and Gloria Platzner. *Classical Mythology*: *Images and Insight.* Boston; Mass.: Mc Graw-Hill, 2003.

170. Stephen, R. Wilk. *Medusa*: *Solving the Mystery of the Gorgon.* Oxford: Oxford University, 2000.

171. Thompson, George Sheldon. *Sir Arthur Evans*: *Discoverer of Knoss.* New York: Macmillan; London: Collier-Macmillan, Ltd., 1964.

172. Trachy, Carole Law. *The Mythology of Artemis and Her Role in Greek Popular Religion.* Ann Arbor; Mich.: UMI, 1977.

173. Tyrrell, William Blake. *Athenian Myths and Institutions*: *Words in Action*. New York: Oxford University Press, 1991.

174. Uskin, John. *The Queen of the Air*: *Being a Study of the Greek Myths of Cloud and Storm*. London: George Allen, 1907.

175. Van Keuren, Frances Dodds. *Guide to Research in Classical Art and Mythology*. Chicago: American Library Association, 1991.

176. Vernant, Jean-Pierre. *The Origins of Greek Thought.* Ithaca; N. Y.: Cornell

University Press, 1982.
177. Vernant, Jean-Pierre. *Myth and Thought among the Greeks..* London; Boston. Melbourne and Henley: Routledge & Kegan Paul, 1983.
178. Vernant, Jean-Pierre. *Myth and Society in Ancient Greece.* Cambridge; Mass.: Distributed by the MIT Press, 1988.
179. Vernant, Jean-Pierre. *Myth and Tragedy in Ancient Greece.* Cambridge; Mass.: Distributed by MIT Press, 1988.
180. Vernant, Jean-Pierre. *The Universe, the Gods, and Mortals*: *Ancient Greek Myths.* London: Profile Books, 2001.
181. Vernant, Jean-Pierre. *Mortals and Immortals*: *Collected Essays.* Princeton; N. J.: Princeton University Press, 1991.
182. Wilson, Joseph P. *The Hero and the City*: *An Interpretation of Sophocles' Oedipus at Colonus.* Ann Arbor: University of Michigan Press, 1997.
183. Woodford, Susan. *Images of Myths in Classical Antiquity* . Cambridge; UK: Cambridge University Press, 2003.
184. Wright, G. M. and Jones, P. V., ed. *Homer*: *German Scholarship in Translation.* Oxford: Oxford University Press, 1997.

附录： 重要神话学者简传

一　麦克斯·缪勒

麦克斯·缪勒（Frederick Maximilian Müller，1823—1900），德籍英国宗教学者，神话学者，比较宗教学与比较神话学的奠基人，被誉为"比较宗教学之父"，以博学多才扬名学界。

麦克斯·缪勒1823年12月6日出生于德国的德绍（Desaur），其父为德国著名浪漫主义诗人威廉·缪勒（Wilhelm Müller），尽管老威廉·缪勒在麦克斯·缪勒五岁时便离开了人世，但他的诗人气质与自由主义秉性遗传给了年幼的缪勒，使得后者在1841年参加了德国青年诗人反对当局政治专制的活动，后被投入监狱，做了三个月的阶下囚。尽管年幼丧父，少年缪勒接受的却是贵族式的教育，他在德绍所接受的教育可与德国任何贵族学校相媲美。在母亲的一手抚育下，麦克斯·缪勒自小便学习了希腊文与拉丁文，这个阶段的教育为他后期的比较语言学与宗教学研究奠定了坚实的基础。与此同时，失去父亲的现实使得麦克斯·缪勒少年老成，很小就懂得了死亡与贫穷所带来的无奈和悲伤。

1836年，缪勒离开家乡德绍，到了莱比锡（Leipzig）著名的尼古拉学院（Nicolai School），在这个地方相继接受了8年的教育。他花了5年时间接受一般的学校教育，在1841年拜师于莱比锡大学罗克豪斯教授门下，学习梵文与哲学，同时学习语言学知识。缪勒用了2年半时间完成博士论文，最后用半年时间来思考自己的前程。因为没有人可以帮助他，这位倔强好学的年轻人要凭借自己的实力来打拼未来。

结束在莱比锡的学习之后，缪勒到了柏林大学，其间他听了著名的语言学家博普（Franz Bopp）的一场讲座，接受了后者的指导，然后在哲学家谢林的指导下学习哲学。缪勒的重点研究对象是印度哲学与宗教，后来翻译出了梵文版的《奥义书》，使得谢林对其欣赏有加。就在研究巴利语（Pali）、印度斯坦语（Hindustani）与孟加拉语言（Bengali）的过程中，缪勒邂逅了居住在伦敦的普鲁士外交部长本森男爵（Baron J. von Bunsen），后者在缪勒最为困难的时期伸出了援助之手。

1845年10月，缪勒从柏林到了巴黎。这个时候他认识了著名的东方学者尤金·伯鲁夫（Eugene Burnouf），后者在做一场关于《梨俱吠陀》（*Rig-Veda*）的讲座，缪勒是听众。后来缪勒接受了尤金的帮助，编辑出版了《梨俱吠陀》。在巴黎工作时，缪勒就打算去伦敦的东印度公司图书馆查阅那些梵文手稿。1846年6月9日，缪勒由巴黎到了伦敦。在伦敦，缪勒得到了本森男爵的帮助。这名卓越的外交官同时是一位不断思索的学者，对人类灵性的起源有着自己独到的见解，准备就这方面的内容写一本人类灵性的历史论著。在这方面，缪勒与这位身居要职的朋友颇有共同话题，缪勒后期所倡导的人类对于神圣的感知，在某种程度上便归功于与本森男爵的交谈的启发。

缪勒在其同时代人中是一名出色的学者，对印度有着浓郁的兴趣。但他仅仅从尤金·伯鲁夫那里听说了印度，对于这个黑头发的民族依然一无所知。就在阅读施莱格尔（Schlegel）与温狄斯卡格曼尼（Windiscgmann）作品的过程中，缪勒开始意识到梵语研究的重要性与美好未来，决定献身梵文的研究。1847年2月，参观完伦敦，缪勒到了牛津大学。这个时候他开始着手编撰《吠陀经》。1848年，缪勒定居伦敦。1849年，缪勒出版了其中的第一卷《梨俱吠陀》，为此他花了5年时间。1850年，缪勒担任牛津大学语言学教授，同年，泰勒研究所邀请缪勒做一个关于欧洲现代语言的讲座。1858年，缪勒担任法国科学院通信院士，1869年成为正式院士。1858年，他被选为万灵学会（Fellow of all Souls）的会员，这项荣誉对于一个外国人来说是空前绝后的。1859年，缪勒出版了《古代梵语文学史》（*A History of Ancient Sanskrit Literature*），他在书中宣称，该书的基本意图是为了更好地推进人们学习古代印度的语言，语言学家应该搞明白印度思想是如何形成的。缪勒认为一些梵语和佛教文本比《梨俱吠陀》与摩奴法典要早得多。1860年9月7日，缪勒在牛津大学的梵语教授职位被博登（Boden）代替。这一事件对缪勒的一生起到了关键的作用，促使他从梵语研究走向了比较语言学的研究，同时走向了比较宗教学的探索。

19世纪德国的文艺复兴运动使得欧洲人接受了两种非欧洲的文明：希腊—罗马文明与基督教文明，浪漫主义运动则促进了德国人对印度的研究，直接促成了现代古典学与圣经学的诞生。印度成为德国的一个理想化与哲学化的自我缩影，梵语与印度学也开始在德国的几个大学中流行。但作为德籍学者的缪勒，在英国却走着一条孤独的道路。作为英国殖民地的印度，在英国人看来是一个是非之地，缪勒对梵文的研究同样是一件吃力不讨好的事情，因为英语世界的人们一向弃绝印度文明。1817 年，詹姆斯·米尔斯（James Mills）编撰的《不列颠印度历史》一书，否认印度文明是一个高级形态的文明。甚至到了 1917 年，威廉·阿彻（William Archer）的《印度与未来》一书依然否认印度人是文明人。

1860 年，缪勒第一次使用"宗教学"这个术语，由此开辟了宗教学研究的先河。1862 年，缪勒出版了《语言科学》一书，在该书中，他宣称，尽管语言不可能改变，但是语言却可以被修正，语言与思想是同时进行的。人类与动物之间的区别是人具有理性，人类是语言的动物，语言与思想、理性联系在一起。这样，缪勒的观点与进化论产生了矛盾。因为受到达尔文进化论影响的斯宾塞与泰勒等人认为，人类的语言是从动物的咕噜声与咆哮声中生成的。当然，缪勒并不就此认输，他决定向达尔文发起挑战，而挑战的证据自然是语言。缪勒认为，既然达尔文认为人类的祖先不像《圣经·旧约》记载的那样，是从上帝创造的亚当和夏娃繁衍而来，而是由猿猴进化而成，那么，应该存在一种语言，它的一半由猿猴的语言组成，另一半由人类的语言构成。但事实上迄今为止人类在地球上尚未发现这种语言。带着这个问题，缪勒拜见了达尔文。达尔文兴致勃勃地听完了缪勒的见解，从嗓子里挤出了这样一句话："您是个危险人物。"然后大手一挥，端茶送客。

尽管对达尔文及其追随者的挑战并没有成功，缪勒却因此迎来了自己学术和职业的辉煌，他的比较语言学与比较宗教学研究得到了学术界与社会的认同。1868 年，牛津大学废弃了泰勒讲授的现代欧洲语言学课程，以比较语言学取代之，由此创建了第一个比较语言学职位，而首要的候选人除了缪勒别无他人。当牛津大学向缪勒发出这一邀请时，缪勒欣然接受了这一职位。他已经忘记了梵语教授职位被别人替代的不快，反倒为此感到庆幸，因为倘若没有当初的这种经历，他不会转向比较语言学与比较宗教学研究，也就不会有牛津大学在历史上第一次开设比较语言学课程之举。1868 年 10 月 27 日，缪勒在牛津大学做了一场就职演说，1870 年 2—3 月，缪勒在伦敦科学研究所做了四次关于宗教学的演讲。1872 年 5 月 23 日，他做了另外一场讲演。1873 年，该讲座经过修订后正式发表，改名为《宗教学导论》。

1874 年，缪勒在英国安顿下来之后，娶了一位英国女子作为自己的妻子，后来改信了与自己思想比较相近的安立甘教派，不过他对当时的教条主义与捉拿异端比较反感。1875年10月1日，缪勒接受了牛津大学比较语言学教授职位。1876年2月15日，缪勒发表了就职演讲。1888年，格拉斯哥大学给予缪勒吉福德讲师职位。此后到1892年，缪勒一直被选为这一职位的担任者，并为此讲授宗教学课程。在这些讲座中，缪勒将宗教分为四个阶段：自然宗教、物理宗教、人类宗教与神智宗教或心理宗教。这些讲座后来汇集为各种论著：《自然宗教》（1888年）、《物理宗教》（1890年）、《人类学宗教》（1891年）、《神智宗教》或《心理宗教》（1892年）。

1889年11月，缪勒在格拉斯哥做了吉福德讲座（Gifford Lectures），这是缪勒精心准备的第一场关于比较语言学的讲座，很是著名。在该讲座中，缪勒断言，语言科学包含了物理科学，而语言经历了三个发展阶段：一、经验主义阶段，该阶段主要是收集与验证数据；二、分类阶段，该阶段主要是研究各种语言的相互关系；三、理论阶段，该阶段主要是寻找语言的意义与起源。在此过程中，缪勒并没有考虑到语言是人类的一种创造物，人类不可能将自己的无意识放到语言之中去，语言的发音与词语是不可能改变的。

对于神话学而言，缪勒最大的贡献便是"自然神话理论"，其关注的重点对象是印度宗教。人类学者E. E. 埃文斯－普理查德指出，缪勒"是一名卓尔不群的语言学家，是当时一流的梵文学者。总体来说，他是一个非常博学的人，但是却一直受到最不公正的诋毁"[1]。而众人诋毁缪勒的主要原因是其神话源于"语言的疾病"，也就是所谓的"自然神话理论"。尽管缪勒反对达尔文的进化论思想，但他关于宗教发展的见解在某种程度上依然带有一种进化论色彩。缪勒断言，宗教的发展分别经历了三个阶段，它们分别是单一主神教、多神教、一神教，而神话则是在宗教发展的第二个阶段，也就是多神教阶段生成的。对于处于这个阶段的宗教而言，所有的神明都是自然现象的人格化象征。自然现象一方面为人类对无限与神圣的感知提供了一种经验层面上的认知，另一方面为人类对神明的认识赋予了一种语言学的命名，只不过这种感知是以隐喻与象征的方式来进行的。一言以蔽之，缪勒认为，所有的神话都不过是人类对于自然事件在语言学上的隐喻性解释，而所有的神明也只不过是自然现象的象征。毋庸置疑，缪勒及其自然神话追随者将其理论发挥到了极端，由此遭到了斯宾塞、泰

---

[1] [英] E. E. 埃文斯－普理查德：《原始宗教理论》，孙尚扬译，商务印书馆，2001年，第25页。

勒等人类学学者的批判。

缪勒的"自然神话理论"对中国早期的"疑古学派"与文学人类学学者产生了深远的影响，杨宽先生对后羿神话的考证，以及萧兵先生关于《楚辞》中隐藏着一个"太阳神话"的见解，便是受到了麦克斯·缪勒"自然神话理论"的影响。叶舒宪先生关于中国古代英雄与太阳的分析与阐释，尽管受到了原型理论的启发，但在阐释的基本立场上，与缪勒的"自然神话理论"有着某种暗合之处。缪勒在一百年前倡导的"自然神话理论"，尽管被众多学者批评与质疑，在中国当下的神话与文学人类学研究中却发挥了莫大的作用，以语言与文献为主的"四重证据法"在某种程度上成为文学人类学破学科研究范式的基础。如果缪勒在九泉下有知的话，应该为此倍感安慰吧。

麦克斯·缪勒英文论著要目：

1. Müller, F. Max. *Lectures on the Science of Language*. New York: C. Scribner's Sons, 1862-1868.

2. Müller, F. Max. *On the Stratification of Language*. London: Longmans, Green, Reader, and Dyer, 1868.

3. Müller, F. Max. *Lectures on the Origin and Growth of Religion As Illustrated by the Religions of India*. New York: C. Scribner's Sons, 1879.

4. Müller, F. Max. *The Sacred Books of the East*. Oxford: Clarendon Press, 1879.

5. Müller, F. Max. *Chips from a German Workshop*. New York: C. Scribner's Sons, 1881.

6. Müller, F. Max. *India: What Can It Teach Us*? New York: Funk & Wagnalls, 1883.

7. Müller, F. Max. *The Science of Thought*. New York: C. Scribner's Sons, 1887.

8. Müller, F. Max. *Biographies of Words, and the Home of the Aryas*. London: Green, and Co., 1888.

9. Müller, F. Max. *The Science of Language*. New York: C. Scribner's Sons, 1891.

10. Müller, F. Max. *Contributions to the Science of Mythology*. London: Green,

and Co., 1897.

11. Müller, F. Max. *Auld Lang Syne*. New York: C. Scribner's Sons, 1898.
12. Müller, F. Max. *The German Classics from the Fourth to the Nineteenth Century*. New York: C. Scribner's Sons, 1900.
13. Müller, F. Max. *Sacred Books of the East*. New York: Colonial Press. 1900.
14. Müller, F. Max. *Memories*. Chicago: A. C. McClurg & Co., 1902.
15. Müller, F. Max. *Three Introductory Lectures on the Science of Though*. Chicago: The Open Court Publishing Company, 1909.
16. Müller, F. Max. *The Dhammapada*. London: H. Milford, 1924.
17. Müller, F. Max. *Vedas. Rgveda*. Delhi: Motilal Banarsidass, 1964.
18. Müller, F. Max. *Introduction to the Science of Religion*. Varanasi: Bharata Manisha, 1972.
19. Müller, F. Max. *Comparative Mythology*. New York: Arno Press, 1977.
20. Müller, F. Max. *The Six Systems of Indian Philosophy*. New York: AMS Press, 1977.
21. Müller, F. Max. *My Autobiography: A Fragment*. New York: C. Scribner's Sons, 1901.
22. Müller, F. Max. *Râmakrishna, His Life and Sayings*. New York: AMS Press, 1975.
23. Annotated by Kenjiu Kasawara; Edited by F. Max Müller and H. Wenzel. *Buddhist Technical Terms: An Ancient Buddhist Text Ascribed to Nagārjuna*. Delhi: Orient Publications, 1984.
24. Müller, F. Max. *A History of Ancient Sanskrit Literature*. New Delhi: Asian Educational Services, 1993.
25. Müller, F. Max, Macdonell, H. Oldenberg, Trans. *The Golden Book of the Holy Vedas*. Delhi: Vijay-Goel English-Hindi Publisher, 2005.

麦克斯·缪勒中文译著要目：

1.［英］麦克斯·缪勒. 宗教学导论. 李培茱译. 上海：上海人民出版社，1989
2.［英］麦克斯·缪勒. 宗教的起源与发展. 金泽译. 上海：上海文艺出版社，1989

3. [英]麦克斯·缪勒. 比较神话学. 金泽译. 上海：上海文艺出版社，1989

二　威廉·罗伯逊·史密斯

威廉·罗伯逊·史密斯（William Robertson Smith，1846—1894），苏格兰东方语言学者，唯物论学者，考古学者，圣经学者，《旧约》专家，神学教授，苏格兰自由教派负责人，其论著《闪米特宗教》（*Religion of the Semites*）被誉为比较宗教学研究的奠基之作。

罗伯逊·史密斯1846年11月8日出生于苏格兰阿伯丁郡（Aberdeenshire）的基格（Keig），其父为基督教自由教派长老，对史密斯后来进入自由教学院有重大影响。史密斯天生聪颖过人，15岁进入当时的名校阿伯丁大学（Aberdeen University）学习，在学习期间，史密斯获得过费格斯（Ferguson）数学奖学金，这方面的天赋使得他后来在工作初期对物理学有所贡献。1866年，史密斯进入爱丁堡大学新学院（New College），1870年，他在阿伯丁大学自由教会学院（Aberdeen Free Church College）讲授希伯来语课程。

1868—1870年，史密斯担任爱丁堡大学自然哲学教授助理，其间他对电流与数学比较感兴趣，是这方面的专家。1875年，史密斯被指定为《旧约》校勘，同年，他在编辑的《大英百科全书》第九卷中撰写了一些关于宗教方面的重要论文。史密斯在编撰《大英百科全书》时，涉及了图腾主义，为此他还鼓励自己年轻的朋友弗雷泽撰写相关的论著，结果弗雷泽为此写出了《图腾主义》一书。

1880年，史密斯在阿伯丁大学自由教会学院被指定为东方语言与圣经旧约教授，此时他开始了神学方面的研究，主要以博学多才与运用科学研究方法而出名。编辑完《大英百科全书》后，史密斯出版了《异教审判》（*Trial for Heresy*），此书使得史密斯扬名天下，同时也给他带来了宗教上的麻烦。史密斯在其论著中否认《圣经》的真实性与神圣性，这就激怒了自由教会学院的基督徒们，他们为此组成了一个学术委员会对史密斯进行审判，尽管史密斯本人是基督徒。1881年，虽然获得了众人的支持与同情，史密斯还是因为学术委员会的否决而失去了职位，由此离开了自由教会学院。1881年，他在剑桥大学谋得一个职位，后来成为该校的图书管理员，不久受聘为阿拉伯语教授，后来成为该校基督教学院的成员。

1880—1882年，史密斯被爱丁堡大学与格拉斯哥大学两次邀请讲授《圣经·旧约》，这两次的讲座整理后分别成为专著《犹太教旧约》与《以色列的先知》(*The Old Testament in the Jewish Church*, first edition 1881, second edition 1892. *The Prophets of Israel*, 1882, which also passed through two editions)。此时的史密斯主要是对《圣经》中的社会和宗教风俗进行研究，涉及人类学与神学两个领域，显示了他宽广的知识视野与驾驭知识的能力。

1883—1885年，史密斯在三一学院谋得一席之地。1885年，他被选为基督教学院教授。1886年，他成为该校的图书管理员。1887年，史密斯成为《不列颠百科全书》的编辑，主要因为他的老板贝恩斯教授（Professor Baynes）去世了，将空缺留给了史密斯。1889年，史密斯被聘为三一学院的阿拉伯语言教授。同一年，史密斯写出了最为重要的论著《闪米特宗教》，该书首次利用社会学的方法来分析宗教现象，并对犹太人的宗教生活作述评。史密斯认为古代宗教大部分没有信条，只有一些固定的传统宗教实践。他拒绝神话历史主义主张将神话视为真实人物与历史事件的扭曲的解释观点，同时拒绝泰勒将神话作为反映自然与宇宙起源的原始哲学的认知主义假说。史密斯坚持认为，仪式是自发生成的，而神话则是为了解释仪式而被创造出来的。原始社会是母系社会，女神的地位比男神的地位要高。这种观点对剑桥学派的代表赫丽生产生了极大影响。史密斯断言，宗教只与神明有关，与凡人无关，宗教行为是公开的、社会性的、有组织的，而不是一种私人的、自我的行为。在研究宗教的过程中，史密斯关注的是仪式的起源与意义。他认为，献祭的牺牲物本身就是国王，它是神圣的图腾。从这个层面说，史密斯是第一个倡导神话—仪式理论的人，弗雷泽与赫丽生倒是其次了。史密斯关于神话与仪式理论的思想对人类学产生了深远的影响，对心理学领域同样如此，弗洛伊德就受到了史密斯的影响，提出了神明是社会的整体这种假说。涂尔干同样受到了史密斯的影响，他将史密斯关于神明的观点进一步延伸，认为神明是被社会化的神明。玛丽·道格拉斯（Mary Douglas）将史密斯视为社会学与社会人类学的鼻祖，道格拉斯本人的论著《纯净与危险》中关于《圣经·利未记》中纯净与危险的观点其实是对史密斯社会学思想的继承。

史密斯又是一个东方学专家，他有着浓郁的东方情结。他曾经访问过阿拉伯、埃及、叙利亚、巴勒斯坦、突尼斯以及南部西班牙，对东方文献与生活比较了解。史密斯断言，在印刷术出现之前，书本就已经出现了。在那些黑暗的时代，书籍主要是由一些抄写员保管并抄写的，并没有得到多少重视，一些书被编撰者改编并损坏，等到这些书籍重见天日时其原貌已经不见了。就在不断传抄的过程中，有些文本的本来面目被遮蔽了，意义也含糊不清，对这些书籍的阐释也同时遭遇到了一些困难。除此之外，还有一些书籍是伪造的。在这种情况下，为了确立真正的意义，历史批评就要打破既有的观点，同时对书写作一定的质疑。这其实是对文本间性与本土化书写的最早阐释，20 世纪后期新历史主义所关注的一些重大话题，在史密斯这里已暂露端倪。

1888—1891 年，史密斯在阿伯丁大学做了三次关于闪米特原始宗教的讲座。1890 年，史密斯身体出现病痛的征兆，但他极其坚韧，并没有因剧烈的病痛而停止工作。1894 年 3 月 31 日，史密斯因患肺结核而亡，死后被埋在其出生地基格。

威廉·罗伯逊·史密斯英文论著要目：

1. Smith, William Robertson. *Answer to the Form of Libel*. Edinburgh: Douglas, 1878.

2. Smith, William Robertson. *Additional Answer to the Libel*. Edinburgh: Douglas, 1878.

3. Smith, William Robertson. *Answer to the Amended Libel*. Edinburgh: Douglas, 1879.

4. Smith, William Robertson. *The Old Testament in the Jewish Church*. Edinburgh: A. & C. Black, 1881.

5. Smith, William Robertson. *The Prophets of Israel and Their Place in History: to the Close of the 8th Century B. C.* Edinburgh: A. & C. Black, 1882.

6. Smith, William Robertson. *Kinship and Marriage in Early Arabia*. Cambridge: Cambridge University Press, 1885.

7. Smith, William Robertson. *Lectures on the Religion of the Semites*. Fundamental Institutions. First Series. London: Adam & Charles Black, 1889.

8. Smith, William Robertson. *Lectures on the Religion of the Semites*. London: Adam & Charles Black, 1894.

9. Smith, William Robertson. *Lectures and Essays*, edited by J. S. Black and G. W. Chrystal. London: Adam & Charles Black, 1912.

威廉·罗伯逊·史密斯研究相关论著：

1. Black, John Sutherland and Chrystal, George. *The Life of William Robertson*

Smith. London: Adam & Charles Black, 1912.

2. Nelson, Ronald Roy. *The Life and Thought of William Robertson Smith, 1846-1894*. Dissertation; University of Michigan, 1969.

3. Beidelman, T. O. W. *Robertson Smith and the Sociological Study of Religion* Chicago: University of Chicago Press, 1974.

4. Riesen, Richard Allan. *Criticism and Faith in late Victorian Scotland: A. B. Davidson, William Robertson Smith, and George Adam Smith*. Lamham Maryland: University Press of America, 1985.

5. Johnstone, William. *William Robertson Smith: Essays in Reassessment.* Sheffield: Sheffield Academic Press, 1995.

6. Rogerson, John William. *The Bible and Criticism in Victorian Britain: Profiles of F. D. Maurice & William Robertson Smith*. Sheffield: Sheffield Academic Press, 1997.

7. Bediako, Gillian M. *Primal Religion and the Bible: William Robertson Smith and his Heritage*. Sheffield: Sheffield Academic Press, 1997.

三 简·艾伦·赫丽生

简·艾伦·赫丽生（Jane Ellen Harrison，1850—1928），英国剑桥学派精神领袖，考古学家，神话学家，被誉为"英国最有才华的女性"。1850年，赫丽生出生于英国约克郡（Yorkshire）北部的瑞丁（North Riding）镇，其母生下赫丽生一个月后离开人世。赫丽生的父亲查尔斯·哈里森是一位虔诚的牧师，对赫丽生百般疼爱，聘请专业老师教授赫丽生希腊文与拉丁文，为赫丽生后期从事古典学研究打下了坚实的根基。

1874年，赫丽生考入纽纳姆学院。1879年，赫丽生成为主持希腊古典文学艺术学位的负责人，同年，她拿到了剑桥古典学学位，进入伦敦大英博物馆，拜师于查尔斯·牛顿门下潜心求学，致力于希腊神话的考古学研究。1882年，赫丽生在大英博物馆开设讲座，此后在该领域谋得一席之地。

1889—1896年，赫丽生担任英国希腊研究协会副会长；1896年，她被聘为柏林古典考古研究院的外籍理事。1898年，赫丽生返回母校纽纳姆学院，被聘为研究员。从1899年起，她在纽纳姆学院开设讲座，其间专注于希腊原始宗教与仪式的研究。1903年，赫丽生推出《希腊宗教研究导论》（*Prolegomena to the*

Study of Greek Religion）一书，该书被视为早期宗教研究的里程碑式论著。1912年，赫丽生出版了《忒弥斯》(Themis）一书，1913 年出版《希腊宗教研究结论》(Epilogomena to the Study of Greek Religion）。赫丽生晚年患有心脏病和肺病，被迫离开讲坛，与学生霍普·米尔利斯搬到伦敦文化中心布鲁姆斯伯居住。1928 年，赫丽生因患白血病逝世。

赫丽生被誉为剑桥人类学派的精神领袖，其地位可与弗雷泽相提并论。赫丽生终身未嫁，精力过人，学识渊博，精通希腊语、拉丁语、希伯来语、波斯语、俄语等十六种语言，是西方古典学与神话学历史上具有里程碑意义的人物。赫丽生的主要贡献就在于她揭开了希腊宗教的旧有内核，从仪式来理解神话：先从仪式出发来理解神话的本原意义，然后回头阐释神话的演变轨迹。在阐释过程中，赫丽生将考古学证据与文献学证据结合起来进行研究，这种"二重证据法"如今已经成为人类学与古典学的传统研究手段。当然，其出发点是仪式，从比较晚近的荷马与赫西俄德塑造的奥林匹斯宗教开始入手，分析自然仪式的心理基础。后期的研究使得赫丽生接触到了现代心理学思想，她的一些论著，譬如《忒弥斯》与《希腊宗教研究结论》，显然受到了柏格森（Bergson）与弗洛伊德的影响。

当赫丽生写作《忒弥斯》时，原始宗教成为她研究人类普遍心智的起点，其兴趣从弗洛伊德和柏格森转移到了俄国，被俄国人的豪爽所吸引。在赫丽生那本卓越的《古代仪式与艺术》一书中，她对托尔斯泰的艺术思想作了分析，赞同托尔斯泰的观点，认为托尔斯泰揭示了艺术的真理。一战期间，赫丽生搬到巴黎居住，在博耶（Boyer）与穆莱·康卡莱维斯基（Mlle Konchalevsky）教授的指点下学习俄语，此时赫丽生已有 65 岁，但她具有异常的语言学天赋与过人的精力，这些使得她很快掌握了俄语的精髓，并渐入佳境。赫丽生倡议将俄语作为古典学研究对象。1917—1922 年，赫丽生在剑桥大学教授俄语，其热情犹如一团冬日的炭火，令每一个接触到她的人倍感温暖。

1922—1925 年，赫丽生与她的学生霍普·米尔利斯（Hope Mirlees）一直居住在巴黎，她对俄国颇为同情，尤其是俄国人。在巴黎居住期间，赫丽生结交了很多俄国朋友，包括雷米佐夫（Remizov）夫妇。1926 年，赫丽生翻译了《熊书》(Book of the Bear）。这是一部流传在俄国关于熊的故事与散文的集子，分别来自于阿法纳西耶夫（Afanasyev）的民间故事，还有克雷洛夫（Krylov）、普希金（Pushkin）、涅克拉索夫（Nekrasov）、托尔斯泰（Tolstoy）、雷米佐夫（Remizov）等人的作品中一些关于熊的故事。

对于一般的读者大众，赫丽生最有吸引力的书籍是《学者回忆录》(*Reminiscences of a Student's Life*)，这本自传一直不断再版，受到读者的青睐。在该书的末尾，赫丽生用一种极为坦然平和的态度谈论生死，其淡泊宁静，犹如一轮秋阳，照亮了每一位穿越岁月时空寻找真理的跋涉者的漫漫旅途。

赫丽生英文论著要目：

1. Harrison, J, E. and M. de G. Verrall. *Mythology and Monuments of Ancient Athens*. New York: Macmillan, 1894.

2. Harrison, J, E. *Introductory Studies in Greek Art*. New York: MacMillan, 1902.

3. Harrison, J, E. *The Religion of Ancient Greece*. Chicago: Open Court Pub. Co., 1908.

4. Harrison, J, E. *Themis: A Study in the Social Origins of Greek Religion*. Cambridge: The Cambridge University Press, 1912.

5. Harrison, J, E. *"Homo Sum": Being a Letter to an Anti-suffragist from an Anthropologist*. New York: National College Equal Suffrage League, 1912.

6. Harrison, J, E, *Mythology*. New York: Longmans, Green, 1924.

7. Harrison, J, E. *Reminiscences of a Student's Life*. London: Hogarth Press, 1925.

8. Harrison, J, E. and H. Mirrlees translate. *The Book of the Bear: Being Twenty-one Tales newly Translated from the Russian*. London: The Nonesuch Press, 1926.

9. Harrison, J, E. *Myths of Greece and Rome*. London: E. Benn, 1927.

10. Harrison, J, E. *Ancient Art and Ritual*. New York: Greenwood Press, 1951.

11. Harrison, J, E. *Prolegomena to the Study of Greek Religion*. NewYork: Meridian Books, 1955.

12. Harrison, E. *Epilegomena to the Study of Greek Religion*. N. Y.: University Books, 1962.

13. Harrison, J, E. *Alpha and Omega*. New York: AMS Press, 1973.

14. Harrison, J, E. *Primitive Athens as Described by Thucydides*. Chicago: Ares Publishers, 1976.

赫丽生中文译著要目：

1. [英] 简·艾伦·赫丽生. 艺术与仪式. 叶舒宪选编. 神话—原型批评. 西安：陕西师范大学出版社，1987.67—80
2. [英] 简·艾伦·赫丽生. 古希腊宗教的社会起源. 谢世坚译. 桂林：广西师范大学出版社，2004
3. [英] 简·艾伦·赫丽生. 希腊宗教研究导论. 谢世坚译. 桂林：广西师范大学出版社，2006
4. [英] 简·艾伦·赫丽生. 古代艺术与仪式. 刘宗迪译. 北京：三联书店，2008

四　詹姆斯·乔治·弗雷泽

詹姆斯·乔治·弗雷泽爵士（Sir James George Frazer，1854—1941），英国人类学者，文学家，剑桥学派的奠基人。弗雷泽的去世被人类学者马林诺夫斯基称为"象征着一个时代的结束"。

弗雷泽出生于英国的格拉斯哥，父母皆为虔诚的基督徒，家境颇为殷实。富裕的家境给弗雷泽提供了良好的环境及接受教育的机会，使得他能够博览群书，同时带有一颗无功利之心畅游于人文科学与自然科学之间，对二者作无间之探索。弗雷泽能用古希腊文阅读荷马史诗，用拉丁文阅读奥维德和维吉尔的诗歌，用阿拉姆语读《圣经》。与此同时，他还能够与凯尔文勋爵（Lord Kelvin）、C. 麦克斯韦尔（Clerk Maxwell）和 J. J. 汤普森（J. J. Thompson）探讨物理学，与此同时，弗雷泽又能够写出具有艾迪生（Addison）和兰姆（Lamb）风格的诗文来。

弗雷泽先是在希利斯伯格（Helensburgh）的春野高等专科学院（Springfield Academy）学习，然后又去了设在木野高等专科学院（Larchfield Academy）的亚历山大麦肯齐（Alexander Mackenzie）学院。1869—1874 年，弗雷泽在格拉斯哥跟随拉姆齐（G. G. Ramsay）先生学习人文学，同时拜师于威廉·汤普森先生（Sir William Thomson）门下学习自然哲学。该阶段的学习为弗雷泽日后的古典人类学研究打下了坚实的基础。此时，弗雷泽意识到，科学研究不必受制于学科限制，相反，倒是跨学科探索能够带来意想不到的收获。弗雷泽在晚年提及这一段时光时，对自己青年时代所受的教育颇为满意，不像达尔文那样满腹牢骚。

这一段教育结束后，弗雷泽到剑桥大学继续学习。他的父亲比较担心当时的牛津大学那种培养牧师式的教育模式会给年轻的弗雷泽带来负面影响，坚持让自己的儿子到剑桥大学深造。在剑桥学习的那一段日子里，弗雷泽痴迷于威廉·史密斯·罗伯逊（Aberdeen-William Robertson Smith）教授的比较宗教学课程，《金枝》一书就是在后者的影响下写就的。

格拉斯哥的拉姆齐教授使得弗雷泽成为一名富有学术热情的古典学者，他的教导开阔了弗雷泽的学术胸怀。1879年弗雷泽离开格拉斯哥时已经25岁，此时他已养成了一种极为严谨自律的习惯与文风。就在这一年，弗雷泽担任了剑桥大学三一学院的研究员职位。在这个非同寻常的学术场域中，弗雷泽却递上了辞呈，要求不再担任三一学院的特别研究员，理由是他在课堂上试图翻译奥维德的诗歌时犯了一个小小的错误。不过他被留任了，弗雷泽回报的礼物是拿出了《金枝》这样一部巨著。6卷本的《金枝》一书付梓后，弗雷泽将其赠送给拉姆齐教授，作为自己回报老师的礼物，并开始着手翻译并批评帕萨尼亚斯（Pausanias）的《希腊记事》（*Description of Greece*）。剑桥大学鼓励年轻的学者从事古典哲学研究，亨利·杰克逊（Henry Jackson）教授的人格魅力一直留在弗雷泽的记忆中，就是在这位哲学大师的影响下，弗雷泽写出了《论柏拉图理想理论的生成》（*The Growth of Plato's Ideal Theory.* 1879）一文。弗雷泽一直与杰克逊教授保持着一种极为密切频繁的来往，两人的友谊一直保持到弗雷泽生命的最后一刻。

1896年，弗雷泽娶了生在法国的女子莉莉·格罗芙（Mrs Lily Grove）。格罗芙是一位精力充沛、精明能干的女性，将毕生精力花费在弗雷泽身上，帮助他完成学术事业。对这样一位美丽能干的学术助理，弗雷泽总是言听计从，从不怀疑。弗雷泽后期的世俗荣耀与成就很大程度上归功于弗雷泽太太成功的社会活动，格罗芙就像一台永不疲倦的学术机器，为生性羞怯而腼腆少言的弗雷泽日夜运转。

1907年，弗雷泽担任利物浦大学社会人类学的教授职位。但他对教学与组织工作并不是很投入，于是很快递上了辞呈，回到图书馆的书籍中去寻找自己的位置。当然，这一次不同于青年时代在三一学院的辞职，此时的弗雷泽已经拥有可以自由选择职位的学术资本，他成功了。为此，弗雷泽还写过这样的一首诗歌来纪念：

Still, still I con old pages

And through great volumes wade

While life's brief summer passes

And youth's brief roses fade.

我苦苦吟唱着那些古老的典籍

跋涉于无涯的书山之中

青春已悄然逝去

犹如凋零的玫瑰

1914 年，弗雷泽被授予爵士身份。1920 年，弗雷泽获取了社会科学杰出贡献奖。1921 年，牛津大学、剑桥大学、格拉斯哥大学与利物浦大学同时为弗雷泽开设了社会人类学的讲师职位。1924 年，弗雷泽成为优点秩序学会（Order of Merit）的成员。1933 年，有人开始为弗雷泽写传记。

达尔文的进化论思想对欧洲人文社会科学产生了深远的影响，宗教学领域也不例外。弗雷泽是继达尔文之后，对欧洲宗教学研究产生深远影响的第二人。不过因为时代的原因，弗雷泽的思想中留有达尔文的进化论影子，《金枝》一书试图表明，宗教的发展同样类似于自然科学的发展规律，遵循着从巫术到宗教，再到科学的一般演变范式。弗雷泽认为，社会与宗教的演变是类似的，只不过弗雷泽要寻找一些细节上的对应之处。古罗马内米湖畔的金枝风俗一定是从古代社会延续到现代社会的，他为此搜集了世界各地的风俗材料进行论证。当然，在作这种阐释时，弗雷泽不免受到史密斯与泰勒的影响，将比较的方法运用到了原始宗教的研究之中。不过弗雷泽在《金枝》一书中并没有充分认识到社会学的含义，也从未意识到民俗与神话中的社会要素。与此同时，弗雷泽舍弃了谢里曼和伊文思等人在希腊的考古发掘，而引用了大量的古典学文献为佐证，这一点令英国人颇为自豪。

弗雷泽的学术思想就像一束灿烂的阳光，照亮了一代又一代学人，尽管人们对他的批评总是大于表扬，但谁也无法抹去弗雷泽思想的光辉。而弗雷泽对人类学民族志田野考察的影响，整整持续了半个世纪。举几个比较熟悉的例子：豪伊特（Howitt）、费森（Fison）、斯宾塞、吉伦（Gillen）等人在澳大利亚的民族志调查；A. C. 哈登和 W. H. R. 里弗斯，塞利格曼与 C. S. 迈尔斯合作率领的英国剑桥探险队在大洋洲托雷斯海峡(Torres Straits)的探险考察；朱诺德(Junod)、罗斯科（Roscoe）、史密斯（Smith）、戴尔（Dale）、拉特蒙（Lattary）等人在非洲的田野考察。上述这些民族志写作都是在弗雷泽的精神照耀下生成的。剑桥学派的赫丽生等人，不论在观点上反对抑或支持弗雷泽，他们对神话与仪式的探索都离不开弗雷泽精神的指引。当然，弗雷泽的思想不仅仅局限在人类学领域，心理学的创始人弗洛伊德在援引人类学证据时，用的全是弗雷泽的例子。法兰西学派曾经在思想史上红极一时，但如果没有弗雷泽的思想，涂尔干、列维－布留尔、布格勒（Bougle）等人的成就也就黯然失色。

弗雷泽所强调的图腾与禁忌、族外婚、原始宗教形态与政治制度，曾经激励了历史学与心理学、哲学与理论学领域的众多研究者。柏格森、汤因比、斯宾格勒等人莫不是弗雷泽思想的追随者，他们所探讨的话题在某种程度上是对弗雷泽思想的延伸。中国人类学早期的研究，以及中国文学人类学者叶舒宪倡导的"四重证据法"，在某种程度上是受到了弗雷泽比较人类学思想的影响。毕竟，比较的方法具有一种破学科的眼界，极大地丰富了研究者的视野。

弗雷泽英文论著要目：

1. Frazer, James George, Sir. *Pausanias, And Other Greek Sketches*. London; New York: Macmillan, 1900.

2. Frazer, James George, Sir. *Totemism and Exogamy: A Treatise on Certain Early Forms of Superstition and Society*. London: Macmillan and Co., Ltd, 1910.

3. Frazer, James George, Sir. *Psyche's Task: A Discourse Concerning the Influence of Superstition on the Growth of Institutions*. London: Macmillan and Co., Ltd, 1913.

4. Frazer, James George, Sir. *Pausanias's Description of Greece*. London: Macmillan and Co., Ltd, 1913.

5. Frazer, James George, Sir. *Studies in Greek Scenery, Legend and History*. London: Macmillan and Co., Ltd, 1917.

6. Frazer, James George, Sir. *Apollodorus: The library*. London: Heinemann; New York: G. P. Putnam's Sons, 1921.

7. Frazer, James George, Sir. *Leaves from the Golden Bough*. Culled by Lady Frazer. London: Macmillan, 1924.

8. Frazer, James George, Sir. *Folk-lore in the Old Testament: Studies in Comparative Religion, Legend and Law*. New York: The Macmillan Company, 1923.

9. Frazer, James George, Sir. *Myths of the Origin of Fire: An Essay*. London: Macmillan, 1930.

10. Ovid. Trans. Frazer, James George, Sir. *Ovid's Fasti*. London: Heinemann,

ltd.; New York: G. P. Putnam's Sons, 1931.
11. Frazer, James George, Sir. *Golden Bough*. Garden City; N. Y.: Doubleday, 1978.
12. Frazer, James George, Sir. *Garnered Sheaves*: *Essays, Addresses, and Reviews.* London: Macmillan, 1931.
13. Frazer, James George, Sir. *Anthologia Anthropologica*. London: P. Lund, Humphries & Co., Ltd., 1939.
14. Frazer, James George, Sir. *The Native Races of Asia and Europe*. London: P. Lund, Humphries & Co., Ltd., 1939.
15. Frazer, James George, Sir. *The Golden Bough*: *A Study in Magic and Religion*. 13vols. London: Macmillan; New York: St. Martin's Press, 1955.
16. Frazer, James George, Sir. *The New Golden Bough*: *A New Abridgment of the Classic Work.* New York: Criterion Books, 1955.
17. Frazer, James George, Sir. *The Fear of the Dead in Primitive Religion.* New York: Biblo and Tannen, 1966.
18. Frazer, James George, Sir. *The Growth of Plato's Ideal Theory*: *An Essay.* New York: Russell & Russell, 1967.
19. Frazer, James George, Sir. *The Belief in Immortality and the Worship of the Dead.* London: Dawsons, 1968.
20. Frazer, James George, Sir. *Man, God and Immortality*: *Thoughts on Human Progress.* London: Dawsons, 1968.
21. Frazer, James George, Sir. *The Magical Origin of Kings*. London: Dawsons, 1968.

弗雷泽中文译著要目：

1. [英] 弗雷泽. 交感巫术. 李安宅译. 上海：商务印书馆，1934

2. [英] 弗雷泽. 魔鬼的律师——为迷信辩解. 阎云祥，龚小夏译. 北京：东方出版社，1988

3. [英] 詹·弗雷泽. 永生的信仰和对死者的崇拜. 李新萍等译. 北京：中国文联出版社，1992

4. [英] 丽莉·弗雷泽编. 金叶. 汪培基，汪筱兰译. 上海：上海文艺出版社，1997

5. [英] 詹姆斯·乔治·弗雷泽. 金枝：巫术与宗教之研究. 徐育新，汪培基，张泽石译. 北京：大众文艺出版社，1998

6. [英] 弗雷泽. 金枝精要. 刘魁立主编. 上海：上海文艺出版社，2001

五　爱德华·B. 泰勒

爱德华·B. 泰勒（Edward Burnett Tylor, 1832.10.02—1917.01.02），英国人类学者，神话学者，原始宗教研究者。

泰勒 1832 年 10 月 2 日生于英国伦敦的坎伯威尔（Camberwell），其父为约瑟夫·泰勒（Joseph Tylor），其母为哈丽雅特·斯基珀（Harriet Skipper）。泰勒家境颇为富足，父母为贵格会会员，在伦敦拥有一个铜器工厂。良好的家境使得泰勒与其兄长能够在陶腾哈姆（Tottenham）的格罗夫家族学院（Grove House School）学习，不幸的是，不久泰勒的双亲便去世了。泰勒与其兄长一样，在 16 岁时离开了学校，到父母的工厂中开始经商。工作了一段时间之后，因为身体方面出现了一些肺结核病症兆，在医生的建议下，泰勒放弃了繁重的工厂管理工作，准备到气候比较温暖的中美洲旅行，这样对他的身体比较有利。1856 年，泰勒一身轻松离开了英国，踏上了去墨西哥的旅途，当然，身体已无大恙，他可以尽情享受墨西哥温暖的阳光。

在旅行过程中，泰勒邂逅了人类学者亨利·克里斯狄（Henry Christy），后者的学术热情极大地鼓舞了年轻的泰勒，使得泰勒对人类学产生了浓厚的兴趣。中美洲旅行之后，泰勒回到了英国，于 1861 年出版了第一部论著《阿纳华克》（*Anahuac: Or Mexico and the Mexicans*）。该书乃是泰勒墨西哥旅游的成果，同时也是泰勒尝试用人类学方法阐释墨西哥宗教现象的论著。不过此后泰勒再也没有去过中美洲，他转而研究史前部落与风俗。1865 年，泰勒出版了第二部专著《早期人类社会研究与文明的发展》（*Researches into the Early History of Mankind and the Development of Civilization*），该书使得泰勒在学术界声名鹊起，引起了许多学者的关注。1871 年，泰勒推出了第三部专著《原始文化》（*Primitive Culture*），此书一经问世，便引起了当时学界的极度关注，同时奠定了泰勒在学术界的地位。

《原始文化》为两卷本，第一卷题名为《文化的起源》（*Origins of Culture*），是采用民族志方法来研究文化的，包括社会进化论、语言学、神话等；第二卷是《原始文化之宗教》（*Religion in Primitive Culture*），泰勒在该书之后阐释了万物有灵论思想（animism），认为它是宗教发展的最初阶段。泰勒对原始宗教的关注主要有两点：一是起源，二是发展。泰勒断言，"原始宗教是理性的，是从观察中产生的，不论这种观察是多么不充分；原始宗教是从以这些观察为出发点的逻辑演绎中产生的，不论这种演绎是多么不完善"。

泰勒在《原始文化》一书中界定了人类学科学研究的内容，依据当然是达尔文（Charles Darwin）的进化论思想。泰勒认为，社会与宗教的发展具有一种功能性的基础，这是一种普遍的规律。他认为人类的思想与能力是一致的，这些与特定的社会无关。这实际上就意味着，狩猎社会应该与高级形态的工业社会享有同样的智能。在作这种界定的同时，泰勒将人类物质与文化的结构视为沿着一种线性的道路发展，而原始人的宗教与现代人的科学具有同样的功能：解释世界和宇宙的起源与发展。在《原始文化》中，泰勒第一次对文化作了界定，将文化视为一种复杂的人类系统，包括了知识、信仰、艺术、道德、风俗，以及任何一种能力与习性。泰勒的《原始文化》一直是人类学方面的扛鼎之作，其重要性就在于，它不仅对人类文明作了通透研究，对人类学的萌芽具有重要作用，而且对年轻一代学者具有不可否认的影响。譬如，弗雷泽就是泰勒的忠实信徒，对后期人类学作出了巨大贡献。

泰勒的另外一种理论是"遗留物"（survivals）理论。泰勒认为，特定社会在发展过程中，一些风俗被保留了下来，它们在新的社会中是多余的，就像那些无用废弃的行李一样。泰勒的"遗留物"包括了一些研究方法、风俗与观点，这些东西其实已经被社会惯性纳入新的体系中，有别于原来的含义与形式，同时被新的社会形式所更新。"遗留物"还包括一些过时的行为，譬如，欧洲的放血现象，它已经被现代的医学技术所取代。泰勒的这个概念后来被弗雷泽所沿用，用来阐释世界各地的文化现象。

1871年，泰勒被选为皇家协会成员，同年被牛津大学授予民法博士学位，这项荣誉对于没有进入大学读书的泰勒来说，颇有戏剧意味。1883年，泰勒被任命为牛津大学博物馆的馆长。1885年，泰勒与安娜·福克斯（Anna Fox）结为百年之好，二人相伴一生。1884—1895年，泰勒在牛津大学做了题为"人类学读本"的系列讲演。1896年，泰勒成为牛津大学人类学专业的首任教授。任职期间，他改革了牛津大学的学科结构，首次设立了人类学系。

1909年，泰勒从牛津退休，回到了索墨赛特（Somerset）的惠灵顿（Wellington）。1912年，泰勒被授予爵士身份。1917年1月2日，泰勒死在了惠灵顿，享年85岁。

泰勒英文论著要目：

1. Tylor, Edward. B. *Researches into the Early History of Mankind and the Development of Civilization.* London, J. Murray, 1865.

2. Tylor, Edward. B. *Scientific Papers and Addresses*. Arranged and edited by William Turner. Oxford: Clarendon Press, 1884.

3. Tylor, Edward. B. Anthropology: *An Introduction to the Study of Man and Civilization*. New York: D. Appleton, 1909.

4. Tylor, Edward. B. *Primitive Culture*. 2 vols. New York: Brentano's, 1924.

5. Tylor, Edward. B. *Anahuac*: *Or Mexico and the Mexicans, Ancient and Modern*. London: Bibliolife, 2007.

泰勒研究相关资料：

1. H. Balfour, A. E. Crawley etc. *Anthropological Essays Presented to Edward Burnett Tylor in Honor of His 75th Birthday*, Oxford: Clarendon Press, 1907.

2. Lowrie, Robert H. Edward B. Tylor. *American Anthropologist*, New Series Vol. 19, No. 2. (Apr. -Jun., 1917), pp. 262-268.

3. Marett, R. R. *Tylor*. London: Chapman and Hall, 1936.

4. Wallis, Wilson D. Reviewed Work (s): The Doctrine of Survivals by Margaret T. Hodgen. *The Journal of American Folklore*, Vol. 49, No. 193. (Jul. -Sep., 1936), pp. 273-274.

5. Braun, W. and Russel T. McCutcheon. *Guide to the Study of Religion*. London: Continuum. 1960.

6. George W. Stocking, Matthew Arnold, E. B. Tylor, and the Uses of Invention, *American Anthropologist*, volume 65, (1963), pp. 783-799.

7. Leopold, Joan. *Culture in Comparative and Evolutionary Perspective: E. B. Tylor and the Making of Primitive Culture*. Berlin: Dietrich Reimer Verlag, 1980.

8. Lewis, Herbert S. The Misrepresentation of Anthropology and its Consequences, *American Anthropologist* 100, (1998), pp. 716-731.

9. Stringer, Martin D. Rethinking Animism: Thoughts from the Infancy of Our Discipline, *The Journal of the Royal Anthropological Institute*, Vol. 5, No. 4. (Dec., 1999,) pp. 541-555.

六　勒内·基拉尔

勒内·基拉尔（René Girard, 1923.12.25—），1923年圣诞节生于法国南部的阿维尼翁（Avignon），1943—1947年，他在巴黎的夏尔特学校（École de Chartres）

学习，该机构为训练档案保管人与历史学者的地方。基拉尔所修专业为中世纪历史，其毕业论文题目为《15世纪后半叶阿维尼翁的私人生活》(*La vie privée à Avignon dans la seconde moitié du XVe siècle*)。1947年，基拉尔因获取年度奖学金去了印第安纳大学攻读博士学位，博士论文的题目是《法国的美国观念：1940—1943》(*American Opinion of France, 1940-1943*)。1950年，基拉尔获得博士学位，然后留在了印第安纳大学，一直到1953年。尽管研究专业为历史，基拉尔却被指定教授法国文学。就是在文学批评这个领域，他声名鹊起，而他出名的论著是批评阿尔伯特·加缪（Albert Camus）与米歇尔·普鲁斯特（Marcel Proust）的论文。

1953—1957年，基拉尔在杜克大学、布琳墨尔学院（Bryn Mawr College）就职，然后去了设在巴尔的摩（Johns Hopkins）的翰斯·霍普金斯大学（Johns Hopkins University）当教授。1961年，基拉尔在这个大学成为一名全职教授，同年他出版了第一部论著《浪漫的谎言与小说的真实》(*Mensonge romantique et vérité romanesque*)。1971年，基拉尔去了布法罗（Buffalo）的纽约州立大学（State University of New York），1977年，基拉尔到了约翰斯·霍普金斯大学，其间他出版了两部重要的专著：《暴力与神圣》与《创世以来的隐匿物》(*La Violence et le sacré*, 1972, *Violence and the Sacred*, 1977; *Des choses cachées depuis la fondation du monde*, 1978, *Things Hidden since the Foundation of the World*, 1987)。

1981—1995年间，基拉尔在斯坦福大学成为安德鲁·B.哈蒙德（Andrew B. Hammond）讲席教授，讲授语言、文学与文明课程。基拉尔在斯坦福大学几乎过着一种隐居的生活，很少与外界有交往，他将全部精力都用在了写作上。

就像其职业生涯一样，基拉尔拥有多重身份：历史学者、文化批评家、社会哲学家、神话学者、哲学家。不过这些对于基拉尔来说都不重要，重要的是摹仿欲望与替罪羊机制理论，二者使得基拉尔声名远扬，因为在他之前，没有人将替罪羊机制作为献祭的源头与人类文化的基础，而这一点恰恰是人类社会机制下隐藏的重要秘密。基拉尔学术思想可以概括为如下几点。

一、摹仿欲望。人类是社会性的生物，他们的行为是基于更高层面上的一种摹仿。摹仿是行为的一个方面，不仅影响了人类的知识，同时影响了人的欲望，摹仿欲望是冲突的原因。基拉尔断言，我们并不知道自己的欲望是什么，我们要求别人告诉我们自己的欲望。欲望来自于一个更为深层的自我——但如果是这样，它就不是欲望。欲望总是我们自己所缺乏的一些东西。人类是自我摹仿的动物，对于自我总有一种迷恋感，但很多时候，我们渴望的一些目标总是来源于他者——介体——同样是我们摹仿的对象。这就意味着介于主体与客体之间的关系不是直接的，它们是一种三角关系：主体、介体、客体。通过客体，个体被引向了介体，这实际上是寻找的模型，基拉尔将欲望称为形而上学的操作，欲望比一般的东西更具有吸引力，它是渴望的对象，是由介体引起的一种纯粹的梦想，是实现欲望的障碍。当欲望外在于要达到的目标时，欲望的介体就是外在的。介体与主体处于同一个层面时，它就是内在的。介体可以转化为竞争对手，是实现欲望的障碍。这个时候，作为一种竞争的群体，其价值就增加了。小说家真实地揭示了所有的谎言与欲望。

二、替罪羊机制。随着对人类学的关注，基拉尔开始研究人类学文学，然后提出了第二个重要的假说：牺牲机制是古代仪式的源头，同时又是人类文化的基础，宗教是为了控制因摹仿竞争引起的暴力行为。对拥有物体占有的摹仿欲望具有传染性，导致了暴力的威胁。如果社会中存在一个有序的秩序，那么它一定是前面危机的结果。基拉尔指出，在摹仿的过程中，嫉妒与怨恨总是不可避免的结果。在社会层面上解决冲突的途径就是寻找一只替罪羊——通常是一个外来者，一个异国人，一个女性，一些残疾者，国王或者是群众——这些人物通常被谴责为导致冲突的原因。替罪羊不是一个无辜的受害者，他通常被视为一个有罪者，带来了社会秩序的紊乱。基拉尔断言，如果两个个体渴望同一件事物，那么很快就会有第三个渴望者，然后是第四个渴望者。这个过程就像滚雪球一样快。从一开始，欲望就是由他者激起的（不是客体），客体很快就会被忘记，然后摹仿性的冲突会转换成一般的对抗。在这个危机阶段，对抗者不会再因为渴望同一个目标而摹仿彼此，而是摹仿彼此的对抗。他们渴望分享同一个客体，但是现在他们渴望毁坏同一个敌人。因此，突发的暴力会倾向于聚焦于一个任意的受害者，然后对其有一种憎恶感，最后大家联合起来反对他。残酷杀戮的替罪羊会减弱暴力性的竞争，在此之前这种竞争性心理属于每一个人，然后就突然离开了集体，敌对的局势趋于平静与缓和。替罪羊存在于集体之中，他被视为危机的源头，替罪羊的死亡换来了社会秩序的更新，社会的等级秩序因替罪羊的死亡而恢复正常状态。基拉尔相信，古代仪式与献祭性行为是对这种暴力行为的重复，而神话则是暴力行为的阐释，二者共同构成了人们关于暴力的经验主义认知。

基拉尔最早选取了俄狄浦斯神话来解释自己的假说：一场瘟疫毁灭了忒拜，

神秘的神谕说某个人带来了灾难——跛脚的外来者国王——他的流放使得忒拜城恢复了昔日的和平。尽管基拉尔得出的结果令人震惊，不过他成功了。基拉尔断言，欧里庇得斯的喜剧《巴克斯》同样有这种含义。社会出现了混乱，女人们开始变得癫狂。这个责任要归咎于其国王彭透斯，集体暴力后来杀死了他。

在《创世以来的隐匿物》这本书中，基拉尔对这些假说进行了发展。他断言，献祭沟通了动物世界与人类世界，以此可以解释灵长类动物的人类化。该假说解释了狩猎是一种原始性的仪式，动物的驯服乃是为了受害者适应环境的需要，或者是因农业的需要而产生的一种适应性行为。这就表明，所有的文化源头都是古老的仪式。这种史前人类仪式的苦心与禁忌会以各种形式出现，但却会遵循一种严格的原则。至此我们发现，牺牲机制或替罪羊是所有政治性或文化机制的源头。

三、圣经世界。《圣经》揭示了上述两种思想，同时谴责了替罪羊机制。基拉尔认为，《福音书》其实是一个神话文本，它描述了一个神明的无辜受害过程；众人在冲动中杀死了这个神明，然后在圣餐仪式中不断纪念他。基拉尔断言，从本质上看，《福音书》是一部从受害者立场来叙述暴力行为的神话，只不过叙述者本人并不知道罢了。就在对耶稣受难的表述中，《福音书》揭示了当时族群对于异己的排斥。在欲望与暴力的共谋上，《圣经》文本达到了表述目的。当然，基拉尔的阐释对象不仅仅在《圣经·新约》，他对《圣经·旧约》同样有着浓厚的兴趣。基拉尔认为，《旧约》其实同样是一部暴力文本，更是一部神话。约瑟的故事其实是一部典型的暴力文本：约瑟被自己的众弟兄谋害，被卖到了埃及，经历了种种苦难之后，他成了埃及的首相，最后他在罕见的大饥荒之年含泪接见并宽恕了自己的兄弟们。《约伯记》中约伯的故事表明，约伯本人所在的部落是一个小群体，约伯在该族群中是一个多年的独裁者，每个人都爱约伯，约伯从来没有伤害过任何人。但是有一天早上，所有的人都背叛了约伯，约伯的三个朋友于是过来解释约伯有多坏，于是约伯从英雄彻底成为替罪羊。基拉尔指出，《圣经》中充满暴力与血腥的故事很多，但基督徒们从来就没有注意到这些，因为他们的信仰与他们的思维惯性使得自己看不到这些明显的暴力事件。当然，作为天主教徒的基拉尔最后在基督耶稣的替罪羊身上还是保留了一些观点，他不敢将其神圣的身份彻底祛魅，对替罪羊身份被神圣化后产生的负面作用，他避而不谈。

基拉尔的写作涵盖了很多领域。开始是文学文本，后来蔓延到了人类学、宗教学、社会学、心理学、哲学与神学。法国学者米歇尔·赛瑞斯（Michel Serres）将基拉尔称为"人类科学世界的新达尔文"。尽管他的理论对于很多领域来说接受起来都很困难，但越来越多的人利用他的理论来创造文学作品，另外，文学批评、文学理论、人类学、神学、心理学、神话学、社会学、经济学、文化研究、哲学领域，都对他的理论有所运用。基拉尔拥有大批学术崇拜者，虽然他在斯坦福大学过着一种近乎隐居的生活，走在大学校园里也引不起任何人的注意。但他的思想却在世界各地产生了极大的影响，其崇拜者将自己称为"基拉尔人"，而法国总统尼古拉·萨科齐（Nicolas Sarkozy）则在其讲话中频频引用基拉尔的话语。欧美学术界甚至产生了"基拉尔效应"，大批关于摹仿欲望研究的机构与学术会议不断召开，一个由国际学者组成的研究机构已经诞生——暴力与宗教研讨会（Colloquium on Violence and Religion），该机构除了召开国际会议，还创办了一份年刊——《星火燎原：暴力、摹仿与文化学刊》（*Contagion: Journal of Violence, Mimesis and Culture*）。

基拉尔论著要目：

1. Girard, René. *Proust: A Collection of Critical Essays*. Englewood Cliffs: Prentice Hall, 1962.

2. Girard, René. *Deceit, Desire and the Novel: Self and Other in Literary Structure*. Baltimore: Johns Hopkins University Press, 1965.

3. Girard, René. *Violence and the Sacred*. Translated by Patrick Gregory. Baltimore: Johns Hopkins University Press, 1977.

4. Girard, René. *To Double Business Bound: Essays on Literature, Mimesis, and Anthropology*. Baltimore: Johns Hopkins University Press, 1978.

5. Girard, René. *The Scapegoat*. Baltimore: Johns Hopkins University Press, 1986.

6. Girard, René. *Things Hidden since the Foundation of the World: Research Undertaken in Collaboration*. With J.-M. Oughourlian and G. Lefort. Stanford: Stanford University Press, 1987.

7. Girard, René. *Job: The Victim of His People*. Stanford: Stanford University Press, 1987.

8. Girard, René. *Violent Origins: Walter Burkert, Rene Girard, and Jonathan*

Z. Smith on Ritual Killing and Cultural Formation. Ed. by Robert Hamerton Kelly. Palo Alto. California: Stanford University Press, 1988.

9. Girard, René. *A Theatre of Envy*: *William Shakespeare*. New York: Oxford University Press, 1991.

10. Girard, René. *The Girard Reader*. Ed. by. James G. Williams. New York: The Crossroad Publishing Company, 1996.

11. Girard, René. English translation: *Resurrection from the Underground*: *Feodor Dostoevsky*. New York: Crossroad Publishing Company, 1997.

12. Girard, René. *I See Satan Fall Like Lightning*. Maryknoll: Orbis Books, 2001.

13. Girard, René. English translation (a part), *To Double Business Bound*: *Essays on Literature, Mimesis, and Girard Reader*. Edited by J. G. Williams. New York: The Crossroad Publishing Company, 1996.

14. Girard, René. *Evolution and Conversion*: *Dialogues on the Origins of Culture*. London: Continuum, 2008.

15. Girard, René. *Oedipus Unbound*: *Selected Writings on Rivalry and Desire*. Ed. by Mark R. Anspach. Stanford: Stanford University Press, 2004.

16. Girard, René. *Mimesis and Theory*: *Essays on Literature and Criticism, 1953-2005*. Ed. By Robert Doran. Stanford: Stanford University Press, 2008.

17. Girard, René. *Christianity, Truth, and Weakening Faith*: A Dialogue. With Gianni Vattimo. Pierpaolo Antonello (ed.), William McCuaig (tr.), New York: Columbia University Press, 2010.

基拉尔主要英文论文：

1. Girard, René. The Role of Eroticism in Malraux's Fictions. *Yale French Studies* 11 (1953), pp. 49-58.

2. Girard, René. Marriage in Avignon in the Second Half of the Fifteenth Century. *Speculum* 28 (1953), pp. 485-498.

3. Girard, René. Voltaire and Classical Historiography. *The American Magazine of the French Legion of Honor* 24, No. 3 (1958), pp. 151-160.

4. Girard, René. Pride and Passion in the Contemporary Novel. *Yale French Studies* 24 (1960), pp. 3-10.

5. Girard, René. Memoirs of a Dutiful Existentialist. *Yale French Studies* 27 (1961), pp. 41-47.
6. Girard, René. Marivaudage and Hypocrisy. *The American Magazine of the French Legion of Honor* 34, No. 3 (1963), pp. 163-174.
7. Girard, René. Camus's Stranger Retried. *Publications of the Modern Language Association of America* 79 (December 1964), pp. 519-533.
8. Girard, René. Perilous Balance: A Comic Hypothesis. *Modern Language Notes* 87 (December 1972), pp. 811-826.
9. Girard, René. The Plague in Literature and Myth. *Texas Studies* 15, No. 5 (1974), pp. 33-850.
10. Girard, René. French Theories of Fictions, 1947-1974. *The Bucknell Review* 21, No. 1 (1976), pp. 117-126.
11. Girard, René. Differentiation and Undifferentiation in Lévi-Strauss and Current Critical Theory. *Contemporary Literature* 17, No. 3 (Summer 1976), pp. 404-429.
12. Girard, René. Superman and the Underground: Strategies of Madness-Nietzsche, Wagner and Dostoyevsky. *Modern Language Notes* 91 (1976), pp. 1161-1185.
13. Girard, René. Violence and Representation in the Mythical Text. *Modern Language Notes* 92, No. 5 (1977), pp. 922-944.
14. Girard, René. Dionysus and the Violent Genesis of the Sacred. *Boundary* 2 (1977), pp. 487-505.
15. Girard, René. Rite, Travail, Science. *Critique* 380 (January 1979): pp. 20-34.
16. Girard, René. Interdividual Psychology. *Denver Quarterly* 14, No. 3 (1979), pp. 3-19.
17. Girard, René. Peter's Denial and the Question of Mimesis (Mk 14: 66-72). *Notre Dame English Journal: A Journal of Religion in Literature* 14, No. 3 (Summer 1982), pp. 177-189.
18. Girard, René. History and the Paraclete. *The Ecumenical Review* 35, No. 1 (January 1983), pp. 3-16.
19. Girard, René. Scandal and the Dance: Salome in the Gospel of Mark. *Ballet*

Review 10, No. 4 (1983), pp. 67-76.

20. Girard, René. More than Fancies Image (Shakespeare). *Infini*, 1 (1983), pp. 75-93.

21. Girard, René. The Bible Is Not a Myth. *Literature and Belief* 4 (1984), pp. 7-15.

22. Girard, René. Dionysus Versus the Crucified. *Modern Language Notes* 99,4 (1984), pp. 816-835.

23. Girard, René. Generative Violence and the Extinction of Social Order (Dynamics of Mimetic Rivalry Exposed by the Gospels). *Salmagundi: A Quarterly of the Humanities and Social Sciences* 63/64 (1984), pp. 204-237.

24. Girard, René. Hamlet's Dull Revenge. *Stanford Literature Review* (1984), pp. 159-200.

25. Girard, René. Scandal and the Dance: Salome in the Gospel of Mark. *New Literary History* 15,2 (1984), pp. 311-324.

26. Girard, René. Nietzsche and Contradiction. *Stanford Italian Review* 6, No. 1-2 (1986), pp. 53-65.

27. Girard, René. Ritual Killing and Cultural Formation. *Zyzzyva* 3, No. 1 (1987), pp. 98-104.

28. Girard, René. Do You Love Him Because I Do: Mimetic Interaction in Shakespeare's Comedies. *Helios* 17, No. 1 (Spring 1990), pp. 89-107.

29. Girard, René. The Crime and Conversion of Leontes in 'The Winter's Tale.' *Religion and Literature* 22, No. 2-3 (1990), pp. 193-219.

30. Girard, René. Innovation and Repetition. *Substance* 62-63 (1990), pp. 7-20.

31. Girard, René. Collective Violence and Sacrifice in Shakespeare's 'Julius Caesar.' *Salmagundi: A Quarterly of the Humanities and Social Sciences* 88-89 (1991), pp. 399-419.

32. Girard, René. Otitis-Media, Language-Development, and Parental Verbal Stimulation. *Journal of Pediatric Psychology* 17,2 (1992), pp. 173-185.

33. Girard, René. Is There Anti-Semitism in the Gospels *Biblical Interpretation: A Journal of Contemporary Approaches* 1, No. 3 (November 1993), pp. 4339-352.

34. Girard, René. Mythology, Violence, Christianity. *Paragrana*: *Internationale Zeitschrift für Historische Anthropologie* 4, No. 2 (1995), pp. 103-116.

35. Girard, René. Are the Gospels Mythical *First Things* 62 (April 1996), pp. 27-31.

36. Girard, René. Eating Disorders and Mimetic Desire. *Contagion*: *Journal of Violence, Mimesis, and Culture 3* (Spring 1996), pp. 1-20.

基拉尔中文译著要目：

1. [法] 勒内·基拉尔. 浪漫的谎言与小说的真实. 罗芃译. 北京：三联书店，1998

2. [法] 勒内·吉拉尔. 替罪羊. 冯寿农译. 北京：东方出版社，2002

3. [法] 勒内·基拉尔. 双重束缚——文学、摹仿及人类学文集. 刘舒等译. 北京：华夏出版社，2006

基拉尔研究主要英文资料：

1. McKenna, Andrew J. ed. *René Girard and Biblical Studies*. Decatur: Scholars Press, 1985

2. Dumouchel, Paul, ed. *Violence and Truth*: *On the Work of René Girard*. Stanford: Stanford University Press, 1988.

3. McKenna, Andrew J. *Violence and Difference*: *Girard, Derrida, and Deconstruction*. Urbana: University of Illinois Press, 1992.

4. Livingston, Paisley. *Models of Desire*: *René Girard and the Psychology of Mimesis*. Baltimore: The Johns Hopkins University Press, 1992.

5. Golsan, Richard J. *René Girard and Myth*: *An Introduction*. New York & London: Garland, 1993.

6. Wallace, Mark I. & Smith, Theophus H. *Curing Violence*: *Essays on Rene Girard*. Sonoma: Polebridge Press, 1994.

7. Charles, K. Bellinger. The Crowd is Untruth: A Comparison of Kierkegaard and Girard, *Contagion*: *A Journal of Violence, Mimesis, and Culture* 3, (1996), pp. 103-119.

8. James, G. Williams. René Girard: A Biographical Sketch. *The Girard Reader,*

ed. James G. Williams. New York: Crossroad, 1996, pp. 1-6.

9. Swartley, William M. Ed. *Violence Renounced*: *Rene Girard, Biblical Studies and Peacemaking.* Telford: Pandora Press, 2000.

10. Kirwan, Michael. *Discovering Girard.* London: Darton, Longman & Todd. 2004.

11. Fleming, Chris. *René Girard*: *Violence and Mimesis.* Cambridge: Polity, 2004.

12. Garrels, Scott R. Imitation, Mirror Neurons and Mimetic Desire: Convergence between the Mimetic Theory of René Girard and Empirical Research on Imitation, *Contagion*: *Journal of Violence, Mimesis, and Culture,* vol. 12-13 (2006), pp. 47-86.

13. Markus, Müller, *Interview with René Girard, Anthropoetics* II, No. 1 (June 1996) consulted November, 2008.

基拉尔研究中文相关资料：

1. 陈明珠．摹仿、欲望与欲望的摹仿．浙江学刊，2003（4）
2. 冯寿农．勒内·吉拉尔对俄狄浦斯神话的新解．国外文学，2004（2）
3. 冯寿农．模仿欲望诠释 探源求真解读——勒内·吉拉尔对文学的人类学批评．外国文学研究，2004（4）
4. 冯寿农．勒内·吉拉尔神话观评析——兼论《西游记》的替罪羊机制．厦门大学学报（哲学社会科学版），2004（6）
5. 冯寿农．勒内·吉拉尔的《圣经》新解．当代外国文学，2004（3）
6. 陈明珠．勒内·基拉尔的欲望理论与反浪漫批评．北京大学硕士论文，2002（6）
7. 韦岩鹰．勒内·吉拉尔美学思想研究．广西师范大学硕士论文，2007（4）

七　沃尔特·伯克特

沃尔特·伯克特（Walter Burkert, 1931.02.02—），1931年2月2日生于德国巴伐利（Barvaria）的诺因代特尔绍（Neuendettelsau），现为瑞士苏黎世大学名誉退休教授。伯克特曾在美国任教多年，是希腊神话与仪式方面的资深专家，尤其擅长古代仪式与宗教的研究，对现代宗教学、历史学、神话学、人类学、哲学产生了重要影响，其影响自20世纪60年代至今不衰，身后有大批学术跟随者。

1950—1954年，伯克特在埃尔兰根大学学习语言学，后来进入慕尼黑大学学习历史与哲学，1955年，他在埃尔兰根大学获得博士学位。1957年，伯克特与玛利亚·博施（Maria Bosch）结婚，婚后他们生下了三个儿女：赖因哈德（Reinhard）、安德里亚（Andrea）、科内利乌斯（Cornelius）。1957—1961年，伯克特在埃尔兰根大学担任助教，1961—1965年，他在该校担任讲席教师。1966年，伯克特进入美国华盛顿希腊研究中心学习，其身份为一名初级访问学者。1966—1968年，伯克特离开了埃尔兰根大学，到柏林科技大学担任古典语言学教授，1968年，他接受了美国哈佛大学的邀请，到哈佛大学做了一年的客座教授。这个阶段的伯克特一直处在不断学习的状态之中，他将时间与精力几乎全部用在了对古典学与语言学的研究与学习之中，为日后对古代宗教与哲学的深入探索作了充分的准备。1969年，伯克特离开柏林科技大学，到瑞士苏黎世大学担任古典语言学教授，一直到1996年，他作为名誉教授退休。

1977、1988年，伯克特先后两次作为访问教授去了加利福尼亚大学。1981年，伯克特迎来了自己学术生涯的第二个阶段，标志性的事件是他的论著《人类杀手》（*Homo Necans*）被译为意大利语发行。1982年，伯克特被邀请到哈佛大学做了一场讲座。1983年，《人类杀手》有了英译本，在英语世界引起了很大反响。1986—1988年，伯克特担任苏黎世大学哲学系主任。1989年，伯克特在安德鲁斯的圣多美和普林西比大学做了吉福德讲座（Gifford Lectures）。1996年，伯克特从苏黎世大学光荣退休。

从某种意义上讲，奠定伯克特学术思想的论著有三部：《人类杀手》《希腊宗教》《古代秘仪》，三者同时又是希腊宗教研究的主要著作，被许多学者奉为宗教学研究的必读书目。从方法论上看，《人类杀手》是其中最能代表伯克特思想的力作。伯克特在《人类杀手》中将自己定位为一名语言学者，试图从古代希腊宗教文本入手，对宗教现象作生物学、心理学与社会学的阐释，更多的内容则涉及神话内容与仪式行为在动物行为学层面的意义。这其实是对神话与仪式作一种互动的探讨，对于多数读者来说，这种彻底的"祛魅"是一种方法论上的革新。当然，这种对神话的尝试源自康拉德·洛伦茨（Konrad Lorenz），后者的《侵略论》（*On Aggression*）对暴力行为作了一种到位的分析。伯克特的《人类杀手》在某种程度上是对人类中心主义的一种评判与质疑，将人类对动物的杀戮和暴力与仪式与献祭联系起来，揭露了其中的一些个体性、生物性需求。

当然，作为一名科班出身的语言学者，伯克特擅长各种宗教之间的比较。他在《希腊宗教》《古代秘仪》等论著中，将古代希腊宗教与埃及宗教、美索不达米亚宗教进行了比较，将三者之间的异同放在古代爱琴海地区文化交流的语境下阐释，从而将希腊文明的源头上溯到了"东方"。当然，伯克特对希腊人的吸收与接纳能力作了高度赞扬。他宣称，虽然希腊人从异国文化中借用了不少东西，但他们并没有被强大的"东方"文明征服，而是最后将其融化在自己的文化中，希腊文化像一个吃足了"东方"奶水的婴儿，茁壮成长，最终成为西方文明的舵手。这种文明探源的方式自然令许多西方学者心满意足，但在某种程度上，伯克特却沿袭了浪漫主义倡导的西方文明"优越论"的论调，将希腊置于文明与文化进化的高级阶段，亚洲文明与非洲文明，尤其是埃及文明，只不过是成熟文明的前身而已。

对于神话研究来说，伯克特最大的贡献在于，他将神话学与具有实证性的社会生物学结合了起来，使得神话阐释摆脱了假想性的阐释模式。而伯克特对希腊神话与"东方"神话所作的比较研究，将神话解释与文化交往作了一种互动式探索，为比较神话学的探讨提供了一个新空间。伯克特对神话与仪式的定义、功能的界定，使得神话与仪式具有了一种社会学功能，这又是他对神话所作的结构主义与功能主义阐释的新贡献。

伯克特英文论著要目：

1. Burkert, Walter. *Lore and Science in Ancient Pythagoreanism*. Translated by E. L. Minar, Jr. Cambridge: Harvard University Press, 1972.

2. Burkert, Walter. *Structure and History in Greek Mythology and Ritual*. Sather Classical Lectures 47. Berkeley: University of California Press, 1979.

3. Burkert, Walter. *Homo Necans*: *The Anthropology of Ancient Greek Sacrificial Ritual and Myth*. Translated by P. Bing. Berkeley: University of California Press, 1983.

4. Burkert, Walter. *Greek Religion*. J. Raffan, trans. Cambridge: Harvard University Press, 1985.

5. Burkert, Walter. *Ancient Mystery Cults*. Cambridge: Harvard University Press, 1987.

6. Burkert, Walter, *Oedipus, Oracles, and Meaning*: *From Sophocles to Umberto*

Eco. Toronto: Toronto University Press, 1991.

7. Burkert, Walter. *The Orientalizing Revolution*: *Near Eastern Influence on Greek Culture in the Early Archaic Age.* Translated by M. E. Pinder and W. Burkert. Revealing Antiquity 5. Cambridge: Harvard University Press, 1992.

8. Burkert, Walter. *Creation of the Sacred*: *Tracks of Biology in Early Religions.* Cambridge: Harvard University Press, 1996.

9. Burkert, Walter. *Savage Energies*: *Lessons of Myth and Ritual in Ancient Greece.* Translation by Peter Bing. Chicago & London: The University of Chicago Press, 2001.

10. Burkert, Walter. *Babylon, Memphis, Persepolis*: *Eastern Contexts of Greek Culture.* Cambridge: Harvard University Press, 2004.

伯克特主要论文：

1. Burkert, Walter. Greek Tragedy and Sacrificial Ritual. Greek, *Roman, and Byzantine Studies* 7 (1966), pp. 87-121,

2. Burkert, Walter. Review of G. Zuntz, *Persephone*. Gnomon 46 (1974), pp. 321-28.

3. Burkert, Walter.. Killing in Sacrifice: A Reply [to Bruno Dumbrowski]. *Numen* 25 (1978), pp. 77-79.

4. Burkert, Walter. Kynaithos, Polycrates, and the Homeric Hymn to Apollo. *Arktouros*: *Hellenic Studies Presented to Bernard M. W. Knox on the Occasion of His 65th Birthday.* Edited by G. Bowersock, et al., Berlin: de Gruyter., 1979, pp. 53-62.

5. Burkert, Walter. Seven against Thebes: An Oral Tradition between Babylonian Magic and Greek Literature. *I poemi epici rapsodici non omerici e la tradizione orale.* Edited by C. Brillante, et al., Padua: Antenore, 1981. pp. 29-48.

6. Burkert, Walter. Oriental Myth and Literature in the Iliad, The Greek Renaissance of the Eighth Century B. C.: *Tradition and Innovation.* Edited by R. Hägg, Stockholm: Paul Astrm, 1983, pp. 51-56.

7. Burkert, Walter. Itinerant Diviners and Magicians: A Neglected Element in Cultural Contacts. *The Greek Renaissance of the Eighth Century B. C.: Tradition and Innovation.* Edited by R. Hägg, Stockholm: Astrms, 1983, pp. 115-119.

8. Burkert, Walter. Oriental and Greek Mythology: The Meeting of Parallels. *Interpretations of Greek Mythology*. Edited by J. Bremmer, London: Croom Helm, 1987, pp. 10-40.

9. Burkert, Walter. Offerings in Perspective: Surrender, Distribution, Exchange. *Gifts to the Gods*: *Proceedings of the Uppsala Symposium, 1985*. Edited by T. Linders and G. Nordquist Acta Universitatis Upsaliensis: Boreas 15. Uppsala: Uppsala Universitet, 1987, pp. 43-50.

10. Burkert, Walter. The Meaning and Function of the Temple in Classical Greece. *Temple in Society*. Edited by M. V. Fox, Winona Lake, Ind.: Eisenbrauns, 1988, pp. 27-47.

11. Burkert, Walter. Homer's Anthropomorphism: Narrative and Ritual. *New Perspectives in Early Greek Art*. Edited by D. Buitron-Oliver, Washington, DC: National Gallery of Art, 1991, pp. 81-91.

12. Burkert, Walter. La Religione Greca. *Introduzione alle Culture Antiche*, vol. 3, Translated by F. Bertolini. Edited by M. Vegetti, ed, 1992, pp. 137-171.

13. Burkert, Walter. Athenian Cults and Festivals. *Cambridge Ancient History*. Vol. 5: The Fifth Century BC, Cambridge: Cambridge University Press, 1992, pp. 245-267.

14. Burkert, Walter. Bacchic Teletai in the Hellenistic Age. *Masks of Dionysus*. Edited by T. H. Carpenter and C. A. Faraone, Myth and Poetics. Ithaca; NY: Cornell Univ. Press, 1993, pp. 259-275.

15. Burkert, Walter. Lydia between East and West or How to Date the Trojan War: A Study in Herodotus. *The Ages of Homer*: *A Tribute to Emily Townsend Vermeule*. Edited by J. Carter, et al., Austin: University of Texas Press, 1995, pp. 139-148.

伯克特论著中文译本：

[德] 瓦尔特·伯克特. 东方化革命. 刘智译. 上海：上海三联书店. 2010

伯克特研究资料：

1. Alderink, Larry J. Greek Ritual and Mythology: The Work of Walter Burkert.

Religious Studies Review 6, 1980, pp. 1-13.
2. Segal, Robert A. *The Myth and Ritual Theory*: *An Anthology*. Malden; Mass: Blackwell Publishers, 1998, pp. 11-12; p. 341.
3. Alderink, Larry J. Walter Burkert and a Natural Theory of Religion. *Religion*. (2000) 30, pp. 211-227.
4. Phillips III, C. Robert. Walter Burkert in Partibus Romanorum. *Religion*. (2000) 30, pp. 245-258.
5. Csapo, Eric. *Theories of Mythology*. Malden; Mass.: Blackwell Publishers, 2005, pp. 163-180; pp. 199-201.

八 奥托·兰克

奥托·兰克（Otto Rank, 1884.04.22—1939.10.31），生于奥地利维也纳一个贫寒的修锁匠之家，在此种情况下，兰克的兄长进入大学学习法律，而兰克则放弃了入大学的机会，到一所技校学习。不过兰克并没有因此放弃自己的理想，他想成为一名小说家和诗人，就拼命自学，想依靠勤奋实现自己的梦想。

1904年，兰克读到了弗洛伊德的《释梦》，大为震惊，同时受到了诸多启发，于是他利用弗洛伊德的理论进行艺术创作。1905年，兰克将自己写成的论文《论艺术家》邮寄给弗洛伊德，这篇论文后来于1907年修改为《艺术和艺术家》，1932年得以出版。弗洛伊德对该文大为欣赏，1906年他让兰克当上了维也纳心理协会的秘书，这种合作关系一直持续到兰克40岁。兰克早期是弗洛伊德的忠实信徒，弗洛伊德对他比对待自己的儿子还要亲密，经常称呼兰克为"小兰克"，还为兰克设计了求学的蓝图。弗洛伊德建议兰克暂时不要去读医学，而要在学术上完成深造。兰克接受了建议，于1912年在维也纳大学拿到了哲学博士学位，当然，其博士毕业论文是心理分析方面的。

弗洛伊德将兰克视为自己最为亲密的同事，在修订版的《释梦》中，兰克撰写了其中关于神话与传奇两个章节的内容，他的名字经常出现在弗洛伊德名字的下面，被誉为弗洛伊德最为重视而杰出的接班人与助手。1915—1918年，兰克为国际心理分析协会做秘书，该组织是弗洛伊德在1910年创建的，这个组织的每一个人都知道弗洛伊德很尊重兰克的创造力，对其学术能力欣赏不已。

但是，一旦成为弗洛伊德的得意门生，兰克就对自己的导师进行了尖锐的批评。兰克与弗洛伊德最后还是分道扬镳了，时间是1924年。这一年，兰克成为美国心理学协会的荣誉会员，他写了一本论著《诞生的创伤》(*The Trauma of Birth*)。兰克在该书中解释了为何在艺术、神话、宗教、哲学和治疗中会出现俄狄浦斯情结，并强调了孩子与母亲之间的关系，他用的是"分离焦灼"这个词语，但是"分离焦灼"一词在弗洛伊德的理论中并不存在。弗洛伊德认为，俄狄浦斯情结是精神病的核心，同时又是一切艺术、神话、宗教、哲学、治疗的根基。但是兰克在《诞生的创伤》一书中并没有使用弗洛伊德的"俄狄浦斯情结"理论，而是将儿童成年前的阶段称为"前俄狄浦斯阶段"，这是对弗洛伊德的最大挑战。

1926 年，弗洛伊德宣布兰克是一名反俄狄浦斯的异教徒，兰克毫不犹豫，与自己的妻子很快离开了维也纳，到了法国的巴黎。他在巴黎将情感关系作为自己的治疗核心，成为一名艺术家的心理分析师，后来又到索邦神学院做了一场讲座。弗洛伊德认为，情感是混乱的根源，是色情的，源于危险的本我（Id），必须根除这种情感。但是兰克认为，弗洛伊德最大的错误就在于否认了情感经验——感知、爱、思考、意愿——所有这些都与性欲有关。兰克断言，情感是一种关系，否认情感生活就导致了否认意愿，否认有创造力的生活，就像否认相互的关系一样，这是对心理分析中的关系的否定。几乎半个世纪，兰克倡导的关系治疗都不被美国心理协会或者国际心理协会的大多数成员接受。

兰克认为，人类有两种恐惧：生命的恐惧与死亡的恐惧，前者是指对于分离与个体化的恐惧，后者则是对于联合与合并的恐惧。二者在本质上是对于失去个体化的一种恐惧。分离与联合都是一种欲望，它们就像恐惧一样。诞生的恐惧就像生命的恐惧一样，最初的恐惧是害怕从集体中分离出去，而死亡的恐惧是害怕最后被集体融化。人类有一种生的本能，推动我们成为个体，使得我们成为一个独立自主的人，而死亡的本能则使得我们成为家庭、社会与人类的一分子，我们对二者都感到恐惧。生命的恐惧是对于分离、孤独与疏远的恐惧，而死亡的恐惧是对于在集体中失去自我的一种恐惧。我们的生命充满了分离，始于诞生。兰克早期的论著关心的是诞生的创伤，是关于焦灼的一种阐释，这是所有诞生所面临的一种现状。兰克指出我们必须面对恐惧，承认恐惧，从而得以完全发展自己，我们必须拥抱生命与死亡，因为我们与他人息息相关。

1936 年，兰克到美国定居，他拼命写书，四处演讲，成为一名活跃的心理分析师。他爱上了自己的新祖国，并为自己取了个名字哈克（Huck），这个名字源自兰克喜欢的一位作家马克·吐温。兰克在美国出版了《艺术与艺术家》(*Art* and Artist)、《现代教育》(Modern Education)、《意志治疗》(Will Therapy)、《真理与现实》(Truth and Reality)等论著。1939年10月，兰克本来计划再婚，然后移居加利福尼亚，但突然因为肾脏感染而死亡，在这之前的一个月，弗洛伊德在伦敦去世。

对于神话学者而言，印象最为深刻的莫过于兰克早期的论著《英雄诞生神话》。该书第一版时，兰克还是弗洛伊德的忠实信徒，第二版时兰克作了很大的改动。在该书中，兰克对世界各地神话中英雄的诞生作了一种心理学的阐释。他指出，各类英雄诞生的神话其实含有一个共同的模式：有一对出身高贵的神明或人间夫妻；英雄诞生前总要有一个神谕或者梦幻发生，一般包括对英雄以后对自己父亲的危险的警告；孩子被放在一个小箱子里，漂浮在水上。孩子被一些动物或者底层的人抚养；孩子长大后发现了自己真实的出身，向自己的生父复仇，最后获得了自己应有的名分。

兰克认为，这一类故事很容易理解：作为孩子，我们尊重自己的父母。但当我们长大之后，父母就成为我们的绊脚石，我们发现他们并不是我们所想象的那样。神话反映了所有人类回归先前时光的欲望，那个时候我们认为父母是完美的，能够给予我们需要的东西。箱子等东西象征着子宫，水则是诞生的象征。低等的人们则象征着使自己的软弱与不喜欢的父母完美。国王与王后象征着他们本来就该如此。复仇是使对父母不公平对待我们的愤怒完美。在阐释英雄诞生神话时，兰克并没有将性欲带到这个神话的分析中，也没有指向集体无意识。在后来的修订版本中，兰克将这种神话解读为孩子与母亲之间的分离。尽管兰克的解释不完美，但其勇气与眼界却令人佩服。

兰克没有像弗洛伊德与荣格那样去建立一个学派，但其影响却无处不在。对于存在主义，尤其是罗洛·梅（Rollo May）有着重要的影响。另外一些人则修改了兰克的理论，使之成为电抗理论（reactance theory），以及恐惧管理理论。他在艺术、人文、女性主义与哲学方面都受到了重视，兰克的很多思想逐渐进入主流，尽管他在心理学方面是一个革新者，但最终还是得到了认可。兰克在艺术、神话与宗教方面的造诣吸引了很多后来者。

兰克论著要目：

1. Rank, Otto. *The Significance of Psychoanalysis for the Mental Sciences.* New York: The Nervous and Mental Disease Publishing Company, 1916.

2. Rank, Otto. *Psychology and the Soul*: *A Study of the Origin, Conceptual Evolution, and Nature of the Soul*. Translated by Gregory C. Richter and E. James Lieberma. Baltimore; Md.: Johns Hopkins University Press, 1998.

3. Rank, Otto. *The Trauma of Birth*. London: Kegan Paul, Trench, Trubner; New York: Harcourt, Brace, 1929.

4. Rank, Otto. *The Don Juan Legend*. Translated and edited, with an introduction by David G. Winter. Princeton; N. J.: Princeton University Press, 1975.

5. Rank, Otto. *Art and Artist*: *Creative Urge and Personality Development*. Translated from the German by Charles Francis Atkinson. New York: A. A. Knopf, 1932.

6. Rank, Otto. *Modern Education*: *A Critique of Its Fundamental Ideas*. Translated from the German by Mabel E. Moxon. New York: A. A. Knopf, 1932.

7. Rank, Otto. *Will Therapy*: *An Analysis of theTherapeutic Process in Terms of Relationship*. New York: A. A. Knopf, 1936.

8. Rank, Otto. *Outlines of a Genetic Psycholog*. Philadelphia: University of Pennsylvania, 1944.

9. Rank, Otto. *Will Therapy and Truth and Reality*. New York: A. A. Knopf, 1945.

10. Rank, Otto. *Psychoanalysis as an Art and a Science*: *A Symposium*. Detroit: Wayne State University Press, 1968.

11. Rank, Otto. *Beyond Psychology*. Camden; N. J.: Haddon craftsmen, inc. 1941.

12. Rank, Otto. *The Double*: *A Psychoanalytic Study*. Translated and edited with an introduction by Harry Tucker, Jr. Chapel Hill: University of North Carolina Press, 1971.

13. Rank, Otto. *A Psychology of Difference*: *The American Lectures.* Selected, edited, and introduced by Robert Kramer. Princeton: N. J.: Princeton University Press, 1996.

14. Rank, Otto. *The Myth of the Birth of the Hero*: *A Psychological Exploration of Myth.* Translated by Gregory C. Richter and E. James Lieberman. Baltimore; Md.: Johns Hopkins University Press, 2004.

九　理查德·考德韦尔

理查德·考德韦尔（Richard S. Caldwell），美国南加利福尼亚大学古典学教授，主要从事希腊神话的心理学阐释与翻译工作，主要论著有《众神之源》《赫西俄德的神谱》《埃涅伊德》。考德韦尔的主要贡献是将列维－斯特劳斯的结构主义与弗洛伊德的心理分析理论结合起来，试图整合二者的共同之处，创建一种所谓结构—心理学的神话阐释理论与模式。但在《众神之源》及相关论文中，他仅仅用神话中情感的二元对立取替了结构主义的二元对立模式，将整个神话基于一种情感冲突与性欲泛滥之上。在某种程度上，考德韦尔的做法只不过是结构主义与心理分析阐释模式的拼贴而已，并没有将二者真正结合起来。

考德韦尔主要论著及论文：

1. Caldwell, Richard S. *Hesiod's Theogony*. Newburyport; MA: Focus Publishing, 1987.

2. Caldwell, Richard S. *The Origin of the Gods*: *A Psychoanalytic Study of Greek Theogonic Myth*. New York: Oxford University Press, 1989.

3. Caldwell, Richard S. *The Aeneid*. trans. Newburyport; MA: Focus Publishing, R. Pullins & Company, Inc., 2004.

4. Caldwell, Richard S. The Misogyny of Eteocles. *Arethusa*: pp. 197-231, 1973.

5. Caldwell, Richard S. The Blindness of Oedipus. *Internatioanal Review of Psycho-Analysis* 1: pp. 207-218, 1974.

6. Caldwell, Richard S. Primal Identity. *International Review of Psycho-Analysis* 3: pp. 417-434, 1976.

7. Caldwell, Richard S. Psychoananalysis, Structuralism, and Greek Mythology, in H. Garvin, ed. *Phenomenlogy, Structuralism, Semiology*, pp. 209-230. Grebbure, N. J., 1976.

8. Caldwell, Richard S. Psychocosmohony: The Reorestation of Symbiosis and Separation Individuation in Anchaic Greek Myth, in W. Muensterberger and L. Boyer, ed. *The Psychoanalysis Study of Society*. Vol. 9, 93-103. New York, 1981.

十　亚瑟·伊文思

亚瑟·伊文思（Arthur John Evans，1851.07.08—1941.07.11），生于英格兰赫特福德（Hertford）郡的纳什米尔（Nash Mills），其父为约翰·伊文思爵士（Sir John Evans），为著名考古学者与地理学者。伊文思开始在哈罗公学（Harrow School）读书，1869—1870年，他成为校刊《哈罗人》（The Harrovian）的编辑，1870年，伊文思进入牛津大学布拉斯诺斯学院学习现代历史，不过他并没有被自己的这个专业限制住，而是根据自己的爱好做了一些业余的活动，大学期间他去了很多地方，每到一处，伊文思总是利用人类学与民族志方法对当地的族群、文化与艺术进行考察，做了很多笔记。1874年，伊文思因为没有拿到牛津大学的奖学金而转到了哥廷根大学，1875年他又与自己的朋友一起去了芬兰与拉普兰，对地中海沿岸的一些地方进行了考察。

在牛津大学学习期间，伊文思认识了历史学者爱德华·弗里曼（Edward Freeman）的女儿玛格丽（Margare），二人后来在1878年结婚，后者于1893年早逝。1881年，伊文思移居牛津。1884年，伊文思被任命为牛津大学阿什莫林博物馆馆长，这一职务一直保持到1908年，而他自己的住所则成为考古爱好者聚集的中心。1893年，伊文思拿到了自己的硕士学位，他同时对古代印章与钱币学有着浓厚的兴趣，就在同一年，伊文思向希腊研究中心递交了一份报告，说自己发现了希腊岛屿上那些书写字母的线索。

早在1878年，伊文思在伦敦看到了谢里曼发掘的迈锡尼展品，五年后，伊文思到雅典拜访了谢里曼。而在1894年，伊文思终于抗拒不了希腊半岛对他的诱惑，第一次踏上了去克里特岛屿的旅程，到了坎迪亚（Candia），参观了克里特的中部与东部地区。不过他本人的最初目的并不是做考古发掘，而是为他关于象形文字的理论寻找证据。1895年，伊文思再次去了克里特，1896年去了第三次，每一次他都要去克里特的东部地区。1896年，伊文思出版了《克里特的象形文字与前腓尼基手稿》（Cretan Pictographs and Prae-Phoenician Script）一书。尽管伊文思对古代希腊文字有着异常的兴趣，但是这个地方的文明也一直在吸引着他。在研究印章文字的过程中，伊文思发现克里特印章的艺术风格不同于迈锡尼文明的艺术风格，具有一种海洋文化意味与异国色彩。在1896年的一次演讲中，伊文思断言，谢里曼所发现的迈锡尼文明的源头一定在克里特半岛。

1896年9月，大不列颠协会在利物浦召开会议，伊文思主持了人类学专场，他关于史前考古学的讲演引起了很多学者的兴趣。伊文思向大会递交的议题是《人类学的东方质疑》，不过这些假说后来被他自己的发掘推翻了。伊文思后来在克里特半岛的发掘恰恰表明，希腊文化的源头在东方。1897 年，希腊与土耳其之间爆发了一场战争，去希腊已经不可能，于是伊文思去了利比亚西部的特里波里塔尼亚（Tripolitania），该地以巨人阵闻名。伊文思认为这个地方是史前人们的避难所，与地中海文明有着某种联系。1899 年，伊文思去了克里特，买了克里特岛屿克诺索斯（Knossos）的一块地皮，开始了他的第一次发掘工作。

伊文思在克诺索斯的收获很大，超出了意料。他发掘出了一个大约五英亩半的古代宫殿，还有三千多块泥版，以及大量的壁画、彩陶、雕像、象牙、印章，所有这些就像一个神话展现在伊文思面前。宫殿的设计非常规范，与迈锡尼、梯林斯宫殿的设计有某种相似之处，但比二者的规模要大得多，可以看出，这个地方应该是当时文化交流的中心，而迈锡尼与梯林斯这两个地方只不过是当时外省的省会或属地罢了。这个宫殿的设计极其复杂而巧妙，其中有排放污水的池子，有华丽奢侈的浴室，还有取暖与通风系统，地下则有供水的管道以及专门用来运送垃圾的通道。在宫殿的壁画上，有许多美丽的少女，她们发冠高耸，身着折叠的荷叶边紧身衣裙，袒胸露背，在采摘藏红花。还有的画面上公牛腾跃，女孩子在牛背上翻滚，动作轻松自如。克诺索斯的宫殿结构复杂，布局奇特，行走其间极易迷路。伊文思由此想到了希腊神话中米诺斯国王的迷宫，克诺索斯的宫殿与其有些类似，由此，伊文思将这个史前的文明命名为"米诺文明"，它是希腊文明的源头。根据埃及艺术品的年代，伊文思将"米诺文明"划分为三个阶段，认为"米诺文明"从公元前 3000 年一直持续到了公元前 1250 年，其间延续了两千多年。

在众多的出土文物中，有近三千块泥版，上面密密麻麻布满了奇怪的符号。伊文思将其称为线形文字 A 和 B（Line A and B），他认为二者都是希腊古代的象形文字，但是他却无法破译。直到 1936 年，伊文思在一次讲演中再次提到了这些文字，他的听众迈克尔·温特里斯（Michael Ventris）倍感兴趣，后者终于在 1954 年将线形文字 B 破译成功，认为这是一种古代希腊的文字，这种说法得到了大多数学者的认同。1908 年，伊文思放弃了博物馆馆长职务，专门从事发掘与研究工作。1909 年，他被牛津大学聘为史前考古学教授，同年，伊文思获得了英国皇家建筑师协会的金项奖，将这种奖项颁发给一个学者是罕见的。1911

年，伊文思被封为爵士。1936年，伊文思获得了皇家协会（Royal Society）颁发的科普利奖章（Copley Medal）。瑞典王室协会、考古协会等各个机构分别向伊文思颁发奖项，以此奖励他对考古学作出的巨大贡献。

在考古学历史上，还没有哪一个人敢用神话中的人名来命名考古学遗址，而伊文思却做到了，他是一个例外。"米诺文明"因伊文思而被命名并成为希腊文明的源头，而这一切，是根据古老的希腊神话来进行的。伊文思在希腊神话传说中找到了古代文明的蛛丝马迹，将其作为探寻文明源头的线索，"米诺文明"就像希腊神话中少女阿里阿德涅的线团一样，指引考古工作者寻找希腊文明的一座又一座迷宫。

伊文思主要论著、讲演及论文：

1. Evans, Arthur John. Greek Epigrams (Oxenham Prize). *Prolusiones Harrovianae*. Harrow, 1869-1870.

2. Evans, Arthur John. The Life and Character of John Howard (Prize essay), p. 53. *Prolusiones Harrovianae*. Harrow, 1870.

3. Evans, Arthur John. On a Hoard of Coins Found at Oxford, with some remarks on the coinage of the first three Edwards. *Num. Chron*, (n. s.), II, pp. 264-282, 1871.

4. Evans, Arthur John. Over the Marches of Civilized Europe. *Frazer's Mag.* 7, No. 40 (May), p. 578 ff, 1873.

5. Evans, Arthur John. Through Bosnia and the Herzegovina on Foot during the Insurrection, August and September 1875. [Reprint of letters to the *Manchester Guardian*.] London: Longmans, 1876.

6. Evans, Arthur John. Illyrian Letters. London: Longmans, 1878.

7. Evans, Arthur John. The Slavs and European Civilization. (A lecture delivered at Sion College, 23 February 1878.) London: Longmans, 1878.

8. Evans, Arthur John. The Austrian Counter-revolution in the Balkans. *Fortnightly Review*, 1880.

9. Evans, Arthur John. Herzegovina. *Ency. Brit.* 9th, Ed., 1880.

10. Evans, Arthur John. On some recent Discoveries of Illyrian Coins. *Num. Chron*. (n. s.), 20, pp. 269-302. [A Serbian translation. Zagreb, 1881.]

11. Evans, Arthur John. Christmas and Ancestor-worship in the Black Mountain,

[Offprint] 1881.

12. Evans, Arthur John. The Austrian War against Publicity. *Fortnightly Review*, 1882.

13. Evans, Arthur John. A Series of ancient Gems from Dalmatia. Proc. Soc. *Antiq.* (I), 10, pp. 175-178, 1882.

14. Evans, Arthur John. Roumania. *Ency.* Brit. 9th ed, 1883.

15. Evans, Arthur John. The Ashmolean Museum as a Home of Archaeology. [Inaugural lecture] Oxford, 1884.

16. Evans, Arthur John. Megalithic Monuments in their Sepulchral Relations. *Lanc and Ches. Antiq. Soc.* (Manchester), 3, pp. 1-31, 1885.

17. Evans, Arthur John. Antiquarian Researches in Illyricum. *Archaeologia*, 48, pp. 1-105, 1885.

18. Evans, Arthur John. Antiquarian Researches in Illyricum. *Archaeologia*, 49, pp. 1-167, 1886.

19. Evans, Arthur John. On the Flint-knapping Art in Albania. *J. Anthrop. Inst.* 16, pp. 65-67, 1887.

20. Evans, Arthur John. On a Coin of the second Carausius, Caesar in Britain in the fifth Century. *Num. Chron.* (3), 7, pp. 191-219, 1887.

21. Evans, Arthur John. The Vlachs. *Ency. Brit.* 9th ed, 1888.

22. Evans, Arthur John. Recent Discoveries of Tarentine Terracottas. *J. Hell. Soc.* 7, pp. 1-50, 1888.

23. Evans, Arthur John. The 'Horsemen' of Tarentum. *Num. Chron.* (3), 9, pp. 1-228, 1889.

24. Evans, Arthur John. Ancient British Antiquities (syllabus of three lectures). Oxford Univ. Extension, Summer meeting, 1890.

25. Evans, Arthur John. Some new Artists' Signatures on Sicilian Coins. *Num. Chron.* (3), 10, pp. 285-310, 1890.

26. Evans, Arthur John. Syracusan Medallions and their Engravers. *Num. Chron.* (3), 10, 1890.

27. Evans, Arthur John. Syracusan Medallions and their Engravers. *Num. Chron.* (3), II, 1891.

28. Evans, Arthur John. On a late Celtic urnfield at Aylesford, Kent. *Archaeologia,*

52, pp. 315-388,1891.

29. Evans, Arthur John. A Roman Bronze Lamp from South Italy. *Proc. Soc. Antiq.* (2), 14, p. 155,1892.

30. Evans, Arthur John. Entdeckung von drei menschlichen Skeleten in der Höhle Barma-Grande zwischen Mentone und Ventimiglie. München, 1892.

31. Evans, Arthur John. On the prehistoric Interments of the Balzi-Rossi Caves near Mentone, and their Relation to the Neolithic Cave-burials of the Finalese. *J. Anthrop. Inst.* 22, pp. 287-307,1893.

32. Evans, Arthur John. Introductory Note on the Vases from Gela [in P. Gardner, Catalogue of Greek Vases in the Ashmolean Museum]. Oxford, 1893.

33. Evans, Arthur John. A Mykenaean Treasure from Aegina. *J. Hell. Stud.* 13, pp. 195- 226,1893.

34. Evans, Arthur John. Contributions to Sicilian Numismatics (I). *Num. Chron.* (3), 14, pp. 189-242,1894.

35. Evans, Arthur John. History of Sicily, by E. A. Freeman. Volume 4 (edited). Oxford, 1894.

36. Evans, Arthur John. A Mycenaean System of Writing in Crete and the Peloponnese. *Athenaeum,* 23 June. *The Times,* 29 August. *Proc. Brit. Assoc.* (Oxford), pp. 776-777, 1894.

37. Evans, Arthur John. Primitive Pictographs and a Prae-Phoenician Script from Crete and the Peloponnese. *J. Hell. Stud.* 14, pp. 270-372, [Reprinted with additions. London: Quaritch, 1895.] 1894.

38. Evans, Arthur John. Greek and Italian Influences in prae-Roman Britain. [Letter reprinted from The Times, 23 September 1893] *Arch. Oxon.* (London), pp. 159-164, 1895.

39. Evans, Arthur John. The Rollright Stones and their Folklore. *Folklore,* 6, pp. 6-51, 1895.

40. Evans, Arthur John. (With J. L. MYRES.) A Mycenaean Military Road in Crete. *Academy,* 1 June, 1895.

41. Evans, Arthur John. Explorations in Eastern Crete. *Academy,* 13,20 June: 4,18 July, 1896.

42. Evans, Arthur John. Goulas: The City of Zeus. *Annual of the British School*

of Archaeology at Athens (B. S. A.), 2, pp. 1-26, 1896.

43. Evans, Arthur John. Contributions to Sicilian Numismatics (2). *Num. Chron.* (3), 16, pp. 101-143, 1896.

44. Evans, Arthur John. The Eastern Question in Anthropology. (Presidential Address, Anthropological Section.) *Proc. Brit. Assoc.* (Liverpool), pp. 906-922, 1896.

45. Evans, Arthur John. Tree and Pillar Worship in Mycenaean Greece. *Proc. Brit. Assoc.* (Liverpool), 934, 1896.

46. Evans, Arthur John. Further Discoveries of Cretan and Aegean Script, with Libyan and proto-Egyptian comparisons. *J. Hell. Stud.* 17, pp. 327-395, 1897.

47. Evans, Arthur John. A Roman Villa at Frilford. *Arch. J.* 45, pp. 340-354, 1897.

48. Evans, Arthur John. A Votive Deposit of Gold Objects found on the North-West Coast of Ireland. *Archaeologia*, 55, pp. 391-408, 1897.

49. Evans, Arthur John. Two Fibulae of 'Celtic' Type from Aesica. [Cf. *Proc. Soc. Ant.,* 15, 298, titles only. 1893-1895] *Archaeologia*, 55, pp. 179-194, 1897.

50. Evans, Arthur John. Letters from Crete. (Reprinted from the *Manchester Guardian*. 24, 25 May, 13 June.) [Privately printed], 1898.

51. Evans, Arthur John. The Athenian Portrait-head by Dexamenus of Chios. *Révue Archéologique*, 1898.

52. Evans, Arthur John. Holm, A., Geschichte Siciliens im Alterthume *(review)*. *Num. Chron.* (3), 18, pp. 321-325, 1898.

53. Evans, Arthur John. On the occurrence of 'Celtic' Types of Fibula of the Hallstatt and La Téne periods in Tunisia and Eastern Algeria. *Proc. Brit. Assoc.* (Dover), 872, 1899.

54. Evans, Arthur John. Mycenaean Cyprus as illustrated in the British Museum Excava-tions. *J. Anthrop. Inst.*, 30, pp. 199-221, 1900.

55. Evans, Arthur John. The Palace of Knossos: Summary Report for 1900. *Brit. School Annual*, 6, pp. 1-70, PL. xii-xiii, 1900.

56. Evans, Arthur John. Writing in Prehistoric Greece. *Proc. Brit. Assoc.*

(Bradford), pp. 897-898, 1900.

57. Evans, Arthur John. The Palace of Knossos in its Egyptian Relations. *Egypt Explor. Fund*: *Report*, 1899-1900, pp. 60-66, 1900.

58. Evans, Arthur John. The Palace of Knossos: Provisional Report for the year 1901. *Brit. School Annual*, 8, pp. 1-120, Pl. i-ii, 1901.

59. Evans, Arthur John. Mycenaean Tree and Pillar Cult. *J. Hell. Stud.*, 21, pp. 99-204, 1901.

60. Evans, Arthur John. The Neolithic Settlement at Knossos and its Place in the History of Early Aegean Culture. *Proc. Brit. Assoc.* (Glasgow), pp. 792-793, 1901.

61. Evans, Arthur John. A Bird's-eye View of the Minoan Palace of Knossos, Crete. *J. R. Inst. Brit. Architects* (3), 10, pp. 97-106, 1902.

62. Evans, Arthur John. The Palace of Knossos: Provisional Report. *Brit. School Annual*, 8, pp. 1-124, Pl. i-iii, 1902.

63. Evans, Arthur John. The Palace of Knossos: Provisional Report. *Brit. School Annual*, 9, pp. 1-153, Pl. i-ii, 1903.

64. Evans, Arthur John. Prae-Phoenician writing in Crete (syllabus of three lectures, 15,22,29 January). Royal Institution, London, 1903.

65. Evans, Arthur John. The Minoan Civilization of Crete, and its Place in the Ancient World. [Syllabus of the Yates Lectures, pp. 3-18 November, 1903]. Univ. Coll. London. [Privately printed], 1903.

66. Evans, Arthur John. The Palace of Knossos: Provisional Report. *Brit. School Annual*, 10, pp. 1-62, Pl. i-ii, 1904.

67. Evans, Arthur John. The Significance of the Pottery Marks [found at Phylakopi]: pp. 181-185 in *"Excavations at Phylakopi in Milos"*. *Soc. Prom. Hell. Stud. Suppl. Paper* No. 4. London, 1904.

68. Evans, Arthur John. The Palace of Knossos: Provisional Report. *Brit. School Annual* II, pp. 1-26. [For subsequent discoveries at Knossos see Duncan Mackenzie, "Cretan Palaces", I-IV. *Brit. School Annual,* 11, pp. 181-224; 12, pp. 216-258; 13, pp. 423-445; 14, pp. 343-422 (1905-1908)], 1905.

69. Evans, Arthur John. The Prehistoric Tombs of Knossos. *Archaeologia*, 59,

pp. 391-562, [Reprinted, London: Quaritch, 1906.] 1905.

70. Evans, Arthur John. n. d. Preliminary Scheme for the Classification and approximate Chronology from the Close of the Neolithic to the Early Iron Age. Oxford, [Privately printed. *nd*], 1905.

71. Evans, Arthur John. Excavations at Knossos in Crete. Proc. *Brit. Assoc.* (S. Africa), 1905.

72. Evans, Arthur John. Essai de Classification des Epoques de la Civilization Minoenne: edition révisée. [Prepared for the International Archaeological Congress, Athens, 1905: the version in the *Compte Rendu* of the Congress is inaccurate: cf. also 1912. *Int. Arch. Con*g. (Rome).] London: Quaritch, 1906.

73. Evans, Arthur John. Minoan Weights and Mediums of Currency, from Crete, Mycenae, and Cyprus pp. 336-367 of *Corolla Numismatica*. Oxford, 1906.

74. Evans, Arthur John. Cretan Exploration. *The Times*. 18 November, 1907.

75. Evans, Arthur John. The European Diffusion of Primitive Pictography, and its Bearings on the Origin of Script. In *Anthropology and the Classics*, ed. R. R. Marett. Oxford, 1908.

76. Evans, Arthur John. *Scripta Minoa* I. [Vols. II-III not completed.] Oxford: Clarendon Press, 1909.

77. Evans, Arthur John. Preface to C. H. &H. B. Hayes, *Crete the Forerunner of Greece.* London, 1909.

78. Evans, Arthur John. The Palace of Knossos as a Sanctuary. *J. R. Inst. Brit. Architects* (3), 17, pp. 6-7,1909.

79. Evans, Arthur John. Notes on some Roman Imperial 'medallions' and Coins. *Num. Chron.* (4), 10, pp. 1-13,1910.

80. Evans, Arthur John. Head, B. V., 'Historia Numorum' (review). *J. Hell. Stud.* 31, pp. 131-136, 1911.

81. Evans, Arthur John. Crete. *Ency. Brit.* 11th ed. 1911.

82. Evans, Arthur John. Restored Shrine on Central Court of the Palace of Knossos. *J. R. Inst. Brit. Arch.* (3), 18, pp. 288-310, 1911.

83. Evans, Arthur John. On the ancient Engravers of Terina, and the Signatures of Evaenetus on late Tetradrachm dies. *Num. Chron.* (4), 12, pp. 21-62,1911.

84. Evans, Arthur John. The Welwyn Find. [Letter to The Times: cf. R. A. Smith, *Archaeologia*, 63 (1912), pp. 1-30], 1912.

85. Evans, Arthur John. The Nine Minoan Periods, a summary sketch. [Privately printed for the *Int. Arch. Cong.* (Rome), 1912], 1912.

86. Evans, Arthur John. The Minoan and Mycenaean Elements in Hellenic Life (Presidential address to the Hellenic Society). *J. Hell. Stud.* 32, pp. 277-297. 1912.

87. Evans, Arthur John. The Ages of Minos (Huxley Lecture to the University of Birmingham). [Privately printed], 1913.

88. Evans, Arthur John. The Tomb of the Double Axes and Associated Group, and Pillar Rooms and Ritual Vessels of the 'Little Palace' at Knossos. [Reprint. Quaritch. 1914.] *Archaeologia*, 65, pp. 1-94, 1914.

89. Evans, Arthur John. Presidential Address to the Society of Antiquaries. (On German destruction of ancient monuments). *Proc. Soc. Antiq.* (2), 27, pp. 227-229, 1915.

90. Evans, Arthur John. Presidential Address to the Numismatic Society. *Num. Chron.* (4), 15, pp. 27-41, 1915.

91. Evans, Arthur John. Cretan Analogies for the Origin of the Alphabet. *Proc. Brit. Assoc.* (Manchester), 667, 1915.

92. Evans, Arthur John. Diagrammatic Map Illustrating the Ethnics Relations between the Adriatic, Drave, and Danube. *Proc. Brit. Assoc.* (Manchester), pp. 673-674, 1915.

93. Evans, Arthur John. The Adriatic Slavs and the Overland Route to Constantinople. *Geog. J.*, 1916, p. 241 ff., 1916.

94. Evans, Arthur John. Les Slaves de l'Adriatique et la Route continentale de Constan-tinople. (Transl. by P. de Lanux.) London, The Near East Ltd. 14 November, 1916.

95. Evans, Arthur John. New Archaeological Lights on the Origin of Civilization in Europe: Its Magdalenian Forerunners in the South-west, and Aegean Cradle (Presidential address). *Proc. Brit. Assoc.* (New-castle), pp. 3-25, 1916.

96. Evans, Arthur John. Presidential Address to the Society of Antiquaries. (Protest

against the 'amoval' of Hon. Fellows of Enemy nationality.) *Proc. Soc. Antiq.* (2), 28, pp. 205-287, 1916.

97. Evans, Arthur John. Commemorative War Medals. *Morning Post*, 21 June, 1916.

98. Evans, Arthur John. Presidential Address to the Numismatic. Society. *Num. Chron.* (4), 16, pp. 22-36, 1916.

99. Evans, Arthur John. Notes on the Coinage and Silver Currency in Roman Britain from Valentinian I to Constantine III. *Num. Chron.* (4), I5, pp. 433-519, 1916.

100. Evans, Arthur John. Presidential Address to the Society of Antiquaries. (On the history of the Society.) *Proc. Soc. Antiq.* (2), 29, pp. 155-182, 1917.

101. Evans, Arthur John. Presidential Address to the Numismatic Society. *Num. Chron.* (4), 17, pp. 20-41, 1917.

102. Evans, Arthur John. Presidential Address to the Society of Antiquaries. (Requisition of the British Museum by the Air Board.) *Proc. Soc. Antiq.* (2), 30, pp. 189-207, 1918.

103. Evans, Arthur John. Presidential Address to the Numismatic Society. *Num. Chron.* 18, pp. 14-22, 1918.

104. Evans, Arthur John. Presidential Address to the Society of Antiquaries. (New fields of research; protection of antiquities; reorganization; Stonehenge.) *Proc. Soc. Antiq.* (2), 31, pp. 188-195, 1919.

105. Evans, Arthur John. The Palace of Minos and the Prehistoric Civilization of Crete. *Proc. Brit. Assoc.* (Bournemouth), pp. 416-417, 1919.

106. Evans, Arthur John. A recent Find of Magna-Graecian coins of Metapontum, Tarentum, and Heraclea. *Num. Chron.* (4), 18, pp. 122-154, 1919.

107. Evans, Arthur John. An Institution of Archaeology in Egypt. *The Times*, 4 March, 1919.

108. Evans, Arthur John. The New Excavations at Mycenae. *The Times* (*Lit. Suppl.*), 15 July, 1920.

109. Evans, Arthur John. On a Minoan Bronze Group of a Galloping Bull and Acrobatic Figure from Crete. *J. Hell. Stud.* 41, pp. 247-259, 1921.

110. Evans, Arthur John. The Palace of Minos ... at Knossos. Vol. I. London:

Macmillan, 1921.

111. Evans, Arthur John. The Monster's Hair [on earthquake and expiatory rites at Knossos.], *The Times*, 14 July, 1921.

112. Evans, Arthur John. New Discoveries at Knossos. [cf. *The Times*, 14 July 1922.], Antiq. J. 2, pp. 319-329, 1922.

113. Evans, Arthur John. Preface to *"The Vaulted Tombs of Messara"*: *An Account of some early Cemeteries of southern Crete*, by Stephanos Xanthoudides, translated by J. P. Droop. Liverpool: Liverpool University Press, 1922.

114. Evans, Arthur John. The Early Nilotic, Libyan, and Egyptian Relations with Minoan Crete. (Huxley Lecture of the Royal Anthropological Institute.) *J. R. Anthrop. Inst.* 55, p. 199, 1925.

115. Evans, Arthur John. The Ring of Nestor, A glimpse into the Minoan afterworld [43-75], and a sepulchralt reasure of gold signet-rings and bead-seals from Thisbe, Boeotia. [1-42.] *J. Hell. Stud.* 45, pp. 1-75, 1925.

116. Evans, Arthur John. *The Shaft-graves of Mycenae and their Contents, in relation to the Beehive-Tombs.* [Privately printed. No published abstract. cf. 1929.] *Proc. Brit. Assoc.* (Oxford), 386, 1926.

117. Evans, Arthur John. A Coin of the second Carausius. *Num. Chron.* (5), 5, pp. 138-163, 1927.

118. Evans, Arthur John. Catalogue of Cavage Cmplements And Antiquities Comprising the Collection of Savage Implements Formed by Sir John Evans, the property of Sir Arthur Evans: sold by auction, 12 July, 1927, London, 1927.

119. Evans, Arthur John. The Glozel Forgeries. *Manchester Guardian*, 7 January, 1928.

120. Evans, Arthur John. The Palace of Minos ... at Knossos. Vol. II. 2 vols. London: Macmillan, 1928.

121. Evans, Arthur John. A Forged Treasure in Serbia. *Edinburgh Review*, 247, pp. 287-300, 1928.

122. Evans, Arthur John. Select Sicilian and Magna-Graecian coins. *Num. Chron.* (5), 6, pp. 1-19, 1928.

123. Evans, Arthur John. The Palace of Knossos and its Dependencies in the Light of recent Discoveries. *J. R. Inst. Brit. Architects* (3), 37, pp. 91-99,

1928.

124. Evans, Arthur John. The Shaft-graves and Beehive Tombs at Mycenae, and their Inter-relations. [cf. 1926.] London: Macmillan, 1929.

125. Evans, Arthur John. Some Notes on the Arras Hoard. *Num. Chron.* (5), V10 (1930), pp. 221-274, 1930.

126. Evans, Arthur John. The Palace of Minos ... at Knossos. Vol. III. London: Macmillan, 1930.

127. Evans, Arthur John. The Earlier Religion of Greece, in the Light of Cretan Discoveries. (Frazer Lecture at Cambridge.) London: Macmillan, 1929.

128. Evans, Arthur John. Discovery of the Temple-Tomb of the House of Minos. *Proc. Brit. Assoc.* (London), 447 [abstract only: published in 'Palace of Minos' Vol. IV (1935), pp. 962 ff.], 1931.

129. Evans, Arthur John. Preface to 'Schliemann of Troy', by Emil Ludwig. English Translation. London: Putnam, 1931.

130. Evans, Arthur John. Knossos and Mycenae: The great Cleavage of L. M. II, and evidence of the continued reaction of Minoan Crete on the 'Mycenaean' World after the Fall of the Palace. [Privately printed.] *Proc. First Int. Cong. Prehist. and Proto-hist. Sci.* London: Milford. 1924. pp. 192-194, 1932.

131. Evans, Arthur John. Preface to 'A Handbook to the Palace of Knossos, with its Depend-encies', by J. D. S. Pendlebury. London: Macmillan, 1933.

132. Evans, Arthur John. Jam Mound, with its panorama and wild Garden of British Plants. Oxford, Joseph Vincent, 1933.

133. Evans, Arthur John. The Historic Beacon. *The Scouter*, 39, pp. 72-73. London (Boy Scouts Association), 1935.

134. Evans, Arthur John. *The Palace of Minos ... at Knossos.* Vol. IV. 2 vols. London: Macmillan, 1935.

135. Evans, Arthur John. News by Fire: England's Beacon-chain. *The Times*, 18 April, 1935.

136. Evans, Arthur John. *Index to the Palace of Minos, by Joan Evans, D. Litt.,* with special sections classified in detail and chronologically arranged by Sir Arthur Evans. London: Macmillan, 1936.

137. Evans, Arthur John. *British Archaeological Discoveries in Greece and Crete, 1886-1936: Catalogue of the Exhibition,* together with an exhibit illustrative of Minoan Culture with special relation to the discoveries of Knossos, arrangedby Sir Arthur Evans, [pp. 5-33]. London: Royal Academy of Arts, 1936.

138. Evans, Arthur John. The Minoan World [summary of a lecture, Royal Academy of Arts, 16 October 1936]. Privately printed, 1936.

139. Evans, Arthur John. Holland and the Dutch, for the British Contingent, Boy Scouts... at Vogelenzang, near Haarlem. London. 1937.

140. Evans, Arthur John. Coronation Beacons [newspaper cutting. *n. d.*]. 1937.

141. Evans, Arthur John. *An illustrative Selection of Greek and Graeco-Roman Gems,* to which is added a Minoan and proto-Hellenic series. [Privately printed.] Oxford: University Press, 1938.

142. Evans, Arthur John. The Sutton Hoo Finds. Offprint from *Daily Telegraph.* 1939.

十一 谢里曼

海因里希·谢里曼（Heinrich Schliemann，1822.01.06—1890.12.26），生于德国北部的梅克伦堡州（Mecklenburg）纽布考（Neubukow）村，其父厄恩斯特·谢里曼（Ernst Schliemann）是新教牧师，其母路易斯·特蕾瑟·索菲（Luise Therese Sophie）在谢里曼9岁时去世。谢里曼的父亲喜爱荷马史诗，经常给年幼的谢里曼讲荷马史诗中的故事，有时候还教他拉丁语。谢里曼7岁时的圣诞节，他的父亲送他一本路德维希·叶勒尔（Ludwig Jerrer）的《世界史图解》(*Illustrated History of the World*)，书中有一幅插图：特洛伊人埃涅阿斯背着自己年迈的父亲逃离了特洛伊城，身后是熊熊燃烧的大火，希腊人最后将特洛伊城夷为平地。谢里曼发誓要挖出特洛伊城，为了这个梦想，他奋斗了一生，最后梦圆特洛伊。

母亲去世后，谢里曼被送到了自己的姑姑那里，到一所重点中学学习语法，但是因为他的父亲被指控挪用教堂的公款，经济上遇到了困难，后来谢里曼只能到一所普通中学学习。因为谢里曼的父亲无法供他继续读书，谢里曼在14岁时离开了学校，开始自谋生计。他开始在菲尔斯滕堡（Fürstenberg）的一个杂货店当伙计，一干就是五年。其间他曾经聆听过一个失意的磨坊主帮工朗诵荷马史诗中的《伊利亚特》，这种经历使得谢里曼记起了童年的梦想，他祈祷上帝让他有朝一日学会希腊语，可以实现儿时的梦想。

1841 年，谢里曼到了汉堡，后来在一艘从汉堡开往委内瑞拉的船上当了一名服务生。船在途中遇到飓风，生还者被迫在荷兰海岸停靠。后来，谢里曼通过朋友在阿姆斯特丹奎伊恩事务所（F. C. Quien Company）找了一份差事。在这个事务所工作期间，谢里曼竭力学习外语，他自创了一种学习外语的方法，用短短两年时间掌握了 7 种外语，包括英语、法语、荷兰语、西班牙语、葡萄牙语和意大利语。1844 年 3 月 1 日，22 岁的谢里曼离开奎伊恩事务所，到施罗德公司当通讯员和簿记员。其间他开始学习俄语，他用一个半月的时间掌握了俄语，并能够与俄国商人会话谈判。当然，贫寒的家境是所有这些背后的原动力，谢里曼想依靠自己的努力发财，过上一种自己想要的富裕生活，实现自己年少时发掘特洛伊的梦想。还有，他要迎娶儿时在艰苦岁月中与他志趣相投的玩伴明娜（Minna Meincke），他们曾经发誓长大后就结婚。

1846 年，谢里曼被公司派到俄国圣彼得堡做了一名代理商。谢里曼在俄国很快成为一名富裕的商人，其间得知他深爱的明娜已经另嫁他人，他痛苦不堪，开始在世界各地旅行，以此来减轻自己的创伤。此时，儿时另外一个愿望在他心底再次升起，他要挣足够的钱，去挖掘希腊神话传说中的特洛伊城，将神话变成现实，同时，娶一个自己想要的女孩子。1850 年 12 月，谢里曼到了美国加利福尼亚州，去料理自己堂兄的后事，与此同时，他在那里开了一个银行，赚足了钱。1852 年他回到了俄国，娶了一位俄国女子凯思林娜（Ekaterina Lishin），但谢里曼的婚姻并不幸福，尽管他们有了三个儿女，二人还是在 1868 年分道扬镳。

1868 年，离了婚的谢里曼决定从商界退出，他已经拥有足够的资本，可以实现儿时的梦想了——寻找心中的特洛伊，为此，他奋斗了 20 年。他为此作好了充分的准备：在巴黎学会了考古学，又自学了古代希腊语与现代希腊语。1868 年秋天，谢里曼到了希腊的伊萨卡，开始了自己的希腊之行，他要在这里实现一个自己期待已久的梦想，同时寻找一位希腊的妻子：一位黑发美貌的少女，家境贫寒而不失教养。很快，他圆了多年的梦想，终于拥有了这样一位贤内助。1869 年，18 岁的希腊少女索菲娅·恩加斯特门诺斯（Sophie Engastromenos）与 47 岁的富翁谢里曼结了婚，此后，他们共同的探险事业开始了，谢里曼开始着手挖掘特洛伊城。他相信，荷马史诗绝非神话，而是真实的历史，特洛伊也不是海市蜃楼，而是曾经真实存在的一座古代城市，它就躺在地下，等着谢里曼揭开它神秘的面纱。

　　1871年，谢里曼开始了自己的发掘工作。他到了西沙立克（Hissarlik），认为这个地方就是传说中的特洛伊城，他要在这里将希腊神话中富庶的特洛伊城挖掘出来，找到普里阿摩国王的宫殿。就在挖掘的过程中，谢里曼发现了9座古代的城市，他相信特洛伊一定就是底层最为古老的那一座。意外的收获是，谢里曼挖到了一笔古代的财宝：两顶金冕、六只金镯、一只金杯、一只高脚金杯、一只高脚琥珀杯、银器、青铜器、金扣子和其他饰品。谢里曼将这些东西称为"普里阿摩的财宝"。就这样，谢里曼用自己的发掘结果向全世界宣布：他找到了希腊神话传说中的特洛伊城，荷马史诗所描写的富庶城市现在就在众人的眼前，它被尘土湮没了几千年。谢里曼所发掘的特洛伊城其实并不是《伊利亚特》中的特洛伊城，尽管这个命名被保留了下来，后来的一些考古学者对谢里曼的发掘很有非议，他们指责谢里曼破坏了真正的特洛伊城。但是，在谢里曼之前，并没有任何人相信特洛伊城的存在。是谢里曼使得这些传说中的城市第一次展现在人们面前，他将神话变成了现实与历史。

　　对于谢里曼来说，特洛伊城仅仅是其梦想的开始，除此之外，他还要寻找希腊的伟大英雄们，他梦想着有一天能够凝视他们的面孔。1876年，他开始发掘迈锡尼。谢里曼要寻找阿伽门农与奥德修斯的王宫与墓穴，他要与古代的英雄们对话。结果，在发掘迈锡尼竖穴墓（Shaft Graves）第五号墓穴时，他发现了三具完好的男尸，其中一具保存完好，可以清楚地看到面孔。谢里曼当即给希腊国王发了一封电报：陛下，我看到了阿伽门农的脸。就这样，谢里曼发掘出了迈锡尼文明，一个前所未知的文明展现在人们面前，迈锡尼文明成为希腊史前文明的源头。再后来，谢里曼又挖掘出了梯林斯遗址，迈锡尼与梯林斯二者成为希腊文明的重要中心。

　　1890年，死神带走了谢里曼，他被埋在雅典城的墓地里，一位希腊建筑师为他设计了一座神庙式的陵墓，在入口处，刻着谢里曼自己写下的碑铭：为了英雄谢里曼（ΗΡΩΙ ΣΧΛΙΜΑΝΝΩΙ）。

　　谢里曼想要告诉人们："荷马史诗就是历史，是希腊最早的真正的历史，不过他却证明了荷马史诗是最晚的史前史。"[①]他还用考古发掘的行为证明，神话并不是凭空虚造，而是有着厚重的历史根基，隐藏在神话背后的是历史的真实内核，在阐释古代文明与历史的过程中，神话成为一种不可或缺的依据，它是指

[①]〔英〕格林·丹尼尔：《考古学一百五十年》，黄其煦译，文物出版社，1987年，第132页。

引人们走出历史迷宫的钥匙。

谢里曼论著要目：

1. Heinrich Schlimann. *La Chine et le Japon au temps présent*. 1867.
2. Heinrich Schlimann. *Ithaka, der Peloponnesus und Troja*. 1868.
3. Heinrich Schlimann. *Trojanische Altertümer*. 1874.
4. Heinrich Schlimann. *Troja und seine Ruinen*. 1875.
5. Heinrich Schlimann. *Mykena*. 1878.

十二 马丁·尼尔森

马丁·尼尔森（Martin P. Nilsson, 1874.07.12—1967.04.07），生于瑞典克里斯蒂案斯坦得州（Kristianstad）的斯托贝（Stoby），瑞典语言学者，神话学者，擅长希腊神话与宗教研究。

尼尔森于1892年进入瑞典兰德大学学习古典学，1900年获得该校的博士学位，其毕业论文研究的论题是"阿提卡的狄俄尼索斯仪式"。1900年，尼尔森留校任教，教授文学与考古学。同一年，他被瑞典考古学委员会（Swedish Archaeological Commission）任命为秘书，1905年到希腊的罗得斯岛屿（Rhodes）做考古工作。1909年，尼尔森被兰德大学聘为教授，教授古希腊语、考古学与古代历史。

1930—1932年，尼尔森被加利福尼亚大学和伯克利大学聘请为古典学萨瑟讲座（Sather Lecture）教授，1939年退休。

尼尔森一生享有多种荣誉，他是兰德王室文学协会的成员，又是瑞典文学协会的成员，还是斯德哥尔摩考古学协会的成员。1924年，尼尔森被任命为普鲁士科学院通讯联系人，1939—1940年，尼尔森被邀请到美国讲学，先后在加州大学伯克利分校任教，在美国各个大学做了一系列讲座，主办方为美国学术委员会、诺顿考古学协会。

尼尔森是一位多产的学者，在他的众多著述中，最能够代表其学术思想的有三部，它们分别是《希腊神话的迈锡尼起源》（*The Mycenaean Origin of Greek Mythology*）、《荷马与迈锡尼》（*Homer and Mycenae*）、《米诺—迈锡尼宗教及希腊宗教遗物》（*Minoan-Mycenae Religion and Its Survival in Greek Religion*）。如果没有尼尔森耗费毕生精力写成的这些巨著，我们对于早期希腊人的认识可能仍流于抽象和缺乏连续性，不能认识到古希腊社会晚期文化遗产之源的意义。尼尔森的这些论著揭开了希腊早期宗教与神话的历史性内核，以一种实证性的手段解读了希腊神话中历史与文化的意义。上述论著的主要意义就在于它阐释了诗、神话与历史、考古学之间的复杂张力。

尽管谢里曼与伊文思及诸多考古工作者在迈锡尼与克里特发掘出来大量的遗址，但是将这些考古资料与神话结合起来进行阐释的学者寥寥无几，更没有人对希腊神话的历史性起源作一种考古学的解读。尼尔森在其论著《希腊神话的迈锡尼起源》中首次提出了希腊神话肇始于迈锡尼时代的主张。尼尔森对古典神话与迈锡尼文化中心之间关系的阐释是极其明晰的，他强调了许多神话中的英雄名字在早期语言上的特征。他认为，不论是从时间还是从空间上来看，希腊英雄神话都源于迈锡尼。与此同时，尼尔森坚信迈锡尼人是嗜战的希腊土著，而不是外来的侵略者，他们创造了古代希腊辉煌的文明。

当然，尼尔森关心的不只是希腊神话，他对希腊考古学同样有着异常的热情。实际上尼尔森早期的判断与后来考古学的发掘事实是如此接近，以至于那些因缺乏探测而导致考古报告不足的地方，尼尔森都准确地预测了其未来考古发掘的丰富性。对于那些出土的文物，壁画与象牙残片，瓶画的年代顺序，他都了如指掌。对于一些文物的甄别与判别，尼尔森是一位地道的专家，他认为，鉴别文物是历史与考古工作的重要内容。

尼尔森对希腊神话研究最大的贡献在于，他第一次用考古学与历史学证据阐释了希腊神话的起源，尽管后人对于希腊神话的起源多有异议。迈锡尼神话因为尼尔森的强调而成为神话学关注的重点对象，神话与历史成为史前文化与文明研究的两种证据，就像米诺宫殿中的双面斧。

尼尔森主要论著：

1. Nilsson, Martin P. *Primitive Time-Reckoning*. Lund: C. W. K. Gleerup; New York: Oxford University Press, 1920.

2. Nilsson, Martin P. and Richards. Rev. G. C. *Imperian Rome*. New York: Harcourt, Brace and Company, 1926.

3. Nilsson, Martin P. *The Mycenaean Origin of Greek Mythology*. Berkeley: University of California Press, 1932.

4. Nilsson，Martin P. *Dragma*. Lund: C. Gleerup; Leipzig: O. Harrassowitz, 1939.

5. Nilsson, Martin P. *Greek Popular Religion*. New York: Columbia University Press, 1940.
6. Nilsson, Martin P. *The Historical Hellenistic Background of the New Testament*. Cambridge; Mass.: Harvard University Press, 1941.
7. Nilsson, Martin P. *Greek Piety*. Tr. from the Swedish by Herbert Jennings Rose. Oxford: Clarendon Press, 1948.
8. Nilsson, Martin P. *Homer and Mycenae*. New York: Cooper Square Publishers, 1968.
9. Nilsson, Martin P. *Cults, Myths, Oracles, and Politics in Ancient Greece*. New York: Cooper Square Publishers, 1972.
10. Nilsson, Martin P. *The Dionysiac Mysteries of the Hellenistic and Roman Age*. New York: Arno Press, 1975.
11. Nilsson, Martin P. *A History of Greek Religion*. West port; Conn.: Greenwood Press, 1980.
12. Nilsson, Martin P. *The Minoan-Mycenaean Religion and Its Survival in Greek Religion*. New York: Biblo and Tannen, 1971.
13. Nilsson, Martin P. *Greek Folk Religion*. Philadelphia; Penn.: University of Pennsylvania Press, 1998.
14. Nilsson, Martin P. *Olympen*. Vols. I. and II. Stockholm: H. Geber, 1918-1919.
15. Nilsson, Martin P. *The Age of the Early Greek Tyrants*, Belfast. 1936 (The Dill Memorial Lecture).

尼尔森主要论文:

1. Martin P. Nilsson. The Σῆμα Τριαίνης in the Erechtheion. *The Journal of Hellenic Studies*, Vol. 21, (1901), pp. 325-333.
2. Martin P. Nilsson. Fire-Festivals in Ancient Greece. *The Journal of Hellenic Studies*, Vol. 43, Part 2 (1923), pp. 144-148.
3. Martin P. Nilsson. The Introduction of Hoplite Tactics at Rome: Its Date and Its Consequences. *The Journal of Roman Studies*, Vol. 19, (1929), pp. 1-11.
4. Martin P. Nilsson. Early Orphism and Kindred Religious Movements. *The Harvard Theological Review*, Vol. 28, No. 3 (Jul., 1935), pp. 181-230.
5. Martin P. Nilsson. The New Inscription of the Salaminio. *The American Journal*

of Philology, Vol. 59, No. 4 (1938), pp. 385-393.

6. Martin P. Nilsson. The Origin of Belief among the Greeks in the Divinity of the Heavenly Bodies. *The Harvard Theological Review*, Vol. 33, No. 1 (Jan., 1940), pp. 1-8.

7. Martin P. Nilsson. A Note on the Epitaph of Terentiu. *The Harvard Theological Review*, Vol. 35, No. 1 (Jan., 1942), p. 81.

8. Martin P. Nilsson. Problems of the History of Greek Religion in the Hellenistic and Roman Age. *The Harvard Theological Review*, Vol. 36, No. 4 (Oct., 1943), pp. 251-275.

9. Martin P. Nilsson. Pagan Divine Service in Late Antiquity. *The Harvard Theological Review*, Vol. 38, No. 1 (Jan., 1945), pp. 63-69.

10. Martin P. Nilsson. Greek Mysteries in the Confession of St. Cyprian. *The Harvard Theological Review*, Vol. 40, No. 3 (Jul., 1947), pp. 167-176.

11. Martin P. Nilsson. The Dragon on the Treasure. *The American Journal of Philology*, Vol. 68, No. 3 (1947), pp. 302-309.

12. Martin P. Nilsson. Letter to Professor Arthur D. Nock on Some Fundamental Concepts in the Science of Religion. *The Harvard Theological Review*, Vol. 42, No. 2 (Apr., 1949), pp. 71-107.

13. Martin P. Nilsson. The Anguipede of the Magical Amulets. *The Harvard Theological Review*, Vol. 44, No. 1 (Jan., 1951), pp. 61-64.

14. Martin P. Nilsson. Second Letter to Professor Nock on the Positive Gains in the Science of Greek Religion. *The Harvard Theological Review*, Vol. 44, No. 4 (Oct., 1951), pp. 143-151.

15. Martin P. Nilsson. The Bacchic Mysteries of the Roman Age. *The Harvard Theological Review*, Vol. 46, No. 4 (Oct., 1953), pp. 175-202.

16. Martin P. Nilsson. Die astrale Unsterblichkeit und die kosmische Mystik. *Numen*, Vol. 1, Fasc. 2 (May, 1954), pp. 106-119.

17. Martin P. Nilsson. Royal Mysteries in Egypt. *The Harvard Theological Review*, Vol. 50, No. 1 (Jan., 1957), pp. 65-66.

18. Martin P. Nilsson. Krater. *The Harvard Theological Review*, Vol. 51, No. 2 (Apr., 1958), pp. 53-58.

19. Martin P. Nilsson. The High God and the Mediator. *The Harvard Theological Review*, Vol. 56, No. 2 (Apr., 1963), pp. 101-120.

尼尔森研究主要资料：

1. Gjerstad, Einar, and Erik J. Knudtzon, Christian Callmer. *Martin P. Nilsson in Memoriam.* Lund: Gleerup, 1968.
2. Granlund, John. Martin Persson Nilsson (1874-1967). Dag Strämbäck (ed.) *Leading folklorists of the North* (Oslo) 1971: 135-170.

十三　王以欣

王以欣（1963.07.08—），南开大学历史学院教授，博士生导师，从事希腊神话与历史研究。

王以欣是一位完全凭借兴趣来从事研究的学者，为了自己的学术梦想，他舍弃了很多东西。1981—1985 年，他在南开大学物理系本科专业学习，毕业后就职于天津新技术进出口公司，任助理工程师。王以欣在接受南开学生会访问时声称，[①]由于性格原因，他不大喜欢那种比较频繁的商务活动，就决定改变生活方式。1988 年，他进入南开大学历史学院攻读硕士学位，他的导师是中国史学界著名的学者王敦书先生。当然，选择南开大学并不是王以欣本人起初的想法，他本来想报考北京大学的硕士研究生，但在报名点翻阅各大学专业介绍时，偶然看到南开大学有"古希腊罗马史"专业，觉得这个专业更让他感兴趣，就临时改了。硕士毕业后，王以欣留在南开大学历史学院任教，讲授世界上古史、古代希腊神话与宗教，同时参与了王敦书先生"希腊神话与爱琴文明"这一国家课题研究项目。其间他与王敦书合作，在《史学理论研究》（1998 年第 4 期，第 114—122 页）发表了《希腊神话与历史——近现代各派学术观点述评》一文，对神话—历史学派关于神话的看法作了理论上的梳理，这为他以后的博士论文做了一种研究现状总结的奠基性工作。

1998 年，王以欣考取了南开大学历史学院博士研究生，导师当然还是王敦书先生。这个时候，他要为自己的博士论文奋斗了。考虑到自己的兴趣与课题研究，王以欣将《英雄神话与上古希腊历史》作为自己博士毕业论文的选题，后

---

① 参见网址：http://blog.sina.com.cn/tongxunshe2009.

来该书 2006 年出版时改为《神话与历史——古希腊英雄故事的历史和文化内涵》。2001 年 7 月至 2002 年 7 月，王以欣到英国牛津大学古典中心做了一年的访问学者，为自己的博士论文收集资料。2004 年，他为自己的毕业论文画上了一个满意的句号，获得了历史学博士学位。

从学术谱系来看，王以欣对希腊神话的研究路径属于神话—历史学派，主要以阐释神话中的文化与历史蕴涵为主，其中涉及了神话与人类学方面的知识。这方面的代表性论著是在其博士论文基础上修订而成的《神话与历史》一书。在该书中，王以欣试图对希腊神话中的英雄故事作一种文化与历史层面的阐释与解读，发掘英雄神话背后的意蕴，在某种程度上说，具有一种"还原"英雄神话的文化与历史意义之目的。

在某种程度上说，过去对当下的世界而言已不存在，它已经消失了，即使我们拥有那些在过去时代里创造的东西，但是这些物品却属于当下，并不属于过去拥有它的所有者。物体本身并不能够说话，只有现代的阐释者代替这些东西发言，而所有的解释都不过是利用现有的知识对过去的一种猜测与建构。在这个层面上说，所谓的"破译"与"还原"只能是尽可能地接近当初事物的"原点"而已。英雄神话研究同样如此。关于希腊英雄神话，一直是神话学界研究的焦点，其中涉及诸多的问题：英雄概念的界定、英雄神话的分类、英雄神话的起源，以及英雄神话的社会与政治功能，英雄谱系与希腊历史之间的关系等。这些问题早在 18 世纪就已经有人开始探讨，从德国哲学家海涅（Christian Gottlob Heyne，1729—1812）一直到心理学者约瑟芬·坎贝尔、奥托·兰克等人，各类方法均运用到了对英雄神话的探讨之中。其中最为权威的是瑞典学者马丁·尼尔森对英雄神话起源的阐释，他断言，不论在时间还是空间上，希腊的英雄神话都源于迈锡尼时代。

所有这些其实都是对王以欣的挑战。不过，他的《神话与历史》一书告诉我们，尽管英雄神话的研究已经取得了丰硕的成果，但对于神话本身的文化与历史内涵的阐释，却远远不够，而他做的是在这些神话背后，寻找已经失落的文化与历史意义：忒修斯的神话其实是雅典的一个"政治神话"，折射着古代雅典城邦社会的政治发展轨迹；而雅典"土生人"神话则与古希腊的现实政治历史进程密不可分。当然，这种阐释基于历史与文化语境之上，其实是对神话概念的一种解构。神话是什么？这是一个柏拉图式的问题，很难回答。早在半个世纪前，美国神话学者约瑟芬·方廷罗斯（Joseph Fontenrose）就已经指出，重要的不是神话的定义,而是当我们使用"神话"这个术语时,它会引发哪些现象等。[①]王以欣对这类英雄神话的理解其实带有一种"还原"其原初意义的意图,他想走出中国第一代学者们文学式的神话观,还原神话的历史本原面目,这也是《神话与历史》一书背后的深层意味。只不过,早在二十年前,法国学者狄廷(Marcel Detienne)、卡莱默(Claude Calame)等学者就已经指出,从来就不存在本体论的神话,神话不仅仅是现代人建构起来的一个术语,也是古希腊人建构起来的一个理念。换言之,自从有了神话这个符号或概念,就有了非学科意义上的神话研究。无论我们认为神话是什么或神话不是什么,也不管我们将神话纳入一种什么样的价值体系内,其实都带有一种假设性的思维前提。

与此同时,王以欣的论著中并没有论及这样一个问题:为何希腊神话中的英雄都有神奇的诞生?这类英雄,譬如赫拉克勒斯、忒修斯、珀尔修斯等,他们的母亲都是人间美女,而父亲都是神明。德国学者沃尔特·伯克特将这类英雄的诞生模式称为"少女的悲剧",认为其背后隐藏着一个人类学意义上的少女成年礼仪式;而心理学者奥托·兰克则将这种诞生解释为孩子与母亲之间痛苦分离的心理折射。但是,上述二位学者却忽视了如下几个问题:为何这些诞生的英雄一般是男性?而英雄的父亲一般都是神明而母亲都是人间美女?为何大多数英雄都做了国王?英雄的神奇诞生是一个具有世界性的神话情节模式,中国的"感生"神话尤为典型。这些英雄诞生神话的背后一定有着深远的文化与历史蕴涵,并不是表面看上去的那么简单。可惜的是,王以欣忽略甚至回避了这些问题。

从中国目前的神话研究现状来看,对神话作一种历史性解读与阐释的,并没有几人,因为神话与历史之间的关系极其复杂,涉及的问题与知识面实在太广,有考古学、人类学、历史学、宗教学、神话学等。早期以顾颉刚为主的"疑古学派"借助于神话来重构中国的上古史,取得了卓然成效。作为后起的青年学者,王以欣凭借着对古代希腊历史与神话的浓厚兴趣,尝试着作一种艰辛的探索,并且走出了一条可行的道路,在这一点上,王以欣教授是一位不懈的求索者,我们期待着他在神话—历史学派研究的模式上作出更精彩的探索。也许,这样的期待更具挑战性。

[①] Fontenrose Joseph. *The Ritual Theory of Myth.* Berkeley: University of California Press, 1966, p. 53.

王以欣论著：

1．王以欣．亚历山大大帝．天津：新蕾出版社，2000
2．王以欣．寻找迷宫——神话、考古与米诺文明．天津：天津人民出版社，2000
3．王以欣．神话与历史——古希腊英雄故事的历史和文化内涵．北京：商务印书馆，2006
4．王以欣．神话与竞技——古希腊体育运动与奥林匹克赛会起源．天津：天津人民出版社，2008

王以欣主要论文：

1．王以欣．希腊神话与历史——近现代各派学术观点述评．史学理论研究，1998（4）
2．王以欣．迈锡尼时代——希腊英雄神话和史诗的摇篮．世界历史，1999（3）
3．王以欣．克里特公牛舞——神王周期性登基祭礼的一部分．世界历史，2000（2）
4．王以欣．古希腊人的"神话—古史"观和神话与历史的相互融合（第二作者）．史学理论研究，2000（2）
5．王以欣．古希腊神话与土地占有权．世界历史，2002.（4）
6．王以欣．理性、人性和美——希腊神话拟人特征剖析．南开学报（哲学社会科学版），2003（5）
7．王以欣．迈锡尼时代的王权：起源和发展．世界历史，2005（1）
8．王以欣．古代的战争规则和侠义精神．见雷海宗．中国的兵．北京：中华书局，2005
9．王以欣．神话与历史：忒拜建城故事考．历史研究，2005（6）
10．王以欣．多利亚人入侵的历史谜团．见西学研究第二辑．北京：商务印书馆，2006
11．王以欣．英雄与民主——古代雅典民主政治剖析．世界历史，2007（4）

十四　杜梅齐尔

乔治·杜梅齐尔（Georges Dumézil，1898.03.04—1986.10.11），法国语言学

者，神话学者，以印欧宗教与社会的"三分等级"而著名，被誉为"新比较神话学"的奠基人。

杜梅齐尔生于巴黎的一个书香世家，受喜好古典学的父亲的影响，杜梅齐尔很小就对拉丁语产生了兴趣。与此同时，他极为喜爱希腊神话。童年的兴趣一直带领杜梅齐尔走向了神话学与语言学研究。在中学二年级时，杜梅齐尔与语言学者米歇尔·布雷阿勒（Michel Bréal）的孙子一起学习，在后者的介绍下，杜梅齐尔拜见了米歇尔·布雷阿勒。米歇尔·布雷阿勒帮杜梅齐尔修改了一篇梵文作业，并赠送了他一本《梵—英词典》。从此，杜梅齐尔就确定了自己的学术志向，做梵语的研究。由于杜梅齐尔的父亲频繁地调动工作，杜梅齐尔先后在新堡中学、特鲁瓦中学、塔布中学、路易大帝中学就读，其间他学习了希腊语与巴斯克语。后来，米歇尔·布雷阿勒先生让自己的孙子转告杜梅齐尔，去找安托万·迈耶（Antoine Meillet）先生，后者是布雷阿勒在法兰西学院比较语法学教授职位的继任者。

1916年，杜梅齐尔以第一名的成绩被巴黎高等师范学院录取了。1917—1918年，他被召入法国部队服役，1919年2月，杜梅齐尔被召回学校，于同年12月通过了博韦中学的教师学衔考试，此后在该校担任中学教师，1920年10月辞职。此时，杜梅齐尔已在酝酿其博士论文《长生宴：印欧神话比较研究》(Le festin d'immortalité. Etude de mythologie comparée indo-eurpéenne)，并准备到巴黎进行研究。后来，杜梅齐尔到华沙大学担任了6个月的法语外教，他讲的是法国文学。在华沙任教期间，杜梅齐尔确定了博士论文的大纲。1921年夏季，杜梅齐尔回到了巴黎，给自己的著作润色，并获得了三年博士奖学金。1924年底，杜梅齐尔进行了博士论文答辩。该论文主要从语言学角度对希腊神话与印欧神话中神明的长生不老进行比较，将希腊神话与印欧神话结合起来。杜梅齐尔的博士论文遇到了一些麻烦，社会学家亨利·于贝尔（Henri Hubert）拒绝参加答辩委员会，甚至拒绝参加论文答辩旁听，而莫斯（Mauss）也没参加。

1925—1931年，基于自己在巴黎没有学术研究空间，杜梅齐尔在婚后偕同妻子一起去了土耳其的伊斯坦布尔，在伊斯坦布尔大学担任宗教学教授。不过他自己不大喜欢讲授宗教学，就在第二年悄悄转到文学系。在土耳其期间，杜梅齐尔极其忙碌，发现了高加索人及其语言，同时发现了乌比特语言与奥斯金语言，为此，他还学习了这些语言，去过当地的土著村落，拜访那些遗留的语言使用者。

在土耳其工作期间，杜梅齐尔发表了《半人半马——印欧神话比较研究》(*Le problème des Centaures. Etude de mythologie comparée indo-eurpéene*)，该书受到了迈耶及其弟子的批判，他们认为杜梅齐尔的工作毫无前途。后来迈耶到土耳其访问时见到了杜梅齐尔，建议杜梅齐尔到国外谋得职位，因为法国已经没有他的位置了。基于这种考虑，杜梅齐尔认为高加索语言可以成为他在法国"谋生"的手段，于是，准备回国教授语言学。但是在一位乌普萨拉大学的法文教员合同期满后，得益于让·马克斯（Jean Marx）的及时通告，杜梅齐尔就到了乌普萨拉大学担任法语外教，一直到1933年才回到巴黎。

1933—1935年，杜梅齐尔在巴黎高等研究学院（École des Hautes Études）宗教部任教，担任比较神话学教授，后来改为印欧比较神话学。在没有进入高等研究学院之前的1933年，回到巴黎后，杜梅齐尔拜访了葛兰言（Marcel Granet）。葛兰言狠狠训斥了杜梅齐尔一番，但杜梅齐尔并没有感到任何不悦。后来，进入高等研究学院之后，杜梅齐尔学习了两年中文，然后旁听葛兰言的讲座。尽管杜梅齐尔痴迷于汉字，却从来没有用汉字写过只言片语，也从来没有到过中国。但他自己却宣称："我很难让人明白，研读中文文本怎样就在印欧语系这样一个风马牛不相及的领域内对我起作用了。不过这是事实。与其说是得到了教育，不如说是受到了熏陶。"[1] 1980年，杜梅齐尔为葛兰言的论著《中国宗教》(*La religion chinoise*) 写了序言。

1935—1949年，杜梅齐尔在高等研究学院第五部担任印欧民族宗教比较研究的研究员。1938年，杜梅齐尔推出了自己关于印欧神话三个"功能"的假说后，在学术界引起了极大反响，反对者与支持者皆有。在杜梅齐尔的支持者中，本弗尼斯特（Benveniste）给予了杜梅齐尔有力的帮助，在他的介绍与帮助下，杜梅齐尔于1949年12月进入法兰西学院，担任"印欧文明"教席。"印欧文明"这个术语其实是杜梅齐尔的一些支持者发明出来的，因为在此之前，法兰西学院并没有这个职位。在法兰西学院新来者的就职仪式上，列维-斯特劳斯发表了热情洋溢的欢迎辞。在欢迎辞中，斯特劳斯高度赞许杜梅齐尔的工作，而对其不足之处却未置一词。法兰西学院的"印欧文明"教席一直为杜梅齐尔保留着，直到1968年巴黎的五月风暴前夕他退休时。

---

[1] [法]迪迪耶·埃里邦《神话与史诗》，孟华译，北京大学出版社，2005年，第34页。

1968—1971年，杜梅齐尔先后在美国普林斯顿、芝加哥、洛杉矶等地任教，1970年，他荣获法兰西文学院院士称号，1978年10月26日，杜梅齐尔荣膺法兰西学院院士称号，最终跻身于40名不朽者之列。1986年10月11日，杜梅齐尔去世，走完了他的一生。

杜梅齐尔最为著名的是关于印欧神话与社会中三个"功能"的理论与假说。他宣称，"印欧文明"一词实际上代表了一种相当坚定的意识形态，而人们对于"印欧人"则一无所知，他的工作绝不是重构一种物质文明，他最感兴趣的是一种共同的意识形态。麦克斯·缪勒等人所做的比较语言学—比较神话学的研究模式其实并没有对印欧神话作出多少本质性的突破。杜梅齐尔的工作在这个层面上是想修复19世纪学者们整个的知识体系，将其建立在另外一些基础之上——共同的意识形态。但是杜梅齐尔一再强调自己的"三功能"假说仅仅适用于印欧神话，它仅仅是一种特殊的事实，不具普遍性。不管印欧人是否曾经真实存在，也不管他们在现实的社会组织中是否实现了三个功能的意识形态，他们的文学与神话却在无意识间充分见证了这种社会模式与意识形态所导致的政治哲学。但是，在现代社会中，这种"三功能"的模式仅在文学中还保留着只言片语，其余的都烟消云散了。但是，只要社会存在，这种"三功能"就会存在，只不过人们已经很难从中得出对世界的普遍解释了。

杜梅齐尔主要论著：

1. Dumézil, Georges. *Le crime des Lemniennes*: rites et légendes du monde égéen. Paris: P. Geuthner, 1924.

2. Dumézil, Georges. *Le festin d'immortalité*: étude de mythologie comparée indo-européenne. Paris: P. Geuthner, 1924.

3. Dumézil, Georges. *Le problème des centaures*: étude de mythologie comparée indo-européenne. Paris: P. Geuthner, 1929.

4. Dumézil, Georges. *Légendes sur les Nartes, suivies de cinq notes mythologiques par Georges*. Paris: Champion, 1930.

5. Dumézil, Georges. *Études comparatives sur les langues caucasiennes du nord-ouest*. Paris: Adrien-Maisonneuve, 1932.

6. Dumézil, Georges. *Ouranós-Váruna*: étude de mythologie comparée indo-européenne. Paris: Adrien-Maisonneuve, 1934.

7. Dumézil, Georges. *Flamen-brahman*. Paris: P. Geuthner, 1935.

8. Dumézil, Georges. *Contes lazes*. Paris: Institut d'ethnologie, 1937.

9. Dumézil, Georges. *Mythes et dieux des Germains, essai d'interprétation comparative*. Paris: E. Leroux, 1939.

10. Dumézil, Georges. *Jupiter, Mars, Quirinus, essai sur la conception indo-européene de la*. Paris: Gallimard, 1941.

11. Dumézil, Georges. Horace et les Curiaces. Paris: Gallimard, 1942.

12. Dumézil, Georges. *Servius et la fortune: essai sur la fonction sociale de louange et d*. Paris: Gallimard, 1943.

13. Dumézil, Georges. *Naissance d'archanges*. Paris: Gallimard, 1945.

14. Dumézil, Georges. *Tarpeia: essais de philologie comparative indo-européenne*. Paris: Gallimard, 1947.

15. Dumézil, Georges. *Loki. Paris*: G. P. Maisonneuve, 1948.

16. Dumézil, Georges. *Les dieux des Indo-Européens*. Paris: Presses universitaires de France, 1952.

17. Dumézil, Georges. *Contes et légendes des Oubykhs*. Paris: Institut d'ethnologie, 1957.

18. Dumézil, Georges. *Documents anatoliens sur les langues et les traditions du Caucase*. Paris; Dépositaire: Librairie A. Maisonneuve, 1960.

19. Dumézil, Georges. *Notes sur le parlet d'un Arménien musulman de Hemsjn*. ruxelles: Palais des Académies, 1964.

20. Dumézil, Georges. *Mythe et épopée*. Paris: Gallimard, 1968-1973.

21. Dumézil, Georges. *Idées romaines*. Paris: Gallimard, 1969.

22. Dumézil, Georges. *The Destiny of the Warrior*. Translated by Alf Hiltebeitel. Chicago: University of Chicago Press, 1970.

23. Dumézil, Georges. *Archaic Roman Religion*. Chicago: University of Chicago Press, 1970.

24. Dumézil, Georges. *Du mythe au roman: la saga de Hadingus*. Paris: Presses universitaires de France, 1970.

25. Dumézil, Georges. *From Myth to Fiction: The Saga of Hadingus*. Translated by Derek Coltma. Chicago: University of Chicago Press, 1973.

26. Dumézil, Georges. *Gods of the Ancient Northmen*. Edited by Einar Haugen. Berkeley: University of California Press, 1973.
27. Dumézil, Georges. *Myth in Indo-European Antiquity*. Edited by Gerald James Larson. Co-edited. Berkeley: University of California Press, 1974.
28. Dumézil, Georges. *Del mito a la novela*: *la saga de Hadingus*. México: Fondo de Cultura Económica, 1973.
29. Dumézil, Georges. Fetes romaines *d'ete et d'automne*: *suivi de Dix questions romaines*. Paris: Gallimard, 1975.
30. Dumézil, Georges. *Romans de Scythie et d'alentour*. Paris: Payot, 1978.
31. Dumézil, Georges. *Déesses latines et mythes védiques*. New York: Arno Press, 1978.
32. Dumézil, Georges. *Mariages indo-européens, suivi de Quinze questions romaines*. Paris: Payot, 1979.
33. Dumézil, Georges. *Camillus: A Study of Indo-European Religion as Roman History*. Berkeley: University of California Press, c1980.
34. Dumézil, Georges. *The Stakes of the Warrior*. Berkeley: University of California Press, 1983.
35. Dumézil, Georges. *La courtisane et les seigneurs colorés, et autres essais*: *vingt-cinq esquisses de mythologie*. Paris: Gallimard, 1983.
36. Dumézil, Georges. *Le moyne noir en gris dedans Varennes*: *sotie nostradamique suivie d'un divertissement sur les derni*. Paris: Gallimard, 1984.
37. Dumézil, Georges. *L'oubli de l'homme et l'honneur des dieux et autres essais*: *vingt-cinq esquisses de mythologie*, 51-75. Paris: Gallimard, c1985.
38. Dumézil, Georges. *Mitra-Varuna: An Essay on two Indo-European Representations of Sovereignty*. New York: Zone Books, 1988.
39. Dumézil, Georges. *Le roman des jumeaux et autres essais*: *vingt-cinq esquisses de mythologie* (76-100). Paris: Gallimard, c1994.
40. Dumézil, Georges. *The Plight of a Sorcerer*. Berkeley: University of California Press, 1986.
41. Dumézil, Georges. *The Riddle of Nostradamus: A Critical Dialogue*. Baltimore; Md.; London: Johns Hopkins University Press, 1999.

杜梅齐尔研究资料：

1. Krappe, A. H. The Myth of Balder: A Study in Comparative Mythology. *Folklore*, Vol. 34, No. 3 (Sep. 29,1923), pp. 184-215.

2. Frye, Richard N. Georges Dumézil and the Translators of the Avesta. *Numen*, Vol. 7, Fasc. 2 (Dec., 1960), pp. 161-171.

3. Gonda, J. Some Observations on Dumezil's Views of Indo-European Mythology. *Mnemosyne*, Fourth Series, Vol. 13, Fasc. 1 (1960), pp. 1-15.

4. Littleton, C. Scott. *The New Comparative Mythology: An Anthropological Assessment of the Theories of Georges Dumézil.* Berkeley: University of California Press, 1966.

5. Littleton, C. Scott. Toward a Genetic Model for the Analysis of Ideology: The Indo-European Case. *Western Folklore,* Vol. 26, No. 1 (Jan., 1967), pp. 37-47.

6. Littleton, C. Scott. The New Comparative Mythology. *Western Folklore*, Vol. 29, No. 1 (Jan., 1970), pp. 47-52.

7. Gonda, J. Dumezil's Tripartite Ideology: Some Critical Observations. *The Journal of Asian Studies*, Vol. 34, No. 1 (Nov., 1974), pp. 139-149.

8. Hiltebeitel, Alf. Dumezil and Indian Studies. *The Journal of Asian Studies*, Vol. 34, No. 1 (Nov., 1974), pp. 129-137.

9. Knipe, David M. American Aid to Dumézil: A Critical Review of Recent Essays. *The Journal of Asian Studies*, Vol. 34, No. 1 (Nov., 1974), pp. 159-167.

10. Riviére, Jean Claude. *Georges Dumézil àla découverte des Indo-Européens*. Paris: Copernic, 1979.

11. Polomé, Edgar C. (edited). *Homage to Georges Dumézil.* (Journal of Indo-European Studies), Washington, D. C: Institute for the Study of Man. 1982.

12. Lyle, Emily B. Dumezil's Three Functions and Indo-European Cosmic Structure. *History of Religions*, Vol. 22, No. 1 (Aug., 1982), pp. 25-44.

13. Momigliano, Arnaldo. Georges Dumézil and the Trifuntional Approach to Roman Civilization. *History and Theory*, Vol. 23, No. 3 (Oct., 1984),

pp. 312-330.

14. G. Freibergs, C. S. Littleton, U. Strutynski. Indo-European Tripartition and the Ara Pacis Augustae: An Excursus in Ideological Archaeology. *Numen*, Vol. 33, Fasc. 1 (Jun., 1986), pp. 3-32

15. Belier, Wouter W. *Decayed Gods*: *Origin and Development of Georges Dumezil's 'Idéologie Tripartie'*. Leiden: E. J. Brill., 1991.

16. Polomé, Edgar C. (edited). *Indo-European Religion after Dumézil*. Washington D. C.: Institute for the Study of Man, 1996.

17. Segal, Robert A. edited. *Structuralism in Myth*: *Lévi-Strauss, Barthes, Dumézil, and Propp*. New York: Garland Pub., 1996.

18. Bruce Lincoln. Rewriting the German War God: Georges Dumézil, Politics and Scholarship in the Late 1930s. *History of Religions*, Vol. 37, No. 3 (Feb., 1998), pp. 187-208.

19. Dubuisson, Daniel. *Twentieth Century Mythologies*: *Dumézil, Lévi-Strauss, Eliade*. London; Oakville, CT: Equinox Pub., 2006.

十五 列维－斯特劳斯

克劳德·列维－斯特劳斯（Claude Lévi-Strauss，1908.11.28—2009.11.01），生于比利时布鲁塞尔，长于法国巴黎，曾为法国法兰西学院教授。

斯特劳斯的父亲是一位旅居比利时的法国画家，拥有犹太人的血统。后来全家迁回巴黎，斯特劳斯在法国读完了中学与大学，最后在法国法兰西学院任职，一直到退休。1927—1932 年，斯特劳斯在巴黎大学的索邦神学院讲授哲学，后来因为哲学问题，他与存在主义者萨特发生了冲突，二人之间有激烈的论争。大学毕业后，斯特劳斯受到法国社会学家布格列的推荐，到巴西圣保罗大学教授社会学，其间他到当地的土著部落做了田野调查，后来发表了一系列的田野考察论著，其中最为有名的《忧郁的热带》就是以这个时期对印第安的调查为基础而写成的。可以说，亚马逊河流域的土著给了斯特劳斯探索原始思维与结构主义二元对立思想的源泉，他们是斯特劳斯思想的温床。

1939—1941 年，战争爆发，斯特劳斯返回法国，到部队当了一名联络员。1941 年，斯特劳斯结束在部队的工作，到了美国纽约，在纽约社会研究新校任教。1948年，斯特劳斯回到法国，在巴黎大学索邦神学院拿到了博士学位，其博士论文题目为：《亲属的基本结构》(*Les Structures élémentaires de la parenté*)。次年此书得以出版，在学术界得到了普遍的认可，被认为是研究亲属制度方面比较权威的论著，1969年被译成英文。1959年斯特劳斯被法兰西学院聘为教授，讲授社会人类学课程，同时又是非书写族群比较宗教学的教授，与此同时，他还是巴黎大学社会人类学的主任。1982年，斯特劳斯从法兰西学院光荣退休。

斯特劳斯拥有两种身份：哲学家与人类学家，他的一生其实在用人类学的方法研究一个古老的哲学问题：人类精神及其存在。《野性的思维》是哲学家斯特劳斯对人类精神的理论阐释，而《神话学》则是人类学者斯特劳斯对特殊族群思维的人类学考察。斯特劳斯受到了语言学者索绪尔与雅各布森的影响，将人类的语言与文化视为一种交流体系，神话是这个交流体系中的组成部分。当然，斯特劳斯探索的是人类的思维方式，神话只不过是验证其假说的一种证据。

作为人类学者的斯特劳斯将神话视为原始人思想体系的表现，通过神话可以验证原始人的精神。与此同时，他采用了一种矛盾的态度来看待神话：一方面，神话是虚构而荒诞的，不同文化的神话具有不同的形态；另一方面，神话反映了不同文化在思想结构上的一致性与普遍性。与泰勒对神话的看法不同，斯特劳斯将神话视为一种理性而抽象的思维反射，神话其实是原始人理智思想的表现。在斯特劳斯看来，原始人的思维是具体的、定性的，而现代人的思维则是抽象的、定量的。就科学性而言，神话其实一点都不比科学逊色，它就是原始人的科学。只不过现代科学采用了一种理性而抽象的方式来解释宇宙及其存在，而神话通过一种隐喻的手段来阐释世界的存在。这个时候，神话就是理性的，可以采用理性方式对其进行阐释。

当然，作为文化二元对立思想的折射，神话中同样蕴含着这种结构。不过令人感到比较不解的是，斯特劳斯分析的是神话，并不分析神话的结构，而是神话故事中包含的文化因素的结构，这一点遭到了不少学者的质疑。

尽管列维－斯特劳斯受到了一些学者的批评与质疑，他对神话的分析却使得人们看到了神话中蕴含的思想结构。而且，结构主义已经不仅仅是神话学与人类学的一种方法，而且渗透到整个人文社会科学领域，斯特劳斯本人也永远与"结构主义"这个术语联系在了一起，成为一则名副其实的"理论神话"。

斯特劳斯英文论著要目：

1. Lévi-Strauss, Claude. *Totemism*. Trans. Rodney Needham. Boston: Beacon, 1963.
2. Lévi-Strauss, Claude. *Structural Anthropology*. Vol. 1. Trans. Clair Jacobson and Brooke Grundfest Shoepf. New York: Basic Books, 1963.
3. Lévi-Strauss, Claude. *The Savage Mind*. London: Weidenfeld and Nicolson; Chicago: University of Chicago Press, 1966.
4. Lévi-Strauss, Claude. *The Elementary Structures of Kinship*. Trans. James Harle Bell, John Richard von Sturmer. Ed. Rodney Needham. London: Eyre and Spottiswoode; Boston: Beacon, 1969.
5. Lévi-Strauss, Claude. *Conversations with Claude Levi-Strauss*. Ed. G. Charbonnier. Trans. Paula Wissing. London: Jonathan Cape, 1969.
6. Lévi-Strauss, Claude. *From Honey to Ashes: Introduction to a Science of Mythology*. Vol. 2. Chicago: University of Chicago Press, 1973.
7. Lévi-Strauss, Claude. *Structural Anthropology*. Vol. 2. Trans. Monique Layton. London: Allen Lane, 1976.
8. Lévi-Strauss, Claude. *The Origin of Table Manners*. Vol. 3. Chicago: University of Chicago Press, 1978.
9. Lévi-Strauss, Claude. *Myth and Meaning*: *Cracking the Code of Culture*. 4 Vols. Toronto: University of Toronto Press, 1978.
10. Lévi-Strauss, Claude. *The Naked Man*. Vol. 4. Chicago: University of Chicago Press, 1981.
11. Lévi-Strauss, Claude. *The Way of the Masks*. Trans. Sylvia Modleski. Seattle: University of Washington Press, 1982.
12. Lévi-Strauss, Claude. *The Raw and the Cooked*. Vol. 1. Trans. John Weightman and Doreen Wightman. New York: Harper and Row. Reprint. Chicago: University of Chicago Press, 1983.
13. Lévi-Strauss, Claude. *The View from Afar*. Trans. Joachim Neugroschel and Phoebe Hoss. New York: Basic Books, 1985.
14. Lévi-Strauss, Claude. *Anthropology and Myth*: *Lectures, 1951-1982*. Trans. Roy Willis. Oxford: Blackwell, 1987.
15. Lévi-Strauss, Claude. *Introduction to the Work of Marcel Mauss*. Trans.

Felicity Baker. London: Routledge, 1987.

16. Lévi-Strauss, Claude. *Jealous Potter*. Chicago: University of Chicago Press, 1988.

17. Lévi-Strauss, Claude. *Conversations with Claude Levi-Strauss*. Ed. D. Eribon. Chicago: University of Chicago Press, 1991.

18. Lévi-Strauss, Claude. *The Story of Lynx*. Chicago: University of Chicago Press, 1995.

19. Lévi-Strauss, Claude. *Look, Listen, Read*. Trans. Brian Singer. New York: Basic, 1997.

十六　约瑟芬·方廷罗斯

约瑟芬·方廷罗斯（Joseph Eddy Fontenrose, 1903—1986），生于加州萨特·克里克（Sutter Creek）。1925年从加州大学伯克利分校政治学专业毕业，因为专业之故，他对政治比较感兴趣，尤其是关于社会主义的一些理论。1937年，他在伯克利大学担任讲师，1955年被聘为教授，讲授古典学课程，后来作为荣誉教授退休。1960年，方廷罗斯支持当时的言论自由与青年社会主义联盟运动，后来因为标举神话—仪式理论而受到了神话学界的关注。

从方法论来看，方廷罗斯以神话主题研究而备受关注，他的方法直接源于俄国的普罗普，只不过将对民间故事的分析套路应用到了对希腊神话的分析之上。方廷罗斯关于神话的很多观点对后来的神话学者柯克产生了重要的影响。方廷罗斯关于神话源于口头传统的假说被后来的帕里与洛德等人加以推广，田野考察证明了方廷罗斯关于神话在流传过程中不断被叙述者改编的事实。

方廷罗斯主要论著：

1. Fontenrose, Joseph Eddy. *The Festival Called Boegia at Didyma*. Berkeley: University of California Press, 1944.

2. Fontenrose, Joseph Eddy. *Python: A Study of Delphic Myth and Its Origins*. Berkeley: University of California Press, 1959.

3. Fontenrose, Joseph Eddy. *The Cult and Myth of Pyrros at Delphi*. Berkeley:

University of California Press, 1960.

4. Fontenrose, Joseph Eddy. *John Steinbeck*: *An Introduction and Interpretation*. New York: Barnes & Noble, 1964.

5. Fontenrose, Joseph Eddy. *The Ritual Theory of Myth*. Berkeley: University of California Press, 1971.

6. Fontenrose, Joseph Eddy. *The Delphic Oracle*: *Its Responses and Operations*. Berkeley: University of California Press, 1978.

7. Fontenrose, Joseph Eddy. *Orion*: *The Myth of the Hunter and the Huntress*. Berkeley: University of California Press, 1981.

8. Fontenrose, Joseph Eddy. *Didyma*: *Apollo's Oracle, Cult, and Companions*. Berkeley: University of California Press, 1988.

十七　柯克

柯克（Geoffrey Stephen Kirk，1921.12.03—2003.03.10），生于英国诺丁汉郡，最初在罗塞尔中学（Rossall School）接受教育，后来到剑桥的克莱尔学院（Clare College）学习。其间柯克加入了英国皇家舰队，当了一名军人，到黎凡特海域进行军事训练与考察。在舰队服役期间，柯克学了一点现代希腊语言，为德国人做翻译，并因此在1945年获得了交叉杰出服务（Distinguished Service Cross）奖金。回到剑桥大学之后，柯克继续完成自己的学业，于1946年以第一名的成绩从剑桥大学三一学院毕业。大学毕业后，柯克留在三一学院担任研究员，一直到1949年。1950—1970年他一直接受学院的续聘。1951—1952年，柯克被剑桥大学聘为古典学教授。1965—1970年，柯克在美国被聘为耶鲁大学古典学教授。1971—1973年，柯克又被布里斯托尔大学聘为古典学教授。1974—1982年，他被聘为剑桥大学王室希腊语教授。从剑桥退休之后，柯克搬到了苏塞克斯（Sussex）郡的菲特沃斯（Fittleworth），于2003年3月10日去世。

柯克是一个怀疑主义者，对神话理论持一种批评态度，认为没有哪一种神话理论可以包揽神话学的真理，对神话的界定也存在这样或那样的问题，他尤其反感心理分析理论对神话的介入，同时对列维-斯特劳斯倡导的结构主义的分析方法持一种批评态度，他自己也没有发明出一种理论与方法来。令人感到奇怪的是，柯克却采用了结构主义分析模式来阐释部分希腊神话，但是并没有很好地领会结构主义的分析路径，对神话的阐释并不到位。

柯克论著要目：

1. Kirk, G. S. *The Cosmic Fragments*. Cambridge [Eng.]:UniversityPress, 1954.
2. Kirk, G. S. *The Songs of Homer*. Cambridge [Eng.]: University Press, 1962.
3. Kirk, G. S. *The Language and Background of Homer*. Cambridge[Eng.]: W. Heffer, 1964.
4. Kirk, G. S. *The Homeric Poems as History*. Cambridge: Cambridge University Press, 1964.
5. Kirk, G. S. *The Bacchae*. Cambridge [Eng.]: W. Heffer, 1964.
6. Kirk, G. S. *Homer and the Epic*: *Shortened Version of the Songs of Homer*. Cambridge [Eng.]: W. Heffer, 1965.
7. Kirk, G. S. *Myth*: *Its Meaning and Functions in Ancient and OtherCultures*. Berkeley: University of California Press, 1970.
8. Kirk, G. S. *The Nature of Greek Myths*. Woodstock: Overlook Press, 1975.
9. Kirk, G. S. *Homer and the Oral Tradition*. Cambridge; New York: Cambridge University Press, 1976.
10. Kirk, G. S. *The Presocratic Philosophers*: *A Critical History with a Selection of Texts*. Cambridge; New York: Cambridge University Press, 1983.
11. Kirk, G. S. *The Iliad*: *A Commentary*. Cambridge; New York: Cambridge University Press, 1985-1993.

十八 米歇尔·狄廷

米歇尔·狄廷（Marcel Detienne，1935—），生于比利时，现为霍普金斯大学荣誉退休教授，以研究希腊神话与宗教而著名。

1960 年，狄廷在巴黎高等师范学院拿到了自己的宗教学博士学位，1965—1998 年，狄廷在巴黎高等实践研究院担任主任，同时讲授相关课程。从 1992 年开始，狄廷到了美国的霍普金斯大学，担任古典学教授。

通常，狄廷与韦尔南、热内特等法国结构主义神话学者联系在一起。狄廷试图用列维-斯特劳斯结构主义的方法来阐释希腊宗教与神话，得到了神话学界的认可。他对阿都尼斯神话的阐释解构了自弗雷泽以来的人类学者对该神话形象的定位，将阿都尼斯理解为不孕的、色情的、短寿的少年形象，认为在这个神话中蕴含了希腊人对色情的委婉批评。

狄廷主要论著要目：

1. Detienne, Marcel. *The Creation of Mythology*. Chicago: University of Chicago Press, 1986.

2. Detienne, Marcel and Jean-Pierre Vernant. *The Cuisine of Sacrifice among the Greeks*. Chicago: University of Chicago Press, 1989.

3. Detienne, Marcel. *Dionysus at Large*. Cambridge; Mass.: Harvard University Press, 1989.

4. Detienne, Marcel. *The Gardens of Adonis*: *Spices in Greek Mythology*. Princeton: Princeton University Press, 1994.

5. Detienne, Marcel. *The Masters of Truth in Archaic Greece*. New York: Zone Books, 1996.

6. Detienne, Marcel and Guilia, Sissa. *The Daily Life of the Greek Gods*. Stanford: Stanford University Press, 2000.

7. Detienne, Marcel. *The Writing of Orpheus*: *Greek Myth in Cultural Contact*. Baltimore: Johns Hopkins University Press, 2003.

狄廷论著中译本：

[法] 裘利亚·西萨、马塞尔·德蒂安：古希腊众神的生活. 郑元华译. 上海：上海人民出版社. 2008

十九　让－皮埃尔·韦尔南

让－皮埃尔·韦尔南（Jean-Pierre Vernant，1914.01.04—2007.01.09），生于法国，后来加入了法国共产党，是法国20世纪30年代巴黎拉丁区有名的反法西斯斗士，40年代又是积极的抵抗主义战士。韦尔南后来退出了法国共产党，从事神话学与宗教学研究。他是哲学科班出身，曾经做过几年中学哲学教师，但他并不满足于哲学对现实世界的玄思式阐释，而是对现实世界本身进行研究。

起初，韦尔南与结构主义保持一种比较近的距离，但是他渐渐发现结构主义本身有很多弊端，不能够满足对文化与现实的高度关注，加之自身的从政经验，促使他走向了人类学，对历史与文化进行探索。1948年，韦尔南开始将目光转向古代希腊社会，试图在希腊社会中发现现代人需要的理性与真理。1974年，他担任了法兰西学院古代宗教比较研究的教授，并在巴黎高等实践研究院任教，于2007年元月去世。

从方法论层面看，韦尔南其实是一位结构主义者，他对希腊神话的阐释是从神话内部的结构出发来进行的，同时，他修改并完善了结构主义阐释神话的模式，将结构主义分成三个层面。能够代表韦尔南结构主义思想分析的例子就是他关于普罗米修斯盗火神话的阐释，在这个神话分析的例子里，韦尔南将结构主义、话语分析与意识形态结合起来，使得神话出现了一种文化与历史层面的要素。

韦尔南英文论著要目：

1. Vernant, Jean-Pierre. *The Origins of Greek Thought*. Ithaca; N. Y.: Cornell University Press, 1982.
2. Vernant, Jean-Pierre. *Myth and Thought among the Greeks*. London: Boston. Melbourne and Henley: Routledge & Kegan Paul, 1983.
3. Vernant, Jean-Pierre. *Myth and Society in Ancient Greece*. Cambridge; Mass.: Distributed by the MIT Press, 1988.
4. Vernant, Jean-Pierre. *Myth and Tragedy in Ancient Greece*. Cambridge; Mass.: Distributed by MIT Press, 1988.
5. Vernant, Jean-Pierre. *Mortals and Immortals*: *Collected Essays*. Princeton; N. J.: Princeton University Press, 1991.
6. Vernant, Jean-Pierre. *The Universe*, *The Gods*, *and Mortals*: *Ancient Greek Myths*. London: Profile Books, 2001.

二十　马丁·伯纳尔

马丁·伯纳尔（Martin Gardiner Bernal，1937.03.07—），生于英国一个犹太人血统的家庭，现为美国科内尔大学荣誉退休教授，以《黑色雅典娜》一书对希腊古代文明之源的重构而著名。1966年，伯纳尔在剑桥大学取得了博士学位，其博士论文选题是"东方世界研究"。

伯纳尔起初在科内尔大学教授政府研究课程，从事现代中国历史研究。越南战争爆发后，他对越南历史产生了兴趣，开始学习越南语言。1975年开始，伯纳尔的职业有了急剧的变化。作为一名犹太人的后裔，他开始关注古代以色列历史,寻找以色列与周边邻居之间的关系,尤其是迦南人与腓尼基人之间的关系。

伯纳尔了解到腓尼基人说闪米特语言,后来知道希伯来语言与腓尼基语言是互动的,非常震惊;他开始意识到希伯来人与希腊之间有了一种联系。在研究希腊古代历史的同时,伯纳尔拒绝这样一种观点:希腊文明是由那些由欧洲中部迁移过去的雅利安人创造的。为此,伯纳尔引用了苏格拉底、柏拉图、亚里士多德的论著,然后断言,史前时期的希腊文化之根是腓尼基文明,腓尼基一度把希腊变成了自己的殖民地。在此基础上,他创造了一种理论,认为希腊北部受到了腓尼基人的侵略。伯纳尔一直强调近东文化中的埃及因素。他断言,希腊语言最初与印欧语言有交往,然后受到了埃及与闪米特语言的影响。

伯纳尔主要论著:

1. Bernal, Martin. *Chinese Socialism to 1907*. Ithaca; N. Y.: Cornell University Press, 1976.
2. Bernal, Martin. *Black Athena*: *The Afroasiatic Roots of Classical Civilization*. London: Free Association Books, 1987.
3. Bernal, Martin. *Cadmean Letters*: *The Transmission of the Alphabet to the Aegean and Further West before 1400 B. C.* Winona Lake IN: Eisenbrauns, 1990.
4. Bernal, Martin. *Black Athena*: *The Afroasiatic Roots of Classical Civilization*, Vo 2. New Brunswick, N. J.: Rutgers University Press, 1991.
5. Bernal, Martin. *Black Athena Writes Back*: *Martin Bernal Responds to his Critics*. Durham: Duke University Press, 2001.
6. Bernal, Martin. *Black Athena*: *The Afroasiatic Roots of Classical Civilization*, Vo 3. The Linguistic Evidence (Hardcover): New Jersey: Rutgers University Press, 2006.

二十一 克劳德·卡莱默

克劳德·卡莱默(Claude Calame, 1943—),瑞士洛桑大学(University of Lausanne)希腊语教授,从事希腊神话与文学研究。卡莱默主要采用符号学与叙述学阐释神话与历史在话语层面的建构与共谋。但是,卡莱默的理论过于艰涩难懂,其可操作性很小。另一方面,卡莱默主要试图对希腊神话的不同版本进行研究,强调的是文本间性,单独的一则文本在某种程度上被卡莱默忽视了,他寻找的是文本之间叙述话语与角色之间的互换。

卡莱默是一位后结构主义者,他探索的神话研究模式其实是对神话话语的一种阐释,他一直强调在神话与历史之间不存在本质性差异,如果有所谓的差异的话,那也不过是一种叙述形式上的不同罢了,在对社会与现实的建构上,神话与历史发挥着同样的作用与功能。

卡莱默主要论著:

1. Calame, Claude. *The Craft of Poetic Speech in Ancient Greece*. Ithaca: Cornell University Press, 1995.

2. Calame, Claude. *The Poetics of Eros in Ancient Greece*. Princeton; N. J.: Princeton University Press, 1999.

3. Calame, Claude. *Masks of Authority*: *Fiction and Pragmatics in Ancient Greek Poetics*. Princeton; N. J.: Princeton University Press, 1999.

4. Calame, Claude. *Choruses of Young Women in Ancient Greece*: *Their Morphology, Religious Role, and Social Functions*. Lanham: Rowman & Littlefield, 2001.

5. Calame, Claude. *Myth and History in Ancient Greece*: *The Symbolic Creation of a Colony*. Princeton: Princeton University Press, 2003.

6. Calame, Claude. *Poetic and Performative Memory in Ancient Greece*: *Heroic Reference and Ritual Gestures in Time and Space*. Cambridge; Mass.: Harvard University Press, 2006.

二十二 克里斯蒂妮·S. 英伍德

克里斯蒂妮·S. 英伍德(Christiane Sourvinou-Inwood, 1945.02.26—2007.05.19),希腊人,出生在希腊的沃奥斯(Volos),其父为希腊军队中的一名军官,母亲为一名经济学教师。后来全家迁居到科孚(Corfu),英伍德在那里度过了童年。

中学毕业后,英伍德成为雅典大学的一名大学生,大学期间她参与了很多考古发掘,回到学校后,她撰写了相关论文,成为学校学生中的学术明星。1966年,英伍德到了英国,在牛津大学攻读博士学位,博士论文选题为"后世生活的迈锡尼信仰",1973年她拿到了博士学位。1976—1978年,英伍德在英国利物浦大学担任古典学讲师职务，其间她在自己博士论文的基础上继续研究，对古代希腊的线性文字 B、迈锡尼和米诺文明比较感兴趣。此后她一直在利物浦大学担任教授之职，后因癌症于 2007 年 5 月 19 日去世，享年 62 岁。

英伍德是一位具有开创精神及方法论意识的学者，对考古学与图像学，尤其是自己祖国希腊的迈锡尼文明与米诺文明，有着近乎痴迷的兴趣。她一生都在从事希腊史前文明与历史的研究，在面对来自于考古学的实物图像时，英伍德对既有的方法非常不满意，认为这些传统的研究不能够还原历史与文化的本原面目，对它们的阐释基本属于一种猜测式的研究，根本就没有从古代人的视角来解读这些东西，而是用现代人的标准来推断这些出土的考古实物，将现代的一些价值判断与文化标准凌驾于古代的社会。因此，她要寻找一种中立的阐释方法，能够客观地面对史前的文化与文明，在此过程中，她标举神话图像学的阐释模式，倡导对神话场景作历时与共时的要素分析。当然，这种做法遭到不少学者的反驳，甚至有人对其阐释过程与方法进行质疑。尽管如此，英伍德对希腊瓶画与考古实物的阐释却极富可行性，她的很多观点后来被考古发掘所证实。

英伍德英文论著要目：

1. Sourvinou-Inwood, Christiane. *Theseus as Son and Stepson: A Tentative Illustration of Greek Mythological Mentality*. London: University of London, Institute of Classical Studies, 1979.
2. Sourvinou-Inwood, Christiane. *"Reading" Greek Culture: Texts and Images, Rituals and Myths*. New York: Oxford University Press, 1991.
3. Sourvinou-Inwood, Christiane. *"Reading" Greek Death: To the End of the Classical Period*. New York: Oxford University Press, 1995.
4. Sourvinou-Inwood, Christiane. *Tragedy and Athenian Religion*. Lanham; Md.: Lexington Books, 2003.

二十三 托马斯·卡彭特

托马斯·卡彭特（Thomas H. Carpenter），现为美国俄亥俄州州立大学古典学教授，教授希腊考古学、宗教学与图像学课程。1966 年，他进入约翰斯·霍普金斯大学学习，大学毕业后，他到哈佛大学研究神学，于 1971 年获得神学硕士学位。然后他到牛津大学攻读博士学位，于 1983 年获得哲学博士学位，其专业是古典考古学。此后，卡彭特在剑桥大学的阿什莫林博物馆工作了四年，主要研究贝兹莱档案（Beazley Archive）。此后，卡彭特回到了美国，在俄亥俄州州立大学担任古典学教授，从事神话图像学研究。

卡彭特的主要兴趣在于探讨希腊瓶画上那些神话场景与图像在各个时代艺术品中的演变，他将这项工作称为神话的辨别而不是阐释。他重点强调对神话情境的观察，考察同一个神话故事在不同时代的艺术品中的再现与演变，并解释这些变化背后的文化与历史原因。卡彭特认为，艺术品中的神话有着自己独立的传承与演变，不是从书写的神话演变而来，其源头应该是古代的口头传统。图像与文字书写的神话之间不是依附关系，而是并立与平行关系，二者有着口头传承的文化渊源。一些神话场景表现的细节有时与文字书写的神话之间有很大差异，甚至细节上完全没有任何关系。图像与文字之间的这种差异说明了图像学在神话阐释中的独立地位，同时表明，研究希腊艺术品中的神话故事，不必拘泥于文字书写的神话，而应该从神话图像本身出发，对其作符号学与图像学解读。

卡彭特论著要目：

1. Carpenter, Thomas H. *Mythology, Greek and Roman*, with R. Gula. Now Longman: Independent School Press, 1977.

2. Carpenter, Thomas H. *Summary Guide to the Corpus Vasorum Antiquorum*. Clarendon: Oxford University Press for the British Academy, 1984.

3. Carpenter, Thomas H. *Dionysian Imagery in Archaic Greek Art*. Clarendon: Oxford University Press, 1986.

4. Carpenter, Thomas H. *Beazley Addenda: Additional References to ABV, ARV2 and Paralipomena*. 2nd edition. Clarendon: Oxford University Press for the British Academy, 1989.

5. Carpenter, Thomas H. *Art and Myth in Ancient Greece: A Handbook*. London: Thames and Hudson, 1991.

6. Carpenter, Thomas H. *Masks of Dionysus*, ed. with C. Faraone. Ithaca: Cornell University Press, 1993.

7. Carpenter, Thomas H. *Dionysian Imagery in Fifth Century Athens*. Clarendon:

Oxford University Press, 1997.

卡彭特主要论文：

1. Carpenter, Thomas H. On the Dating of the Tyrrhenian Group. *Oxford Journal of Archaeology* 2 (1983), pp. 279-293.

2. Carpenter, Thomas H. The Tyrrhenian Group: Problems of Provenance. *Oxford Journal of Archaeology* 3 (1984), pp. 45-56.

3. Carpenter, Thomas H. The Beardless Dionysus, in Carpenter and Faraone eds. *Masks of Dionysus* (Cornell University Press, 1993), pp. 185-206.

4. Carpenter, Thomas H. The Terrible Twins in Sixth Century Attic Art, in J. Solomon ed. *Apollo, Origins and Influences* (University of Arizona Press, 1994), pp. 61-79.

5. Carpenter, Thomas H. A Symposium of Gods, in O. Murray ed. *Vino Veritas* (Oxford, 1995), pp. 145-163.

6. Carpenter, Thomas H. Harmodios and Apollo in Fifth Century Athens. What's in a Pose in J. Oakley ed. *Athenian Potters and Painters* (American School of Classical Studies, Athens, 1997), pp. 171-179.

7. Carpenter, Thomas H. Images and Beliefs: Thoughts on the Derveni Krater, G. Tsetskhladze, in A. Snodgrass and A. Prag eds. *Periplous, Papers on Classical Art and Archaeology Presented to Sir John Boardman* (Thames and Hudson, 2000), pp. 51-59.

8. Carpenter, Thomas H. The Native Market for Red-Figure Vases in Apulia. *MAAR* 48 (2003), pp. 1-24.

9. Carpenter, Thomas H. Images of Satyr Plays in South Italy, in G. Harrison ed., *Satyr Drama: Tragedy at Play* (Classical Press of Wales, 2005), pp. 219-236.

10. Carpenter, Thomas H. Introduction and Discussion, in E. Csapo and M. C. Miller eds., *The Origins of the Theater in Ancient Greece and Beyond: From Ritual to Drama.* (Cambridge, 2007), pp. 41-47, pp. 108-117.

11. Carpenter, Thomas H. Greek Religion and Art, in D. Ogden ed. *Blackwell Companion to Greek Religion* (Oxford, 2007), pp. 398-420.

二十四　南诺·马瑞纳托斯

南诺·马瑞纳托斯（Nanno Marinatos），现为美国伊利诺斯州州立大学（University of Illinois at Chicago）古典学教授，从事考古学与神话学研究。

南诺·马瑞纳托斯在美国科罗拉多大学取得了学士、硕士与博士学位，毕业后到伊利诺斯州州立大学担任古典学教授，研究领域主要为史前考古学与神话学。她对史前裸体女神的看法与金芭塔丝有所冲突，认为考古实物上那些裸体的女性形象其实是一种色情与性的象征，并非具有神圣的宗教崇拜意味。在她看来，希腊艺术品中那些裸体女性形象其实是从埃及与美索不达米亚地区流传过来的，只不过到了后期，一些神话形象在艺术品之后不断演变，发展出了具有希腊风格的艺术特征。

马瑞纳托斯主要论著：

1. Marinatos, Nanno. *Thucydides and Religion*, Königstein: Hain Verlag, 1981.
2. Marinatos, Nanno. *Art and Religion in Thera: Reconstructing a Bronze Age Society*. Athens: Mathioulakis, 1984.
3. Marinatos, Nanno. *Minoan Sacrificial Ritual: Cult Practice and Symbolism*. Stockholm: Paul Aströms Förlag, 1986.
4. Marinatos, Nanno. *Minoan Religion: Ritual, Image, and Symbol*. South Carolina: University of South Carolina Press, 1993.
5. Marinatos, Nanno. *The Goddess and the Warrior: The Naked Goddess and Mistress of Animals in Early Greek Religion*. London; New York: Routledge, 2000.
6. Marinatos, Nanno. *Minoan Kingship and the Solar Goddess*. Urbana: University of Illinois Press, 2010.

马瑞纳托斯代表论文：

1. Marinatos, Nanno. Panolethria and Divine Punishment in Thucydides. *Paroladel Passato* CLXXXII, (1978), pp. 331-337 (with H. Rawlings).
2. Marinatos, Nanno. Nicias as a Wise Advisor and Tragic Warner. *Philologus* 124 (1980), pp. 305-310.
3. Marinatos, Nanno. Thucydides and Oracles. *Journal of Hellenic Studies* 101

(1981), pp. 138-140.

4. Marinatos, Nanno. The West House at Akrotiri as a Cult Center, Mitteilungen des Deutschen Archäologischen Instituts. *Athenische Abteilung* 98 (1983), pp. 1-19.

5. Marinatos, Nanno. The Date-palm in Minoan Iconography and Religion. *Opuscula Atheniensia* 15 (1984), pp. 115-122.

6. Marinatos, Nanno. The Miniature Fresco in the Shrine of the West House at Akrotiri, in Proceedings of the 5th International Cretological Congress (1981), Vol. I, *Herakleion* (1985), pp. 206-215.

7. Marinatos, Nanno. On the Ceremonial Function of the Minoan Polythyron. *Opuscula Atheniensia* 16 (1986), pp. 57-73 (with R. Hägg).

8. Marinatos, Nanno. Role and Sex Division in Ritual Scenes of Aegean Art. *Journal of Prehistoric Religion* 1 (1987), pp. 23-34.

9. Marinatos, Nanno. The Monkey in the Shrine: A Fresco Fragment from Thera. *Eilapine* (Festschrift to Nikolaos Platon), Herakleion (1987), pp. 417-421.

10. Marinatos, Nanno. The African in Thera Reconsidered. *Opuscula Atheniensia* 17 (1988), pp. 137-141.

11. Marinatos, Nanno. The Tree, The Stone and the Pithos. *Aegeum* 6 (1990,) pp. 79-91.

12. Marinatos, Nanno. The Export Significance of Minoan Bull-Leaping Scenes. *Egypt and the Levant* 4 (1994), pp. 89-93.

13. Marinatos, Nanno. Formalism and Gender Roles: A Comparison of Minoan and Egyptian art. in R. Lafineur and W.-D. Niemeier eds., *Aegaeum* 12, Liege (1995), pp. 577-585.

14. Marinatos, Nanno. The Minoan Wall Paintings from Avaris. *Egypt and the Levant* V (1995), pp. 49-62. (with M. Bietak)

15. Marinatos, Nanno. The Tell el Dab 'A paintings: A Study in Pictorial Tradition', *Egypt and the Levant* VIII (1998), pp. 83-100.

16. Marinatos, Nanno. The Cosmic Journey of Odysseus. *Numen* 48 (2002), pp. 383-416.

17. Marinatos, Nanno. Women's Rituals and Women's Prototypes: Review

article. *Symbolae Osloenses* 78 (2003), pp. 129-136.
18. Marinatos, Nanno. The So-Called Hell and Sinners in the Odyssey and Homeric Cosmology. *Numen* 56 (2009), pp. 186-197.
19. Marinatos, Nanno. The Indebtedness of Minoan Religion to Egyptian Solar Religion: Was Sir Arthur Evans right *Journal of Ancient Egyptian Interconnections* 1 (2009), pp. 22-28.

二十五　马丽加·金芭塔丝

马丽加·金芭塔丝（Marija Gimbutas, 1921—1994），生于立陶宛的首都维尔纽斯，父母皆为知识分子，其父为塔图大学的医学博士，其母为柏林大学的眼科博士。金芭塔丝的父母对立陶宛传统民俗艺术有浓厚的兴趣，这一点影响了金芭塔丝后期的研究。

1931 年，金芭塔丝随父母迁入考那斯，此时父母分开，金芭塔丝与母亲一起生活。1936 年，其父猝死，给金芭塔丝带来了极大的打击与影响，她暗下决心要成为一名学者。后来她对立陶宛的民俗学与死亡仪式比较感兴趣，逐渐进入了研究之中。1938 年，她进入了维尔纽斯大学学习。1941 年与一位建筑师结婚。1942 年，她完成了自己的硕士学习，其毕业论文题目为《立陶宛黑铁时代的葬仪》。

二战期间，立陶宛与苏联和纳粹之间爆发了战争，金芭塔丝与其丈夫和几个月的女儿为了逃避战乱，于 1944 年从立陶宛到了德国。1946 年，她在德国的图宾根大学（Tübingen University）取得了考古学博士学位，与此同时，她还选修了人类学民俗学课程。金芭塔丝的博士论文为《立陶宛史前葬仪》（*Prehistoric Burial Rites in Lithuania*），是在硕士论文的基础上写成的，此书于同年以德文出版。博士毕业后，金芭塔丝在图宾根大学做了几年博士后，1949 年全家移居美国。

到了美国之后，金芭塔丝在哈佛大学谋得了一个职位，翻译东欧考古学论著，后来在考古学系担任讲师。1955 年，哈佛大学佩保德博物馆（Peabody Museum）聘请金芭塔丝担任研究员。1950—1960 年，金芭塔丝是欧洲青铜时代研究的专家，同时又是立陶宛民俗艺术、巴尔干与斯拉夫史前史的一流学者，她对巴尔干的研究得到了学术界的认可。1963 年，因为婚姻发生了变故，金芭塔丝与自己的三个女儿搬到了加州大学洛杉矶分校，在该校考古学系担任教授职务。1966 年，金芭塔丝被任命为洛杉矶分校文化历史博物馆古代考古学的负责人。后来她开设了欧洲新石器时代与青铜时代的考古学课程，同时开设巴尔干民俗与神话学的课程。1963—1989 年，她在南部欧洲进行考古发掘，发现了许多史前遗址。

在金芭塔丝的学术生涯中，她关注的对象有两个：巴尔干与古欧洲。从 1950 年到 1990 年，她一直不断地探索，出版了很多这方面的论著。她用语言学与考古学证据来论证巴尔干人：一个嗜战的、骑马的、父权制度的民族，说的是前印欧语言。20 世纪 70 年代，金芭塔丝开始用史前遗址与自己的考古发掘来研究古代欧洲人。她断言，古代欧洲是一个以女性为核心的、喜好和平的、以农业为主的社会。古欧洲人并非是印欧语言的演说者，他们以农业为主，后来被巴尔干人侵略。金芭塔丝认为古欧洲的宗教艺术中许多符号可以帮助理解这个时期的宗教与神话——这些符号象征着他们的女神与男神。

金芭塔丝关于古欧洲曾经存在一个"女神文明"的假说对欧洲考古学界与神话学界产生了重大影响，跟随者与反对者皆有。考古学界认为她的理论具有一种泛欧洲化的色彩，而巴尔干人是一个富有争议的话题。

1974 年，《古代欧洲的男神与女神》一书出版后，就出现了《当上帝是女性时》这样的论著。此时，媒体开始关注金芭塔丝及其研究。在某种程度上，金芭塔丝关于古欧洲女神文明与大女神的假说推进了欧洲的新异教运动，尽管她自己并不承认这一点，学术界却为此谴责她有一种投机的学术意图。

尽管移居美国，金芭塔丝却有一种浓郁的立陶宛情结。后来，她回到了立陶宛，接受了自己的母校维尔纽斯大学的荣誉博士称号，从那时开始她就决定死后将自己的骨灰运回立陶宛。1994 年，金芭塔丝因患癌症去世，她的女儿们接受了她的遗嘱，将其骨灰运回了维尔纽斯市。维尔纽斯为这位一生漂泊流浪的学者举行了隆重的追悼会，最后拥抱了她的灵魂。

金芭塔丝英文论著要目：

1. Gimbutas, Marija. *Prehistory of Eastern Europe*: *Part I. Mesolithic, Neolithic and Copper Age Cultures in Russia and Baltic Area.* Cambridge: Peabody Museum, 1956.

2. Gimbutas, Marija. *Ancient Symbolism in Lithuanian Folk Art.* Philadelphia: American Folklore Society. Memoirs Series, Vol. 49.1958.

3. Gimbutas, Marija. *The Balts*. London: Thames and Hudson, 1963.

4. Gimbutas, Marija. *Bronze Age Cultures of Central and Eastern Europe*. The Hague: Mouton, 1965.

5. Gimbutas, Marija. *The Sales*. London: Thames and Hudson, 1971.

6. Gimbutas, Marija. *Gods and Goddesses of Old Europe, 7500-3500 BC*: *Myths, Legends, and Cult Images*. London: Thames and Hudson, 1974.

7. Gimbutas, Marija (ed.). *Neolithic Macedonia as Reflected by Excavation at Anza, Southeast Yugoslavia*. Los Angeles: Institute of Archaeology, UGLA, 1976.

8. Gimbutas, Marija. *The Goddesses and Gods of Old Europe, 6500-3500 BC*. (Revised ed.) Berkeley and Los Angeles: University of California Press, 1982.

9. Gimbutas Marija, with Colin Renfrew, and Ernestine S. Elster. *Excavations at Sitagroi*: *A Prehistoric Village in Northeast Greece*. Los Angeles: Institute of Archaeology, University of California, UGLA, 1986.

10. Gimbutas Marija. *The Language of the Goddess*. San Francisco: Harper and Row, 1989.

11. Gimbutas Marija. *The Civilization of the Goddess*: *The World of Old Europe*. San Francisco: Harper San Francisco, 1991.

12. Gimbutas Marija. *The Living Goddesses*. edited and supplemented by Miriam Robbins Dexter. Berkeley: University of California Press, 1999.

金芭塔丝研究资料：

1. Chapman, John. The Impact of modern Invasions and Migrations on Archaeological Explanation: A Biographical Sketch of Marija Gimbutas, in Díaz-Andreu, Margarita; Sϕrensen, Marie Louise Stig. *Excavating Women*: *A History of Women in European Archaeology*, New York: Routledge, 1998, pp. 295-314.

2. Marler, Joan. *Realm of the Ancestors*: *An Anthology in Honor of Marija Gimbutas*, Manchester; CT: Knowledge, Ideas & Trends, 1997.

3. Marler, Joan. Marija Gimbutas: Tribute to a Lithuanian Legend, in LaFont, Suzanne. *Women in Transition*: *Voices from Lithuania*, Albany, New York:

State University of New York Press, 1998.
4. Meskell, Lynn, Goddesses, Gimbutas and 'New Age' Archaeology. *Antiquity* 69: (1995), pp. 74-86.
5. Ware, Susan; Braukman, Stacy Lorraine *Notable American Women*: *A Biographical Dictionary Completing the Twentieth Century*, Cambridge; Massachusetts: Harvard University Press, 2004.

金芭塔丝论著中文译本：

[美]马丽加·金芭塔丝. 活着的女神. 叶舒宪等译. 桂林：广西师范大学出版社，2008

二十六 玛丽·R. 莱夫科维茨

玛丽·R. 莱夫科维茨（Mary R. Lefkowitz, 1935—），现为美国韦尔兹利大学荣誉退休教授，从事古典学与希腊神话研究，同时关注妇女研究。

1957年，莱夫科维茨从韦尔兹利大学获得了学士学位，1961年获得哈佛大学古典哲学博士学位，后来回到韦尔兹利大学担任古典学教授。

莱夫科维茨早期比较关注希腊神话中的女性形象，认为这些女性形象其实是经过男性话语过滤后而建构起来的，在命运面前处于被动而无力的处境，并不是现实生活中妇女生活的真实反映。她在《希腊神话中的女性》一书中对这些女性形象进行了重构。莱夫科维茨断言，如果换一种角度来看待这些神话中的女性，就会发现她们的形象并非如此，现实生活中的希腊女性其实非常聪明与勇敢，并不是命运的被动承受者。在对神话中的女性形象进行重构的同时，莱夫科维茨对希腊艺术品中的女性与女神形象进行了再阐释，试图重新界定这些女性的形象。

到了晚年，莱夫科维茨比较关心希腊文化与文明的起源问题，她曾经在20世纪90年代与马丁·伯纳尔探讨过希腊文化的起源问题，二人之间有过激烈的争执。莱夫科维茨坚决反对马丁·伯纳尔将希腊文明的源头上溯到埃及，认为这是一种极端的非洲中心主义，应该加以反对与抵制。

莱夫科维茨英文论著要目：

1. Lefkowitz, Mary. R. *The Victory Idea*: *An Introduction*. Park Ridge, N.J.:

Noyes Press, 1976.

2. Lefkowitz, Mary. R. *The Lives of the Greek Poets*. Baltimore; Md.: Johns Hopkins University Press, 1981.

3. Lefkowitz, Mary. R. *Heroines and Hysterics*. New York: St. Martin's Press, 1981.

4. Lefkowitz, Mary. R. *Women in Greek Myth*. London: Duckworth, 1986.

5. Lefkowitz, Mary. R. *First-person Fictions*: *Pindar's Poetic 'I'*. Oxford: Clarendon Press; New York: Oxford University Press, 1991.

6. Lefkowitz, Mary. R, with Guy M. Rogers, eds. *Black Athena Revisited*. Chapel Hill: University of North Carolina Press, 1996.

7. Lefkowitz, Mary. R. *Not Out of Africa*: *How Afrocentrism Became an Excuse to Teach Myth as History*. New York: Basic Book, 1996.

8. Lefkowitz, Mary. R. *Greek Gods*, *Human Lives*: *What We can Learn from Myths*. New Haven: Yale University Press, 2003.

9. Lefkowitz, Mary. R. *Women's Life in Greece and Rome*: *A Source Book in Translation*. Baltimore: Johns Hopkins Press, 2005.

10. Lefkowitz, Mary. R. *History Lesson*: *A Race Odyssey*. New Haven; Conn.: Yale University Press, 2008.

二十七 查伦·斯普雷纳克

查伦·斯普雷纳克（Charlene Spretnak，1946—），生于美国宾夕法尼亚州的匹兹堡，作家，女性主义研究者，倡导生态与社会批评，是女性性灵主义与绿色政治运动的发起者。她发表了不少关于生态政治与哲学的论著，她的行为在某种程度上催生了美国的绿党，她同时又是该组织的合作者之一。

查伦·斯普雷纳克在美国加州大学伯克利分校取得了硕士学位，20世纪七八十年代倡导女性性灵主义运动，受到了媒体的关注。1978年，她出版了第一部论著《早期希腊失落的女神》，沃尔特·伯克特对该书大为欣赏，而《洛杉矶时代周刊》则称该书是一部"具有诗性启发"的论著。斯普雷纳克关注现代社会的各种危机，尤其是人类社会的精神危机，为此，她倡导回归自然，返璞归真。

查伦·斯普雷纳克任教于宾夕法尼亚学院宏观研究中心，这是加州圣弗兰西斯科的一所私立学院，该学院的研究对象为临床心态学与心理传统。这位女学者的努力得到了社会的认可，英国环保部门将斯普雷纳克列入"所有时代中100位环保英雄"。

斯普雷纳克主要论著：

1. Spretnak, Charlene. *Lost Goddesses of early Greece*: *A Collection of Prehellenic Myths*. Berkeley; Calif.: Moon Books, 1978.

2. Spretnak, Charlene. *The Politics of Women's Spirituality*: *Essays on the Rise of Spiritual Power within the Feminist Movement*. Garden City, N. Y.: Anchor Books, 1982.

3. Spretnak, *Charlene. The Spiritual Dimension of Green Politics.* Sante Fe; N.M.: Bear, 1986.

4. Spretnak, Charlene. *Green Politics*. Santa Fe; N. M.: Bear, 1986.

5. Spretnak, Charlene. *States of Grace*: *The Recovery of Meaning in the Postmodern Age*. San Francisco: Harper Collins Publishers, 1993.

6. Spretnak, Charlene. *Missing Mary*: *The Queen of Heaven and Her Re-emergence in the Modern Church*. New York: Routledge, 1999.

7. Spretnak, Charlene. *The Resurgence of the Real*: *Body, Nature, and Place in a Hypermodern World*. New York: Palgrave Macmillan, 2004.

后　记

　　从时间上讲，本书的写作要归结于十年前的一场电影。

　　2000年秋，我放弃一份从事了五年的职业，再次走进熟悉的大学校园，开始学习梦寐以求的汉语言文学专业。我所在的中文系有一个传统，就是经常组织学生观看由名著改编的电影，然后任课教师在课堂上组织讨论。在看过的所有电影中，让我感到最震撼的是班主任推荐的《哈利·波特》这部电影。我已经忘记了当时看电影的具体场景，但我至今依然无法忘记电影中那些神奇的故事情节，我被它神奇的故事情节深深吸引住了。直觉告诉我：这部电影不是一般的科幻电影，它背后一定有一股神秘的东西在支撑这一切！那么，它是什么？它为何会具有这种神奇的魅力？当了解到作者受到了神话的启发而写成剧本后，我就如饥似渴地开始阅读神话方面的书籍，想知道神话为何具有这种神秘的力量。当然，希腊神话是我阅读的起点，虽然我知道这部电影更多地受到了凯尔特神话的启发。

　　带着这种神话情结，我读了硕士。当要确定毕业论文的选题时，我毫不犹豫地选择了希腊神话。但那时我对西方神话学基本没有什么了解，仅凭着自己的一股兴趣来做论文。幸运的是，生性愚钝与木讷的我，在硕士二年级得到了叶舒宪先生的错爱，被他接管到门下读书。不知道这位神话学者是将我的迟钝错看成了大智若愚，还是将我在无边知识海洋前手足无措的惶恐误读为谦虚好学，他在我身上不免倾注了一番心血。他甚至在我的毕业论文选题上也颇费苦心，为国学功底肤浅而外文基础更薄弱的我，设计了这么一个高难度的"规定动作"——梳理过去一百年间西方神话学走过的道路。尽管非常喜爱希腊神话，但要接受这样一个看似不可能实现的选题，我对自己并没有十足的把握。我曾经为这个选题哭得一塌糊涂，半夜写了一封长信向叶师诉苦，结果第二天收到他清晨五点半发来长一倍的回信，我的称呼从此变为"博士同志"，而我的哭泣自然是"假哭"，泪水也成为没有出息的标志。因为在他看来，倔强而固执的我似乎不该有这种表现。

本书是我博士论文的修改稿，除了删除原文附录中介绍的几位神话学者，并对一些欠斟酌的说法重新作了审订之外，并没有作大的修订。不过，写作过程中那些抹不去的记忆并没有因书稿的出版而消失，相反，它们异常鲜活地浮现在我的眼前，并构成了本书书写的一个部分。

坦率地讲，本书的写作是极为艰辛的，从资料的收集到最后成文，我经历了常人所不曾遇到的困难。开始准备资料时，我几乎跑遍了国内所有知名大学的图书馆，将那些英文书籍一一背回四川大学的宿舍。国内没有的资料，我就通过所有的渠道去复印或购买。但这只是第一步，接下来我要阅读那些从来没有读过的英文书籍。阅读原著的过程中，我做了两百多万字的读书笔记，并专门拜师学习了古希腊文。这种近乎疯狂的写作让我时常生病，尽管我每天坚持锻炼。记忆里最难忘的就是，我经常在医院的坐椅上一边打点滴一边做读书笔记，由此引来了不少质疑的目光。这一段刻骨铭心的记忆，是我一生的财富。

书稿一旦出版，就属于读者，我无权过问外界的评价。但无论如何，我必须向那些曾经无私帮助过我的师长与朋友致以深深的谢意。求学路上，他们伸出的温暖双手让我望见了知识灯塔发出的神圣光环，并为此奋然前行。

首先要感谢的，是我的导师叶舒宪先生。五年拜师求学，记忆中最深刻的是叶先生开出的神话学书目。每有神话研究相关的新信息，他总在忙碌中告诉我，甚至到国外讲学访问，也不忘给我带回珍贵的资料；很多次，他将自己珍藏的神话学书籍从北京带到成都，专门送给我。论文写作前，他一一圈点我发给他的读书笔记，指出其中的疏漏与不足，甚至一字一句都要警示注意。叶先生严师慈父般的教诲时常让我醍醐灌顶，写作为此而振奋。

求学期间，拜师于四川神学院的龙尚勇先生门下学习古希腊语，先生高尚的人品与渊博的学识令我十分感动，如果不是得益于他的教诲，本书中古希腊文的翻译不会如此顺利。写作过程中，四川大学的赵毅衡教授给予了我太多帮助，不论是细小的术语翻译，还是一些概念，他都一一耐心指导，甚至在如何阅读原著方面，赵先生都一一指点，这一点让我受益匪浅，因此少走了不少弯路。"勒内·基拉尔的暴力理论和神话理论"一节的写作，我得到了厦门大学彭兆荣教授的多次帮助。他到四川大学做学术讲座期间，曾经不止一次给我提供了很多信息，开题时，又专门给我开列了相关的神话学书目，甚至连人名的翻译也一一提醒。新西兰奥塔古大学的赵晓寰教授在百忙中接受了我的屡屡相扰，在一些英文术语的翻译上给予了很多帮助，同时让他的博士生敖玉敏从新西兰复印了相关英文资料。从硕士开始，加拿大文化更新研究中心的主任梁燕城教授就一直无私地帮助我，他在其主办的《文化中国》学术季刊上开辟专栏，发表了我运用基拉尔暴力解读商汤祈雨神话的论文。"5·12"地震后，他来成都做基督教救助，将我叫到他下榻的酒店，把自己珍藏多年的希腊神话学书籍送给我，交谈之间屡屡指导我如何处理写作上的一些问题。湖南科技大学的吴广平教授在百忙之中指出了书稿的不足，同时纠正了其中的许多错别字，特此感谢。

更让我感动的是华东师范大学中文系的朱国华教授，这位年轻的学者给了我太多帮助。"后结构主义"一章，我曾经向《文艺理论研究》刊物投过稿，那时朱国华还在杜克大学访学，他审阅了编辑部转发的论文后，主动给我写了信，告知文中存在的一些问题，同时鼓励我继续深入做下去。没有料到，一篇粗陋的小论文居然结下了一段深厚的学术友谊，令我终身受益。

在资料提供方面，我尤其要感谢我在北京大学的朋友焦玉珍，以及新西兰奥塔古大学敖玉敏、南京大学张晓兰、复旦大学陈志、兰州大学徐凤等博士。同时要感谢的，还有我的师弟金立江、师妹祖晓伟，他们在资料上给予了多次帮助。另外，南开大学历史学院王以欣教授提供了第八章中的四幅图片，特致谢忱。

我更要感谢陕西师范大学出版总社有限公司人文分社的冯晓立社长、邓微编辑，没有他们的支持，本书不会顺利出版。书稿行文中存在一些不符合出版要求的地方，感谢那些为此付出辛苦工作但我不曾谋面的编校工作者。

最后要感谢的，是我的家人与父母。从本科到博士，我辗转漂泊于不同的城市，少有在家的日子。父母从来没有任何怨言，在背后默默支持我的选择，并为我提供了情感与经济的双重后盾。没有家人与父母的关爱，我不会走到今天，更不会写出本书。唯一可以宽慰父母的是，我深信自己未来的学术生涯还有发展的空间，上帝会安排这一切的。

作者
2010 年 11 月 25 日于西安